Peter Partner ist der Name einer Autorengruppe von Psychologen und Journalisten. Peter-Partner-Bücher wollen wissenschaftliche Erkenntnisse und menschliche Erfahrung zu hilfreichem Wissen und praktischen Ratschlägen vereinigen.

Der Hauptautor dieses Buches, Heinz Brockert, geschieden, zwei Kinder aus erster Ehe, wurde nach einem Lehrerstudium Journalist *(Münchner Merkur, Süddeutsche Zeitung*, Zeitschriften *Eltern* und *Schule).* Er arbeitet beim evangelischen Pressedienst (epd). Co-Autor Siegfried Brockert, geschieden, zwei Kinder aus zweiter Ehe, ist Diplom-Psychologe. Er war Chefredakteur der Zeitschriften *Psychologie heute* und *warum.*

Von Peter Partner ist bisher als Knaur-Taschenbuch erschienen:

»Das endgültige Ehebuch für Anfänger und Fortgeschrittene« (Band 7699)

Der Text von Kahil Gibran auf S. 115 wurde mit freundlicher Genehmigung des Walter-Verlages dem Band *Der Prophet – Wegweiser zu einem sinnvollen Leben* entnommen, Olten und Freiburg, 16. Aufl. 1984

Vollständige Taschenbuchausgabe 1987
Droemersche Verlagsanstalt Th. Knaur Nachf., München
Lizenzausgabe mit freundlicher Genehmigung
des Schönberger Verlags, München

Umschlaggestaltung Adolf Bachmann
Umschlagillustration Brigitte Schneider
Druck und Bindung Ebner Ulm
Printed in Germany 5 4 3 2 1
ISBN 3-426-03824-2

Peter Partner:

Den anderen verlieren – sich selbst finden

Trennung und Scheidung
als Chance für beide

Knaur®

Inhalt

Einstimmung

Um in der chinesischen Schrift das Wort ›Krise‹ auszudrücken, braucht man zwei Symbole: das Zeichen für ›Gefahr‹ und das Zeichen für ›Chance‹. Von dieser uralten Weisheit, daß in einer Krise Gefahren, aber auch Chancen stecken, soll unser Buch erzählen.

Sie stecken in einer Krise oder Sie kennen einen Menschen, der in einer Krise steckt, sonst hätten Sie sich dieses Buch nicht gekauft. Es ist eine besondere Krise, denn sie hat etwas mit einem anderen Menschen zu tun. Und das Besondere an diesem Menschen ist, daß er Ihnen früher einmal ganz fern und später ganz nah war. Jahre Ihres Lebens haben Sie verbracht, ohne von der Existenz dieses Menschen zu wissen. Und dann sind Sie ihm eines Tages begegnet: als Arbeitskollegen, als Studienfreund, als Mitglied einer Gruppe, beim Sport oder Wandern, als Freund eines Freundes, als Freundin einer Freundin, als unbekannter Größe bei dem Versuch, über eine Bekanntschaftsanzeige in der Zeitung einen Partner kennenzulernen, oder als plötzlich aufblitzendem, faszinierendem Gesicht in einer Menge von Menschen.

Zwei Punkte im All wanderten aufeinander zu, berührten sich, verschmolzen. Sie wurden einander so ähnlich, daß jeder vergaß, woher er eigentlich kam. Und jetzt entfernen sich die beiden Punkte wieder voneinander, gleichmäßig oder rascher der eine und langsamer der andere, auf einer geraden Linie oder im Zick-Zack. Der eine versucht vielleicht verzweifelt, wieder die Bahn des anderen zu kreuzen, der andere taumelt richtungs- und ziellos in dunkel scheinende Weiten.

Diese Bilder aus dem All wollen wir als Symbol für eine sich auflösende Ehe oder Partnerschaft nehmen. So wie sich zwei Menschen unerklärbar – der Volksmund sagt: ›magisch‹ – anziehen, so rätselhaft ist es, warum zwei, die sich derart nahe waren, sich plötzlich wieder loslassen. Das Rätsel haben Psychologen, Ärzte sowie Ehe- und Familienberater anderer Herkunft zum Teil gelöst. Davon ist in diesem Buch zu lesen, und das ausgebreitete Material soll Ihnen helfen, die Gefahren und die Chancen Ihrer jetzigen Lebenssituation gleichermaßen zu erkennen. Aber es steht noch mehr und ebenso Wichtiges in diesem Buch. Wir wollen Ihnen Mut machen, Ihre Situation – so unsicher oder gar elend Sie sich auch im Moment fühlen mögen – als eine besondere zu sehen. Wer jemanden verläßt (und wer verlassen wird), bei dem reißt etwas auf. Und dieses Aufreißen sollte eine neue Öffnung zum Leben sein. Auch bei Ihnen!

Weinen Sie jede Träne, die in Ihnen aufsteigt! (Vielleicht weinen Sie seit Jahren zum erstenmal.) Schreien Sie Ihren Ärger, Ihre Wut, Ihre Verzweiflung heraus! (Vielleicht nicht immer und unbedingt dem Menschen gegenüber, um den es Ihnen dabei geht.) Geben Sie zu – zuerst und am allerwichtigsten sich selbst –, daß Sie einsam sind. Die Einsamkeit des Verlassenen wie des Verlassenden, deren Träume zerrinnen, gehört zu den bittersten Erfahrungen im Leben. Doch um bittere Erfahrungen kommen Sie nicht herum, auch wenn die modernen Marktschreier – Werbung, politische sowie gesellschaftliche Ideologien und leider auch einige Lebenshilfe-Bücher oder Fragen-Sie-Frau-Erika-Artikel – den Anschein erwecken, als brauchte man nur auf einen verborgenen Knopf zu drücken, damit das Leben wieder die gewünschte Richtung nimmt.

Mit den Tränen, die Sie weinen, schwemmen Sie viel Staub von der Seele. Mit dem Schrei öffnen Sie den Brustkorb zu einer frischeren Atmung. Und in der Einsamkeit, in der Stille werden Sie lernen, Ihren Herzschlag wieder wahrzunehmen. Eines werden Sie bald merken, wenn Sie weinen, schreien, stille werden: Diese Krise ist *Ihre* Krise, auch wenn ein anderer Mensch (ein anderer Punkt im All) den Anstoß dazu gab. Sie enthält *Ihre* Gefährdungen und *Ihre* Chancen. Ihr Partner/Ihre Partnerin (können Sie ihn/sie noch so nennen oder muß es schon Ex-Partner heißen?) hat seine/ihre Gefährdungen, seine/ihre Chancen. Wünsche, Hoffnungen, Erfahrungen mögen sich weiterhin berühren; aber nur, wenn jeder seinen Teil erkennt und für sich annimmt, öffnet sich das Leben wieder und neu.

Einer der großen Denker (und ›Fühler‹ – das wird leicht übersehen) unserer Zeit, der Psychologe Carl Rogers, hat geraten, einem Partner, von dem wir uns trennen, zu sagen: »Ich tue es *für mich, nicht gegen dich.*« Wenn bei Ihnen das ›gegen dich‹ derzeit noch die Trennungsphase bestimmt, so ist das im Moment nicht weiter schlimm. Für die meisten Menschen ist es leichter, sich erst einmal einzugestehen, was sie ablehnen, was sie nicht mögen, bevor sie zu einer Formulierung der eigenen Ziele kommen. Diese Phase sollte jedoch nicht zu lange andauern. Sie sollten beständig daran arbeiten, ohne ›Prügelknaben‹ oder ›Prügeldame‹ auszukommen. Dann erst sind Sie frei, frei auch für eine neue Begegnung in der Schwerelosigkeit der Liebe. Manche (aber es sind wirklich nur ganz wenige) haben dann sogar irgendwann wieder mit ihrem früheren Stern die Bahn gekreuzt.

Einen Begriff, der häufig in Zusammenhang mit der Auflösung einer Ehe oder Partnerschaft gebraucht wird, werden Sie in diesem Buch nicht finden. Wir sprechen aus gutem Grund nicht vom ›Scheitern‹ einer Ehe. Wenn jemand die Kugel über 20 Meter stoßen möchte und erreicht nur 19,50 Meter, dann ist er in bezug auf sein Ziel gescheitert. Doch die Ehe ist kein sportlicher Wettkampf, bei dem Ausdauer, Fitneß, Ansporn durch das Publikum oder wer weiß was noch den Ausschlag über Sieg und Niederlage geben, obwohl manche Menschen es gern so sehen möchten. Die Auflösung der Ehe besagt allein, daß jemand den Versuch, sein Leben auf eine bestimmte Art und Weise zu führen, abbricht. Das Leben kann – glücklicherweise – auf tausenderlei Art geführt werden und hat viele, zum Teil gänzlich voneinander verschiedene Phasen. Und wer spricht vom Scheitern der Jugend, nur weil man älter wird? Oder vom Scheitern des Urlaubs, nur weil die Arbeitszeit wieder beginnt?

Kapitel 1

Wenn aus dem
Ja
ein Jein wird

Trennung,
Scheidung,
neuer Anfang –
oder was sonst
?

Am Anfang war das Feuer

Ich lasse Sie in das Leben von zwei Menschen blicken. Es gibt sie, ich habe ihre Erzählung nicht erfunden. Elsa ist 33 Jahre alt, gelernte Buchhalterin, derzeit halbtags tätig. Sie bewohnt mit ihren zwei Kindern, vier und sechs Jahre alt, und ihrem Vater, den sie seit dem frühen Tod der Mutter betreut, ein Haus im Vorort einer mittelgroßen Stadt. Ihre Kinder – und Elsa betont das bei Gelegenheit – betrachtet sie nicht nur als ›ihre‹ Kinder. Der Vater der Kinder, Georg, lebt am anderen Ende der Stadt. Alle vierzehn Tage kommt er und holt die beiden für ein Wochenende ab. Elsa hat sich von Georg vor einem Jahr getrennt. Hier ihr Bericht:

»Georg und ich kannten uns praktisch seit der Grundschulzeit. In der Jugendgruppe unserer Kirchengemeinde haben wir uns fest angefreundet. Seither sind wir praktisch zusammen.«

Elsa gebraucht, wie Sie bemerkt haben werden, gern das Wort ›praktisch‹ und, wie Sie im weiteren Verlauf ihres Berichtes sehen werden, auch häufig das Wort ›irgendwie‹. Irgendwie praktisch – diese beiden ›Alleskönner‹ unter den Worten unserer gegenwärtigen Umgangssprache! Als ich Elsa einmal fragte: »Ja, wart ihr nun eigentlich fest miteinander befreundet, seit ihr das erste Mal mit der Jugendgruppe zum Zelten gefahren wart?« meinte sie: »Praktisch ja – irgendwie schon.« Ich wiederholte ihr die Antwort: »Du warst also – praktisch ja, irgendwie schon – mit Georg 15 Jahre fest befreundet, und ihr habt zwei Kinder miteinander.« Da mußte sie laut lachen, und das Lachen ging in ein langanhaltendes Weinen über. Sie weinte nicht ›irgendwie‹, sondern aus vollem Herzen. Wie voll ihr Herz und womit es gefüllt war, das wußte sie in diesem Moment noch gar nicht. Aber sie fand eine Spur zu einem fast vergessenen und lange übersehenen Teil ihres Selbst, wie ein Brunnenbohrer in der Wüste, der auf Wasser stößt. Doch lassen wir Elsa weitererzählen:

»Wir hatten dann früh eine schwere Krise in unserer Beziehung, als Georg zum Studium in eine andere Stadt zog. Aber irgendwie managten wir, daß wir zusammenblieben. Als Georg mit dem Studium fertig war, heirateten wir. Wir haben ein paar wunderbare Reisen miteinander gemacht. Aber schon damals fiel mir auf, daß wir uns im Urlaub viel besser verstanden und viel offener miteinander waren als im Alltag zu Hause. Irgendwie habe ich dem aber keine Bedeutung beigemessen, obwohl praktisch nicht zu übersehen war, daß sich irgend etwas zwischen uns totgelaufen hatte. Georg machte beruflich große Fortschritte und war öfter mal fort von uns. Irgendwie wartete ich schon auf diese Momente. Als ich mir das eingestand, bekam ich Schuldgefühle. Dann kam unser erstes Kind.

Georg war sehr lieb zu mir, aber ich nahm ihn nicht mehr richtig wahr. Ich entrückte irgendwie mit dem Kind in eine andere Welt, spann mich dort ein. Nach der Geburt des zweiten Kindes bekam ich plötzlich ganz starke Depressionen. In diese Zeit fiel auch der Tod meiner Mutter, und ich versuchte meine verzweifelte Stimmung auf dieses Ereignis zu schieben. Aber mehr und mehr wurde mir klar, daß in meinem eigenen Leben etwas total schief lief.

Durch Vermittlung einer Freundin begann ich eine Psychotherapie, und mir wurde bald klar, daß ich mich von Georg trennen wollte. Als ich ihm das erste Mal davon erzählte, brach er praktisch zusammen. Er fragte, ob ich mich in einen anderen Mann verliebt hätte. Das war nicht der Fall. Um so unbegreiflicher erschien ihm mein Verhalten. Wir haben dann irgendwie noch einmal die Kurve gekriegt. Aber wenig später waren wir praktisch wieder am selben Punkt. Georg zog aus in der Hoffnung – wie er mir mal gesagt hat –, daß ich wieder zu mir kommen würde. Ich bin mehr und mehr zu mir gekommen, aber anders, als er und auch als ich es lange gemeint haben. Wir wollen jetzt die Scheidung einreichen.«

Gleich noch ein paar Worte zu Elsa, doch erst einmal der Bericht von Hans, 44 Jahre alt, Architekt, seit sieben Jahren getrennt lebend, seit drei Jahren geschieden, ebenfalls zwei Kinder:

»Mein Leben ist so ganz anders geworden, als ich es mir immer vorgestellt hatte. Eheschließung, Kinder – das war für mich gar keine Frage. Ich bin in einer Großfamilie aufgewachsen, mit Geburtstagen, zu denen 25 bis 30 Verwandte kamen. Ich habe mir nie große Gedanken um den Sinn einer Ehe gemacht. Das war für mich gar keine Frage, daß ich irgendwann heiraten und Kinder haben würde – ich glaube, ich habe meine Frau noch nicht mal gefragt, ob sie mich heiraten will.

Wir lebten schon zusammen, als wir das Aufgebot bestellten. In unserem Freundeskreis galten wir als tolles Paar. Vor acht Jahren verliebte ich mich plötzlich in eine Kollegin. Ich maß der Sache zuerst keine Bedeutung bei, aber ich kam in eine furchtbare Situation. Mehr und mehr fühlte ich mich zu ihr hingezogen. Sie ist zwar viel jünger als ich, aber wir verstanden uns prächtig. Ich versuchte verzweifelt, beides festzuhalten, die Liebe zu der jungen Frau und die Anhänglichkeit an meine Familie. Es entstanden absurde Situationen. Zeitweise lebte ich bei der Freundin, zeitweise wieder zu Hause, zeitweise im Hotel, bis meine Frau Josy nicht mehr konnte und mich, sozusagen, aus dem Haus schmiß.

Damals dachte ich, daß damit eine Entscheidung gefallen wäre. Ich zog zu Maren, meiner Freundin, aber es ging nur zwei Monate gut. Wir fingen an, uns über kleinste Kleinigkeiten zu zanken. Im Anschluß an eine Elsaß-Fahrt voller Liebe, aber auch voller Melancholie trennten wir uns. Seither lebe ich allein. Josy ist nach der Scheidung zu einem Jugendfreund nach Berlin gezogen. Daß meine Kinder so weit entfernt von mir aufwachsen, ich sie nur in den Ferien sehe und an ihren alltäglichen Freuden und Kümmernissen nicht mehr teilnehmen kann, bedrückt mich am meisten und hat eine tiefe Wunde hinterlassen, die immer wieder aufreißt. Ansonsten geht es mir gut.

Die Trennung von Josy habe ich gut überwunden. Ich habe für sie heute neutrale freundschaftliche Gefühle. Gelegentlich schreiben wir uns, und sie teilt mir das Neueste von den Kindern mit. Gleich nach der Scheidung hatte ich ein paar Frauengeschichten, die mich aber nicht weiter berührten. Ich würde gerne wieder etwas Festes aufbauen, aber ich merke, ich bin noch nicht so weit. In drei Jahren hören die Unterhaltszahlungen auf, dann stehe ich auch finanziell wieder besser da. Im Moment führe ich eine bessere Studentenexistenz, lebe mit ein paar Möbeln, die ich noch aus der früheren Wohnung mitgenommen und durch einige moderne Stücke ergänzt habe, in einem Appartement in einem anonymen Hochhaus.

Ich glaube, meine äußere Situation spiegelt meine innere wider. Ich halte mir mein Leben offen, das so lange schon so fest umrissen schien. Manchmal sage ich zu mir: ›Junge, das ist deine zweite Pubertät‹, und muß dann immer lachen. Aber ehrlich: Die letzten Jahre, obwohl sie zeitweise sehr hart waren, waren unheimlich wichtig für mich. Ich habe mich mit völlig neuen Dingen beschäftigt, einen ganz neuen Freundeskreis aufgebaut. Ohne den Schock der Trennung – und das war ein Schock, obwohl die Trennung von mir ausging – wäre ich wohl aus den Filzpantoffeln nicht mehr rausgekommen.«

Zwei Scheidungsgeschichten, voller Melancholie und voller Hoffnung, typisch für unsere Zeit und doch wieder nicht so typisch. Elsa und Hans haben nämlich etwas begriffen von dem ›Geheimnis‹, das jede Trennung und Scheidung umgibt. Ein Geheimnis? Eine Scheidende hat das einmal in einem Moment aufblitzender Erkenntnis so beschrieben: »Jahrelang habe ich mich mit Haß auf meinen früheren Mann, der mich unter objektiv miesen Umständen verlassen hatte, herumgequält, ihn beschimpft, ihm die ganze Schuld an meiner Lage gegeben, bis mir eines Tages aufging: ›Es ist *dein* Fall, der hier verhandelt wird. Irgendwo wird auch seiner verhandelt, aber mit dem hast du nichts mehr zu tun. Du bist dort allenfalls noch ein Zeuge, aber kein Staatsanwalt, wie du es so gerne möchtest, und auch kein Verteidiger, wie du es gelegentlich versuchst. Kümmere dich um deinen Fall und schau zu, daß möglichst viele Strafen zur Bewährung ausgesetzt werden.‹ Von dem Moment an ging es mir besser.«

Scheidungen sind häufig geworden, aber viele von denen, die sich trennen oder die scheiden, verpassen ihren Termin. Sie ziehen aus einer gemeinsamen Wohnung aus (oder werfen jemanden hinaus), reichen Klagen ein (oder nehmen sie entgegen), schreiben böse Briefe an die neue Freundin des Mannes, aber sie verpassen ihren Termin.

Ihren *Termin*?

Es gibt nur einen wichtigen Termin bei einer Scheidung oder Trennung, und das ist der Moment, in dem mir klar wird, daß ich in allen mich betreffenden Fragen an meiner eigenen Tür läuten muß. Wer diesen Moment verpaßt, wer sich um ihn unter Aufbietung aller Tricks und Künste drückt, der ist arm dran.

Dieses Buch möchte Ihnen helfen, den Klingelknopf zu Ihrer Tür zu finden, und möchte Ihnen Mut machen, ihn immer häufiger zu bedienen. Sie werden mit Erfahrungen und Erlebnissen anderer Menschen konfrontiert werden, Menschen, die in ähnlicher Lage sind wie Sie. Dadurch sollen Sie in die Lage versetzt werden, Ihr eigenes Leben besser einordnen zu können. Scheidende neigen nämlich dazu, die eigenen Angelegenheiten ohne Proportion und Relation zu sehen. Die Welt hält nicht den Atem an, weil eine Ehe, die 20 Jahre lang gedauert hat und aus der drei reizende Kinder hervorgegangen sind, auseinanderbricht. Andererseits ist dieses Geschehen keine Kleinigkeit, sondern der vielleicht wichtigste Moment in Ihrem Leben. Sie lernen sich endlich kennen, lernen sich so zu sehen, wie Sie sind.

In diesem Buch werden Sie auch viele Ratschläge finden. Bitte bedienen Sie sich, auch wenn nicht jeder Rat Ihren Fall trifft. Am besten lesen Sie das Buch mit dem Kugelschreiber oder dem Filzstift in der Hand. Unterstreichen Sie und schreiben Sie an den Rand! Nicht nur an den Stellen, wo Sie zustimmen, sondern gerade auch dort, wo Gesagtes Widerspruch herausfordert!

Als Trennender, Scheidender haben Sie eine einmalige Chance, bequeme, ausgetretene Pfade zu verlassen. Sie können – auch wenn Sie schon an Lebensjahren älter sind – noch einmal ohne Rücksicht auf jemand anderen sagen: »Das paßt zu mir! Das paßt nicht zu mir!« Nehmen Sie deshalb dieses Buch als ein Regal, in dem vieles steht, das für Sie interessant sein könnte. Greifen Sie sich das heraus, was zu Ihnen paßt; das andere lassen Sie stehen. Und das Schöne ist: Sie können unbesorgt zugreifen – bezahlt haben Sie ja schon.

Am Ende jedes Kapitels werden Sie eine weiße Seite finden, *Ihre* Seite. Dort will ich Sie jeweils dazu ermuntern, dies Buch zu Ihrem persönlichen Exemplar zu machen, wenn Sie es bis dahin noch nicht getan haben. Sie werden dort eine Aufteilung finden, die Ihnen vielleicht auf den ersten Blick merkwürdig vorkommt. Sie sollen nämlich Ihre Meinung zu dem Gelesenen sagen, einmal heute und dann in sechs Monaten. Scheidung, Trennung ist ein Prozeß. Wenn er gut verläuft, so bleibt ihm immer der Charakter eines Experiments, eines Lebensexperiments erhalten, und das können Sie auf den leeren Seiten festhalten und später einmal überprüfen.

In der Ehe ist vielen von uns leider das Bewußtsein dafür abhanden gekommen, daß das Leben trotz Plänemachen, Lebensversicherung und Bausparkasse ein beständiges Sich-Vortasten ist, bei dem wir den nächsten Moment nicht oder nur undeutlich kennen. Auf den Scheidenden dringt das Leben wieder in seiner ganzen Rauheit, aber auch in seiner ganzen Schönheit ein, wenn er sich nicht ängstlich verkriecht. Es ist ein in vieler Hinsicht äußerst gegenwartsbezogenes Leben. Wie geht es mir jetzt? Was fühle ich jetzt? Worüber freue ich mich jetzt? Was denke ich jetzt? Und was will ich mir jetzt vornehmen? Beantworten Sie einmal sofort, spontan, radikal, ohne Hemmung eine der gestellten Fragen. Und dann nehmen Sie sich das Buch in einem halben Jahr noch einmal vor und schreiben Ihre Antworten auf die Fragen nieder, Ihre Gefühle und Probleme zu diesem Zeitpunkt. Vergleichen Sie die beiden Eintragungen, zwischen denen sechs Monate Distanz liegen – und ziehen Sie Ihre Schlüsse aus dem Vergleich!

Trennung: Augen zu und durch?

Im letzten Abschnitt haben wir Bekanntschaft mit Elsa gemacht, die in Scheidung lebt. Sie hat ihren Mann verlassen (ist also nicht verlassen worden) und steht zu dem, was sie tat und tut; trotzdem passierte ihr letztens Folgendes: Elsa meldete ihren Ältesten in der Schule an. Sie mußte ihre Personalien angeben. Name? Vorname? Geburtsdatum? Geburtsort? Familienstand?... Familienstand? »Ich stockte«, erzählte mir Elsa, »schaute mich um. Hinter mir standen zwei andere Frauen. Was sollst du jetzt sagen? Was ist eigentlich dein Familienstand? Haben die Kinder Nachteile dadurch, daß ich sage, ich lebe von meinem Mann getrennt? Was geht das eigentlich die anderen an? Ich bin doch noch verheiratet?« Elsa brachte nach der eben geschilderten Schrecksekunde »getrennt lebend« hervor, und der aufnehmende Rektor mußte eine neue Kategorie in dem Formular eintragen, denn außer ›ledig‹, ›verheiratet‹ und ›geschieden‹ war nichts mehr vorgesehen. Warum ist für diesen Fall nichts vorgesehen? Und wichtiger noch die Frage: Warum mußte Elsa mehrere innere Anläufe nehmen, um etwas zu beschreiben, was ihr zu leben nicht mehr schwerfällt?

Geschiedene – obwohl eine nicht mehr zu übersehende Gruppe in unserer Gesellschaft – haben noch keinen Platz bei uns, geschweige denn einen festen

Platz. Es gibt sie, jeder kennt eine(n) Geschiedene(n) oder ist selbst davon betroffen. Doch wer sich die Freiheit nimmt, den einmal eingegangenen Ehe-Vertrag aufzulösen, der fällt in ein Nichts. Und hat es der/die Verlassene – oder, wie jetzt immer so schön gesagt wird: Entheiratete – besser? Keineswegs! Er/sie kann sich zwar eines gewissen Mitleids von Freunden und Verwandten sicher sein, aber hinter diesem Mitleid lauert Furchtbares: Angst, Neugier, stille Abwertung, Triumph. »Er konnte sie nicht halten« – »Sie konnte ihn nicht halten« – vernichtende Sätze, ob sie laut ausgesprochen werden oder hinter lüstern-neugierigen Augen aufscheinen.

Alle wichtigen persönlichen Ereignisse in unserem Leben, freudiger oder trauriger Art, haben einen festen Rahmen, ein Ritual, das je nach Temperament, Tradition und Geldbeutel zwar unterschiedlich ›begangen‹ wird, aber immer den Betroffenen heraushebt, ihn/sie in die Mitte einer Gruppe nimmt, Anteilnahme sichert – bis hin zum ›letzten Geleit‹. Zur Konfirmation oder Kommunion gibt es ein schönes Kleid oder einen schmucken Anzug, zum Abitur vielleicht sogar schon das erste Auto. Zum Geburtstag sammeln die Kollegen, vom häuslichen Aufwand ganz zu schweigen. Zur Hochzeit wird gedichtet, und bei der Pensionierung gibt es neben der goldenen Uhr den Wunsch mit auf den Weg, daß man nun zu all dem kommen möge, wozu einem die Arbeit bisher keine Zeit gelassen hat. Und die traurigen Ereignisse? Wer krank wird, bekommt einen Blumenstrauß ans Bett oder ein aufmunterndes Wort auf den Gipsfuß gekritzelt. Wer durch die Führerscheinprüfung fällt, wird heiter-neckisch mit einem Gedicht in der Faschingszeitung bedacht, und für fast jeden anderen Schicksalsschlag gibt es eine vorgedruckte Karte. Nur für die Scheidung ist nichts vorgesehen. Der Scheidende muß sich das Gefäß für seine Gefühle irgendwo selbst suchen. Die Mitteilung: »Ich lasse mich scheiden«, löst zwar Betroffenheit aus, aber dann? Ein Glückwunsch ist wohl nicht angebracht. Bedauern kann ebenso deplaziert sein. Einer schaut weg, einer räuspert sich, einer reißt einen müden Witz und drei fangen von ihrer Ehe oder der Ehe der Schwester des Schwagers zu erzählen an, die auch gefährdet sei. Und der Betroffene steht da wie ein Schauspieler, der zu einer weitausholenden Gebärde angesetzt hat, die nun irgendwo in der Weite der Bühne erstirbt. Die Einsamkeit, die viele Scheidende spüren, ist in der buchstäblichen Reaktionslosigkeit der Umwelt begründet, und dies hat ihre Ursache im fehlenden Ritual: keine Regeln, keine Kleidervorschrift, keine wohlgesetzten Worte.

Diese Situation hat einen geradezu unheimlichen Kontrapunkt in der traumhaft sicheren Art, wie jene sich verstehen, die gerade durch den Prozeß einer Trennung oder Scheidung gehen. (Ironisch betrachtet gilt dies für alle Scheidenden mit einer Ausnahme: Die Partner, die sich voneinander lösen, verstehen sich häufig gar nicht, obwohl sie bis in Einzelheiten hinein dasselbe erleben.) Ein Kreis Scheidender oder Geschiedener ist wie ein magischer Zirkel. Einer versteht den anderen, ohne daß viel gesagt wird, einer nimmt dem anderen das Wort aus dem Mund, ergänzt die Mitteilung mit ähnlichem Erleben. Ein Gefühl von Wärme und Zusammenhalt entsteht – wie wenn sich eine Herde bei Regen oder Schnee aneinanderkauert –, und selbst die absurdeste Handlung wird noch mit einem verstehenden Kopfnicken begleitet. Eine junge Frau erzählt davon, wie sie in ihrem Auto sitzend stundenlang vor der Tür der Geliebten ihres Mannes wartet; als er endlich herauskommt, dreht sie durch, gibt Gas, verfolgt den ›Schuft‹ über den Bügersteig, will ihn an die Hauswand nageln. Er springt in den nächsten Hauseingang. – Ausrufe, Staunen, Seufzen in der Runde, keine Vorwürfe...

Weil es keine Trennungs- und Scheidungsrituale gibt, schießen die Gefühle frei heraus, nicht immer zum Guten der Beteiligten. ›Augen zu und durch!‹ Das ist die uneingestandene Devise vieler Scheidender. Geht es auch anders? Ja! Und da ihnen von der Umwelt so wenig Hilfe geboten wird, müssen die Scheidenden sich selbst helfen. Scheiden tut weh – das wird wohl ewig so bleiben, aber heute tut vieles bei der Auflösung einer Ehe oder Partnerschaft unnötig weh:

Scheiden tut unnötig weh – weil die Psychologie ebenso wie andere Instanzen der Gesellschaft vor den wachsenden Scheidungsraten lange Zeit die Augen zugemacht hat. Fast alle wichtigen Untersuchungen zu Scheidungsproblemen stammen erst aus den letzten zehn Jahren und sind den meisten Scheidenden sowie den mit Scheidungen Befaßten (Rechtsanwälten, Richtern) nur selten bekannt. Wichtige Problemkreise (z.B. Scheidung und Gesundheit, Entwicklung von Scheidungskindern, Zweitehen) sind kaum erforscht.

Scheiden tut unnötig weh – weil der juristische Anteil an einem Scheidungsgeschehen häufig zu einem Ritual hochstilisiert wird. Daran sind nicht nur die Juristen schuld. Die Scheidenden, alleingelassen mit ihren Problemen und Lebensfragen, erwarten sich von Prozessen und Klagen Halt und Heil. Dabei ist der Ausgang der meisten Scheidungsprozesse von einem Laien mit Hilfe eines für wenige Mark zu erstehenden juristischen Scheidungshandbuchs auf die Kommastelle genau vorherzusagen.

Scheiden tut unnötig weh – weil viele Scheidende innerlich doch nicht zu dem stehen, was sie tun. Schuld-, Rache-, Neid- und Angstgefühle führen den Taktstock, wo Stolz den Ton angeben sollte – Stolz darauf, einen Lebensweg zu prüfen und eventuell zu verlassen, auf dem mehr gestolpert als geschritten wurde. Und dieser Stolz darf auch vorhanden sein, wenn mir die Prüfung der Wegstrecke von meinem Partner aufgenötigt wurde.

In guter Gesellschaft

Wer sein eigenes Verhalten gern an dem anderer Menschen prüft und überprüft, bevorzugt dafür den Blick in die Statistik. Dies ist allerdings mit gewissen Risiken verbunden, die man kennen sollte. Einmal können statistische Daten fehlerhaft erhoben worden sein. Weiter muß eine Statistik systematisieren und katalogisieren; dabei fallen viele Nuancen unter den Tisch, und es entsteht leicht ein schiefes Bild. Wenn wir also eine Erhebung darüber machen wollten, warum Menschen sich scheiden lassen, könnten wir zum Beispiel zehn Gründe dafür vorgeben; in dieses Schema müßte sich dann die bunte Vielfalt des Scheidungsgeschehens einfügen. Es ist leicht zu sehen, daß sich dabei Fehler und ›schiefe Beurteilungsebenen‹ ergeben. Des weiteren müßten statistische Daten interpretiert werden, und eine Prozentzahl läßt sich so oder so auslegen. Wenn wir etwa die Männer zählen wollen, die bei kaltem Wetter einen Hut aufsetzen, und bei einer Stichprobe in einer belebten Straße feststellen, daß es drei von zehn sind, was sagt das schon aus? Sind das nun viel oder wenig? Auf den jeweiligen Hintergrund kommt es an! Für den, der Huttragen altmodisch findet, mag das als viel erscheinen, für den, der vom Hutverkauf lebt, als wenig. Und dann gibt es noch den der Statistik innewohnenden Mechanismus, daß bestimmte Prozentzahlen Trends verstärken oder abschwächen. Wenn eine Mehrheit etwas tut, kann kaum einer sich der Aufforderung zur Nachahmung entziehen. Diese Beobachtungen sind wichtig, wenn wir uns die folgende Scheidungsstatistik anschauen.

Im Jahre 1982 wurden in der Bundesrepublik 118483 Ehen geschieden. Daraus errechnen die Statistiker einen Vergleichswert: Auf 10000 Einwohner gab es in jenem Jahr 19,2 Scheidungen. Das sagt uns vielleicht auch noch nicht viel, also setzen wir diese Zahl in Bezug zu unserem täglichen Leben. Unterstellen wir, daß im Jahre des Erscheinens dieses Buches, 1985, die Scheidungszahlen sicherlich nicht unter denen von 1982 liegen, einem anhaltenden Trend entsprechend sogar leicht darüber, dann kommen wir auf 20 Scheidungen pro 10000 Einwohner im Jahre 1985. Wenn Sie also in diesem Jahr einen Scheidungstermin haben und Sie leben in einem Dorf mit 1000 Einwohnern, dann dürfen Sie davon ausgehen, daß es (im statistischen Durchschnitt) noch ein weiteres Paar in Ihrer kleinen Gemeinde gibt, das sich mit derselben Frage beschäftigt oder herumquält. Leben Sie in einer Kleinstadt mit 20000 Einwohnern, dann machen neben Ihnen noch 39 andere Paare in diesem Jahr Scheidungsvorbereitungen. Einige von ihnen kennen Sie vielleicht, andere wären über Bekannte, Clubs oder die Ortspresse leicht zu finden. Eine Selbsthilfegruppe von Scheidungs-Betroffenen ließe sich also mit wenig Mühe gründen. Leben Sie 1985 in einer Großstadt von 100000 Einwohnern, dann geht es immerhin mindestens 200 Männern und 200 Frauen in diesem Jahr vermutlich sehr ähnlich wie Ihnen. Die Zahl der Menschen, die eine Beziehung zu Ihren Problemen und Fragen haben, ist natürlich noch größer. Der Personenkreis, auf den hier Bezug genommen wird, sind alles Paare, die sich in *einem* Jahr scheiden lassen. Tatsächlich haben erheblich mehr Menschen in Ihrer Umgebung Scheidungs- oder Trennungserfahrungen oder werden sie demnächst erwerben. 19,2 Scheidungen auf 10000 Einwohner – die Zahl ›hinkt‹ auch insofern, als in den 10000 alle unverheirateten Personen (vom Baby bis zur Witwe) enthalten sind. So gesehen kann man sagen: Eine Scheidung ist derzeit ein Geschehen, das die Beteiligten sehr durchrütteln mag, aber gesellschaftlich gesehen nichts ›Besonderes‹ darstellt.

Die Jahresscheidungsrate kann man auch zu anderen Zeiten in Beziehung setzen, und da stellen wir fest, daß 1982 die höchste Scheidungsrate seit 1945 war. Gleich nach dem Kriege gab es schon einmal ähnlich hohe Scheidungsraten (1950: 16,9 Scheidungen auf 10000 Deutsche). Die Zahl halbierte sich fast bis zu einem Tiefpunkt Ende der fünfziger, Anfang der sechziger Jahre, als es – statistisch gesehen – nur ein Paar pro 1000-Seelen-Dorf war, das sich im Verlauf eines Jahres scheiden ließ. Anfang der siebziger Jahre stiegen die Scheidungsziffern stark an und erreichten 1976, dem Jahr vor der großen Scheidungsreform, ein Hoch von 17,5 Scheidungen auf 10000 Einwohner. Nach Einführung des neuen Scheidungsrechts 1977 sank die Zahl zwei Jahre lang ab, um dann rasch auf die heutige Höhe zu schnellen.

Aus Statistiken werden gerne Trends abgelesen, aber Vorsicht! So kann man heute häufig lesen, daß in Zukunft jede dritte Ehe geschieden wird. Das ist so nicht richtig. Es bezieht sich zum Beispiel nicht auf die Altehen. Richtig muß es heißen: Wenn die heutige Tendenz, zum Scheidungsrichter zu gehen, anhält, dann wird eine von drei neugeschlossenen Ehen wieder geschieden, in den Großstädten möglicherweise eine von zweien.

Die Scheidungshäufigkeit ist von Bundesland zu Bundesland verschieden. Spitzenreiter sind – wie sich denken läßt – diejenigen Großstädte, die gleichzeitig Bundesländer sind: Berlin hatte 1982 auf 10000 Einwohner 36,5 Scheidungen, Hamburg 29,2 und Bremen 28,3. Bei den restlichen Bundesländern fällt eine Systematisierung schwer. Was haben Saarland, Nordrhein-Westfalen und

Schleswig-Holstein gemeinsam? Dort gibt es mehr Scheidungen als im Bundesdurchschnitt, in Niedersachsen, Hessen, Rheinland-Pfalz, Baden-Württemberg und Bayern weniger (im letzteren Bundesland mit 15,1 Scheidungen auf 10000 Einwohner die wenigsten).

Die durchschnittliche Dauer aller Ehen in der Bundesrepublik lag 1982 bei 11,3 Jahren. Sie ist übrigens gestiegen, denn 1965 lag sie zum Beispiel bei 9,0 Jahren. Entgegen einem immer noch verbreiteten Vorurteil gibt es keine sogenannten ›verflixten Ehejahre‹, weder das siebente noch das zehnte, in denen besonders viele Ehen ›krachen‹. Frisch getraute gehen ebenso zum Scheidungsrichter wie ›langgediente‹ Ehepaare. Von den 1982 geschiedenen rund 120000 Ehen waren 152 im selben Jahr geschlossen worden, 2058 das Jahr davor; 7714 Ehen, also jede 16. geschiedene Ehe in jenem Jahr, hatte 25 Jahre und länger bestanden. 71 der Scheidungswilligen waren unter 20 Jahren, aber auch 71 über 80 Jahre. Wie gesagt, ›verflixte‹ Jahre und Lebenszeiten gibt es nicht, wenn man Ehe und Scheidung in der Statistik betrachtet. Mit Vorsicht kann man es so formulieren (auf das Scheidungsjahr 1982 bezogen): Bei den zwei Jahre dauernden Ehen gibt es (im Vergleich zu den einjährigen) plötzlich einen Scheidungssprung. Die Scheidungshäufigkeit wächst, bis sie bei den fünf Jahre alten Ehen einen statistischen Höhepunkt erreicht, der sich aber nur unwesentlich von den anderen Jahren abhebt. Die absoluten Zahlen im Dreijahresabstand: Von den 1982 geschiedenen Ehen hatten 5404 eine zweijährige Dauer, 8592 eine fünfjährige Dauer, 6414 eine achtjährige Dauer, 5069 eine elfjährige Dauer und – machen wir mal einen Sprung – 3369 eine fünfzehnjährige Dauer. Man könnte also sagen, daß nach einer Dauer von wenigen Jahren viele Paare ihre Entscheidung zur Ehe noch einmal überprüfen. Doch wer darauf vertraut, daß mit wachsender Zahl von Ehejahren die Sicherheit einer Ehe auffällig steigt, der wird von der Statistik (und vom Leben) enttäuscht. Und beachten wir vor allem bei aller Zahlenspielerei: Was sich zwischen Küche, Balkon und Bett in sogenannten festen oder sich auflösenden Ehen wirklich tut, wird von der Statistik natürlich nicht erfaßt.

Auch die Probe, wie alt Männer und Frauen bei der Scheidung sind, ist wenig aussagekräftig, schon gar nicht, wenn man sein eigenes Verhalten daran ausrichten wollte. Faßt man die Scheidenden in Fünf-Jahres-Gruppen zusammen, 20- bis 24jährige usw., so stellen die vier Blöcke zwischen 25 und 45 Jahren jeweils etwa die gleiche Zahl von Männern und Frauen, die Scheidung begehren. Das sind auf der anderen Seite genau jene Altersstufen, in denen am häufigsten große und kleine Lebensentscheidungen aller Art revidiert werden. Das Ehe- und Scheidungsverhalten paßt sich also nur den sonstigen Lebensmustern an.

Eine Zahl, die in letzter Zeit häufig genannt wird (von Männern mehr nachdenklich, von Frauen gelegentlich triumphierend), ist ebenfalls mit Vorsicht zu genießen. Es stimmt zwar, daß heute in der Mehrzahl der Fälle die Frau die Scheidung einreicht, was vor 30 Jahren noch anders war. 1982 reichten zum Beispiel 71101 Frauen gegenüber 37161 Männern die Scheidung ein (10221 Paare gemeinsam). Was dabei jedoch häufig unter den Tisch fällt, ist, daß dies in aller Regel mit Zustimmung des Partners geschah. Überhaupt waren es von den 118483 Scheidungen nur 17653, also nur jede siebente, bei denen ein Partner dem Scheidungsbegehren des anderen widersprach. Bei dieser Feststellung muß man sich allerdings fragen, warum es dann so viel Frust, Probleme und Herzeleid gibt, wenn sich die Scheidenden zumindest in der Absicht, sich zu trennen, so weitgehend einig sind? Dies, so vermuten wir, hat nicht nur einen Grund in der Psyche der Scheidenden, sondern – wie schon angedeutet – in der immer noch schamhaften, versteckten, von vielerlei Vorurteilen bestimmten Art, in der Scheidungen angesehen werden. Von den fast 120000 Scheidungsbegehren wurde übrigens nur eine minimale Zahl (351) bei Gericht abgewiesen.

Wie sehr man sich vor vorschnellen Urteilen hüten muß, zeigt auch eine andere statistische Zahl. Mehr Scheidungen – mehr Kinder, die von Scheidungen betroffen sind, könnte man meinen. Das stimmt, aber es stimmt auch wieder nicht. Heute werden nämlich fast ebensoviele Ehen ohne Kinder wie mit Kindern geschieden (1982: 55003 Scheidungen ohne Kinder, 63480 mit Kindern). Vor 15 Jahren war das noch ganz anders: Bei zwei von drei Ehen, die damals geschieden wurden, waren Kinder betroffen. Die Vermutung, daß damals bei einer Scheidung weniger Rücksicht auf Kinder genommen wurde, wäre nun aber ebenfalls falsch. Es gibt heute einfach mehr Ehen ohne Kinder, und entsprechend taucht die geschiedene Ehe ohne Kinder heute absolut und in der Relation häufiger in der Statistik auf.

Im Jahr 1982 waren 94934 Kinder von der Scheidung ihrer Eltern betroffen, 1975 gab es eine vorläufige Höchstzahl von 107216 Kindern. Das Alter der Kinder zum Zeitpunkt der Scheidung weist keine besonderen Spitzen auf, alle Altersstufen sind gleichstark vertreten. Geht man davon aus, daß pro Jahr etwa 100000 Scheidungskinder zur schon bestehenden Zahl dazukommen, dann liegt ein Schluß nahe – vielleicht nicht der, den Sie jetzt erwarten, sondern: Man sollte diesen Kindern endlich gestatten, so normal aufzuwachsen wie andere Kinder auch. Die Situation eines Scheidungskindes ist nichts Ungewöhnliches mehr, sondern wird nur von vielen Erwachsenen dazu gemacht. Ein Beispiel: Obwohl in manchen Schulklassen schon mehr Scheidungskinder als Kinder aus sogenannten ›normalen‹ Ehen sitzen, wird in den Schulbüchern von einer vollständigen Familie ausgegangen. Vater, Mutter und zwei Kinder – ein Klischee, das inzwischen millionenhaft überholt ist. *Kinder finden sich in neuen Situationen schnell und gut zurecht, wenn man sie läßt.* Diesen Satz sollten sich die Schulbuchautoren, die Pädagogik-Professoren, die unsere Lehrer ausbilden, und die Ministerialräte, die den Lehrstoff planen, gut sichtbar aufhängen. Kinder werden dadurch nicht anders, daß ihre Eltern einen einmal miteinander geschlossenen Vertrag aufkündigen, aber es sticht in ihre Seelen, wenn die Erwachsenen die Augen niederschlagen oder schnell das Thema wechseln, sobald der Junior erklärt: »Mein Papi wohnt nicht mehr bei uns.«

Was ist mit der guten alten Ehe los?

Die gute alte Ehe? Ich bin vorsichtig, ich sage sie nicht tot. Es gibt einige ›verflixt‹ gute Ehen, in welchen die Partner es schaffen, immer wieder neu für den anderen da zu sein und immer wieder Neues am anderen zu entdecken. Das Leben fließt, und wir fließen mit dem Lebensstrom. Er läuft unterschiedlich schnell, und sein Bett wechselt. Wir müssen uns also ständig an neue Situationen gewöhnen, neue Seiten aufschlagen, neue Aufgaben übernehmen, auch in der Ehe, ob wir es wollen oder nicht. Viele aber, die den ›Bund fürs Leben‹ eingehen, vergessen das und meinen, das Ja-Wort entbinde sie auf magische Weise davon, sich in den eigenen vier Wänden ein wenig anzustrengen, um dem Leben immer wieder neue Seiten abzugewinnen. Aus dem charmanten Plauderer im Kreis der Arbeitskollegen wird zu Hause ein maulfauler Muffel, aus der unternehmungslustigen Fee von früher wird im gemeinsamen Reihenhaus eine müde ›grüne Witwe‹, die die Stunden des Tages verrinnen läßt. Der Lebensstrom verkümmert in zahlreichen Ehen zum unbedeutenden Rinnsal, und oft muß er dann den Weg (oder ist es ein Umweg?) über eine Trennung nehmen, um wieder lebendig zu werden. Trennung kann etwas sehr Lebensbejahendes sein; Bedingung dafür ist allerdings, daß das Leben frisch angenommen wird. Wer sein Leben auch über den Moment der Trennung hinaus am früheren Partner ausrichtet (»Wenn er/sie nur anders wäre, dann könnte ich ja...«) oder wer sich schnell einen neuen Partner sucht, mit dem er diese Selbstbetrugs-Affäre wiederholt, der wird weiter im seichten Wasser planschen.

Dem aufmerksamen Leser wird nicht entgehen, daß ich in der Ehe eine Lebensform sehe – unter anderen, daß ich in der Scheidung eine Lebensform sehe – unter anderen. Viele Menschen in unserer Zeit, die gern heiraten würden, tun es nicht oder können es nicht. Sind sie ärmer dran? Viele, die heiraten, fallen aus den Wolken auf die harte Erde, richten es sich dort aber gemütlich ein. Ist das falsch? Viele, die sich scheiden lassen, sind lange Zeit verunsichert und bauen sich mühsam eine neue Identität auf. Ist das lebensfremd? Wer hat uns eigentlich vorgeschrieben, daß das Leben so und nur so auszusehen hat, damit es als erfüllt gelten kann?

In der Liebe gibt es ewige Gesetze und vergängliche. Mann trifft Frau und ist fasziniert (oder umgekehrt) – das ist solch ein ewiges Gesetz. Es ist vom Gang der Weltgeschichte unabhängig, vom Lebensalter der Beteiligten und vom Ort des Geschehens. Ich liebe etwas und möchte es festhalten, es ständig bei mir haben – auch das ist ein ewiges Gesetz, genau wie dieses: Ich liebe etwas, und es wird mir genommen. Und jetzt ein vergängliches Gesetz: Die Stabilität einer Beziehung zwischen zwei Menschen wird erhöht, wenn die Bindung von einem deutschen Standesbeamten (wahlweise mit Harmoniumklang oder ohne) amtlich bekräftigt wird und nahe Verwandte diesem Akt beiwohnen. Bevor die Form der Ehe aufkam, die wir heute haben, gab es feste, dauernde Bindungen unter Menschen und ebenso Trennungen, obwohl niemand beim Bindungsversprechen daran dachte.

Wir müssen uns klarmachen, daß die heutige Form der Eheschließung und auch der Ehetrennung gleichermaßen gesellschaftliche Bedürfnisse befriedigt wie persönliche. Dabei werden die Eheschließenden auch Partner eines Vertrages miteinander, aber nicht nur miteinander. Der Ehevertrag, den zwei Menschen vor dem Standesbeamten schließen, schafft für beide besondere Rechtsbeziehungen zur Gesellschaft insgesamt. Dies machen sich viele Heiratende nicht klar. Allenfalls werden sie später beim Ausfüllen der gemeinsamen Steuererklärung daran erinnert, daß sie jetzt gegenüber der Gesellschaft besondere Ansprüche, aber auch einige Pflichten haben, die Unverheiratete nicht kennen. Der Staat, der zwei Personen, die sich ein Eheversprechen geben, in gewisser Weise in seine Pflicht nimmt, bestimmt auch den Modus, wie die Pflicht abzuleisten ist. Dieser Modus kann sich ändern. Es ist also durchaus denkbar und passiert auch, daß Mann und Frau einen Vertrag (Ehevertrag) miteinander schließen, dessen wesentliche Bestimmungen sich ohne ihr Zutun durch einen Dritten (den Staat) ändern und sie vor eine völlig neue (rechtliche) Situation in der Ehe stellen. Da Eheverträge in aller Regel geschlossen werden, ohne daß sich die Beteiligten über ihren Inhalt völlig im Klaren sind (welcher Ehepartner weiß zum Beispiel, in welcher Rechtsbeziehung er zu seinen Schwiegereltern steht, ob er eventuell im Falle ihrer Not unterstützungspflichtig ist?), wird auch von vielen Scheidenden verkannt, daß die Auflösung des Ehevertrages die Auflösung von ganz konkreten Rechten und Pflichten gegenüber dem Partner ist. Die Eheschließung hat eine Gefühls- und eine Rechtsseite. Die zweite merken die Beteiligten kaum. Die Scheidung hat ebenfalls eine Gefühls- und eine Rechtsseite. An die zweite werden sie plötzlich unsanft erinnert und können sich ihr nicht entziehen.

Eine Eheschließung, so könnte man sagen, steht auf vier Säulen. Da ist erstmal die Gefühlsbeziehung der beiden Heiratenden. Dazu kommt ihr Wille, der Bindung ein äußeres Zeichen der Dauer zu geben. Die dritte Säule stellt die Wahrnehmung und Unterstützung dieser Bindung durch das persönliche Umfeld (Verwandte und Freunde) dar. Und die vierte ist der tatsächliche Akt der Eheschließung auf dem Standesamt mit Unterschrift, eine höchst nüchterne, belanglos scheinende Angelegenheit, die durch die Euphorie aller an der Hochzeit Beteiligten überhöht wird, aber harte Fakten schafft. Bei der Scheidung stürzen einige dieser Säulen (meistens alle, mindestens aber die vierte) ein. Im Gegensatz zur Eheschließung gibt es aber nur bei der Säule vier ein einigermaßen gesichertes Vorgehen; bei den anderen drei Säulen ist die Ratlosigkeit häufig groß.

Wenden wir uns in diesem Zusammenhang nur der vierten Säule zu. Die heutige äußerliche Form der Ehe könnte man so charakterisieren, daß der Staat seit etwas mehr als hundert Jahren von der Kirche die Funktion übernommen hat, Ordnung und Stabilität in die Beziehung von Männern und Frauen, die miteinander leben, zu bringen. Auf deren Wunsch, könnte man hinzufügen, aber das wäre nicht ganz richtig, denn faktisch übt der Staat sogar Druck auf Liebende aus, eine Ehe zu schließen und sie möglichst aufrechtzuerhalten, indem er die Ehe als besondere Lebensform heraushebt (ihr spezieller Schutz ist im Grundgesetz verankert), die Eheschließung finanziell sowie moralisch begünstigt und die Scheidung, zumindest finanziell, bestraft. Dies sollten sich alle Heiratenden und alle Scheidenden klarmachen. Sie glauben vielleicht, daß – abgesehen davon, daß sie eine Unterschrift unter einen Vertrag oder einen Auflösungsvertrag leisten – die Sache völlig ihre Privatangelegenheit ist. Das täuscht. Ehe schafft rechtliche Fakten, Scheidung auch.

Jeder, der sich heute scheiden läßt, rebelliert – bewußt oder unbewußt – auch gegen ein ungeschriebenes ›Das tut man nicht‹. Jeder, der das ebenso ungeschriebene gesellschaftliche Ehegebot (vor Jahren sagte man noch: »Nun legitimiert doch mal eure Beziehung«!) negiert und in einer festen Beziehung lebt, aber nicht heiratet, tut dasselbe. Die Ehe wird heute von zwei Seiten in die Zange genommen. Ob sie diesen Druck aushält? Auf jeden Fall wird sie sich in Zukunft stärker legitimieren, ihre Vorzüge gegenüber anderen Lebensformen deutlicher herausputzen müssen.

Die Zukunft der Ehe? Sie mag vielleicht ganz anders aussehen, als wir es uns heute ausmalen. Während dieses Buch entstand, hat der Konsultativrat der Anglikanischen Kirche, einer der großen Kirchen dieser Welt, die in England, den USA und in den ehemaligen englischen Kolonien verbreitet ist, empfohlen, die Polygamie (Mehrfrauen-/Mehrmännerehe) zu legalisieren. Sie sei in afrikanischen Ländern auch bei Christen gang und gäbe. Polygamie sei von der Bibel nicht verboten. Sie sei vielmehr eine uralte Tradition auf dem afrikanischen Kontinent und erst in jüngster Zeit durch westliche Einflüsse mit einem Makel behaftet. Im Lichte der gegenwärtigen Komplexität des Familienlebens in der Welt sei es für die Kirche, so der Konsultativrat, wichtig, dazu eine Erklärung abzugeben. 1988 wird sich eine weltweite Konferenz der Anglikanischen Kirche mit dem Thema beschäftigen. Zurück zu Urformen menschlichen Zusammenlebens? Ganz von der Hand zu weisen ist diese Vorstellung nicht. Dabei soll nicht unterschlagen, sondern herausgestrichen werden, daß die Ehe in der heutigen Form durch Betonung der prinzipiellen Gleichwertigkeit beider Geschlechter viele der Sklaverei ähnliche Formen des Zusammenlebens von Mann und Frau abgelöst hat. So sind, notabene, in den stark patriarchalisch geprägten Ländern der arabischen Welt, in denen dem Mann die Auflösung einer Ehe exklusiv vorbehalten ist – durch Verstoßung der Frau –, die Scheidungszahlen sehr hoch. Nicht die USA sind das scheidungsfreudigste Land der Welt, sondern arabische Staaten wie z.B. Algerien.

Um zu sehen, in welchem historischen Moment der Entwicklung fester Beziehungen zwischen Mann und Frau wir uns befinden, noch ein kurzer Blick auf die europäische Geschichte der Ehe. Im frühen Mittelalter herrschte die formlose Zustimmungs-Ehe vor (Klandestine-Ehe). Vermutlich waren Mehrfach-Ehen verbreitet. In dieses ›Chaos‹ (die Anführungsstriche sind bewußt gesetzt) strömte der christlich begründete Gedanke von der Ehe als einem unauflöslich geschlossenen Band. Die Unauflöslichkeit der Ehe wurde durch das Konzil von Trient (1545–1563) Dogma der katholischen Kirche. Mittlerweile gab es jedoch schon die protestantische Kirche, die diese Entwicklung nicht mitvollzog. Martin Luther sah in der Ehe ein »weltlich Ding«, was, damit es nicht fehlinterpretiert wird, der Erklärung bedarf. Getreu dem Satz der Bibel, daß man dem Kaiser das geben solle, was in seinen Bereich gehöre, und Gott das, was in dessen Bereich gehöre, schob Luther die Ehe dem kaiserlichen (staatlichen) Bereich zu. Im Klartext: Auch die protestantischen Kirchen gehen im Prinzip von der Ehe als lebenslang geschlossenem Bund aus, aber sie akzeptieren, daß nicht die Kirche, sondern der Staat die Regeln für das Wie und Wo der Ehe setzt. Wenn wir noch dazunehmen, daß im Zeitalter der Aufklärung viele religiöse Lehrsätze attackiert und aufgegeben wurden – die Ehe, zum Beispiel, wurde als ein Vertrag zwischen freien Individuen bestimmt –, dann haben wir das Grundgerüst des heutigen Eheverständnisses, das eine Mischform aus verschiedenen Gedanken und Glaubenssätzen ist: lebenslanger Bund (katholische Wurzel), von der Gesellschaft zu regeln (protestantische Wurzel), freier kündbarer Vertrag unter Gleichen (Aufklärung). Trotz freier Liebe, neuer, spektakulärer Wohn- und Lebensformen und der Experimentierfreude des modernen Menschen scheint es so, daß wir bei der Gestaltung unserer Ehe- und Scheidungsverhältnisse noch lange aus allen drei Wurzeln Wasser ziehen werden. ›Schuld‹ daran (auch hier sind die Anführungszeichen bewußt gesetzt) sind nicht zuletzt die Ehewilligen selbst.

Scheidung – Ehe mit anderen Vorzeichen?

Niemand ist gezwungen, eine Ehe zu schließen und sich damit amtlich eine private Bindung bestätigen zu lassen. Nicht einmal die katholische Kirche setzt die Ehe über alles, denn in der Ehelosigkeit ihrer Gottesdiener sieht sie ein noch höheres Gut. Trotzdem werden die meisten Liebenden auf Dauer ohne Stempel und Segen nicht froh. So meinen sie jedenfalls. Sie, die freie Entfaltung, Individualität, persönliche freie Entscheidung über alles stellen, sind in der Mehrheit nicht zufrieden damit, einem anderen freien Individuum nur einfach so die Hand zum Bunde zu reichen. Nein, sie brauchen da noch etwas mehr. Dies muß man festhalten, um zu verstehen, warum die Scheidung, die letzlich ebenso ein Verwaltungsakt wie die Eheschließung ist, mit so unendlich viel Schmerz, Frust, Demütigung hinüber und herüber verbunden sein kann. Wer den Rahmen braucht (Fanfare, Unterschrift, Protokoll, Ballsaal), um die Zuneigung zu Fräulein Müller oder Kandidat Schmidt deutlich zu machen, der muß wohl auch einen ähnlichen Rahmen haben, um zu zeigen, daß man dem Günstling die Gunst entzogen hat. War das erste ein Schauspiel, Singspiel, Lehrstück, so bieten sich am Ende die dramatischen Formen der Tragödie an, falls nicht wider den Willen eine Komödie daraus wird. Das wirklich Tragische ist nur, daß bei der Eheschließung die Hauptdarsteller das Stück weitgehend selbst schreiben, bei der Scheidung jedoch andere kräftig mitmischen, ja, vom Helden und der Heldin noch eigens engagiert und zum Mittun aufgefordert werden.

Damit kein falscher Eindruck entstehen mag: Ich nehme die Sorgen und Probleme bei einer Scheidung absolut ernst. Davon handelt dieses Buch, aber auch davon, wie man sich das Leben in Krisen- und trüben Zeiten ein wenig leichter machen kann. Und aus dem zweiten Motiv heraus meine eben indirekt gestellte Frage: Machen wir nicht den sowieso schon überaus schweren Prozeß des Scheidens und Abschiednehmens zusätzlich noch dadurch schwer, daß wir Lebensschritte in die Nähe von Himmel und Hölle heben, auch wenn wir uns sonst von Priestern und Propheten schon weit entfernt haben?

Die Liebe ist eine Himmelsmacht, singt der Tenor in der Operette, und er hat gar nicht so unrecht. Die Fähigkeit zu lieben ist die menschlichste (göttlichste?) und tiefgreifendste, die wir besitzen. Einen anderen Menschen im Heer der Erdenbewohner zu entdecken, ihn herauszuheben, ihm die eigene Zeit und Kraft zu schenken, sich mit ihm zu freuen, ihn zu trösten, wenn er in Not ist, ihm die Sicherheit zu geben, die er sonst nicht so schnell bekommt, ihn zu lieben – das ist eine gewaltige Sache. Liebende Menschen entwickeln Hingabe, Geduld, aber auch Phantasie, Genuß- und Erlebnisfähigkeit wie sonst niemand. Das Lob der Liebe zu singen, steht uns allen gut an. Nur meine ich eben die wirkliche Liebe und nicht ihre äußeren Zeichen wie etwa die Ehe, die Ausdruck einer tiefen Liebe sein kann und in vielen Fällen auch ist, die es aber nicht von vornherein, durch Institutionalisierung oder sonstwie, ist. Die Scheidung, so glaube ich, fällt vielen Menschen nicht deswegen so schwer, weil sie ein Ende der Liebe bedeutet. Diese ist den meisten schon lange vor dem Zeitpunkt der Trennung oder Scheidung verlorengegangen, sowohl die Liebe des Partners/der Partnerin wie die Fähigkeit, ihn/sie zu lieben. Nein, Scheidungen sind deshalb so schwer, weil in diesem Moment das, was von einer Liebe nach Jahren der Bindung noch übriggeblieben ist, nämlich die elementare Sehnsucht nach Liebe, zumindest in diesem Falle endgültig unerfüllt bleibt. Viele Ehen sind – auch das muß man deutlich sagen – nicht aus wirklicher Liebe, sondern eben nur aus Sehnsucht nach Liebe geschlossen worden, aus Sehnsucht, geliebt zu werden und lieben zu können. Diese sind sicherlich alle gefährdet, wenn im Verlauf der Partnerschaft nicht andere Momente hinzukommen. Was ist nun eine Scheidung? Einmal ein inneres Abrücken vom Partner, das sich in Stufen vollzieht, von Zweifeln und Widersprüchen gekennzeichnet ist und bis zu einem gewissen Grade – so oder so – durchgeführt werden muß, damit die Partner wieder ›frei‹ werden. Und die Scheidung ist ein Verwaltungsakt, dem der Eheschließung ähnlich (viele Scheidungen dauern übrigens als Verfahren nicht länger als die Eheschließung, etwa fünf bis zehn Minuten).

Der Verfahrensakt besteht im wesentlichen aus drei Punkten: Es wird amtlich festgestellt, daß die Ehe bestanden hat, es wird weiter festgestellt, daß die Partner die Ehe nicht weiter fortsetzen wollen und für eine gewisse, vom Gesetzgeber bestimmte Zeit der Prüfung dieses Entschlusses getrennt gelebt haben (das kann unter demselben Dach geschehen sein), und es werden bestimmte Vereinbarungen für die Zeit nach der Ehe getroffen. Vor zwei Irrtümern kann nicht eindringlich genug gewarnt werden. Die Frage, wer die Schuld an der Auflösung der Ehe hat, spielt heute in der Bundesrepublik bei einem Scheidungsverfahren keine Rolle mehr. Und zweitens: Viele Ehen werden zwar als solche aufgelöst, bestehen aber in wesentlichen Punkten durch neuen Vertragsabschluß zwischen den ehemaligen Ehepartnern weiter. Die Zivilehe endet, die Versorgungsehe geht weiter, bedeutet das in vielen Fällen. Es ist also ein Irrtum, anzunehmen, man könnte sich vom früheren Partner in allen Lebensaspekten mit dem Zeitpunkt des Scheidungsurteils lösen.

Die innere Ablösung vom Partner ist natürlich individuell verschieden. Familienforscher haben aber herausgefunden, daß alle Scheidungen nach einem gewissen inneren Rhythmus ablaufen. Drei Phasen wurden festgestellt, die bei den einzelnen Menschen von unterschiedlicher Länge sind (diese bestimmt sich auch danach, ob ich Verlassender oder Verlassener bin). Die Psychologen gehen also davon aus, daß es eine erste *Entscheidungs- oder Ambivalenzphase* gibt, in welcher der Entschluß zur Trennung gefaßt wird. Sie reicht gelegentlich weit in die als ›noch glücklich‹ angesehene Ehezeit hinein, nur merkt der Partner, dem später der Trennende seinen Entschluß mitteilt, nichts oder wenig davon, was sich entwickelt. Diese Entscheidungsphase dauert in der Regel ein bis zwei Jahre. Daran anschließend folgt die *Trennungsphase*. Sie fällt häufig mit der vom Gesetzgeber geforderten Trennungszeit überein und entspricht auch in der Länge der gesetzlichen Mindestzeit von einem Jahr. Daran anschließend setzen die Psychologen die *Neubeginnphase*, die sie unterschiedlich mit einem bis vier Jahre Dauer sehen. In diese Zeit fällt die eigentliche Scheidung, der Aufbau eines neuen Lebens, das Gewinnen neuer Freunde, einer neuen Identität. Nach einer Scheidung heiraten rund 80 Prozent wieder, der Prozentanteil der Männer liegt leicht höher als der der Frauen. Viele der neuen Ehen werden schon in den ersten beiden Jahren nach der Scheidung geschlossen. Man kann also feststellen, daß mit einer Scheidung in den meisten Fällen keine künftige Ablehnung der Institution Ehe verbunden ist. Viele setzen in die zweite Ehe große Erwartungen, auch im Sinne der Wiedergutmachung von Fehlern aus der ersten Ehe. Zweitehen stehen deshalb unter einem ziemlichen Erfolgsdruck, was ihnen zum Teil gut bekommt (die Partner kennen inzwischen ihre eigenen Fehler und registrieren bei Eheschwierigkeiten rechtzeitig die roten Warnlampen), was aber zum Teil wiederum zu Katastrophen führt, weil die Geschiedenen von sich und dem neuen Partner zuviel verlangen.

Probleme während und nach der Scheidung sind um so geringer, je einiger sich die Partner über die Trennung und deren Modalitäten waren. Völlig ungelöst von der Rechtsprechung her, aber auch von der seelischen Aufarbeitung und Betreuung ist die Stellung des neuen Partners. Er/sie ist in vielen Punkten rechtlich schlechter gestellt als der frühere, obwohl er/sie ja jetzt die zentrale Stellung im Leben des Geschiedenen einnehmen sollte.

Viele Scheidungen laufen ziemlich unproblematisch ab, wobei allerdings ein gewisses gesellschaftliches Nichts, in das der Scheidende oder Trennende fällt, nahezu von jedem gespürt wird. Die neue Rolle ist erst einmal als wie auch immer geartetes ›Ex‹ definiert. Man ist noch nichts Neues, aber auch nicht mehr das Alte. Die fehlenden Rituale, in die man seine wechselnden Gefühle betten könnte, scheinen vielen Familienforschern denn auch der eigentliche Mangel nach einer Scheidung zu sein. Besonders schlimm ergeht es allen jenen, welche die innere ›Abnabelung‹ vom Partner nicht von der äußeren Aufhebung der Ehe, wie sie sich durch das Scheidungsverfahren ausdrückt, abkoppeln können. Das gibt zwar Rechtsanwälten und Richtern Arbeit und Brot, geschieht aber selten, wenn es über eine gewisse Zeit und Stärke hinausgeht, zum Wohle der Beteiligten. Man kann diese Fälle so beschreiben, daß der Streit um die rechtliche Seite der Scheidung als Ersatz für ein fehlendes Ritual der Lösung vom Partner genommen wird. Was mit Hilfe eines rechtskundigen Beraters in wenigen Stunden zu erledigen wäre (es sei denn, es sind komplizierte Vermögensverhältnisse zu klären), bekommt einen quasi-weltanschaulichen Anstrich und zeitweise den Charakter einer Ersatzreligion: »Alles ist mir egal, wenn ich es ihm/ihr nur einmal zeigen kann.« Und dann wird die Aufteilung der Schallplattensammlung oder die Regelung einer Besuchszeit für die Kinder zum Glaubenskrieg, gegen den die Belagerung Wiens durch die Türken nur ein Scharmützel war.

Ihre Seite

Meine Gedanken heute: ______

Nach sechs Monaten meine ich dazu: ______

Kapitel 2

»Ich tue es *für* mich, nicht *gegen* dich«

Wie man seinem Partner den Entschluß mitteilt

Ist meine Ehe ›gefährdet‹?

Ich hatte Ihnen in der Einleitung zu diesem Buch bereits gesagt, daß vom ›Scheitern‹ einer Ehe nicht gesprochen werden kann. Dies hat zum Grund, daß wir die Ehe als einen Pakt- oder Vertragszustand zweier Menschen für eine unbekannte Zeit ansehen. Natürlich ist die Ehe mehr als eine reine Übereinkunft, mehr als ein Vertrag, wie er etwa zwischen einem Mieter und einem Vermieter abgeschlossen wird oder zwischen zwei Menschen, von denen der eine eine Dienstleistung erbringt und der andere dafür einen fest ausgemachten Betrag bezahlt. Wir legen in die Ehe zwar unsere besten Absichten, unsere schönsten Hoffnungen und (aber das gilt schon nicht mehr für alle Eheschließenden) unsere stärksten Talente hinein. Aber die Ehe war und ist auch immer ein Vertrag zwischen zwei (und im Falle anderer Kulturen mehreren) Menschen. Gerade im Hinblick auf eine Scheidung empfiehlt es sich sehr, ihren Vertragscharakter deutlich zu betonen.

Soziologen, Psychologen und Philosophen haben sich in vielfältigsten Definitionen der Ehe versucht. Mir gefällt es immer noch am besten, wenn man vom Angebot eines Menschen an einen anderen spricht, das im Moment der Eheschließung vor Zeugen gemacht wird, aber dann tagtäglich erneuert werden muß, damit die Ehe Bestand hat. Das Angebot bin ich selbst, mit meinen Stärken und Schwächen, mit meinen Möglichkeiten und Begrenztheiten, mit meiner Gesundheit und meinen Krankheiten. Daher sollten Eheleute einander immer wieder mal fragen: »Kannst du mit meinem Angebot, mit mir, noch etwas anfangen? Erfreut dich mein Lachen noch? Willst du meine Trauer noch teilen? Steigst du in meinen bunten Luftballon, wenn ich phantasiere, oder winkst du von vornherein ab? Spürst du noch, daß ich ein sexuell begehrender Mensch bin?« In die Ehe, in diese außergewöhnliche Zweier-Beziehung, fließt all das ein, was ein Mensch hat und mitbringt, was er geben und schenken und wovon er sich trennen kann, damit es der andere haben kann. Liebe als Trennung? Wir werden noch deutlicher sehen, wie sehr lieben können auch ›sich trennen können‹ heißt, sowohl im Verlauf der Ehe wie im Moment der Scheidung.

Scheidung heißt also, ein Angebot nicht länger aufrechtzuerhalten, ein Angebot zurückzuziehen, nämlich das Angebot meiner Person, meines Menschseins. Viele Ehen sind in diesem Sinne schon längst geschieden, bevor überhaupt eine Klage eingereicht, ein Schriftstück ausgestellt, ein Richterspruch gefällt ist. Ein Partner hat das Angebot seiner wichtigsten Möglichkeiten dem anderen beständig entzogen, und der andere fordert kein neues Angebot ein. Die Scheidung ist im Prinzip schon vollzogen, obwohl beide noch Müller heißen und in der Schillerstraße 97 wohnen. Ein Ehetherapeut erzählte mir mal, er habe eine ziemlich sichere Methode gefunden, um herauszufinden, wieviel Feuer noch in der verlöschenden Glut einer Ehe oder Beziehung sei. Er spricht mit einem Ehemüden, der Rat bei ihm sucht, über dies und das, und plötzlich, aus heiterem Himmel, fragt er ihn: »Sagen Sie mal, haben Sie nicht gelegentlich mal Lust, Ihrer Frau so richtig von Herzen an den Hintern zu fassen?« Der ehemüden Weiblichkeit stellt er die Frage ähnlich. Folgt ein Ja, dann ist noch nicht ›Ultimo‹.

Eine englische Ehetherapeutin, Zelda West-Meads, sagt – nicht ohne Grund –, daß die Art, wie sich ein Paar küßt, viel über den Zustand seiner Beziehung aussagt. Sie unterscheidet vier Arten zu küssen:

– Der innige Kuß dauert 30 Sekunden und länger. Wer ihn dem Partner noch geben bzw. von ihm annehmen kann, hat einen Beweis dafür, daß die Ehe noch lebendig ist.

– Die Häufigkeit flüchtiger Wangenküsse dagegen ist ein bedenkliches Zeichen. Die Liebe ist dann häufig schon verflogen, der Partner innerlich untreu geworden.

– Eine Mittelstellung nimmt der ›sachliche Kuß‹ ein, eine eher flüchtige Berührung der Lippen. Leidenschaften sind bei dem Paar vermutlich nicht mehr viel vorhanden, aber keiner von beiden will wirklich aus der Ehe heraus, sondern jeder kennt (noch?) seine Pflichten.

– Ein schneller, hektischer Zungenkuß dagegen muß für denjenigen, der die Ehe andauern lassen will, noch alarmierender sein als der flüchtige Wangenkuß. Wer so küßt, hat häufig ein schlechtes Gewissen und ist schon weiter aus der Ehe heraus, als er es vielleicht wahrhaben will.

Die englische Ehetherapeutin drückt ferner ganz klar aus, daß sie Art und Häufigkeit von sexuellen Beziehungen nicht als sehr verläßliches Barometer für den Wetterstand einer Ehe ansieht: »Sex gehört zu den ehelichen Verpflichtungen und wird ohne größere innere Beziehung zum Partner ausgeübt. Küsse dagegen sind eine Sache des Vertrauens.«

Ich vermeide das Wort ›Scheitern‹ für die Lösung einer Ehe, und eigentlich dürfte ich auch nicht das Wort ›gefährdet‹ für den Prozeß vor der Lösung einer Ehe benutzen. Ich habe es dennoch bewußt gewählt, aber mit Anführungszeichen versehen, um der Gefährdung schon optisch das Unheimliche, Drohende zu nehmen. »Ist meine Ehe ›gefährdet‹?« Die ehrliche Antwort: Im Prinzip immer! Sie haben ein Versprechen gegeben und ein Versprechen erhalten. Versprechen können zurückgenommen werden. »Ist meine Ehe ›gefährdet‹?« Ich gebe die Frage zurück: »Wollen Sie Ihr Versprechen an den Partner erneuern? Wird er sein Versprechen erneuern, wenn Sie ihn fragen?« Viele Ehen sind sehr fest, aber nur, weil die Partner – trotz Bedenken, trotz Krisen, trotz unerwarteter und ›unfaßbarer‹ Handlungen des anderen – ihr Versprechen wieder und wieder erneuern.

Die immer wieder genannten ›Scheidungsgründe‹ sind ein Requisit aus dem Fundus des Zauberkünstlers, mit doppeltem Boden. Wer eine Trennungsabsicht hat – eingestanden oder uneingestanden –, sucht sich auch einen Grund, den Scheidungsgrund. Ich erzähle Ihnen die Geschichte von einem Freund, dem ich beigestanden habe, als ihn seine Frau verließ und mit dem größten Aufreißer in seiner Firma durchbrannte. Der Flirt der beiden begann vor den Augen meines Freundes auf einem Betriebsausflug. Er hatte sich den Knöchel verstaucht und konnte an einem lustigen Tobe- und Abklatschspiel nicht teilnehmen. Aber er hatte Zeit und Gelegenheit zu sehen, wie seine Frau immer wieder die Nähe des Betriebs-Casanovas suchte, sobald der Pfiff zur Spielaktion ertönte. Ich habe ihn getröstet und bedauert. Später gestand er mir: »Weißt du, als das damals passierte, hatte ich mich innerlich schon von Annemarie gelöst, aber ich fand den Absprung nicht. Ihre Affäre kam mir wie gerufen. Ich konnte mich von ihr lösen, sie trug in den Augen der anderen die Schuld, und zudem war mein Leid echt. Daß sie sich gerade von diesem Typ einfangen ließ, ging mir echt an die Nieren.« Scheidungsgründe – ein Zerrspiegelkabinett. Sie wollen noch ein Beispiel? Eine ältere Frau berichtete mir einmal: »Wir waren 35 Jahre verheiratet, als mein Mann und ich zum erstenmal getrennt in Urlaub fuhren. Die Trennung haben wir so genossen, daß wir nach der Rückkehr nicht wieder zusammengezogen sind. Wir sind jetzt geschieden und gute Freunde geblieben.« Was soll man dazu sagen? Alter schützt vor Torheit nicht? Oder vor Ehrlichkeit? Jene aber, für die anhaltender Jammer ein unverzichtbares Element jedes Scheidungsszenarios ist, müßten jetzt eigentlich ehrlich sagen: »Ja, aber beide haben doch eine tolle Chance verpaßt, dem anderen die Meinung zu sagen. Jeder von beiden hätte doch recht bekommen, wenn er auf die Untreue, die mangelnde Festigkeit, die Selbstsucht, die Unverfrorenheit des anderen hingewiesen hätte. Nach 35 Ehejahren…« Wer sich für Scheidungsgründe interessiert, so meine Erfahrung, sucht häufig nur nach einer plausiblen Erklärung für eigenes Verhalten oder eigene Wünsche. Die wenigsten Menschen können eine Entscheidung für sich allein und ganz auf sich gestellt fassen. Die meisten schauen, ob sie sich irgendwie einem Verhaltens-Treck anschließen können, zumindest für eine Zeit, um dann wieder allein weiterzuwandern.

Anfällig für eine Auflösung sind sicher alle Ehen, die geschlossen wurden, ohne daß sich die Partner bereits genügend von ihrer bisherigen Familie abgenabelt hatten. Das trifft auf viele Jung-Ehen zu, aber nicht nur auf diese. Auch viele Ältere leben weiter ungeprüft das aus, was am elterlichen Herd für sie abgefallen ist. Die Betonung liegt auf ›ungeprüft‹, denn es ist durchaus nicht unüblich und muß kein Negativum der Persönlichkeit sein, wenn jemand nach Probe- und Wanderjahren zu den Wegen seiner Väter zurückkehrt. Viele aber, die den Wunsch haben, sich von der Familie zu lösen, schaffen es nicht allein. Für sie bedeutet die Eheschließung, der Bund mit einem anderen (!) Menschen, auch die Realisierung eines Stücks persönlicher Freiheit. Ist aber die Ehe in der Hauptsache auf solchen Boden gebaut, dann ist sie ›gefährdet‹. Der Zweck einer derartigen Ehe ist mit ihrer Schließung und dem Aufbau eines neuen Haushalts bereits weitgehend erfüllt. Die Partner, vorher von dem Gedanken beseelt, von etwas wegzukommen, schauen einander dann – vermutlich zum erstenmal – richtig an. Nun müßte eigentlich ein neues, auf andere Momente aufgebautes Eheversprechen kommen. Wenn es nicht gegeben werden kann, so ist Scheidung – auch wenn inzwischen Nachwuchs da ist – eine logische Folge, die keinen von beiden übermäßig traurig machen sollte. Im Umkehrschluß bedeutet das: Eltern, die ihre Kinder sehr stark an sich binden, legen damit die Wurzel für letztlich unbedachte Eheschließungen und spätere Scheidungen. Solche Kinder kommen häufig nur um den Preis einer übereilten engen Partnerschaft zu einem gewissen Maß an eigener Identität. Viele der Tränengeschichten in der Regenbogenpresse mit süßen Prinzeßchen, die trotzig den Mann ihrer Träume gegen den Willen der Eltern begehren, folgen einer solchen Melodie.

Allgemein kann man sagen, daß es drei Hauptgründe für die Lösung einer Ehe oder längeren Beziehung gibt:

– Die Voraussetzungen für die enge Bindung waren falsch und beruhten auf einer gegenseitigen, wenn auch unbewußten Täuschung. Das haben wir eben am Fall der Jung-Ehen aufgezeigt.

– Die Ehepartner ändern sich dermaßen, entwickeln sich auf eine Art weiter, daß einer von ihnen oder beide an Interesse für den Partner verlieren. Von welchem Punkt des Interessenverlustes an die Ehe auflösungsanfällig ist, kann mit allgemeinen Worten schlecht beschrieben werden, denn da spielen auch andere Dinge hinein. Ehen werden z. B. aufrechterhalten, obwohl die Partner sich im wahrsten Sinne des Wortes nichts mehr zu sagen haben.

– Die Struktur einer Partnerschaft verändert sich durch äußere Einflüsse. Dazu rechne ich auch Fälle, in denen sich etwa der Mann durch berufliche Anspannung von Frau und Familie entfernt.

Warum Scheiden weh tut

Eine Scheidung oder Trennung erleben die Menschen unterschiedlich, aber fast alle berichten, daß dabei Schmerzen empfunden werden. Das gilt übrigens auch für jene, die eine Scheidung gewollt und selbst herbeigeführt haben. Der Schmerz ist unterschiedlich stark. Bei vielen mag im Moment der Trennung Erleichterung bzw. Freude darüber im Vordergrund stehen, den Entschluß gefaßt oder sich endlich dazu aufgerafft zu haben, eine als unbefriedigend erlebte Situation zu beenden. Aber auch bei diesen Scheidenden stellt sich nach einer Weile des Glücks häufig Schmerz ein.

Eine Frau, die von ihrem Mann, ohne daß sie vorher etwas geahnt hatte, erfuhr, daß er sich trennen wolle, beschrieb ihren Zustand so: »Es ist, als ob mir ohne Narkose ein gesunder Zahn gezogen wird.« Ein Mann, der sich innerlich zum Weggang entschlossen hatte, aber noch zögerte, seiner Frau die Entscheidung mitzuteilen, weil er sehr an dem gemeinsamen Töchterchen hing, beschrieb mir seine Gefühle so: »Wieder und wieder stelle ich mir vor, ich stehe auf einem großen Bahnhof. Zwei Züge sind zur Abfahrt bereit. In dem einen sitzen meine Frau und unsere Moni, in dem anderen meine Freundin. Beide verlassen die Bahnhofshalle zur selben Zeit. ›Auf welchen Zug wirst du springen, wenn der Pfiff ertönt‹, frage ich mich immer wieder und hoffe, daß die Abfahrt noch ein wenig hinausgezögert wird, damit ich mir alles noch einmal überlegen kann.«

Es ist im Kern ein Abschiedsschmerz, der die Scheidung begleitet. Einige Psychologen sprechen von der Scheidung sogar als von einer Art Todeserlebnis. Das scheint mir übertrieben interpretiert zu sein, selbst wenn man bedenkt, daß bei Scheidenden die Selbstmordzahlen höher sind als in der übrigen Bevölkerung. Ich begnüge mich mit folgender Feststellung: Durch eine Trennung werden häufig über den unmittelbaren Abschiedsschmerz hinaus Persönlichkeitskrisen ausgelöst. Die Scheidenden verlieren denjenigen Teil ihres Selbstwertes und Selbstbildes, der stark mit dem Partner verbunden war. Es zeigen sich jetzt Mängel in der Lebensführung oder unausgereifte Punkte im Charakter, die in der Partnerschaft mit ihren vielfältigen Möglichkeiten, zu überspielen und ›Dampf abzulassen‹, nicht so deutlich zu Tage traten. Scheidende stehen – unabhängig davon, ob sie die Trennung gewollt haben oder nicht – vor der Aufgabe, eine neue persönliche Identität aufzubauen. Dieser Prozeß kann sehr langwierig sein. Scheidungsschmerz wird bei älteren Menschen meist durch den Gedanken verstärkt, daß nicht mehr viel Zeit bleibt, ein neues Leben aufzubauen.

Viele der großen und kleinen Trennungen unseres Lebens sind mit Schmerzen verbunden. So begleiten Schmerzen bereits die Trennung des neuen Menschen vom bergenden Leib der Mutter, aber, so darf man hinzufügen, dieser Schmerz wird von den Frauen in der Welt unterschiedlich empfunden. In unserer westlichen Zivilisation schwingt ein subtiles Moment der Schuld bei dieser Trennung mit, denn der Abfall Adams und Evas von Gott, der mit der Vertreibung aus dem Paradies endet, wird von Gott auch mit folgender Strafe belegt: »Unter Schmerzen sollst Du gebären…« Eine enge Verbindung von Schmerz und Schuld – sie ist auch bei der Scheidung im Spiel. Wir werden später noch einmal darauf zurückkommen. Die Kette der kleinen und großen Scheidungen geht beim Heranwachsen eines Menschen weiter. Nach der Trennung vom Bauch der Mutter kommt jene von ihrer Brust. Dann die ersten Schritte allein, anfangs noch mit Blick zurück auf die fangbereite Hand und das Mut machende Gesicht von Vater oder Mutter, doch schon bald mit immer größer werdendem Radius. »Hänschen klein, ging allein…« Und die Eltern müssen es mit einer gewissen Wehmut ansehen, wie es in dem Volkslied heißt, daß Hänschen jetzt allein marschiert.

Bei Gretchen, von dem in diesem Lied nicht gesungen wird, ist es nicht anders. In einer großen deutschen Tageszeitung fand ich folgende Anzeige, die – welch Ironie des Zufalls! – auf die Seite mit den Todesanzeigen gerutscht war. Unter der Anrede »Liebe Anja« stand in dicken Lettern gedruckt: »Vorbei ist Deine Kinderzeit/denn Du wirst 18 Jahre heut'/Bei aller Freiheit, die Du hast gewonnen/vergiß nie das Nest, aus dem Du bist gekommen.« Unterschrieben mit: »In Liebe Deine Eltern«. Was hier als guter Wunsch und wohlmeinender Rat einherstolziert, ist natürlich in Wirklichkeit Ausdruck des Schmerzes der Eltern, daß ihre Anja endgültig durch die Volljährigkeit dem Familienkreis entwachsen war. Mir fällt immer wieder auf, daß Schmerzen, die eine Scheidung begleiten, auch stark aus dieser Ecke des Nicht-hergeben-Könnens und Nicht-hergeben-Wollens stammen. Das Mitleid, das etwa einen scheidenden Mann begleitet – so es von weiblicher Seite kommt –, findet dann seinen Ausdruck in Klagen, der Arme müsse verhungern ohne weibliche Assistenz oder seine Position in der Firma verlieren wegen zerknitterter Hemden. Die Damen würden erstaunt sein, wie schnell nach ein, zwei Fehlversuchen aus dem Pascha von ehedem ein flotter Bügler wird. Umgekehrt vermuten Männer nicht ohne einen gewissen verdeckten Triumph, daß ihre Frauen ohne sie im Leben nicht zurechtkommen werden. Es bereitet ihnen dann sichtbar Schmerz – obwohl sie ihn sich nicht eingestehen mögen –, daß ihre Frauen sehr schnell unter dem Druck des Müssens selbständig werden.

Das schmerzhafte Sich-Klammern an die Vergangenheit, das viele Scheidungen und Trennungen begleitet, hat also zwei Gesichter. Es klammert derjenige Partner, der sich vor dem Alleinsein, aber auch vor dem neuen Maß an Eigenverantwortung fürchtet, wie auch derjenige, der sich insgeheim davor fürchtet, daß der andere viel besser zurechtkommt, als ihm in Wirklichkeit lieb ist. Beides beinhaltet letztlich einen Mangel an eigener Identität. Im ersteren Falle war das Selbstbild, der Selbstwert in der Ehe oder Partnerschaft sehr stark darauf gebaut, daß man am Können, an der vermeintlichen oder wirklichen Stärke des anderen partizipierte. Im zweiten Fall bezog das Selbstbild seine kräftigsten Farben dadurch, daß man den anderen kleiner, abhängig von sich machte, um das eigene Ich zu stärken. Generell kann man sagen, daß der Fall 1 von Trennungsschmerz mehr bei Frauen, der Fall 2 mehr bei Männern zu finden ist. Aber es kann auch ganz anders sein. Ein Mann in den mittleren Jahren beschrieb mir seine Scheidung als »zweite Pubertät«. Durch die Scheidung habe er sich erst wirklich auf seine Beine gestellt. Vorher habe er seiner Frau (= Ersatzmutter) viele der auftretenden Probleme und ungelösten Fragen in seinem Leben zugeschoben.

Scheidung bedeutet im Kern also auch ›Unterscheidung‹. Menschen, die in der Ehe fast unterschiedlos wurden, im Guten wie im Bösen miteinander verbunden und verkeilt, unter-scheiden sich langsam wieder. Es sind oft gordische Seelenknoten, die da wieder zerteilt werden müssen, und ein scharfer Schnitt, aber auch ein langsames Entwirren kann mit starken Schmerzen verbunden sein. Die nicht zu umgehenden Schmerzen einer solchen Trennung werden von Ex-Partnern nun dadurch gelegentlich verlängert und vergrößert, daß sie die Rollenmuster der Ehe nach der Scheidung mit umgekehrten Vorzeichen weiterspielen. Viele Ehen, die auf dem Papier geschieden sind, existieren häufig noch Jahre, manchmal ein Leben lang weiter, weil die früheren Partner in Wut, Haß oder auch alles verklärender Nostalgie miteinander verbunden bleiben. Das Fortbestehen der Versorgungsehe, wie es das deutsche Scheidungsgesetz will, gibt Vorwände zu einer solchen Verlängerung der ehemaligen Partnerbeziehung. Auf Jahre hinaus finanziell aneinander gebunden, machen die Geschiedenen den Ex-Partner weiter für Erfolge und Mißerfolge in ihrem Leben verantwortlich. Ein auf sehr sozialen Gesichtspunkten aufgebautes Gesetz hat hier seine ›schmerzbringende‹ Kehrseite.

Schmerz und Trauer sind Momente einer Ablösung, wie sie die Scheidung darstellt. Aber das Lösen gibt auch die Chance, etwas Neues zu finden. Dafür muß man sich Zeit lassen, denn Lebensgewohnheiten ändern sich nicht allein durch einen Willensakt, sondern es bedarf der Zeit, der Umschaltung,

Umübung. Was die Psychologen als Trauerarbeit bezeichnen: die unter Schmerzen und Tränen vollbrachte Lösung von Vergangenem und unter Zweifel sowie zeitweiliger Angst vollbrachte Schöpfung eines neuen Lebens- und Beziehungssystems, deuten die Neurophysiologen als chemische, elektromagnetische Prozesse in unserem Körper. Sie können sie noch nicht messen, sondern nur, stützend auf der Annahme, daß seelische und körperliche Vorgänge eng miteinander verbunden sind, parallelisierend beschreiben. Der ständige Austausch zweier Eheleute, die Reaktionen aufeinander schaffen ein System nervlicher Reize und Impulse, das im Moment der Trennung infrage gestellt wird. Ein neues Leitungssystem muß erst einmal gebaut werden, und auch wenn wir davon ausgehen können, daß das menschliche Gehirn überaus flexibel, anpassungs- und entwicklungsfähig ist, These und Antithese, Behauptung und Gegenteil zur gleichen Zeit denken kann, so ist doch leicht zu sehen, wie ein so folgenschwerer Eingriff in die Lebens- und Denkweise, wie er die Trennung von einem Menschen bedeutet, eine Zeit der Neuanpassung verlangt, die sich nicht oder nur unwesentlich abkürzen läßt. Das physiologische Modell einer Trennung macht uns vielleicht leichter verständlich, warum es bei Scheidenden eine Zeit der totalen Desorientierung gibt, die von einzelnen Scheidenden als ein Gefühl des Irre-Seins beschrieben wird. Der Mensch, der nach Sicherheit und Beständigkeit strebt, scheut allzu harte Eingriffe in bestehende Systeme. Der Schmerz der Trennung ist also auch als partieller Zusammenbruch eines nach Ausgeglichenheit strebenden Systems zu verstehen.

Die Annahme des Schmerzes, die Trauer, hilft uns, im Chaos, das eine Trennung beinhaltet, zu sortieren, Abschied zu nehmen von einigem Gewohnten, Platz zu machen für Neues. Vieles wird uns nach und nach in neuem Licht erscheinen. Ein Schmerz aber wird bleiben: die Trauer über verlorengegangene, versäumte Möglichkeiten mit dem Partner. Sie holen wir nicht zurück, egal, wie wir uns drehen, strecken, toben, weinen. Lösung vom Partner heißt daher schließlich auch: die Vergangenheit so zu akzeptieren, wie sie war, sie nicht besser, aber auch nicht schlechter zu machen, sie als ein nicht wiederkehrendes Leben zu begreifen. Dieser Punkt kann nicht im ersten heftigen Moment der Trennung oder des Trennungsentschlusses erreicht werden, sondern ist die Frucht der durchweinten, durchklagten, durchhofften Stunden. Doch dadurch ordnet sich die Scheidung in den Strom des Lebens ein, der eben auch eine Folge von Veränderungen und Trennungen ist.

Trost bietet dieser Satz: *Wer dem Schmerz ausweicht, weicht auch der Freude aus.* Nur wer Getrennt-Sein intensiv erfahren kann, vermag auch Eins-Sein intensiv zu erleben.

Die Zweifel-Phase: So lange wie nötig, so kurz wie möglich

Viele, die sich aus einer Partnerschaft lösen, gehen durch eine Phase starker Zweifel. Manche kommen aus ihr über Jahre nicht hinaus, einige bleiben ein Leben lang im Zweifel, ob sie das Richtige getan haben, obwohl sie sich schließlich trennten und auch neue Partnerschaften eingingen. Zweifeln ist eine zutiefst menschliche Eigenschaft. Das Tier, dessen Handlungen von Instinkten, von ganz bestimmten Reiz-Reaktionsmustern bestimmt wird, kennt Zweifel nicht. Menschen, die den Zweifel aufgeben, fallen auf die Stufe tierischer Verhaltensabläufe zurück, mit dem grausamen Unterschied allerdings, daß das Tier eingebaute Bremsinstinkte (zum Beispiel bei seinem Raubverhalten) hat. Sobald das unmittelbare Ziel eines aggressiven Instinkts erreicht ist – etwa die Deckung des Nahrungsbedarfs oder die Abwehr eines Feindes –, geht beim Tier dieser Impuls zurück. Beim Menschen wirken die Bremsen nicht immer. Die selbst ausgeführte oder hingenommene Vernichtung anderer Menschen, wie es in unserer jüngeren Geschichte die Verfolgung der Juden war, zeigt dies auf. Der Vernichter hat sämtliche Zweifel an seinem Handeln aufgegeben.

Sie werden jetzt vermutlich einen starken Widerstand dagegen verspüren, in einem Ehe- und Scheidungsbuch den Hinweis auf ein so unfaßbares Geschehen wie den Massenmord an den Juden, der in der kollektiven Hysterie fast eines ganzen Volkes gedieh, zu finden. Das hat aber einen tieferen Sinn, denn es zeigt eine (wenn auch extreme) Dimension menschlichen Verhaltens auf. Handeln ohne Zweifel, ohne Selbstzweifel ist in der permanenten Gefahr, ›über das Ziel hinauszuschießen‹ (viele unserer Bilder stammen, notabene, aus dem militärischen Bereich). Handeln ohne Zweifel bestärkt Selbstgerechtigkeit (das Gegenteil von echtem Selbstwertgefühl), schafft Vorurteile, richtet sich gegen andere Menschen und im Endeffekt gegen uns selbst. Wer den Zweifel unterdrückt, tötet letztlich Leben ab, denn Leben ist Zweifel, Widerspruch, Vielfalt, Gegensatz, Wechsel. Wir müssen das verstehen, um den Sinn (ich benutze dieses Wort sehr vorsichtig) von Ehe und Scheidung zu verstehen und auch, warum es den meisten Menschen so schwer fällt, von der einen in die andere Lebensform überzugehen.

Bei der Schließung von Ehen – besonders von solchen, die nur im Himmel geschlossen werden – scheinen auf magische Weise plötzlich alle Widersprüche des Lebens aufgehoben zu sein. Ich und Du, Gegensätze in unseren Persönlichkeiten, die gestern noch spürbar waren, ›alles, was uns trennt‹, ist mit einemmal unwichtig. Das glückliche Paar, die schluchzenden Verwandten, die strahlende Schar der Gratulanten vergessen, daß Vereinigung, Einheit in der Ehe und in jeder Partnerschaft, nur heißt, sie immer wieder zu wollen, sie immer wieder zu versuchen und auf sie zu warten, wenn sie sich momentan nicht einstellt. Aber gönnen wir allen Frischvermählten die Freude ihres Festtags. Die Freude, der Rausch, die Leidenschaft eines Versprechens sind ebenfalls wichtig, ohne sie würde manches Versprechen nicht gegeben. Aber es einlösen oder wieder auflösen ist dann die Wirklichkeit (der Volksmund sagt: der Alltag) einer Beziehung. Beides ist schwer.

Eine gute Ehe ist sehr wohl auch eine Kette von Zweifeln, kleinen Scheidungen, »Unter-Scheidungen«, wie der Schweizer Familienforscher Josef Duss-von Werdt sagt, die aber wieder zu neuen Vereinigungen, zu einem neuen Ja führen. Wer sich aus einer Ehe löst, bei dem verstärken sich die Zweifel daran, ob die Grundlage des gegebenen Versprechens noch stimmt. Diesen Zweifel erfährt der Scheidende zumeist auch als starken Zweifel an sich selbst. Wie er diese Zweifel löst, bestimmt jetzt entscheidend seinen weiteren Weg. Kann der Scheidende die Selbstzweifel aushalten? Gibt er sich Zeit und inneren Raum, sich den Fragen an sich selbst zu stellen? Das ist wichtig, führt zu Lösungen. Lösungen – das Wort sagt es – bedeutet Los-Sagen, aber nicht, wie man vordergründig meinen könnte, unbedingt vom Partner, sondern Lossagen von falschen Vorstellungen, zum Beispiel über mich, über sie/ihn. Die wichtigen und notwendigen Zweifel beim Scheiden aus einer Ehe oder Partnerschaft wollen wir in erster Linie als vernünftige Zweifel an uns, am bisherigen Gang der Dinge verstehen. Selbstverständlich sind auch Zweifel am Partner vorhanden und nicht weniger wichtig, doch wenn sie überwiegen, dann baut sich der Betreffende eine Falle: Er lenkt von sich ab und schiebt letztlich dem Partner die Verantwortung für das Geschehen zu, gerade wenn er ihn herabsetzt und abwertet. Diesen Prozeß müssen wir uns näher ansehen.

Viele Ehen enden in einer Kette von Auseinandersetzungen, Vorwürfen und Gegenvorwürfen. Tief drinnen spüren die Partner zwar, daß sie mit jedem Vorwurf an die Adresse des anderen – mag er berechtigt sein oder nicht – selbst ein Stück hinuntersinken, aber nichtsdestotrotz widmen sie sich mit einer Energie, die sie sonst kaum noch aufbringen, den fast täglichen Auseinandersetzungen. Nach und nach wird auch jede Rücksicht, die man anfangs zum Beispiel noch auf die Kinder nahm, fallengelassen. Wer sich so gut kennt wie zwei Menschen, die eine Strecke Weges miteinander gegangen sind, der weiß, wohin er ›schlagen‹ muß, damit es weh tut. Es muß gar kein ›Schlagen‹ sein, nicht einmal ein verbaler Hieb, sondern geht auch stumm, denn gerade die stummen Schläge treffen genau. Die Frau, die abends ihre Bettlektüre aufs Kopfkissen wirft, bevor sie sich zu ihrem Mann ins Bett legt, ›sagt‹ etwas durch diese Handlung, und die Botschaft wird sehr wohl verstanden, auch wenn der Partner keine Reaktion zeigt. Der Mann, der ein Gespräch mit einem Freund oder seinen Eltern ›zelebriert‹, während das aufgedeckte Essen wartet, teilt etwas mit, auf ›schwer verdauliche‹ Weise. Vorwurf und Gegenvorwurf! »Warum schiebst du den Braten nicht noch mal in die Röhre, Joe ruft mich doch wirklich selten genug an!« Kaum angreifbar sind sie, die Bettlektüre auf dem Kissen, der nicht eingehängte Hörer. »Man wird doch abends noch lesen dürfen!« – »Man wird doch wohl ein Gespräch mit seinem Freund führen dürfen!« Jeder Schuß ein Treffer, und doch so weit vom eigentlichen Ziel entfernt.

Solche Streitphasen werden ritualisiert, laufen wieder und wieder nach einem bestimmten Schema ab. Tief drinnen erkennen die Partner das zwar, aber sie sind schon zu schwach, zu zermürbt, um dagegen aufzubegehren. Das eigene Lied wird, egal, wie heftig es vorgetragen wird, nur noch mechanisch abgespielt. Die Selbstachtung sinkt – auch das erkennen die Partner –, aber innerlich erschöpft und leer, sind sie selbst in diesem Punkt inzwischen zu schwach, um dagegen anzugehen. Jeder wehrt die ›Schläge‹ des anderen ab, so gut es geht, und empfindet sich in diesen Momenten stärker als sonst. Aber so hoch er/sie den Schild auch hebt, völlig ausweichen kann man den ›Schlägen‹ nicht, denn schließlich werden die Attacken von jemandem geführt, der einen nackt gesehen hat und Fersen, Knie und Brust seines Achilles kennt. Gelegentlich blitzt ein Moment der Erkenntnis auf: Der andere ist doch ebenso schwach wie ich, er/sie schlägt nur, damit er/sie nicht geschlagen wird. Versuche, eine Brücke zu errichten, werden unternommen, scheitern häufig und führen noch tiefer in Verzweiflung, weil ihre Pfeiler aus Gefühlen gebaut werden. Und Gefühle sind in dieser Situation brüchiges Gestein.

Die Folge einer solchen Situation: Beide Partner verlieren einen großen Teil ihrer Selbstachtung und ihres Selbstvertrauens. Das mündet schließlich in die Frage, warum man eigentlich überhaupt geheiratet habe. Doch bis es soweit ist, steht schon fast kein Stein mehr auf dem anderen. Unter dem Verlust des Selbstvertrauens leiden auch die Außenkontakte. Kein Freund, kein Verwandter will mehr die ewig gleichen ›Stories‹ und Klagen hören, und beide Partner geraten in eine starke Isolation. Der Schmerz darüber legt neue Scheite in das Feuer des gemeinsamen Streits. Schließlich hält es einer von beiden nicht mehr aus und geht. Vielleicht erfolgt der ›Absprung‹ mit Hilfe eines anderen Menschen, der als Retter, Fluchthelfer hochstilisiert und überbewertet wird, zumindest zeitweise. Hauptsache weg! Wegzulaufen ist eine sehr menschliche Reaktion und vielleicht die letzte Chance vor einer chronischen Verhärtung und lebenslangem Zynismus oder einem ›Knall‹ mit nicht abzusehenden Folgen. »Ich habe vor meinem kalten Haß ebensoviel Angst gehabt wie vor meinem heißen«, beschrieb mir mal ein Scheidender diese Situation.

Das eben Gesagte beantwortet auch weitgehend die vielgestellte Frage nach dem Neuanfang einer in die Sackgasse geratenen Beziehung. Die Chancen dafür sind so gut bzw. so schlecht wie die Chancen einer neuen Beziehung mit einem anderen Menschen, eher schlechter. Die Partner, die sich in einem Graben-, einem Stellungskrieg miteinander befinden, müßten erst einmal wieder auf Distanz gehen. Wie im Beispiel heißer militärischer Auseinandersetzungen, müßte eine Friedenstruppe zwischen die Fronten, damit jede Seite eine Pause erhält und Atem gewinnt, um das Ausmaß der Schäden festzustellen, die eigenen Wunden zu erkennen und die verbleibenden Möglichkeiten neu einzuschätzen. Oft aber dienen solche Pausen, sollten sie überhaupt eingelegt werden können, nur dem Atemholen für ein neues Aufrüsten, für die nächste Runde der Auseinandersetzung.

So manche Ehe, die heute geschieden wird, müßte nicht unbedingt aufgelöst werden. Diese Feststellung steht einem Plädoyer für ein faires Auseinandergehen nicht entgegen. Viele Partner, die scheiden, sich dabei auf andere Personen berufen, die Schwächen des Partners für den Entschluß in Anspruch nehmen, stellen nach vielem (notwendigem!) Zickzack fest: Egal, wo ich hingehe, ich treffe dort doch nur immer wieder mich selber. Aber der Weg zurück zum Partner – wenn dafür überhaupt eine Chance besteht – kann so wenig eine Abkürzung sein wie der Weg zu einem neuen Menschen. Sich in einer heißen, aufgeladenen Situation Geduld, Beherrschung, Verzicht aufzuzwingen, ist nicht jedermanns Sache. Es gelingt häufig noch am ehesten, wenn es für ein neues, wenngleich auch noch unbekanntes Ziel erbracht wird. Die Lösung mit der Lösung wird bevorzugt. Das wollen wir nicht beklatschen und nicht bejammern. Wir wollen es einfach feststellen und im weiteren Verlauf dieses Buches sehen, was und wer auf diesem Weg die Begleiter sind.

Einem in Zweifel geratenen Paar zu raten – das ist nicht leicht. Mut machen, zum Zweifel zu stehen, ihn als etwas zutiefst Menschliches begreifen, ist wichtig. Die Kinder aus der Streitzone zu nehmen ist ein weiterer wichtiger Rat. Paare, die sich streiten und merken, daß sie die Abläufe ihrer Streite nicht mehr kontrollieren können oder wollen, sollten sich wenigstens darauf verständigen, nur dann in die Streit-Arena zu steigen, wenn die Kinder nicht anwesend sind. Warum sie in der heißen Phase nicht zu Freunden, Verwandten, den Großeltern geben? Das ist viel wichtiger als etwa Sorge dafür zu tragen, daß Nachbarn oder Freunde von den Auseinandersetzungen nichts mitbekommen. Sie sind erwachsene, unbeteiligte Menschen, die zwar die Nase rümpfen, an die Wand klopfen, übel reden oder sich abwenden mögen, aber durch den Streit keine Wunden in der Seele davontragen.

Wer eine Chance zur Neubelebung der Beziehung sieht, muß erst einmal dafür sorgen, daß er/sie und der Partner einen Freiraum für die Entwicklung neuer Gedanken erhalten. Das ist nicht so leicht getan wie gesagt. Ich erinnere mich an einen Fall, da sich die Ehe eines befreundeten Paares, beide selbst Ehetherapeuten, löste. Beide unternahmen ernste Anstrengungen, auch durch Inanspruchnahme fremder Hilfe, die Verbindung aufrechtzuerhalten, doch ohne Erfolg, wie sie schließlich feststellen mußten. Der Mann schilderte mir diese Situation so: »Mit einer lähmenden Ohnmacht mußte ich mir eingestehen, daß auch unsere Ehe in dieselben Bahnen häßlicher Auseinandersetzungen hineingeriet, aus denen ich als Eheberater andere Ehepaare herauszuholen versuchte: fruchtlose Auseinandersetzungen mit nicht endenwollenden Demütigungen, Vorwürfen, Aufrechnungen.« Die Frau beschrieb diesen Zeitraum so: »Ich wollte die Beziehung um jeden Preis aufrechterhalten. So begann ich um unsere Ehe zu kämpfen, leider mit den falschen Mitteln. Jedenfalls nicht mit denen, die die Entscheidung meines Mannes vielleicht noch positiv hätten beeinflussen können. Von meinem Stolz blieb nicht viel übrig, als ich ihn förmlich auf Knien anflehte, bei mir und unserer Tochter zu bleiben. Mir war klar, daß ich mich damit nur selber demütigte und mein Mann sich aufgrund meiner massiven Forderungen immer stärker zurückzog. Mein Kopf sagte mir: Das ist psychologisch ungeschickt und unklug, was du da tust! Jedem Patienten in meiner Praxis hätte ich das Gleiche gesagt. Aber je mehr sich mein Mann von mir distanzierte, um so stärker bedrängte ich ihn. Seinen Rückzug erlebte ich als schmerzhafte Zurückweisung, die mir unerträglich wurde. Wir gerieten dadurch in einen Teufelskreis von Weglaufen und Klammern. Ein Aufeinanderzubewegen war uns beiden unmöglich geworden.«

Was bleibt? Alles reduziert sich schließlich – wie schon mehrfach betont – auf die Frage: »Will ich meinem Partner ein neues Ja-Wort geben?« Wohlgemerkt, die Frage lautet nicht: »Wie bekomme ich ein neues Ja-Wort von ihm/ihr?« Die Frage lautet auch nicht: »Wie kann ich ihn/sie wieder neu an mich binden?«

Partner aus sich lösenden Ehen benennen häufig Gründe für den Weggang. Meistens wird ein Fehler des anderen herausgestrichen. Das entspricht zwar einem sehr menschlichen Bedürfnis, nämlich im Zustand der Unsicherheit und Verwirrtheit gewisse Strukturen, eine gewisse Ordnung als Halt auszumachen. Damit mag die andere Person zwar zutreffend beschrieben worden sein, doch sagt es wenig über die Chancen aus, die Ehe zu erhalten, denn der Partner wurde ja mit ebendieser Eigenschaft einmal für heiratswürdig befunden. Es gibt im Prinzip zwei Möglichkeiten. Der scheidende Partner hat sich weiter-, anders entwickelt, so daß er einen früher hinnehmbaren Charakterzug des anderen nicht mehr tolerieren kann. Dies sollte und muß sich der Scheidende eingestehen. In der Konsequenz wird er nicht anders können, als die Verantwortung für die Scheidung zu übernehmen. Oder die zweite Möglichkeit: Ein bestimmter Wesenszug des Partners tritt in einer sich verschlechternden Beziehung deutlicher hervor. Hier stellt sich die Frage, ob durch eine Wiederbelebung der engen persönlichen Beziehung dieser als unangenehm empfundene Wesenszug so in Schach gehalten, so abgewandelt werden kann, daß damit wieder zu leben ist. Ein negatives Herausstreichen einer solchen Eigenschaft aber heißt: Betonung der Gegensätze mit trennender Tendenz. Das muß der Partner, der sich (vielleicht völlig zu recht) beklagt, erkennen.

Machen wir uns das an einem Beispiel, das häufig als Scheidungsgrund genannt wird, deutlich. Frauen, die scheiden, beklagen häufig, daß ihre Männer völlig im Beruf aufgehen und keine Zeit mehr für die Familie haben. Frage 1: Hat die Frau vielleicht früher eine auf materiellen Gewinn gerichtete Lebensweise durchaus bejaht und deren Vorteile gerne mitgenommen, sich aber inzwischen anderen Lebenszielen (Entwicklung eigener künstlerischer Fähigkeiten zum Beispiel) zugewandt? Ihr Mann mag durchaus derjenige geblieben sein, der er schon immer war, doch sie hat sich geändert, die Akzente in ihrem Leben anders gesetzt. Nur über diese Erkenntnis und nicht über die Vorwurf-Seitenstraße führt der Weg zu einer Beendigung der Ehekrise, die wahrscheinlich eine Lösung beinhaltet. Frage 2: Ist durch Neuordnung der Lebensverhältnisse, durch Neuorientierung beider Partner eine Milderung des strittigen Punktes auf ein Maß möglich, das beiden Seiten gerecht wird? Das könnte etwa so aussehen: Die Frau gibt ihrem Mann klar zu verstehen, daß sie auf bestimmte materielle Wunscherfüllungen keinen Wert mehr legt und sich statt dessen freuen würde, wenn der Mann auf einige berufliche Aktivitäten verzichtet, um Zeit für Gespräch, Spiel, Nichtstun in der Familie zu gewinnen. Eine Fortbildung weniger, eine Nebenbeschäftigung gestrichen, die Statuserwartung eine Stufe niedriger, das Konto um ein paar Zahlen kleiner, der Aufwand nach außen um ein paar Grade geringer – dafür der Sonnabend als Familientag. Ist das drin? Warum sollte dann die Ehe gelöst werden?

Ehemüden, aber im Prinzip ehewilligen Partnern bleibt nichts anderes übrig, als das Minus einer Verbindung aufzuzählen – bei sich und beim Partner, ohne Schönfärberei – und zu schauen, wo und unter welchem Preis (die Summe, die man selbst zahlen will, ist entscheidend) wieder ein Plus gemacht werden kann.

Bei Ehen, die sich lösen, ist ein solcher auf ein Minus-Symptom bezogener Rettungsversuch erfolglos. Dann zeigt sich, daß, egal wie an einem tatsächlichen oder vermeintlichen Mißverhalten des Partners herumgemäkelt wird, dies nicht das eigentliche Eheproblem ist.

Gemeinsam in die Therapie? Das mag ein Hoffnungsschimmer sein. Besonders Frauen in sich lösenden Ehen meinen oft: »Wenn ich doch nur meinen Mann zum Therapeuten mitbekommen könnte...« Die Falltür dieses Ansatzes ist schnell zu erkennen. Die mitschwingende Unterstellung lautet nämlich: »Weil er etwas nicht tut, geht es bei mir (uns) nicht weiter.« Das kann richtig sein, muß aber nicht. Festzuhalten ist nur: Der Partner, der den Therapiewunsch hat, verspricht sich davon Veränderungen, Verbesserungen der eigenen Situation. Er/sie sollte mit einer Beratung und Therapie beginnen, ob der Partner mitkommt oder nicht, und schauen, was sich bei ihm/ihr selbst tut. Vielleicht ist der Partner leichter dazu zu bewegen, einmal mitzukommen, wenn man ihm versichert, daß man keinen Druck auf seine Entscheidung ausübt, ein zweites Mal mitzugehen oder nicht.

Letztlich ist die Frage, ob noch ein Gespräch zwischen zwei Menschen möglich ist, ein wichtiger Gradmesser dafür, ob eine Ehe weiterbestehen kann. Nur läßt sich Gesprächsbereitschaft nicht verordnen, nicht befehlen, nicht erbitten, nicht erquengeln, allenfalls noch erlocken oder erlieben. Wenn das Gespräch versiegt bzw. höchstens noch als Geschrei erfolgt, so wird sich einer der von Sprachlosigkeit Bedrohten andere Gesprächspartner suchen müssen. Geschulte Berater können, wie gesagt, wertvolle Lebens- und Entscheidungshelfer sein, gute Freunde auch, wenn man sie nicht überfordert. Ich habe gefunden, daß ein Freund/eine Freundin desto hilfreicher sein kann, je konkreter ich meine Probleme an ihn/sie herantrage. Er/sie kann nicht mein Leben leben, und wenn ich ihm/ihr mit allen meinen Gedanken, Zweifeln, Plänen und Hoffnungen komme, dann ist er/sie bestimmt überfordert und wird in allgemeine Feststellungen ausweichen oder mehr oder weniger kapitulieren. Warum also ein Gespräch mit einem Freund/einer Freundin nicht so beginnen: »Hans und ich sehen uns kaum noch. Die meiste Zeit verbringt er mit seiner Arbeit. Seine Gedanken und Gefühle teilt er mir kaum noch mit. Ich leide so darunter. Hast du schon Ähnliches erlebt?«, statt so: »Ich glaube, ich habe einen Riesenfehler gemacht. Wenn ich gewußt hätte, wie arbeitsgeil Hans ist, hätte ich ihn bestimmt nie geheiratet. Mit den heutigen Männern ist doch eh nichts los. Außer Fußball und Arbeit kennen die doch nichts mehr. Scheiß-Typen.«

Wer scheidet oder an Scheidung denkt (bzw. plötzlich vom Partner mit einer solchen Situation konfrontiert wird), besitzt aber noch einen wichtigen Freund:

ein weißes Stück Papier. Gedanken zu ordnen, Gefühle wahrzunehmen – es hilft, sie aufzuschreiben, sie beiseitezulegen, sie wiederzulesen und sie zu ergänzen oder auszustreichen. Zeiten des Zweifels sind zu lang, wenn sie in eine Orgie der Vorwürfe und Gegenvorwürfe ausarten mit der uneingestandenen Hoffnung, daß dem anderen etwas einfallen möge. Zeiten des Zweifels können nicht lang genug sein, wenn sie dazu dienen, mir selber über meine Möglichkeiten und Mängel klarzuwerden und daraus zu mir passende Handlungsschritte zu gewinnen.

Eine Entscheidung finden: Der Lebensplan

Ich habe an anderer Stelle schon betont, daß Scheiden nicht nur ein Abrücken (erst innerlich, dann äußerlich) vom Partner ist, sondern auch ein Hergeben, Freilassen. Das wird häufig nicht gesehen oder unterschätzt. Ich möchte Freiheit, Befreit-Sein aus einer mir ausweglos erscheinenden Situation. Die Freiheit werde ich nur finden, wenn ich sie meinem Partner ebenfalls zugestehe. Und Freiheit heißt nicht weniger als: Seine/ihre Entscheidungen respektieren, auch wenn sie anders ausfallen, als ich es mir vorstelle und für gut befinde – dies auch dann, wenn der Partner bei der Gestaltung seines Freiraumes scheitert. Wir haben bleibenden Haß nach einer Trennung als Fessel an die vergangenen Tage erkannt. Anhaltende Fürsorge, Mitleid, das über das hinausgeht, was ich meinen Mitmenschen sonst auch schenken mag, können es ebenso sein. Der Partner muß seine Lösungen finden, sein Sich-Lösen. Ich kann ihm/ihr keinen besseren Dienst tun – so ich das überhaupt will –, als daß ich ihm/ihr dabei keine Steine in den Weg lege, sondern seinen/ihren Weg ohne mich wenn nicht mit Sympathie, so doch mit Neutralität verfolge.

Dies kann einem Menschen schwere Prüfungen auferlegen. Scheiden von einem starken Partner kann viel leichter sein, als sich von einem schwachen zu trennen. Menschen, die jahrelang an der Seite eines Trinkers, eines Drogenabhängigen, eines Verschwenders, eines chronisch Eifersüchtigen, eines Gewalttätigen ausgehalten haben, können davon erzählen. Die Auflösung einer Ehe, welche letztlich durch die Samariterdienste eines der Partner zusammengehalten wurde, ist auch deswegen so schwer, weil sich der Hilfe gebende Partner an den Zustand permanenter Überforderung gewöhnt und ein normales Maß der Fürsorge aus den Augen verloren hat. Inwiefern der sorgende Partner aus dieser Situation seine Belohnung zog, sich an eine solche Situation kettete, weil er/sie sich überschätzte, sich einen Irrtum nicht eingestehen mochte, sein/ihr Selbstwertgefühl hauptsächlich aus Aufopferung für den anderen bezog oder was sonst noch eine Rolle spielen mag, wollen wir hier nicht näher untersuchen. Es ist auch für die Aussage, die gemacht werden soll, von untergeordneter Bedeutung. Wer abhängig ist – durch eigene Hilflosigkeit oder die eines anderen –, wird den Schritt aus einer Beziehung in aller Regel erst nach einer Phase größter Selbstzweifel und Selbstquälereien unternehmen können. Schließlich wird die Erkenntnis den Ausschlag geben, daß weder Dableiben noch Davongehen entscheidende Auswirkung auf den Zustand des anderen hat, daß vom Davongehen allenfalls noch die Signalwirkung ausgehen mag: Jetzt bist du wirklich auf dich allein gestellt! Es fängt dich niemand mehr auf! Du allein mußt dich fangen!

Vielen Scheidenden hat es geholfen, sich einen Lebensplan zu machen und ihn aufzuzeichnen, so unfertig und unvollkommen er auch sein mag. Er sollte in die Vergangenheit reichen und mindestens fünf Jahre in die Zukunft. Darin sollte stehen, wie mein bisheriges Leben in seinen Grundzügen verlief und was ich mir für die Zukunft wünsche (die Wünsche dürfen ›unverschämt‹ sein!). Ferner sollten die wichtigsten Personen in meinem Leben (Eltern, Kinder, Lehrer, Chefs) darin vorkommen. Dies alles sollte spontan und ohne Einordnung in irgendwelche gedachten Zusammenhänge aufgezeichnet werden als Bestandsaufnahme, als Rohentwurf meiner Zukunft.

Dasselbe sollte vom Partner gemacht werden. Wer war er/sie, bevor ich ihn/sie kennenlernte? Was waren die Hoffnungen meines Partners, meiner Partnerin? Welche haben sich erfüllt, welche nicht? Wie ist eigentlich der Charakter meines Partners? Welches sind seine/ihre guten Eigenschaften, welches seine/ihre schlechten? Wie wird mein Partner von anderen Menschen beurteilt? Welchen Weg wird er ohne mich gehen? Auch diese Aufzeichnung sollte – so weit wie möglich – den Charakter einer Beschreibung, nicht den einer Bewertung tragen. Das ist schwierig und verlangt jene Schritte der Distanzierung vom Partner, die Voraussetzung für eine gelingende Scheidung/Trennung wie für eine möglicherweise gelingende Neubelebung der Beziehung sind. Um Ihnen Mut zu machen, lasse ich Sie die Bestandsaufnahme eines anderen Menschen in all ihrer Unfertigkeit lesen:

»Ich bin jetzt 38 Jahre alt. Ich bin gesund, von einigen wiederkehrenden Wehwehchen – Abnützungen der Gelenke durch intensiven Leistungssport früher – abgesehen. Ich habe einen sicheren Arbeitsplatz. Mein Beruf macht mir weniger Spaß als noch vor fünf Jahren. Ich werde grau. Das beunruhigt mich, wenn ich in den Spiegel sehe. Ich bin nicht zufrieden mit meinem Leben, obwohl vielleicht mancher mit mir tauschen würde. Ich bin leicht gereizt, neige zu Intoleranz gegenüber Menschen, die nicht so schnell denken wie ich. Ich bin fremdgegangen in der Ehe. Es hat mir nichts ausgemacht. Wirklich? Ich weiß nicht. Ich habe mich mit den Frauen, mit denen ich sexuelle Kontakte neben der Ehe hatte, nicht näher beschäftigt. Wer war es eigentlich alles? Es waren fünf. Mir kommt eine Erinnerung hoch: Als ich auf dem Flughafen von Stockholm von Anna Abschied nahm, haben wir beide geweint. Ich kannte sie drei Tage. Wir waren, so oft es ging, in ihrer Wohnung. Sie sagte mir: ›Kraftprotzen wie du (ihr Deutsch war so süß) müssen lernen, eine Zahnbürste nicht wie ein Baumstamm im Mund zu bewegen.‹ Ich habe oft an diesen Satz denken müssen. Ich liebe Ben und Mark, meine Kinder. Wirklich? Ich war bei ihrer Geburt dabei. Ich habe sie gewickelt und gefüttert und war mit den Gedanken oft woanders. An Jahre meiner Ehe, an Jahre ihres Aufwachsens kann ich mich nicht mehr erinnern. Ja, an Jahre! Was war eigentlich 1972? Mark war drei, Ben fünf Jahre alt. Olympiade in München. Wie sah ich damals eigentlich aus? Hippie-Zeit. Ich glaube, ich hatte meine Haare lang wachsen lassen. Soweit es in der Firma möglich war. Vaters früher Tod hat mich bestimmt geprägt, obwohl ich mich kaum an ihn erinnern kann. Mein älterer Bruder Fritz wurde mein Maßstab. Zuerst richtete ich mich nach ihm. Später machte ich vieles, um mich gegen ihn abzusetzen. Ich war stolz, vor ihm verheiratet zu sein. Wenn ich ehrlich bin, freue ich mich auch heute noch, wenn ich ihn sehe, aber ich freue mich noch mehr, wenn er geht. Warum habe ich eigentlich Jura studiert? Das war eine Verlegenheitslösung. Ich wollte eigentlich Lehrer werden, aber das war fast unmöglich, vor den Schulfreunden zuzugeben, so sehr haben wir auf die Pauker geschimpft. Meine Ehe mit Marlies war eher ein Zufall. Sie war unzufrieden im Studium, ich war unzufrieden. Dann kam Ben. Marlies wollte abtreiben, ich nicht. Unsere ersten Ehejahre waren nicht schlecht. Seit ich Gitte kenne, wurde ich immer unzufriedener. Es ist gut, daß ich mich jetzt habe versetzen lassen. Aber löst der räumliche Wechsel irgendwelche Probleme? Es bringt mich fast um, daß ich von Ben und Mark jetzt so wenig erfahre. Gitte spürt das. Ich mag mit ihr nicht darüber reden. Ich muß zurück. Nicht zu Marlies, aber in die Nähe der Kinder. Ich werde in die Scheidung einwilligen, wie Marlies es will. Es hat mir – wenn ich ehrlich bin – einen Stich gegeben, daß sie zuerst von Scheidung gesprochen hat. Gitte – eigentlich lebe ich neben ihr her, wie ich neben Marlies hergelebt habe. Ich fühle mich leer. Ich muß irgendwie auftanken. Bücher lesen? Sport treiben? Meine Wünsche: Ich möchte mich immer noch selbständig machen. Aber bin ich nicht zu alt dazu? Bei dem Überangebot an Juristen eine Kanzlei aufmachen? Aber ich kann was. Kann ich das jetzt machen, wo durch die Scheidung finanzielle Forderungen auf mich zukommen? Eigene Kanzlei, auch wenn sie nicht so viel abwirft, aber ich habe Zeit für Ben und Mark, auch einmal tagsüber. Das muß Marlies doch auch etwas wert sein. Ob wir Freunde sein können? Ich weiß es nicht. Die Sache mit Gitte hat sie mehr gekränkt, als ich mir zuerst eingestehen wollte. In fünf Jahren? Anwalt in B., Gitte arbeitet in meiner Kanzlei, Ben arbeitet in den Semesterferien bei mir. Vielleicht studiert er auch Jura. Mark ist bei der Bundeswehr oder macht Zivildienst. Ich bin dann 43, Marlies 44. Das ist doch kein Alter.«

»Marlies. Wie ist sie eigentlich. Etwas lahmarschig. Ob die das ohne mich packt? Sie trinkt gerne. Das hat sie schon gemacht, als wir uns kennenlernten. Das war in der Ehe mal stärker, mal weniger stark. Rutscht sie jetzt ab? Eigentlich nicht. Sie sieht schöner aus, seitdem wir uns getrennt haben. In dem Dorf, aus dem sie kam, war sie der ›Star‹. Irgendwie hat sie wohl nie verkraftet, daß es anderswo auch schöne Frauen gibt. Sie hat locker in den Tag gelebt, vom Geld der Eltern studiert, rumgejobt. Eigentlich nie etwas beruflich gemacht, was sie echt gefordert hätte. Jetzt ist sie 39. Was macht sie, wenn Ben und Mark aus dem Haus gehen? Sie hat Freundinnen, aber sie hat eigentlich nichts Richtiges gelernt. Die Job-Situation ist so beschissen. Erstaunlich, wie schnell sie nach der Trennung über die rechtlichen Dinge einer Scheidung Bescheid wußte. Das hätte ich ihr nicht zugetraut. Wahrscheinlich ist sie dann zäh, wenn sie es sein muß. Sie ist eigentlich eine gute Mutter, hatte eine gute Hand mit den Kindern. Die beiden sollen bei ihr bleiben. In einem Jahr sind wir wohl geschieden. Sie ist dann 40. Was wird sie machen? Ich weiß eigentlich wenig von ihr, obwohl wir so lange verheiratet sind.«

Der Sprung oder Stoß ins kalte Wasser

Wir müssen uns daran erinnern, was in einem früheren Abschnitt steht: Die Scheidung schafft ein doppeltes Faktum. Zum einen rücken zwei Menschen, die sich (in abnehmender Stärke zwar) bislang als Einheit verstanden haben und als solche bei Freunden und Verwandten galten, auseinander, was nicht genau vorhersagbare Lebensprozesse auslöst. Zum anderen wird ein amtlich geschlossener Vertrag beendet, was recht bald einige sehr handfeste Konsequenzen hat. Wenn auf sie nicht geachtet wird, wenn sich die Partner, die von diesem Vertrag zurücktreten, nicht darüber im klaren sind, welchen neuen Rechts-, welchen neuen Vertragszustand sie jetzt zwischen sich schaffen, dann kann der Prozeß der inneren Lösung, der in vielen Fällen schwer genug ist, zusätzlich mit vielen Komplikationen, Mißverständnissen und Leid befrachtet werden.

Beide Seiten einer Ehe – Zuneigung (Liebe) und Vertrag – erhalten bei der Trennung eine neue Form. Was aus der Zuneigung von ehedem wird, ist schwer vorauszusagen. Das gilt auch, wenn aus der Zuneigung inzwischen Abneigung oder Haß geworden ist. Sie können abgrundtief sein, aber sie können ebenso vergehen wie Zuneigung und Liebe. Ferner können sie einen mehr taktischen Sinn haben: Ein Partner hält Abneigung oder Haß aufrecht, solange er die beiden braucht als Bestandteil seiner Selbstfindung oder auch ganz schlicht, um den ehemaligen Partner unter Druck zu setzen, um einen Vorteil herauszuholen. Mit so etwas rechnen viele nicht, die gutmütig sind oder – wie bei Trennungen häufig – so total mit sich beschäftigt, daß sie die Manöver der anderen Seite gar nicht mehr wahrnehmen.

Es ist schwer vorauszusagen, welche Form die Beziehung zweier Menschen, die Jahre zusammenlebten und sich dann trennten, nehmen wird. Junge Leute, die kurz verheiratet waren, vergessen später fast, wem sie einmal ihr Ja-Wort gegeben haben. Andere einstige Ehepaare werden ein Leben lang daran erinnert – positiv oder negativ –, mit wem sie einmal Tisch und Bett geteilt haben. Um es noch einmal ganz deutlich zu sagen: Gefühle und Bindung zwischen zwei Menschen nehmen nach Trennung und Scheidung unterschiedliche Gestalt an, von Fall zu Fall verschieden. Darauf hat ein Partner allein nicht Einfluß. Ein Wechselspiel, eine Sache mit eigener Dynamik entsteht. Der rechtliche Aspekt der Trennung aber wird irgendwann zwischen der Ankündigung der Scheidung und dem Scheidungsurteil fixiert und bleibt häufig ziemlich unantastbar, egal, wie sich das Leben der Partner getrennt entwickelt.

Man kann deshalb nur davon abraten, im Streit oder auch sonst mit Scheidung zu drohen. Wer sagt mir, daß mich mein Partner nicht wörtlich nimmt und Tatbestände schafft, die den Scheidungspreis für mich sehr hoch treiben? Nun wird niemand mit dem Gesetzbuch unterm Arm herumlaufen wollen, auch nicht in Zeiten schwerer Lebenskrisen. Es ist auch nicht meine Absicht, unnötig Mißtrauen zwischen zwei Menschen zu säen, im Gegenteil: Ich werde im weiteren Verlauf dieses Buches dafür plädieren, daß Partner, die auseinandergehen wollen, mit offenen Karten spielen, soweit es die vertragliche Seite der Bindung und ihre Lösung angeht. (In puncto Herz und Gefühle wären ebenfalls ›offene Karten‹ angesagt, aber das zu fordern, ist bei der emotionalen Verwirrtheit, die eine Trennung meist begleitet, unrealistisch.) Mißtrauen sollte also nicht das Hauptthema einer Scheidung sein, doch ist eine häufig anzutreffende Vertrauensseligkeit, als ob der Partner, dem man gerade den Stuhl vor die Tür stellt, auch noch Dankeschön dafür sagen müßte, ebensowenig angebracht oder sinnvoll.

Ich erinnere mich an einen Mann, der mir die Wochen und Monate vor seiner Scheidung schilderte. Er hatte sich in eine andere Frau verliebt. Zuerst traf er sie nur gelegentlich, später häufiger. Je mehr seine Zuneigung wuchs, in desto größere Verwirrung geriet er. Starke Schuldgefühle schüttelten ihn. »Zuerst hatte ich Überstunden vorgetäuscht, um meine Freundin zu sehen«, erzählte er mir, »später ließ ich alle Vorsicht weg und blieb abends immer länger bei ihr, auch bis zu einem Zeitpunkt in der Nacht, der nicht mehr durch Überstunden zu erklären gewesen wäre. In meiner inneren Verzweiflung wünschte ich mir geradezu, daß meine Frau mal nachts wachliegen und mich fragen würde, damit ich ihr alles beichten könnte. Aber merkwürdigerweise schlief sie fest und wachte nie auf, egal, wie laut ich den Schlüssel in die Haustür steckte.« Was er nicht wußte und nicht ahnte: Die Frau war sehr wohl wach, hellwach. Als er ihr sein Verhältnis gestand, präsentierte sie ihm eine fertig ausformulierte Scheidungsvereinbarung, die sie mit Hilfe ihrer Eltern und eines Rechtsanwaltes aufgesetzt hatte. Er unterschrieb.

Die Mitteilung an den Ehepartner, daß man eine Scheidung begehrt, schafft an sich noch keine Rechtstatbestände; allenfalls wird sie zur Ermittlung der gesetzlichen Trennungszeit herangezogen. Gemäß dem deutschen Scheidungsrecht muß ein Ehepaar mindestens ein Jahr lang getrennt leben (das kann unter bestimmten Bedingungen sogar in der gemeinsamen Wohnung sein), bevor die Scheidung ausgesprochen werden kann. Dieses Wartejahr läßt sich jedoch zeitlich manipulieren, wenn sich die Ehepartner einig sind, oder juristisch verkürzen, wenn die Fortsetzung der Ehe für einen Partner eine unzumutbare Härte darstellt (zum Beispiel Alkoholmißbrauch oder Gewalttätigkeit). Der erste rechtlich relevante Termin ist die Zustellung des Scheidungsantrages an den nichtklagenden Ehepartner oder dessen Rechtsanwalt. Dies ist der Stichtag für die Ermittlung des Ausgleichs des in der Ehe erworbenen gemeinsamen Vermögens und der erworbenen Rentenanwartschaften. Die Beendigung der Ehe, mit der dann die abzuschließende Scheidungsvereinbarung in Kraft tritt, ist das Datum der Rechtskraft der Scheidung.

Hier sollen nur erste juristische Aspekte einer Scheidung angerissen werden, deren detailliertere Darstellung im 5. Kapitel erfolgen wird. Eines sei jetzt schon deutlich gesagt: Rechtlichen Beistand vor Erklärung einer Scheidungsabsicht in Anspruch zu nehmen, empfiehlt sich in allen Fällen, in denen bei der Scheidung schwierige Vermögens- oder Schuldenfragen zu klären sind. Der Zeitpunkt von der Mitteilung der Scheidungsabsicht bis zur Zustellung des Scheidungsantrages kann von beiden Partnern (dem, der etwas zu zahlen, und dem, der etwas zu erwarten hat) zur Veränderung der Vermögens- oder der Schuldenlage gebraucht (mißbraucht) werden. In der Trennungszeit, die der Scheidungsmitteilung folgt, können im übrigen Vereinbarungen über Aufteilung des Hausrats, der Wohnung, den Unterhalt getroffen bzw. gerichtlich vorläufig geklärt werden. Auch derjenige, der durch die Scheidungsabsicht des anderen plötzlich vor eine neue Situation gestellt ist, hat also sehr wohl schon in der Trennungszeit gute Möglichkeiten, den Gang der Dinge in der Zukunft vorzubestimmen und für sich zu sorgen. Sie/er muß nicht hinnehmen, was der Scheidungswillige ihm ›diktiert‹.

Mißtrauen gegen den Ehepartner – ich habe es oben schon einmal gesagt – ist kein verpflichtender Rat von mir. Sehr wohl rate ich jedoch dazu, trotz aller heißen Gefühle vor der Mitteilung der Scheidungsabsicht einen Moment, eine Phase der ganz kühlen Überlegung einzuschalten. Jeder wird dann wissen, ob er vor der ›Stunde Null‹ etwa ein gemeinsames Konto auflösen, die Bankvollmacht für das eigene Konto vom Ehepartner zurückfordern, Schecks und Scheckkarten an sich nehmen soll. Im Falle von Schulden ist es wichtig, sich klarzumachen, wer als Schuldner eines Familiendarlehens eingetragen ist. Sind es beide Ehegatten, so wird sich die Bank auch an beide halten; ist ein Ehegatte nur als Bürge eingetragen, so wird er auch nur herangezogen, wenn der andere zur Zahlung nicht fähig ist.

Vor einer Erklärung an den Partner sollte sich der Scheidende eine gründliche Übersicht über sämtliche Familiendokumente verschaffen (Konten, Spar-, Kredit- und Bausparverträge, Versicherungen), sich am besten Fotokopien davon machen sowie eine Aufstellung über den Umfang des Hausrats anlegen. Unnötige Streitereien später werden dadurch vermieden. Nach Erklärung der Scheidungsabsicht verändert sich das Klima möglicherweise noch einmal rasch. Anzuraten ist, daß sich der Scheidende zumindest in groben Umrissen darüber im klaren ist, wo er nun wohnen wird und wie er den Kontakt zu den Kindern halten will.

Wie teile ich meinem Partner die Trennungsabsicht am besten mit? Ich meine, es genügt die einfache Erklärung, daß man die Ehe/Freundschaft nicht fortsetzen will. Begründungen haben ihre Tücken. Weiß der Scheidende schon jetzt genau, warum er wirklich gehen will? Welche Begründung wird der Partner gelten lassen? Welche Begründung ist nicht zugleich mit Kritik an dessen Person, mit seiner Abwertung verbunden? Ich kenne nur eine, die der Psychologe Carl Rogers für diese Situation empfohlen hat und die ich bereits zu Beginn dieses Buches erwähnt habe, weil sie gleichsam dessen Motto sein soll: »Ich tue es für mich, nicht gegen dich.« Es ist fair, dem Partner mitzuteilen, daß man sich über die Abläufe einer Scheidung schon informiert hat, und ihm/ihr somit Gelegenheit zu geben, das gleiche zu tun, bevor man sich wieder zusammensetzt und weitere Einzelheiten bespricht. Fair ist ferner das Eingeständnis, daß man in der Beziehung auch unter dem eigenen Unvermögen gelitten habe, etwas Besseres zu schaffen, sowie der Hinweis darauf, daß man sich in einem Gefühlszwiespalt befinde, aufgewühlt sei, eine Zeit der Besinnung brauche.

Unnötig ist der Hinweis darauf, welche Rolle dritte Personen bei dem Entschluß zur Scheidung spielten. Die Geliebte oder der Mann im Hintergrund – sie sind Teil eines sich neu herausbildenden Lebens, und einer der beiden Partner hat sich dafür entschieden, ihr/ihm einen besonderen Raum im eigenen Leben zu geben, diesen Raum demnächst vielleicht noch größer zu machen. Das ist seine Sache, ihre Sache. Zwischen den scheidenden Ehepartnern ist zwar vieles zu klären, jedoch nicht die Frage, welches Leben jeder von beiden in Zukunft führen wird. Ich bin mir aufgrund langer Erfahrungen völlig sicher, daß in vielen Fällen von Scheidungen oder Trennungen die Weichen falsch gestellt werden, weil dem/der Dritten eine unangemessene Rolle bei der Bewertung einer Scheidung bzw. Trennung zugewiesen wird. Die Trennung kann durch einen neuen Partner beschleunigt oder konkretisiert, aber letztlich nie ausgelöst werden, denn der Grund der Trennung liegt allein in der Beziehung der Scheidenden. Dies müssen sich beide eindringlich sagen: der-/diejenige, der/die von der Trennungsabsicht des Partners überrascht wird und verwirrt sowie hilflos nach Orientierung (Gründen) sucht, und der-/diejenige, der/die eine Scheidung vorschlägt und vielleicht durch Unsicherheit, Verlegenheit oder Scham bedrängt eine Teilschuld zur Dritten/zum Dritten hinüberschiebt.

Ich schildere Ihnen den Beginn einer solchen Trennung/Scheidung, bei der eine derartig unglückliche Weichenstellung geschah, um Ihnen an einem Beispiel zu zeigen, was ich meine: In diesem Scheidungsfall bat der Mann, nachdem er sich einigermaßen über seine Gefühle klar geworden war und sich für eine Lösung der Ehe entschieden hatte, seine Frau in ein Restaurant und erklärte ihr unter Tränen, daß für ihn eine Fortsetzung der Ehe nicht möglich sei. Die Frau nahm das ganz sachlich auf und fragte ihn nach den Gründen. Der Mann erzählte ihr, so gut er konnte, von seiner seelischen Verfassung. Die Frau erkundigte sich, ob eine andere Frau im Spiel sei. Der Mann versicherte, daß Beziehungen zu anderen Menschen für ihn nicht den Kern seines Entschlusses ausmachten. Damit gab sich die Frau zufrieden und bat ihren Mann, bei einem Essen in der gemeinsamen Wohnung noch einmal alles zu besprechen. Am nächsten Abend saßen beide zusammen. Man besprach schon einige Einzelheiten der Trennung, zum Beispiel die Zukunft der Kinder, doch plötzlich fragte die Frau erneut, ob eine andere im Spiel sei. Es sei für ihr seelisches Wohl wichtig, das zu erfahren; sie habe Verständnis für eine Affäre außerhalb der Ehe, denn sie habe selber solche gehabt. Der Mann gab dem Drängen nach, räumte ein, daß er eine Freundin habe, betonte aber wieder, daß nicht sie seinen Entschluß mitbestimmt, sondern er ihn allein gefaßt habe. Die Frau bohrte weiter. Sie müsse unbedingt den Namen der Frau erfahren, wissen, wer sie sei, nur so könne sie zur Ruhe kommen. Sie nehme ihrem Mann die Affäre nicht übel, er solle sie nur von einer quälenden Ungewißheit erleichtern und ihr den Namen sagen. Der Mann gab noch einmal nach und erklärte, daß er seit einem halben Jahr mit seiner Sekretärin ein Verhältnis habe. »Mit deiner Sekretärin – das hätte ich nicht gedacht. Da hat mich diese Frau also freundlich tuend und lächelnd begrüßt, wenn ich in die Firma kam, obwohl sie bereits deine Unterwäsche kannte. Nein, das habe ich nicht für möglich gehalten. Ich hätte eher auf eine Frau aus deinem Tennisverein getippt.«

Vier Tage später erhielt die Freundin des Mannes diesen Brief: »Sehr geehrtes Fräulein K., würde ich meinem Impuls folgen, so würde ich Sie am liebsten vor versammelter Firma ohrfeigen. Verdient haben Sie es sich redlichst. Nehmen Sie diesen Brief als moralische Ohrfeige. Die Art und Weise, wie Sie sich die Sekretärin-Chef-Situation zunutze gemacht haben, ist absolutes Tiefparterre. Ob mein Verhältnis zu meinem Mann und umgekehrt gut oder schlecht war, spielt überhaupt keine Rolle. Sie haben die Krise, in der mein Mann steckte und steckt, ausgenutzt, um Ihr Süppchen zu kochen – kalt, egoistisch, verantwortungslos und gemein. Sie werden über kurz oder lang merken, daß Sie sich übernommen haben, falls Ihnen Selbstkritik auch nur ansatzweise zur Verfügung steht, denn Sie haben weder das geistige noch – und das ist weitaus entscheidender – das menschliche Format, um einen Menschen, den ich sehr viel besser kenne als Sie, an sich zu binden. Im übrigen übersehen Sie anscheinend vollkommen, daß mein Mann in einem sozialen Rahmen steht, der auf Ihr Verhalten und damit auf Ihre Person im günstigsten Fall mit Vorbehalten, jedoch dort, wo ehrlich ausgesprochen wird, was man denkt, mit Verachtung reagieren wird. Meine Verachtung ist Ihnen schon jetzt sicher.« Unterschrift.

Mir geht es nicht um die Beurteilung einer Reaktion, einer aus Gefühl (Empörung, Verletztheit, Unsicherheit) geborenen Handlung. Wir alle sind Menschen und keine Übermenschen. Bei der Auflösung einer Ehe, beim Geschehen, das der Trennung vorausgeht, passiert Unrecht – böswillig, unbedacht oder unversehen. Darüber ist schwer zu rechten. Und niemand wird der obigen Frau ein Mitgefühl in ihrer Situation versagen. Warum ich diesen Brief aber aus meiner Sammlung von Scheidungsunterlagen herausgezogen habe, ist, weil er anschaulich macht, wie aus einer Krise, die zwei Menschen miteinander auszufechten haben und deren Herausforderung beide akzeptieren (Gespräch am ersten und zweiten Abend), durch Benennen einer dritten Person ein anderer Fall wird (Zitat: »Ob mein Verhältnis zu meinem Mann und umgekehrt gut oder schlecht war, spielt überhaupt keine Rolle«). Das eigentliche Problem, die Eheführung, die zumindest für einen von beiden Partnern stark in Frage gestellt ist, tritt dabei völlig in den Hintergrund. Das Feuer, dessen Rauch alles einnebelt, wird auf dem Nebenschauplatz eröffnet. Wie konnte denn das passieren? Schämt sich die Frau nicht, der anderen den Mann wegzunehmen? Schämt sich die Ehefrau nicht, einer anderen Frau einen solchen Brief zu schreiben? Wie kann sich jemand, der selbst Affären hatte und sie auch zugibt, einen derart moralischen Standpunkt anmaßen?

Sehen Sie, was da falsch läuft? Merken Sie, wie ein gedachter Schwarzer Peter der Verantwortung hin- und hergeschoben wird? »Wärst du so klug, die kleinen Plagen des Lebens willig auszustehen, so würdest du dich nicht so oft genötigt sehen, die großen Übel zu ertragen.« Es sind die kleinen Lieblosigkeiten, die eine Beziehung zugrunderichten, und nicht die dramatischen Aktionen, die dem Publikum am Ende vorgeführt werden. »Wie oft habe ich meine Frau verletzt, weil ich zu spät zum Essen kam?« – »Wie oft habe ich meinen Mann betrübt, weil ich, ohne ›Gute Nacht‹ zu sagen, neben ihm eingeschlafen bin?« Solches und Ähnliches sollten sich die Scheidenden fragen und nicht durch Fragen nach einem Dritten/einer Dritten ablenken – zu ihrem Wohl und für die Gestaltung einer besseren Partnerzukunft.

Ihre Seite

Meine Gedanken heute: ______________________________

Nach sechs Monaten meine ich dazu: ______________________________

Kapitel 3

»Von denen hätten wir das nie gedacht«

Über echte und falsche Mitgefühle

»Kommen Sie in Begleitung?«

Spätestens, wenn ihm/ihr eine derartige Frage gestellt wird, merkt der/die Scheidende, daß ein neues Zeitalter begonnen hat: Nicht nur die Trennung vom Partner, wie er/sie – total absorbiert in den ehelichen Zwisten – vielleicht gemeint hat, ist zu bewältigen, sondern auch die meisten Außenkontakte erfahren eine neue Bewertung. Mancher Scheidende macht die Erfahrung, daß der Verlust langjähriger Freunde oder Verwandter ihn/sie härter trifft als die Trennung vom Ehepartner, die Ende eines Ablösungsprozesses ist. »Nach der Trennung von meiner früheren Frau schrieb mir ihr Vater noch einen Brief, in dem er einen weiteren ankündigte«, berichtete mir mal ein Scheidender. »Aber weder kam dieser Brief noch irgendein weiteres Lebenszeichen. Menschen, mit denen ich mich immer sehr gut verstanden hatte, unabhängig vom jeweiligen Hitze- oder Kältegrad der Liebe zu meiner früheren Frau, waren von einem Tag auf den anderen aus meinem Leben verschwunden, wie vom Erdboden verschluckt. Das hat mich sehr gequält. Ich habe immer wieder innere Anläufe gemacht, mit ihnen den Kontakt neu aufzunehmen, es aber immer wieder gelassen. Möglicherweise, so dachte ich mir, ist das ihre Art und Weise, mit dem für sie überraschenden Geschehen fertig zu werden. Jahre später traf ich durch einen Zufall meinen früheren Schwiegervater wieder. Wir waren beide überrascht und eigentlich sehr erfreut. Bei einem Essen gestand er mir, daß er dieselben Wünsche nach Fortsetzung unseres Kontaktes wie ich hatte, aber, weil seine Tochter so unglücklich war, dies sein ließ. Von da ab haben wir uns gelegentlich gesehen und geschrieben. Zumindest wechselte wieder bei Fest- und Geburtstagen, wie früher, ein Geschenk oder eine Gratulation den Ort.«

Eine Trennung oder Scheidung schüttelt häufig den menschlichen Bezugsrahmen beider Partner kräftig durcheinander. Das muß nicht immer schlecht sein. Viele Scheidende haben auf diese Weise und durch die mitlaufenden Erschütterungen erst ihre wahren Freunde im Leben gefunden. Während der Ehe bestand der Bekannten- und Freundeskreis aus vielen Zufallsbekanntschaften und Leuten, denen man verpflichtet war und die sich verpflichtet fühlten. Aber trotz solch möglicherweise positiven Folgen sind die Belastungen dadurch, daß ja nicht nur eine Beziehung ›in die Brüche geht‹, sondern viele damit verknüpfte Kontakte zumindest in Frage gestellt werden, für den Scheidenden enorm. Viele werden damit nur fertig, indem sie Menschen einfach von heute auf morgen aus ihrem Leben streichen. »Als ich ging, überließ ich meiner Frau auch unsere Freunde. Ich dachte, sie braucht sie in ihrer Situation nötiger als ich. Ich finde schon wieder welche«, sagte mir mal ein Mann gespielt heiter, aber in Wirklichkeit sehr traurig. Freunde, die bei der Scheidung wie Sachen aufgeteilt werden, ein bunt durcheinandergewürfelter Haufen von Menschen mit Kreuz-und-Quer-Beziehungen, der sich nach der Trennung eines Paares wieder – zumindest in dieser Beziehung – zu zwei straff beieinanderstehenden Verbänden organisiert – irgend etwas stimmt da nicht, es sei denn, man unterstellt, daß tief drinnen in vielen von uns noch ein lebendiges Bedürfnis nach Sippenhaft vorhanden ist. ›Scheidet dein Sohn sich von meiner Tochter, verstoße ich deinen Sohn und kündige dir die Freundschaft.‹

Spätestens beim Offenlegen einer Trennung merkt der Mensch, daß er sich nicht allein und auch nicht zu zweit verwirklichen kann, sondern in einer Fülle von anderen Beziehungen steht, die sein Leben bis zu einem hohen Grade mitbestimmen. Sicher, wir sind unterschiedlich abhängig vom Bravo oder Buh unserer Umwelt. Aber ganz spurlos geht das Naserümpfen einer Nachbarin, der aufmunternde Schulterschlag eines Freundes (oder sein Ausbleiben), die Kontaktsperre, die von einem früher vermutlich einmal wohlgesonnenen Menschen auferlegt wurde, an keinem von uns vorbei, am wenigsten wohl bei den Scheidenden, dem Verlassenden wie dem Verlassenen, die häufig erst einmal in ein gesellschaftliches Nichts fallen.

Die Scheidenden spüren ihre Situation zwischen allen Gruppen, Fronten, Lebensformen auch körperlich. Die Vielfalt der Emotionen, die durch ihre Adern laufen, dieser Mischmasch an Haltungen und Gegenhaltungen, die man ausprobiert oder zu denen man genötigt wird, läßt die in sich schiefe Gestalt entstehen, die bei vielen Scheidenden zu bemerken ist. Es paßt einfach kein herkömmliches Gestaltmuster auf diese Situation. Wer Zorn auf jemanden hat, ballt die Fäuste, wer trauert, sackt in sich zusammen, wer sich schämt, hat den Kopf gesenkt, wer eine Eroberung gemacht hat, streckt die Brust heraus, wer einen Entschluß gefaßt hat, wirft den Kopf in den Nacken, wer zufrieden mit sich ist, lächelt in sich hinein, wer sich Sorgen macht, legt den Kopf auf die Seite und spricht vielleicht laut mit sich selbst. Doch der Scheidende? Bis zu einem gewissen Grade sind alle genannten Ausdrucksformen und die entsprechenden Haltungen in und an ihm/ihr vorhanden und auch äußerlich zu sehen.

Interessant ist, daß sich Scheidende fast riechen können in einer Gruppe von Menschen. Die Besuchsväter, die mit ihren Kindern am Nachmittag in einen Bud-Spencer-Film gehen – ihre Körpersprache ist anders als bei den nicht gegangenen oder nicht verjagten ›Königen‹ der Familie. ›Magst du dies noch? Magst du das noch?‹ fragen ihre Augen das Kind. ›Ich möchte dir das noch zeigen, dies noch geben‹, sagen ihre Hände und Arme. Und die sitzengelassenen oder fortgelaufenen Mütter bei einem Kindergeburtstag? Demonstrative Fröhlichkeit, das Glück, dazuzugehören, milde Melancholie – in ruckhaftem Wechsel rollt der Film ihres jetzigen Lebens auf ihren Gesichtern ab, kaum wahrnehmbar für die anderen, aber schmerzhaft spürbar für diejenigen, die in derselben Situation sind.

In einem Punkt zumindest verstößt der Scheidende laufend gegen die Spielregeln unserer Gesellschaft. Sie besagen, daß man etwas ›ist‹. Das muß nicht ›Chefarzt‹, ›Weltumsegler‹, ›Emanze‹ oder sonst etwas Hervorstechendes oder schnell Benennbares sein, sondern kann auch ›ein begeisterter Hobbyphotograph‹, die ›Ulknudel unserer Firma‹ oder ›der Typ mit den unmöglichen Ansichten‹ sein. Aber was ist der Scheidende? Irgendwie immer mit sich selbst beschäftigt, ein Fragezeichen. »Kann man mit dir nicht mal über etwas anderes reden als über die Trennung von deiner Frau und über deine Kinder? Es gibt auch noch etwas anderes auf der Welt.« So schoß es mal aus einem Freund hervor. Wie ein Tier, das eine Wunde leckt, kommen Scheidende immer wieder zu dem wunden Punkt in ihrem Leben zurück – unerbittlich, sich selbst (und andere) quälend und manchmal über Jahre. Auch das treibt Freunde und Verwandte weg. In gewisser Weise ähneln die Scheidenden Veteranen, die es nicht lassen können, von längst vergangenen Schlachten zu erzählen, aber auch Menschen wie den deutschstämmigen Amerikanern der ersten Generation: Äußerlich ganz Kinder der Neuen Welt, ist in ihnen ein nie ganz abgestorbenes Sehnen nach etwas, das mal war und nicht mehr ist.

Wie sehr der Scheidende eine Trennung überwunden hat, kann er selbst daran erkennen, ob er die Angebote anderer Menschen wieder an sich heranläßt oder ihnen nur mechanisch folgt. Eine weitere Stufe des Los-Gelöstseins zeigt sich darin, daß der Geschiedene seinerseits wieder ein deutliches, realistisches Angebot an seine Umwelt macht. Um den schmerzenden Fragezeichen in ihrem Leben zu entfliehen, sind viele Scheidende forciert aktiv: Stammtisch, Auto-Suchfahrt, neues Hobby. Ich zähle diese Dinge nicht überlegen oder mokant lächelnd auf, denn ich habe mich selbst an ihnen festgehalten in einer Zeit, als die neuen Zimmerdecken wieder und wieder über mir einstürzten. Manches vom damals ruckhaft Begonnenen ist mir sogar geblieben. So spiele ich heute sehr gut Gitarre, womit ich nach der Trennung angefangen habe. Diese häufig spontanen und forcierten Aktivitäten mögen zwar den einen oder anderen mitreißen, oft aber spürt der Scheidende, daß noch nicht die Substanz eines aus dem Inneren kommenden Wunsches dahintersteht. Manches sackt dann wieder in sich zusammen und läßt den Scheidenden noch hilfloser zurück. Dies soll ihn/sie nicht mutlos machen. Er/sie muß sich dann wieder am Schopf ziehen oder sich selbst in den Arm nehmen. Warum nicht, wenn sonst niemand da ist?

Verwandte – unser Schicksal?

Mit Verwandten ist das so eine Sache: Man wählt sich keinen von ihnen aus und ist doch mit vielen ein Leben lang verbunden, so oder so. Machen Sie doch mal die Probe aufs Exempel. Mit welchem von Ihren Onkeln, Tanten, Cousinen, Cousins, ja auch Geschwistern oder Geschwistern Ihres Partners würden Sie mehr als ein paar Worte wechseln (die Telefonnummern austauschen, ein Wiedersehen verabreden), wenn sie Ihnen bei einer Zugfahrt im Abteil gegenübersäßen? Meine Mutter ist eine herzensgute Frau, eine interessante Gesprächspartnerin, wenn sie einmal aus sich herausgeht oder, besser noch gesagt, einmal in sich hineinsehen läßt und nicht ein tiefes Gemüt sowie eine sensible Seele hinter allgemeinen Redensarten verbirgt. Ich hätte, wenn ich ihr als Unbekannter ein paar Stunden gegenübersäße, sicherlich einen angenehmen Eindruck von ihr, wir würden uns in manchen Beobachtungen und Bemerkungen verstehen und uns eine »Gute Reise« wünschen, wenn einer von uns dann aussteigen muß. ›Eine reizende Dame‹, würde ich noch denken, meine Reiselektüre aufschlagen und ihr vermutlich nie wieder begegnen. Verwandtschaft – eine sehr relative Geschichte, besonders bei angeheirateten Verwandten. Mit einem Federstrich (der Unterschrift unter den Ehevertrag) rücken sie mir näher, und es wird von uns ein klassisches Verwandtschaftsgefühl erwartet, ob wir uns nun kennen, mögen oder nicht. Mit einem Federstrich (der Unterschrift unter die Scheidungsvereinbarung) rücken wir wieder auseinander, ob sich nun Nähe oder Zuneigung eingestellt hat oder nicht. Manchem Scheidenden gelingt es, Kontakte zu denjenigen im ›gegnerischen Lager‹ zu bewahren, die er gern gemocht hat. Andere bemühen sich darum und unterliegen dem Druck der Verhältnisse, der weitverbreiteten Sehnsucht nach Abgrenzung und ›Überschaubarkeit‹. In Abwandlung des Ehespruchs »Was Gott zusammengefügt hat, das soll der Mensch nicht scheiden« heißt es dann: »Was der Amtsrichter geschieden hat, das soll der Mensch nicht zusammenfügen wollen.«

Vielen Scheidenden fällt es schwer, Verwandten von der Trennung oder bevorstehenden Trennung zu erzählen. Sie schieben bereits beschlossene Schritte nicht selten aus diesem Grunde noch lange vor sich her. Es ist nicht nur die Scheu davor, jemanden, der einem nahesteht, mit einer vermutlich für ihn unerwarteten und unangenehmen Neuigkeit zu konfrontieren, sondern auch sehr stark die Angst, diesen Menschen dadurch zu verlieren, letzteres besonders, weil ja die Beziehung zu Eltern oder Geschwistern des Ehepartners überhaupt nicht oder bei weitem nicht in dem Maße gestört ist wie zum Partner/zur Partnerin selbst.

Wie sage ich nun meinen Verwandten, wie sagt er/sie seinen/ihren Verwandten, daß eine Trennung vollzogen wurde und daß sie bleibt. Soll es wirklich jeder für sich machen, oder können es beide tun? Es lohnt sich, darüber schon vorher eine Weile nachzudenken und für jeden einzelnen ein paar persönliche Worte zu suchen, denn für die Zukunft kann sehr viel davon abhängen. Wir müssen uns zuerst einmal klarmachen, daß in den meisten Familien ein Harmoniebedürfnis herrscht, auch wenn Opa pausenlos an Tante Mimi herumnörgelt, diese ihrer Schwester mit ihrem Sauberkeits-Tick auf die Nerven geht und Cousin Ferdinand nur einen Wunsch hat: bald von zu Hause auszuziehen. Im Prinzip sehnt sich jeder nach Harmonie, wünscht dem anderen das Beste, schon damit man seine Ruhe hat. Ein scheidendes Paar bringt Unruhe in dieses ausstabilisierte System, so als ob jemand mit der Hand in ein Aquarium schlägt, wo vorher die Fische im Schwarm oder alleine ihre Bahn zogen und nun aufgeregt durcheinanderschießen. Trennungen kommen für die allermeisten Familien wegen dieses Harmoniebedürfnisses überraschend und häufig wie ein Schock, egal, wie schlecht die Beziehung der beiden sich nun trennenden Familienmitglieder vorher war. Die Reaktionen der Verwandten werden unterschiedlich sein. Einige werden sofort Hilfe anbieten, die anderen werden sagen, das hätten sie schon immer kommen sehen, die dritten werden die Schuldfrage erörtern und die vierten erklären, sie wollten damit nichts zu tun haben, denn sie hätten ihre eigenen Sorgen. Unbeeinflußt davon bleibt aber keiner. Scheidende sollten den Verwandten Zeit zum Verarbeiten der Situation geben und nicht sofort auf ein Echo von ihnen drängen oder hoffen.

Der Scheidende sollte sich vor der Trennung überlegen, welche Art von Beziehung er in Zukunft zu den Verwandten des ehemaligen Partners pflegen will. Wenn Kinder da sind, sind diese inneren Entscheidungen besonders wichtig und geradezu ein Testfall dafür, wie sehr scheidenden Eltern wirklich am Wohle ihrer Kinder gelegen ist. Deren Beziehung zu den Verwandten beider Eltern bleibt nämlich, vom Streit der Eltern abgekoppelt, meist ungetrübt. Wenn diese Beziehung jetzt zu einer Seite abrupt abgebrochen wird, ist ihr Verlusterlebnis infolge der Scheidung um ein Vielfaches schmerzlicher, wenn der Kontakt zu allen Verwandten erhalten bleibt, um ein Vielfaches leichter. Gerade den Kindern zuliebe sollte also jeder Partner sich ernsthaft fragen und in die Pflicht nehmen, welche Steine er/sie, trotz aller Enttäuschung, den Kindern für einen möglichst ungestörten Kontakt zu möglichst vielen Verwandten aus dem Weg räumen kann oder gar nicht erst aufschichten muß.

Verwandte werden – direkt oder indirekt – nach Gründen für die Trennung fragen. Es ist verständlich, wenn der Scheidende, nachdem nun der Damm gebrochen ist, sein Herz ausschüttet, klagt und anklagt – aber es nützt wenig und macht unter Umständen vieles kaputt. Ob man die ›Schuld‹ für eine Trennung übernimmt oder sie dem scheidenden Partner zuschiebt, mag im Moment für einen selbst sehr wichtig sein, für die Verwandten stellt sich der Fall aber ganz anders dar. Nehmen wir an, Sie sagen dem Vater Ihrer Frau, daß Sie sich von ihr getrennt haben, weil sie nicht mit Geld umgehen konnte. Was soll er dann machen? Ihnen auf die Schulter klopfen? Er sieht wahrscheinlich den Fehler der Tochter genau wie Sie, aber sie ist nun mal sein Kind. Oder, wenn eine Frau ihren Eltern darlegt, welch ein Schuft der Mann ist, von dem sie sich jetzt endlich trennt, wie er sie betrogen hat etc. – was sollen diese tun? Sicher werden sie auf vielfältige Weise Sympathie für die Situation ausdrücken, und das tröstet und tut gut. Aber dabei wird es nicht bleiben. Eltern sind Eltern, sie haben ihre lange Geschichte mit dem Kind und werden in den meisten Fällen nach einer Schreck- und Sympathiesekunde wieder stärker zu ihrer Elternrolle zurückkehren. Das führt unweigerlich zu Spannungen, besonders in der Reizsituation der Trennung, in der jeder jeden Trost brauchen kann, aber auf Rat und Kritik, egal, wie gut gemeint, häufig aufgebracht reagiert.

Die Stunde Null der Trennung vom Partner ist auch die Stunde Null der Beziehung zu vielen Verwandten. Man sollte sie nutzen, um schon jetzt die Weichen für eine lebbare Zukunft mit ihnen zu stellen. Der Satz, mit dem man seinem Partner die Trennungsabsicht mitteilt (»Ich tue es für mich, nicht gegen dich«), sollte auch hier Maßstab des Redens und Handelns sein. Das heißt, man sollte zum Ausdruck bringen, daß man Verantwortung für die neue Situation übernimmt, auch wenn sie einem vom Partner im wesentlichen aufgezwungen wurde. Eine Trennung, auch wenn es so aussieht, daß nur ein Partner dafür verantwortlich ist, ist im Tieferen vom Verhalten beider Partner verursacht.

Ich könnte mir folgende Mitteilung an Verwandte des Partners vorstellen: »Lieber Erich, als Bruder meiner Frau sollst Du auch von mir erfahren, daß es in unserem Leben eine einschneidende Veränderung gibt. Margret und ich haben uns getrennt. Wir betrachten die Trennung als endgültig. Margret bleibt in unserer alten Wohnung mit den Kindern. Ich ziehe zu einem Freund, Fred Huber, in der Schillerstraße 25. Dort bin ich auch telefonisch zu erreichen. Später möchte ich mir ein eigenes Appartement nehmen. Obwohl Margret und ich auseinanderrücken, würde ich mich freuen, wenn der Kontakt zu Euch nicht ganz abreißt. Ich möchte mich nicht aufdrängen und Euch vor allem auch Zeit geben, alles zu verarbeiten. Aber ich würde mich freuen, wenn ich Dich, lieber Erich, und Deine Geschwister und Eltern auch in Zukunft mal sehen könnte, wenn trotz der Trennung vieles von dem erhalten bliebe, was bisher zwischen uns war. Ihr werdet nach Gründen für die Trennung fragen. Margret wird Euch die ihren nennen, ich könnte Euch die meinen nennen, wenn Ihr Interesse daran habt. Aber das ist mir erst in zweiter Linie wichtig. Ich muß selber noch vieles verarbeiten. Wichtig ist mir jetzt, daß Margret und ich Mut für unser neues getrenntes Leben finden. Deshalb blicke ich viel mehr nach vorn als zurück. Manches wird anders im Leben, als man es sich denkt und wünscht. Es grüßt Dich herzlich, Dein...«

Ich habe Freunde, die bei ihrer Trennung eine Karte verschickt haben. Die Karte war in Herz-Form, und darauf stand: Wir haben uns getrennt. Das Herz konnte man aufklappen, und der eine Name klappte nach links, der andere nach rechts. So freundlich-feierlich werden es die meisten Scheidenden nicht hinbringen, aber an sich wäre eine gemeinsame Mitteilung der Trennung das Beste. Sie gibt auch den fragenden und sich sorgenden Verwandten das Gefühl, daß die Scheidenden die Situation in der Hand haben.

Stärkere Reaktionen als die Verwandten des Partners werden die eigenen Eltern und Verwandten zeigen. Da wird bei allem Mitgefühl häufig mehr oder weniger deutlich Kritik ausgesprochen werden. Auch den eigenen Eltern und Verwandten sollte man Gelegenheit geben, sich nach und nach an die neue Situation zu gewöhnen. Eltern wünschen sich meistens für ihre Kinder einen bestimmten Lebensweg, und selbst wenn der Partner nicht nach ihrem Geschmack war, als geheiratet wurde, bauen sie darauf, daß die Verbindung hält. Sie wollen die neue Entwicklung vielleicht erst einmal gar nicht wahrhaben. Die Begründung: »Ich habe mich anders entwickelt als...« schlucken sie möglicherweise überhaupt nicht. Statt dessen hagelt es Vorwürfe, daß man sich nicht genug angestrengt habe, usw. Dann können leicht Spannungen entstehen, und plötzlich hat der Scheidende neben seinen eigenen Sorgen auch noch die um den Seelenzustand der Eltern zu bewältigen. Es empfiehlt sich, gerade den eigenen Eltern gegenüber nicht nur auf den früheren Partner zu schimpfen, sondern, so gut es geht, auch die eigenen Fehler einzugestehen. Das werden sie als mutmachendes Zeichen sehen. Haß auf den früheren Partner müssen sie wohl oder übel hinnehmen, aber er bringt sie letztlich in eine unangenehme Situation. Ihr Eltern-, Beschützer-Instinkt wird angesprochen, und dem können sie innerlich nicht ausweichen. Damit ziehen sie aber die Kinder, die sie schon einmal ›abgegeben‹ hatten, automatisch wieder an sich heran, was zwar im Moment ein warmes Gefühl auslösen mag, auf Dauer aber für beide Seiten eher hemmend ist.

Trotz alledem kann man sagen, daß Verwandte für Scheidende wichtige Helfer bei der Bewältigung von Trennungsfolgen sein können, besonders, wenn der Scheidende sich nicht nur nostalgisch in ein früheres Nest zurückflüchtet und alle Viere von sich streckt, sondern die Verantwortung für die neue Situation übernimmt und sich gezielt helfen läßt, dafür auch Vorschläge macht. Ein Verwandter leistet eventuell Bürgschaft für einen Kredit, Eltern und Geschwister mit eigenen Kindern helfen in bezug auf die Kindererziehung, ein etwas entfernter Verwandter wird vielleicht zum wichtigsten seelischen Nothelfer, weil er Verwandtschaftsgefühl genug besitzt, um den Scheidenden zu trösten und zu stützen, aber entfernt genug ist, um auch härtere Wahrheiten auszusprechen.

Einige Scheidende ziehen zu ihren Eltern zurück. Männer tun sich da leichter, weil sie diese Situation innerlich als vorübergehend ansehen. Frauen werden, besonders, wenn sie ins Haus der Eltern zurückziehen, leicht voll vereinnahmt. Dahinter stecken häufig unbewußte Schuldgefühle der Eltern, die Versäumtes gegenüber den Kindern nachholen wollen. Verlockend für sie ist aber auch der Gedanke, die Zeit noch einmal zurückzudrehen. Mit den Enkelkindern, die evtl. ins Haus kommen, durchleben sie noch einmal die Zeit ihrer jungen Ehe. Wer zu den Eltern zurückgeht, sollte bei allem Bedürfnis danach, in einer schweren Zeit umsorgt zu sein, nicht das Heft des eigenen Lebens aus der Hand geben. Großeltern können sehr wichtige Personen im Leben der Enkel werden. Anders als bei den eigenen Kindern, dominiert nun meist die Zuneigung und nicht die Strenge. Großeltern haben, wenn sie schon im Ruhestand leben, viel Zeit für die Kinder. Aber wenn sie neben der Liebe und Pflege, die sie gerne geben, auch noch ständig aufgefordert sind, Entscheidungen im Leben der Enkel zu treffen, sind sie schnell überfordert. Was viele Chancen in sich birgt, endet dann vielleicht enttäuschend.

Der Kontakt zu Verwandten hat in einem Punkt Parallelen zum Kontakt zum Lebenspartner: Je mehr ich selbst weiß, was ich will, desto leichter, unbeschwerter und gewinnbringender kann ich Hilfe und Rat von anderen annehmen. Wenn mein Schiff keinen Kurs hat, wird auch die Hilfe der Menschen, die mir nahestehen – so sehr ich sie auch brauche –, leicht eine Last.

Wieviel Freunde braucht man eigentlich?

Viele Paare, die sich trennen, machen folgende Erfahrung: Man ist froh über jede Hilfe, jede Anteilnahme, jedes gute Wort, und ist doch auf eine merkwürdige Art blockiert, die Hilfe tatsächlich an sich heranzulassen. Ein Scheidender erzählte mir davon, wie er einen guten Freund in der Trennungssituation verlor. Diesem Freund hatte er sich schon anvertraut, bevor er seiner Frau den Trennungswillen bekannte. Das ist häufiger so: Scheidende spielen die Situation bei der Trennung erst einmal in Gedanken durch und dann vertrauen sie die ›neue Route‹ – wie beim Probelauf einer neu konstruierten Maschine – erst einmal einem guten Freund an. Der Freund dieses Scheidenden hatte sich nun mit viel Geduld immer wieder die gleichen Klagen, Vorsätze und Bedenken angehört und ihn sanft zu einem Entschluß gedrängt. Schließlich hatte er auf Wunsch des Scheidenden diesem ein Zimmer in einer anderen Stadt besorgt, weil das beiden im Moment als die beste Lösung erschien. Er hatte einen anderen Freund mit viel Mühe überredet, den Scheidenden eine Weile bei sich aufzunehmen. Kurz bevor der Umzug stattfinden sollte, rief der Scheidende bei ihm an und hastete glücklich wie ein Kind, das die Lösung einer Mathematik-Aufgabe gefunden hat, in den Hörer: »Du, ich hab's jetzt. Ich trenne mich von meiner Frau, aber bleib' in ihrer Nähe wohnen. Ich bin so glücklich, daß ich mich jetzt endlich dazu durchgerungen habe.« Daß der Freund endlose Mühe unternommen hatte, um eine Bleibe zu besorgen, daß er sich Nächte um die Ohren geschlagen hatte mit dem Scheidenden, bis man sich auf diese Lösung geeinigt hatte, war ihm in diesem Moment gar nicht gegenwärtig. Die Freude, aus einer inneren Zwickmühle herausgekommen zu sein, überdeckte alles. Übrigens kamen ihm am nächsten Tag schon wieder Zweifel, ob das wohl die richtige Lösung sei, und er rief den Freund an und fragte, ob er nicht doch in die Wohnung in der Nachbarstadt ziehen könne. Der hängte nur wortlos ein...

Gegen Trennende, die eine Entscheidung treffen wollen, sind selbst Mädchen in der Pubertät ein Muster an Zielstrebigkeit und Geradlinigkeit. Die Unentschlossenheit wird nur noch durch ihre Empfindlichkeit übertroffen. Erst wenn die Trennung innerlich aufgearbeitet ist, können viele Geschiedene auch wieder herzlich über sich und ihre ›Verrenkungen damals‹ lachen – aber eben erst dann. Vorher geben sie vielen Menschen Rätsel auf. Damit er/sie auch in Zukunft noch ein paar alte Freunde behält, sollte der/die Scheidende sich ein paar Dinge klarmachen, sonst wird auch der letzte Stammtischbruder oder die letzte Busenfreundin resigniert feststellen: »Mit dem/mit der kannst du nicht mehr reden.«

Scheidende sind auf eine besondere Weise Ich-bezogen. Angespannt in einer sich oft schon über Jahre hinziehenden Beziehungskrise, sehen sie zum Schluß häufig nicht mehr, ob die Sonne scheint oder ob es regnet. Das wird, wenn ein Entschluß gefaßt ist, nicht unbedingt besser, manchmal sogar noch ›schlimmer‹. Im Vollgefühl des Bewußtseins, jetzt endlich auf dem richtigen Kurs zu sein, verfolgen sie nur noch dieses eine Ziel. Es ist wie bei dem alten Witz mit dem Regenwurm im Biologie-Unterricht. Der Schüler hat mangels Zeit sich nur auf den Regenwurm vorbereitet, der Lehrer ruft ihn aber auf, alles über den Elefanten zu erzählen. In seiner Not antwortet der Schüler so: »Der Elefant ist ein großes Tier. Er hat einen Rüssel. Der Rüssel sieht aus wie ein Regenwurm. Beim Regenwurm haben wir es mit einer besonders interessanten Art von Tier zu tun...« Der Scheidende kommt immer wieder auf den Regenwurm oder sagen wir besser: Bandwurm Scheidung/Trennung zurück, ob er ein Cocktailglas in der Hand hat und einen findet, der gerade etwas Ähnliches durchmacht, oder ob ihm sonst jemand irgendwo das Stichwort liefert. ›Erfahrene‹ Scheidungsveteranen unternehmen denn auch gar keinen Versuch, einen in Fahrt geratenen Scheidenden zu bremsen oder gar zu belehren. Sie hören sich mit Sympathie dieselbe Geschichte wieder und wieder an, und sobald der Scheidende einmal Luft holt, schieben sie schnell die Bemerkung dazwischen: »So, jetzt gehen wir erst einmal etwas essen, und dann erzählst du mir, wie es weiterging.«

Um nicht mißverstanden zu werden: Freunde sind in der Trennungssituation sehr wichtig, besonders jene, die sich auch durch noch so dramatisch vorgetragene Berichte den Blick auf die wirkliche Situation nicht verstellen lassen, die gute Zuhörer sind, aber auch ein passendes Wort der Besinnung oder Kritik einstreuen können. Der Scheidende wird, wenn er sich von den Fesseln des Schmerzes, der Zweifel und Selbstzweifel, die eine Scheidung begleiten, freigemacht hat, in vielen Fällen deutlicher erkennen, wer wirklich ein Freund ist. Es sind jene, die ermuntern, aber nicht nach dem Munde reden, die eine schwierige Situation, ja sogar eine ›Lebenspleite‹ aushalten können, ohne davonzulaufen, die vielleicht wenig reden oder raten, aber in der Nacht mal aufstehen können und einen Tee kochen, wenn der Scheidende ratlos an ihrer Türe läutet.

Jeder Scheidende sollte sich von vornherein klarmachen, daß es für die meisten Menschen schlicht eine Überforderung bedeutet, seine Situation zu verstehen. Menschen tendieren dazu, sich alles das aus der Erzählung eines anderen herauszupicken, was ihre Alltags- und Lebenserfahrung berührt, ergänzt oder herausfordert. Wer also zu der Meinung tendiert, die in einem alten Schlager lautet: »Die Männer sind alle Verbrecher...«, der wird auch hauptsächlich diese Tendenz aus dem persönlichen Bericht eines Scheidenden heraushören. Wer dagegen meint, Frauen nutzten Männer nur aus, wird immer dann aufhorchen, besonderes Interesse zeigen und den Scheidenden in seiner Meinung bestärken, wenn die entsprechende ›Strophe‹ kommt. Die meisten Menschen, denen sich Scheidende mit ihren Sorgen und Hoffnungen anvertrauen, sind nicht dazu in der Lage, von den eigenen Erfahrungen abzusehen und »in den Mokassins des anderen ein Stück zu laufen«, wie es in einem indianischen Sprichwort heißt. »Falsch verbunden«, müßte man also einem Scheidenden zurufen, der Einzelheiten seiner augenblicklichen Lebenssituation beim Stammtisch erzählt.

Aus der Erfahrung, daß das, was sie mit viel Gefühl vorbringen, häufig ins Leere stößt, ziehen nun viele Scheidende eine unangemessene Konsequenz. Sie sagen gar nichts mehr, ziehen sich zurück, resignieren; vielleicht platzen sie bei Gelegenheit auch mal mit einer Sache heraus, die sie besonders hart drückt, wenn z.B. ein neues Schreiben vom Rechtsanwalt der Frau kommt oder wenn der geschiedene Mann wieder einmal einen Kinderbesuchstag verschlafen hat, aber sonst winken sie bald ab. Diese selbstgewählte Isolation ist eine vermeidbare ›Scheidungsfolge‹.

Scheidende sollten das Paket der Mitteilungen aufschnüren und sortieren, bevor sie es einem Freund überreichen. Warum einen Freund, der sich im Steuerrecht auskennt, mit allen 20 Folgen des eigenen Scheidungsdramas belasten, wenn man mit ihm gut und auch gewinnbringend über die ungerechte Besteuerung von Geschiedenen sprechen könnte? Warum mit einer Freundin sämtliche Ungerechtigkeiten dieser Welt beklagen, wenn sie einem helfen kann, eine Ungerechtigkeit zu beseitigen und einer Frau den Wiedereinstieg in den Beruf zu erleichtern? Wer als Scheidender ein bißchen ›sortieren‹ kann und nicht wie ein Fernsehsender jedes Programm an jeden Zuschauer herantragen muß, der wird schnell merken, daß man selbst in schwierigen Lebenssituationen, in denen man sich mit seinen Sorgen ›unattraktiv‹ vorkommt, mehr Freunde haben kann, als man meint.

Ähnlich muß der Scheidende sich darüber im klaren sein, daß seine Erfahrungen bei anderen Menschen (Paaren) Angst auslösen können. Welche Ehe, welche Beziehung ist schon so stark, daß die Partner eine pausenlose Ausmalung der Freuden des Alleinseins von seiten eines Frisch-Getrennten vertrügen? Getrennte/Geschiedene sind jedoch eine Herausforderung für Paare. Sie machen die Schwächen, faulen Kompromisse, uneingestandenen Wünsche in der eigenen Beziehung bewußt. Wer hält das aus? Wer kann damit souverän oder gar kreativ umgehen? Der Scheidende, der sich auf diese Dinge einstellt, muß jedoch weder die Gesellschaft ›intakter‹ Ehepartner meiden noch befürchten, daß er von ihnen geschnitten wird. Er/sie muß einfach zugeben, daß auch das Getrennt-Sein ein Leben mit Rätseln und Kompromissen, ein Leben auf der Suche nach Antworten ist.

Ein Wörtchen zum Mitleid! Mitleid wird heute leicht ein bißchen als suspekt angesehen. Dabei ist es eine ganz vornehme und besondere menschliche Tugend. Doch wer besitzt sie schon? Mit einem anderen Menschen mit-leiden, sich seinen Kopf zerbrechen, auf seine Stufe hinabsteigen, dem eigenen Wissen eine Weile abschwören und seine Sicht der Dinge teilen, bedeutet sehr viel, für die meisten Menschen zu viel. Wer zur Anteilnahme fähig ist, kann schon eine

Menge, aber oft steckt hinter Mitleid oder Anteilnahme lediglich Neugier. Wer an einem x-beliebigen Auffahrunfall vorbeifährt und kaum Platz dafür wegen der Schaulustigen hat, kann sich davon überzeugen. Dagegen ist im Grunde auch gar nichts zu sagen, denn Neugier ist menschlich; der Scheidende jedoch ist gut beraten, jedes Mitleid, jede Anteilnahme zu prüfen und nicht immer ›wörtlich‹ zu nehmen. Mancher Gutmeinende will zwar ehrlich helfen und raten, kann es aber nicht, denn es fehlt ihm an Erfahrung, Übersicht, Reserve-Luft in der Situation.

Letztlich wird der/die Scheidende deutlich spüren, daß selbst die besten Freunde nicht sein/ihr Leben führen können. Freunde kann man wirklich nicht genug haben, doch ihr Wert ist ›begrenzt‹; er steigt aber, je mehr ein Scheidender die Grenzen einer freundschaftlichen Situation auch von sich aus erkennt.

In vielen Fällen wird es so sein, daß nach einer Trennung einige Freunde mehr zur Frau, die anderen mehr zum Mann tendieren, denn Ratgeber von Regierung und Opposition gleichzeitig zu sein, überfordert uns in aller Regel. Der Verlust von Freunden gehört daher zu den sehr schmerzenden Aspekten einer Trennung, und weil dies nicht gewollt ist, passiert es nicht selten, daß Anklagen gegen den früheren Partner auch auf dessen Freunde übertragen werden.

Wenn scheidende Paare es schaffen, gemeinsame Freunde zu behalten, dann hauptsächlich dadurch, daß sie davon Abstand nehmen, diese zu Schiedsrichtern der Ehe und Trennung zu machen. Auch werden sie die Freunde nicht dazu animieren, Wissen über den früheren Partner preiszugeben. Ich kenne einen Mann, der den Kontakt zu seinem Bruder, den er sehr mochte, nach dessen Trennung von seiner Frau einschränkte, weil sie noch bei ihm in der Firma arbeitete. »Ich mußte das machen, obwohl es mir und ihm weh tat, aber sonst wären wir in den Wald gekommen. Er hatte Vorteile dadurch, daß seine frühere Frau bei mir ein gutes Gehalt verdiente; also mußte er darauf verzichten, mich irgendwie zum Mittler oder Schiedsrichter bei der Aufarbeitung der Trennung zu machen. Ich wäre auch überfordert gewesen. Wir haben das glücklicherweise beide rechtzeitig begriffen. Als seine frühere Frau nicht mehr bei mir arbeitete, wurde unser Verhältnis wieder so intensiv wie früher.«

Rudi und Rita Ratlos suchen Gleichgesinnte

Da stehen sie nun, der Rudi Ratlos und die Rita Ratlos, frisch getrennt, das Herz voll Bitterkeit und Schmerz, den Kopf voller Pläne und guter Vorsätze. Ein Ratsuchender beschrieb mir mal diese Situation so: »Plötzlich ging mir auf:

Wenn du am Freitagnachmittag die Bürotür hinter dir schließt, bist du total frei. Niemand sagt dir, was du tun sollst, aber niemand fragt dich auch, was du tust. Das gab mir einen Schauer, aber jagte auch Angst ein. Du kannst dich ins Bett legen bis Montagfrüh – niemand fragt dich danach. Du kannst krank werden – wer kümmert sich dann um dich? Du kannst eine Reise machen, über Nacht wegbleiben, du kannst es aber auch lassen, dich in der Wohnung einschließen und deine sämtlichen Platten hören. Du kannst dir Arbeit mit nach Hause nehmen, niemand fragt dich, niemand kritisiert das oder quengelt, aber keiner bedauert dich auch. Du kannst einen Freund anrufen oder es lassen. Ob ich morgen Frühstück mache oder ins Café gehe? Wie lange halte ich dieses Leben eigentlich aus? Vielleicht gefällt es mir ja sogar? Soll ich mir einen Hund anschaffen? Dafür ist das Appartement zu klein. Nee, erst mal müssen neue Blumen aufs Fenster.«

Scheidende, auch jene, die gleich in eine neue Partnerschaft eintauchen oder in eine Wohngemeinschaft ziehen (letzteres haben viele Geschiedene als gute Überbrückung bis zu einem neuen, eigenbestimmten Leben kennengelernt), befinden sich in einem merkwürdigen Zwischenstadium des Lebens. Nichts stimmt mehr so richtig. Die Post geht vielleicht noch an die frühere Adresse. Der Freund, bei dem man untergeschlüpft ist, hat mit der Einladung offensichtlich den Mund voller genommen, als er eigentlich wollte. Der Partner, der in der Wohnung geblieben ist, spürt die Leere, die der Scheidende hinterlassen hat, auch wenn er/sie sich bewußt von ihr/ihm getrennt hat. Die Wohnung ist jetzt überdimensioniert. Bestimmte Dinge braucht man einfach nicht mehr, sie stehen ungenutzt herum. Mit wem soll man Kontakt aufnehmen? Bestimmte Beziehungen ergeben sich aus dem Tages- und Wochenablauf, aber theoretisch wäre man ja jetzt frei, auf jeden Menschen neu zuzugehen. Viele Scheidende haben die Erfahrung gemacht, daß sie sich in einem Kreis von Menschen, die Ähnliches wie sie durchmachen oder gerade durchgemacht haben, am wohlsten fühlen.

Solche Kontakte können sehr wichtig und nützlich sein. Aber wie vieles auf Erden, haben auch sie zwei Seiten. Die eine, als sehr angenehm vom Scheidenden empfunden, ist, daß man in Gegenwart gleichfalls Scheidender nicht so viele Worte machen *muß*, um sich zu erklären, aber viele Worte machen *kann*, wenn einem danach zumute ist. Wie eine Gruppe, die von einer gefährlichen Expedition zurückgekommen ist, tauscht man Erlebnisse, Erfahrungen und auch Abenteuer aus. Mit einemmal merkt man: Der Fisch, den ein anderer Scheidender gefangen haben will, wird von Erzählung zu Erzählung größer. Und plötzlich pocht das eigene Gewissen: Ist das bei dir eigentlich auch so? Aber für diese kritische Rückfrage ist es noch zu früh, und sie wird schnell wieder in den Hintergrund abgeschoben. Dies ist noch nicht die Zeit der genauen Analyse, der Konsequenzen, der Selbstbeobachtung um jeden Preis. Ein neuer Horizont tut sich auf. Erst einmal muß man seinen Rand abschreiten und in den neuen Raum seine Wünsche, Hoffnungen, Enttäuschungen und alle seine anderen Gefühle fließen lassen.

In einer Gruppe von Scheidenden kommt jeder/jede auf seine/ihre Rechnung. Damit jemand reden kann, muß er auch mal eine Weile zuhören, denn der andere steht genauso unter Druck, hat genauso viel zu erzählen. Das Frei-Reden, Frei-Schreien, Frei-Weinen ist unendlich wichtig nach einer Phase der gegenseitigen Unterdrückung und der Selbstunterdrückung, wie sie die Endzeit auslaufender Partnerschaften und Ehen trotz allen Streits und verbaler Duelle ist. Es will und muß jetzt raus, die Empörung über ungerechte Behandlung durch den Partner, die Enttäuschung über nicht erreichte Ziele, die Trauer über die vielen verlorenen Stunden (ob sie wirklich verloren sind, wird man allerdings erst später erfahren), die unmittelbaren Wünsche an den nächsten Tag und die noch kaum wahrnehmbaren Hoffnungen für die Zukunft. Ob das alles korrekt formuliert, genügend durchdacht wird, ist in diesem Kreis von Gleichgesinnten vollkommen egal. Beobachten Sie mal ein Kind, das glaubt, daß ihm Unrecht geschehen ist. Es wird schimpfen und schreien und wieder und wieder sagen, daß es »böse, gemein, fies« ist, was ihm da passierte.

Scheidende sind Kinder, die neu lernen und neue Erfahrungen machen, aber sie sind auch Rebellen, Gerechtigkeitsfanatiker, Deklamatoren. Es tut weh, was passiert ist, egal, ob man sich selbst den Kopf am Türrahmen eingerannt hat oder einem der Schlag von einem anderen versetzt wurde. Wer Schmerzen hat, der schreit oder will es zumindest jemanden wissen lassen, daß er sich nicht wohl fühlt. Und nun kommt die oben erwähnte Kehrseite: Wunden verheilen. Wie lange sie bluten, weiß man nicht, desgleichen, wie lange sie noch ziehen und pochen, welche Narben sie hinterlassen. Aber man ahnt, daß sie einen eines Tages nicht mehr so beschäftigen werden, egal, wie schmerzhaft sie im Moment noch sind. Der Heilvorgang ist unterschiedlich lang bei verschiedenen Menschen. Einige sehen zu, daß sie möglichst schnell Salbe und Verband finden, andere können sich nicht dazu aufraffen, mehr als nur einen Notverband anzulegen. Doch eines Tages wird einer als geheilt aus dem Kreis gehen. Einige nehmen es mit Neid wahr, andere sind noch immer so mit sich selbst beschäftigt, daß sie es gar nicht merken oder wahrhaben wollen. Vielleicht kommt uneingestandene Bosheit auf: »Wie kann der uns verlassen, wo wir doch noch immer herumdoktern müssen.« Gruppenzwang – das ist die Kehrseite einer Scheidenden-Solidarität. Gleiche Erfahrung beflügelt die Stimme, den Ausdruck, aber gleiche Erfahrung fesselt und bindet auch. Wer merkt, daß die Gespräche in der Gruppe nicht mehr seine Probleme, seine Stimmungslage treffen, der wird gehen müssen, zwar weder abrupt noch triumphierend, nicht verschämt oder mit Schuldgefühlen, aber deutlich. Der Abgang signalisiert den anderen positiv: Da ist ein Ziel erreicht worden! Scheidung/Trennung ist ein Prozeß, und ganz leise merkt jeder, wenn eine neue Seite im eigenen Leben aufgeschlagen wird. Der nachlassende Wunsch, wieder und wieder dieselbe Sache erzählen zu müssen, ist ein Indikator dafür.

Doch erst einmal muß gesprochen werden, auch ins Unreine und immer wieder dasselbe. Wie soll der Berg der Mißempfindungen und Enttäuschungen, der sich in einer unglücklich machenden Zweisamkeit angehäuft hat, sonst abgetragen werden? Für diesen Zeitraum, der durch Experiment, Widerspruch, Suche, abgebrochene und wieder neu betretene Wege gekennzeichnet ist, eignet sich eine Gruppen-Selbsterfahrungs-Technik, die aus der Frauenbewegung stammt. Benachteiligte, Unterdrückte in aller Welt haben die Erfahrung gemacht, daß sie selbst Methoden erfinden müssen, um aus ihrer Misere herauszukommen. Frauen sind auf eine ebenso einfache wie geniale Methode gekommen, wie Menschen, die sich mißachtet, ungehört, unverstanden vorkommen und ein neues Selbst finden wollen, sich gegenseitig helfen und unterstützen können. Niemand – egal, wie er lebt, wie alt er ist, was er sonst im Leben noch für Ziele hat – ist ausgeschlossen. Die Technik nennt sich ›Rap‹, was soviel wie Reden, Quatschen, aber auch Klagen heißt (es gibt noch einige andere, hier nicht interessierende Bedeutungen dieses Mehrzweckbegriffes). Gegenwärtig ist auch eine Richtung in der Pop-Musik-Szene so benannt. Schwarze Disc-Jockeys in New York begannen damit, im Moment frei erfundene oder auch vorher überlegte, manchmal gereimte Texte zur Musik zu sprechen. Daraus entstand eine Art Sprechgesang, der möglichst monoton vorgetragen wird und inzwischen in der ganzen Welt bekannt ist. Es gibt ›Rap‹ auch schon auf deutsch.

Unser ›Rap‹, unsere ›Rap-Group‹, hat einige wenige Regeln, die unter allen Umständen konsequent eingehalten werden müssen, sonst funktioniert das Ganze nicht; wenn zu den Regeln nicht zurückgekehrt wird, sollte abgebrochen werden. Hier die wenigen Regeln:

– Die Zahl der Gruppenteilnehmer ist nicht vorgeschrieben, es sollten aber mehr als vier und nicht mehr als zehn sein.
– Es gibt keinen Gruppenleiter, unter gar keinen Umständen.
– Die Zahl der Gruppensitzungen wird beim ersten Treffen festgelegt. Sie ergibt sich daraus, wieviel Themen die Gruppe ansprechen will.

– Pro Gruppensitzung wird nur zu einem Thema gesprochen.
– Die Themen sind Unteraspekte zum Oberthema (in unserem Fall: Scheidung/Trennung und ihre Folgen).
– Jeder spricht nur einmal zu dem Sitzungsthema und solange er mag. Er kann Pausen einlegen, warten, weinen, den Raum verlassen und wiederkommen. Jeder hat die Sprechrolle, solange er sie mag. Wenn man nicht mehr will, gibt man diese Position an den nächsten im Kreis ab.
– Die anderen hören zu, sind still, auch wenn Pausen entstehen. Sie dürfen das Gesagte nicht kommentieren, weder durch Zustimmung noch durch Widerspruch oder durch Trost. Sie dürfen aber Verständnisfragen stellen (»Ich habe nicht verstanden, was du mit dem Wort ›mickrig‹ meinst.« / »Ich habe nicht verstanden, wann Schuldgefühle deinen Eltern gegenüber entstehen.« / »Wie alt wart ihr, als ihr euch zum erstenmal saht«, etc.). Suggestivfragen (»Meinst du nicht auch, daß…«) sind ebenso verboten wie in Fragen gekleidete Ratschläge (»Hast du es schon mal mit dem und dem probiert?«). Wenn jemand aus der Gruppe Einwände gegen eine Frage hat, weil sie in seinen Augen eine versteckte Bewertung enthält, so bittet er den Fragenden, sie noch einmal neu zu stellen.
– Wer in der Sprecherrolle ist, kann keine Frage zurückweisen. Er braucht aber auch nicht jede Frage zu beantworten. Es darf nicht nachgestoßen werden.
– Die Gruppensitzung dauert so lange, bis jeder zu dem Abendthema die Sprecherrolle gehabt hat. Es ist unbedingt wichtig, daß alle so lange dableiben. Jeder sollte sich also an diesem Abend unbegrenzt Zeit nehmen.
– Der Gruppentreffpunkt ist egal. Es hat sich als vorteilhaft erwiesen, sich irgendwo zu treffen, wo es keine Störungen (Personen, die plötzlich hineinplatzen, Telefon) gibt.
– Die Gruppenmitglieder vereinbaren in der ersten Sitzung, daß über alles, aber auch über wirklich alles, was innerhalb der Gruppe gesagt wird, Stillschweigen bewahrt wird, auch gegenüber eigenen Lebensgefährten.
– Solange die Gruppensitzung dauert – also bis der letzte zu dem Thema gesprochen hat –, müssen diese wenigen Regeln unbedingt eingehalten werden. Ist die Gruppensitzung beendet, kann die Gruppe machen, was sie will: auf ein Bier gehen, auseinandergehen. Vorher sollte der nächste Treffpunkt vereinbart werden.

Dies klingt vielleicht kompliziert oder theoretisch, ist es aber nicht. In der ersten Gruppensitzung wird ausdiskutiert, worüber zum Thema Scheidung nacheinander gesprochen werden soll. Am einfachsten ist, man legt Themenkreise fest, zum Beispiel: Geld/Eifersucht/Sexualität/Kinder/Hoffnung/Enttäuschung/Älterwerden/Wut/und so weiter. Die Gruppe sollte sich erst einmal einen Durchgang von fünf bis acht Themen vornehmen und dann neu befinden, ob man weitermachen will. Ist der Themenkatalog festgelegt, sollte nichts mehr daran geändert werden. Wer als erster spricht, ist egal. Dann geht es der Sitzreihe nach. Je nach Thema werden Sitzungen von unterschiedlicher Länge entstehen, manche nur eine Stunde lang, manche bis in die Morgenstunden. Sollte jemand doch früher wegmüssen (was nicht gut wäre), so muß er am Anfang der Sitzung den genauen Zeitpunkt dafür sagen.

Die Rap-Technik hat viele Vorteile. Sie zwingt zur Konzentration. Der Moment ist wichtig. Sie ist demokratisch. Jeder weiß, daß er drankommt. Jeder kann die Zeit seines Erzählens selbst bestimmen. Niemand wird gedrängt oder gar gehetzt. Jeder kann einen Faden so weit spinnen, wie er will (nicht, wie jemand anders will). Jeder kann sich auch in der Sprecherrolle Zeit für Gedanken, Pausen, aufschießende Gefühle lassen. Wenn er der Meinung ist, er brauche zuviel Zeit, dann muß er das sagen. Die Gruppe wird es so wenig kommentieren wie jede andere Äußerung. Das ist die wichtigste Regel! Der Sprecher sollte natürlich in der Ich-Form sprechen. Weicht er davon häufig ab, erinnert ihn die Gruppe daran.

Es ist klar, daß nicht nur der Sprechende ›die Arbeit macht‹. Das ›Wandern in seinen Mokassins‹ bindet die Gruppe innerlich an ihn. Aussteigen aus der dadurch entstehenden Intensität ist nicht möglich, weder durch eine Bemerkung, noch durch einen Witz, noch durch eine Geste (Sich-an-den-Kopf-Fassen etc.). Es ist ein Tagebuch-Schreiben mit mehreren Gleichgestellten, die einem über die Schulter schauen. Durch das Versprechen, nichts, aber auch gar nichts hinauszutragen, ist die Diskretion gewahrt. Es ist klar, daß nur diejenigen in einen solch intimen Prozeß der Selbstanalyse vor anderen einwilligen werden, die zu allen Beteiligten ein grundsätzliches Vertrauen haben. Es ist dann aber leicht einzusehen, warum sich jeder fest an die wenigen Gruppenregeln binden oder aber die Gruppe ganz aufgeben muß. Wer sich schlecht fühlt, wer einen Block in sich spürt, der sagt halt weniger, gibt das Wort schneller ab. Aber das entscheidet er ganz alleine.

Rap-Groups sind eine Selbsthilfe-Methode, die auf Eigeninitiative Betroffener entsteht. Sie können zu einer Vielzahl von Themen durchgeführt werden und haben sich auch bei Scheidenden bewährt. Es kann durchaus sein, daß sich nur scheidende Männer oder scheidende Frauen treffen, aber da es um Probleme von gemeinsamem Interesse geht, ist eine Mischung nicht schlecht. Zu hören, wie es Frauen in der Scheidungssituation beim Thema Geld geht, zu sehen, wie sich Männer in der Scheidungssituation (entgegen landläufiger Annahme) beim

Thema Sexualität schwertun, kann gerade für das andere Geschlecht sehr erhellend sein. Am Ende eines Rap-Group-Durchgangs weiß man mehr über sich selbst, auch das, was man gar nicht so genau wissen wollte. Und das Wichtigste: Man weiß es durch sich und von sich, es hat einem niemand anders gesagt!

Scheidende aller Länder – verweigert euch!

Von einem Menschen scheiden, heißt auch, eine neue Identität für sich zu finden. Was ich war (mein ›Wert‹), wurde bisher auch durch diesen Menschen, meinen Partner, mitbestimmt. Das mag ich gar nicht so wahrgenommen haben. Ich war doch immer ich, auch in der Ehe! Aber Menschen, mit denen wir es Tag für Tag zu tun haben, ›färben ab‹, wie man so schön sagt. »Sage mir, mit wem du Umgang hast, und ich sage dir, wer du bist«, hat man mal formuliert. Das mag heute nicht mehr so kraß zutreffen, weil wir heute auch als Verheiratete mit wesentlich mehr Menschen verkehren (beruflich, am Urlaubsort, in Vereinen), uns also wesentlich mehr Menschen mitprägen als noch zur Zeit unserer Großeltern. Ein Stückchen rücken wir jedoch auf jeden Menschen zu, der unser Interesse erweckt, und werden von ihm beeinflußt – am stärksten wohl von unserem Lebenspartner, und dementsprechend geht wirklich ›ein Teil von uns‹, wenn wir uns von diesem Menschen trennen oder er sich von uns.

Wenn jemand total verwirrt ist, sagt man gelegentlich scherzhaft: »Er/sie weiß nicht mehr, ob er/sie Männchen oder Weibchen ist.« Etwas von dieser Art von Verwirrtsein ist auch bei Scheidenden zu beobachten. Eine neue Identität aufbauen heißt auch, sich all der Dinge wieder bewußt zu werden, die mich als Mensch ausmachen. Einen Teil davon habe ich in der Ehe – vielleicht dem Partner zuliebe, vielleicht aus Schwäche – aufgegeben. Nun entdecke ich mich in gewisser Weise wieder neu. Eine der ersten ›Entdeckungen‹, die Scheidende machen, ist, daß sie Mann oder Frau sind und ihnen allein dieser Umstand die Scheidungssituation bis zu einem gewissen Grade so oder so gestaltet. Es gibt zum Beispiel typische Vorurteile in bezug auf den scheidenden Mann oder in bezug auf die scheidende Frau. Daß Männer hilflos dem Haushalt und der Wäsche gegenüberstehen, ist ein solches, daß Frauen nach der Trennung von einem Mann hauptsächlich das Ziel haben, den nächsten kennenzulernen, ist ein anderes. Es gibt typische Erwartungen an den Mann und an die Frau in der Scheidungssituation. Sie spiegeln zum Teil alte Rollenstereotype von Mann und Frau wider. Vom scheidenden Mann wird zum Beispiel erwartet, daß er männlich-trutzig mit allem fertig wird, was da auf ihn einstürmt (mit Ausnahme des Knopfannähens). Auch wenn ihm zum Heulen ist, Weinen und Klagen, heißt es tapfer sein, Zähne zusammenbeißen, in jeder Situation eine gute Figur machen – der Indianer kennt keinen Schmerz. Die Frau darf zwar – gelegentlich – jammern, aber bei ihr wird unterstellt, daß ihr Tag 30 statt 24 Stunden hat und Schlafmangel bei Frauen wesentlich harmloser als bei Männern ist. Die Kinder fordern ihr Recht, der neue Freund möchte sie möglichst häufig bei sich haben, der Ex-Mann wendet sich, wenn er nicht weiterkommt, gerne mal an die ›Mutti‹, Geld soll sie verdienen, einen schönen Braten hinzaubern und möglichst bei allem noch ein freundliches Gesicht machen sowie attraktiv sein. Diese Rollenerwartungen verstärken Scheidende häufig noch durch ihr eigenes Verhalten. Der scheidende Mann unterschreibt klaglos alles, was man ihm präsentiert (besonders, wenn er Schuldgefühle hat, weil er mit einer anderen Frau ›durchgebrannt‹ ist). Ein Trainer der Fußballbundesliga hat mal treffend gesagt: »Die Spieler mit zwei unehelichen Kindern sind mir die liebsten, die müssen laufen.« Er hätte viele geschiedene Väter gleich miteinbeziehen können. Scheidende Frauen hingegen neigen dazu, zu resignieren und zu jeder Last ja zu sagen, die man ihnen aufbürdet, aus (kaum bewußter) Freude darüber, daß man sie überhaupt fragt und bittet. In alledem zeigt sich eine nicht realistische Einschätzung der Trennungs- und Scheidungssituation, eine Unter- oder Überschätzung der Schwierigkeiten wie der eigenen Möglichkeiten.

Trennungen sind schwierige Phasen im Leben, aber sie haben ihre spezifischen Plagen und Lösungsmöglichkeiten wie andere komplizierte Situationen auch. Wer das nicht erkennt, kommt leicht zu Fehl- oder Kurzschlüssen. Typische männliche Überreaktionen auf eine Scheidungssituation: Weglaufen oder Reinschlagen (manchmal im wahrsten Sinne des Wortes), typische weibliche Überreaktionen: chronisches Jammern oder haßerfüllte Verfolgung des früheren Partners.

Scheidungen sind im Endeffekt für Mann und Frau gleich schmerzlich, gleich belastend und bieten auch die gleichen Chancen, nur sind die manntypischen Schmerzen, Belastungen und Chancen zum Teil andere als bei den Scheidungs-Frauen. Geschlechtstypische Unterschiede darin, mit welcher Schärfe Dinge erkannt, mit welcher Gefühlsintensität eigene Regungen gespürt und mit welcher Entschlossenheit neue Aufgaben angepackt werden, legen Scheidungs-Mann und Trennungs-Frau zudem ganz spezifische Ausformungen von Problemen auf. Folge ist, daß es eine (traditionell bestehende) Solidarität unter scheidenden Frauen und eine (inzwischen steigende) Solidarität unter scheidenden Männern gibt. Daraus erwächst einiges Gute, aber auch einiges Schlechte. Das

Gute: Scheidende stützen sich gegenseitig, ›verraten‹ sich Tips und Tricks, wie man mit dieser schweren Situation fertig werden kann, nehmen einander an die Hand, bis es wieder jemand anders tut, helfen einander, sich wieder als Frau oder Mann zu spüren. Das Schlechte: Scheidende, die sich nur als Männer oder nur als Frauen, nur als Alleinerziehende oder nur als Unterhaltszahler organisieren, bauen gelegentlich Scheinwelten auf, Brutplätze für ihr Verletztsein, kollektive Klagemauern, aus denen mehr Disteln als Rosen wachsen. Die eigenen Sorgen werden durch das Echo der anderen bedeutender, die Sorgen des Ex-Partners dringen da kaum noch durch. »Die lebt doch von meinem Geld sehr gut«, mag der geschiedene Mann urteilen, aber er übersieht, worin der wirkliche Kummer seiner früheren Frau liegt. »Der hat doch alles, was er wollte, neue Freundin, neue Wohnung«, mag die geschiedene Frau feststellen und merkt nicht, wie ihr früherer Mann sich aus Sehnsucht nach seinen Kindern (Sehnsucht nach ihnen, wohlgemerkt, nicht nach ihr!) verzehrt.

Ich habe es mehrfach in diesem Buch geschrieben: Eine Scheidung gelingt nur, wenn ich von meinem früheren Partner wegrücke, mich freimache, ihn freigebe. Solange ich Front gegen ihn mache, strample ich erst, bin ich noch nicht weg. Ich setze die Ehe praktisch fort, nur unter negativen Vorzeichen. Um nicht falsch verstanden zu werden: Es kommt nicht auf die Menge der Berührungspunkte an, die viele oder wenige zwischen früheren Partnern sein können. Manche Ex-Partner werden später gute Freunde, andere erziehen auch in der getrennten Situation die Kinder gemeinsam oder in gegenseitiger Abstimmung. Entscheidend ist der Aufbau einer inneren Haltung gegenüber dem früheren Partner. Er/sie muß wieder das werden, was er/sie einmal für mich war: ein anderer Mensch. Dieser Prozeß des inneren Wegrückens (auch das ist sehr wichtig) sollte mit Entschlossenheit und Konsequenz, aber nicht mit zusammengebissenen Zähnen, mit Krampf oder gar gegenseitiger Herabsetzung durchlebt werden. Davon hat es ja bei der Lösungszeit vor dem Nein-Wort schon genug gegeben. Distanz zum früheren Partner ist allerdings wichtig. Solange ich noch sehnsüchtig abends an seiner/ihrer Wohnung vorbeigehe, suche ich Nähe, nicht Distanz. Es gibt im Prozeß der Auflösung einer Beziehung eine Distanz-Zeit, die auch beinhaltet, daß ich Gedanken an den früheren Partner wegschiebe, mir angewöhne, mir meinen Kopf und nicht den seinen/ihren zu zerbrechen. Das ist Teil meiner Selbstfindung, und dabei kann mir der Kontakt zu Menschen, die in genau meiner Situation sind, sehr helfen. Doch ist dies, wenn die Trennung, wenn die Scheidung gelingen soll, nur ein Stadium, eine Phase von mir nicht bekannter Dauer. Danach wird es andere Phasen geben, Phasen, in denen ich mich nicht mehr so stark abgrenzen muß, in denen ich wieder neu ganz bei mir bin. Nun möchte ich auch wieder die Erinnerungen an die Vergangenheit (auch jene an den Partner), die mir lieb waren und sind, in mein Leben zurückholen, und es ist jetzt von großem Vorteil, wenn dann nicht nur noch Trümmer dort liegen. Fotos zerreißen bei der Trennung? Warum sie nicht in eine Kiste tun und im Keller lagern? Vielleicht mag ich sie mir irgendwann wieder einmal anschauen, vielleicht auch nicht. Solange mich der Blick auf sie schmerzt, werde ich sie aber nicht in meinem Zimmer haben wollen.

Der Kontakt zu ›den Männern‹, ›den Frauen‹ ist bei vielen Scheidenden, die sich mit schmerzenden oder haßerfüllten Gefühlen vom Partner trennen, zeitweise erschwert. Die eigene Wut, der eigene Schmerz muß heraus. Deswegen kann man die Selbsthilfegruppen, die es für Scheidende und Geschiedene gibt, fast in zwei Kategorien einteilen: solche für die Schrei-Phase und solche für die Nachdenklichkeits-Phase. Natürlich verwischen sich die Grenzen. Der scheidende Mann, der sich wutentbrannt einer Interessenvertretung der Unterhaltszahler anschließt, entdeckt, daß nicht nur Männer Mitglied sind, denn eine wachsende Zahl von Frauen muß inzwischen ehemaligen Partnern happige Gelder überweisen. Und die Frau, die sich einer Alleinerziehenden-Gruppe anschließt, findet einen Mann im Kreis, der genau dieselben Probleme wie sie hat.

Interessant ist, daß es meines Wissens im gesellschaftlich-politischen Bereich noch keine Lobby für Geschiedene als solche gibt (also nicht eine der Unterhaltszahler, der geschiedenen Frauen etc.), obwohl sie dringend nötig wäre, gibt es doch großes Unrecht zum Beispiel im Steuerrecht, von dem alle Geschiedenen gleichermaßen betroffen sind. Diese Lebensform ist eben trotz ihrer unübersehbaren Häufigkeit noch nicht richtig akzeptiert, innerlich auch von vielen Scheidenden selbst noch nicht. In den nächsten Jahren wird sich sicherlich vieles in dieser Richtung ändern, auch weil Scheidungen inzwischen ein kaum mehr zu verdeckendes Phänomen bei Politikern sind. Doch die meisten von ihnen sind noch still, nehmen lieber Unrecht in Kauf, statt auch am eigenen Fall die Sorgen und Benachteiligungen Scheidender deutlich zu machen.

Statt einer Lobby gibt es eine Vielzahl von Selbsthilfegruppen für Geschiedene, nicht nur in Großstädten. Einige von ihnen existieren länger, erhalten von neuen Scheidenden ständig Zulauf, andere verschwinden wieder, wurden von Betroffenen in einer Phase ihrer Scheidungszeit gegründet, als sie Kontakt zu Menschen in ähnlicher Lage suchten, und fanden keinen ›Nachwuchs‹. Die Chancen, daß sich jemand durch Gründung einer eigenen Selbsthilfegruppe hilft, sind fast ebenso groß wie, sich eine bestehende Gruppe zu suchen. Solche ›Ad-hoc-Gruppen‹ sind schnell etabliert. Betroffene findet man im Freundeskreis, über eine Kirchengemeinde, durch eine Anzeige in der Lokalzeitung. Was braucht man noch? Einen Treffpunkt und ein Ziel für das gemeinsame Gespräch. Über letzteres sollte man sich allerdings ein paar Gedanken machen. Was will ich? Freizeit mit Menschen in ähnlicher Situation verbringen? Dann sieht das Programm einer solchen Gruppe natürlich anders aus, als wenn man sich gemeinsam bezüglich der rechtlichen Aspekte einer Scheidung fitmachen oder überhaupt gemeinsam die Trennungs- und Scheidungsfolgen aufarbeiten will. Ein einfacher Weg und ein einfaches Ziel ist es zum Beispiel, dieses Buch in der Gruppe durchzuarbeiten. Die Gruppe trifft sich einmal wöchentlich. In der Zwischenzeit liest jeder für sich ein Kapitel des Buches durch, und in der folgenden Gruppensitzung tauscht man die Meinungen darüber aus, gibt sein zusätzliches Wissen und seine Erfahrung weiter. Was meinen Sie, wie hoch innerhalb weniger Wochen der Kenntnisstand in Sachen Scheidung wird, wieviel Probleme aufgearbeitet werden und sogar von heute auf morgen verschwinden!

Kommt eine solche Selbsthilfegruppe, die bereits Elemente einer Selbsterfahrungsgruppe in sich trägt, ohne einen Leiter aus? Ich meine: unbedingt ja. Selbsthilfegruppen leben vom Einsatz jedes Gruppenmitglieds und nicht davon, daß einer die Arbeit macht und die anderen sich berieseln lassen. Jeder soll die Verpflichtung fühlen, seine Gedanken einzubringen, seine Lösungsvorschläge zur Debatte zu stellen, seine Fragen auszusprechen. Am Ende eines Treffens muß nur festgehalten (ausdiskutiert) werden: Wann wollen wir uns wieder treffen? Wo wollen wir uns wieder treffen? Welches Thema wollen wir dann ansprechen?

Gruppen, die sich auf diese Weise selbst aufgebaut und organisiert haben, werden vielleicht Interesse daran bekommen, die angeschnittenen Fragen auch mit einem Fachmann zu diskutieren. Es empfiehlt sich, mal einen Juristen, mal einen Psychologen, einen Steuerberater zu einer der Gruppensitzungen einzuladen. Daraus können sich dann weitere Kontakte ergeben. Steuerberater und Juristen findet man am Ort oder durch Empfehlung von Bekannten. Über eine Honorierung muß sich die Gruppe vorher einig werden, damit es hinterher keine Unstimmigkeiten gibt. Das gleiche gilt für den Psychologen. Adressen wird man sich durch eine Eheberatungsstelle in der Nähe beschaffen. Oder man ruft beim Verband Deutscher Psychologen an (s. S. 96), schildert sein Anliegen und läßt sich entsprechende Adressen geben. Bei weitem nicht alle Psychologen haben eine besondere Ausbildung in Ehe-, Familien- und Scheidungsfragen. Die meisten haben aber im Laufe ihres Studiums und ihrer Ausbildung so viel über den Ablauf und die Lösungsmöglichkeiten menschlicher Konflikte erfahren, daß sie einer suchenden Gruppe von Menschen, wie es eine Selbsthilfegruppe ist, einige Wegweiser stecken können. Einen guten Psychologen erkennt man im übrigen auch daran, daß er/sie zugibt, nicht überall gut Bescheid zu wissen.

Treffpunkte alleinerziehender Mütter und Väter gibt es in vielen Kirchengemeinden. Bei der Gründung eines solchen Treffpunktes hilft aber auch der ›Verband Alleinstehender Mütter und Väter‹, Von-Groote-Platz 20, 5300 Bonn 2, Tel.: 0228/352995. Der Verband hat 20000 Mitglieder, einschließlich der Kinder. Ein vorzügliches Taschenbuch ›So schaffe ich es allein‹ ist beim Verband gegen eine Schutzgebühr von 3,50 DM und Rückporto zu erhalten oder im Buchhandel (Klaus Schulz Verlag) zu kaufen.

Die Adressen der Landesverbände, an die man sich ebenfalls wenden und über die man schon bestehende Gruppen erfragen kann, lauten:

Baden-Württemberg
1. Vors. Anneliese Hauler-Maier
Geschäftsstelle
Marktgasse 14
7400 Tübingen
Tel.: 07071/23517

Bayern
1. Vors. Sylvia Ebner
Makartstr. 3
8000 München 2
Tel.: 089/784746

Berlin
1. Vors. Karin Stecher
Geschäftsstelle
Schlüterstr. 39
1000 Berlin 12
Tel.: 030/8819066

Bremen
1. Vors. Anne Cheffa
Bürgermeister-Deichmann-Str. 28
2800 Bremen 1
Tel.: 0421/383834

Hamburg
1. Vors. Ebba Zimmermann
Geschäftsstelle
Dorotheenstr. 139
2000 Hamburg 60
Tel.: 040/470590

Hessen
1. Vors. Hanna Lambrette
Geschäftsstelle
Martin-Luther-Str. 20
6000 Frankfurt 1
Tel.: 069/437777

Niedersachsen
1. Vors. Helga Lewandowsky
Geschäftsstelle Bödekerstr. 85
3000 Hannover
Tel. 0511/391129

Nordrhein-Westfalen
1. Vors. Erika Kühnel
Geschäftsstelle
Isabellastr. 31
4300 Essen
Tel.: 0201/777745

Rheinland-Pfalz
1. Vors. Anabel von Johnston
Geschäftsstelle
Kaiserstr. 74
6500 Mainz
Tel.: 06131/232061

Saarland
1. Vors. Ursula Theres
Preußenstr. 42
6600 Saarbrücken
Tel.: 0681/61523

Schleswig-Holstein
1. Vors. Helga Storjohann
Kronshagener Weg 34
2300 Kiel 1
Tel. 0431/18969

Die Anschriften der Interessenverbände der Unterhaltszahler:

Verband der Unterhaltspflichtigen
in der Bundesrepublik Deutschland
(VDU)
Baaderstr. 66
8000 München 5
Tel.: 089/2016383

Bürgerbund gegen Scheidungsunrecht
(BUR)
Postfach 120427
5300 Bonn 1
Tel.: 0228/692324

Interessen- und Schutzgemeinschaft
Unterhaltspflichtiger Väter und
Mütter
(ISUV)
Bodelschwinghstr. 8
8000 München 90
Tel.: 089/6902776

Diese drei Verbände konzentrieren sich stark auf die rechtlichen Aspekte einer Scheidung, versorgen die Mitglieder mit neuesten Gerichtsentscheidungen und versuchen als Pressure-Groups auf die Gesetzgebung und öffentliche Meinung Einfluß zu nehmen. Die Jahresbeiträge liegen unter DM 100,–.

Guter Rat kommt selten allein

»Guter Rat kommt... teuer«, werden Sie erwartet haben. Ich schreibe lieber: »... kommt selten allein.« Was ich damit meine? Wer sich in seine Gedanken einspinnt und nur mit sich Zwiesprache hält, mag einige wichtige Entdeckungen machen, aber die Gefahr, daß er mit seinen Gedanken im Kreise läuft, ist ziemlich groß. Uns aus solchen Gedankenkreisen herauszuholen, wie sie beim Brüten über den Entschluß zu einer Scheidung oder dann beim Aufarbeiten einer Trennung leicht entstehen, schaffen wir manchmal nicht allein. Dazu bedarf es eines Zufalls (ich lese etwas, was meinen Gedanken wieder eine neue, frische Richtung gibt), eines Freundes oder eines Fachmannes für Aus-dem-Kreis-Holen. Was Sie gerade zuletzt gelesen haben, ist meine Definition eines Psychologen. Denken Sie an einen Gefängnishof. Die Gefangenen machen ihren Rundgang, einer hinter dem anderen im Kreis. Sie sind zwar an der frischen Luft, aber nicht frei. Sie können nicht dorthin gehen, wohin sie wollen. In genau diese Situation geraten wir leicht, wenn wir in einer Krise stecken. Wir wollen frei werden, frei für neue Gedanken, neue Wege, neue Menschen, neue Entschlüsse, aber unsere Gedanken drehen sich im Kreise. Der Psychologe kann uns helfen, den Kreis an einer wichtigen Stelle aufzubrechen.

Gegenüber dem Freund hat er einen Vorteil: Bei der Abrechnung für den geleisteten Dienst wird nicht gemauschelt (»Hilfst du mir hier, helfe ich dir da!«), sondern nach einem vorher zu vereinbarenden Preis Hilfe abgegolten. Helfen und Geld – das klingt auf den ersten Blick wie ein Widerspruch. Aber: Wir zahlen den Arzt, wir zahlen den Masseur, wir zahlen den Fachmann, der unserem Haus ein frisches Aussehen gibt. Nur für die Sorge und Pflege unserer Seele wollen wir möglichst keine Ausgaben machen. Die meisten von uns sind darin verwöhnt: Als Kinder haben wir die Seelenpflege umsonst gehabt von Eltern, Großeltern, lieben Menschen. Später in der Ehe ist die Pflege auch zum Teil von einem anderen Menschen gekommen, kostenlos, bis... bis die Rechnung nicht mehr aufging. Und jetzt? Jetzt drehen wir uns im Kreis. Wie ein Hund, der seinen Schwanz einzufangen versucht, jagen wir hinter einem Stück unseres Selbst her. Ein Streit mit unserem Noch-Ehepartner, Ex-Partner, neuem Partner gibt uns für einen Moment das Gefühl, daß wir aus diesem Kreis herauskommen. Sich Luft machen, sich von einem inneren Druck befreien! Aber die Erleichterung ist nur kurz. Der andere ringt ebenso nach Luft wie wir selbst. Wir wollen aus diesem Kreis, der ein nach unten ziehender Teufelskreis zu werden scheint, heraus. Dazu brauchen wir einen Anstoß und eine zeitweilige Begleitung auf einem neuen, unbekannten Weg. Da kann uns nur ein Fachmann helfen. Wir nehmen seinen Dienst, sein Wissen, sein Können in Anspruch, und dafür geben wir ihm etwas, ein Honorar. So einfach ist das mit dem Gang zur psychologischen Beratung.

Worin nun ist der Psychologe Fachmann? Er hat etwas, was wir mehr oder weniger alle können, zu seinem Beruf gemacht und ist darin besonders ausgebildet worden: menschliches Verhalten zu beobachten, es – und das ist ganz wichtig! – möglichst ohne rosarote oder dunkle Brille zu sehen und Menschen auf Besonderheiten ihres Verhaltens aufmerksam zu machen. Dieses Wissen nutzen nun beileibe nicht alle Psychologen dazu aus, dem Menschen zu helfen. Menschliches Verhalten zu erkennen ist auch für andere Zwecke interessant, so zum Beispiel für Industrie und Handel, die ein Produkt unter die Leute bringen wollen. Hier ›hilft‹ der Psychologe, möglichst vielen Menschen etwas ›schmackhaft‹ zu machen. Dazu muß er wissen, worauf eine möglichst große Zahl von Menschen möglichst gleich reagiert. Der Wink mit Schönheit, Status, Ansehen usw. genügt, um die Hand möglichst vieler Menschen zu einem bestimmten Produkt zu führen. Verführung, Werbung, Manipulation – auch sie sind Kinder einer der blühendsten Wissenschaften unserer Zeit, der Psychologie. Ein Scheidender ist ihnen vielleicht sogar besonders ausgesetzt: Dir fehlt etwas, nimm dies! Aber es ist leicht zu sehen: Aus einer Lebenskrise führt das nicht heraus.

Der helfende, heilende Aspekt der Psychologie bietet dem Scheidenden Hoffnung. Um ein bißchen deutlicher zu machen, was in der psychologischen Beratung passiert – egal nun, ob man eine Psychotherapie auf Freuds berühmter Couch antritt oder ein Gespräch mit einem Ehetherapeuten in einem freundlichen Büro einer kirchlichen Lebensberatungsstelle führt –, schauen wir kurz in die Geschichte dieser Wissenschaft vom Menschen. Die Psychologie ist wie andere Wissenschaften ein Ergebnis der Aufklärung, jener Zeit im vorvergangenen Jahrhundert, als der Mensch sich endgültig als selbstverantwortlich, seine Dinge auf Erden selbst gestaltend begriff. Vorher glaubte er sich stark von Mächten außerhalb seiner Person bestimmt, im Guten wie im Bösen. Die Aufklärung stieß Götter und Teufel vom Podest und suggerierte dem Menschen: Du bist jetzt alleiniger Herr deines Schicksals. Die Religionen wurden zurückgedrängt (und mit ihnen die gesammelten Weisheiten vieler Jahrtausende von Menschheitsgeschichte), und der Mensch begann das genauer zu erforschen, was er sich vorher nur angeschaut, woran er sich erfreut, wovor er sich gefürchtet oder woran er geglaubt hatte. Alle Leistungen unserer heutigen Zivilisation und Technik sind letztlich Folgen dieser gigantischen Ich-Explosion. Der moderne autonome Mensch lernte sich und die umgebende Natur immer weiter zu durchschauen und simulierte die Vorgänge in der Natur durch eigene Erfindungen. Aus dem Flug des Vogels wurde die moderne Luftfahrt abgeleitet, die Erforschung des Schalls der Stimme schuf Radio und Fernsprecher und Beobachtungen von Übermittlungsvorgängen in der Natur die heutige Computer-Technik. Was hat das alles noch mit Scheidung und Trennung zu tun? Sehr viel.

Eine Scheidung beinhaltet heute auch das Bewußtsein, daß der Mensch autonom und selbstverantwortlich in der Gestaltung seiner privaten Vorgänge ist. Er schließt einen Bund mit einem anderen Menschen und löst ihn auch wieder auf. Das entspricht durchaus der Methode, die etwa ein Wissenschaftler anwendet. Dieser setzt sich ein Ziel, überlegt sich dazu einen Weg und macht ein Experiment; wenn er merkt, daß er auf diesem Weg nicht weiterkommt, bricht er das Experiment ab. Hagelt es jetzt Proteste? Eine Ehe ist doch nicht vergleichbar mit einer Situation, in der jemand eine chemische Lösung in einem Reagenzglas ansetzt und die Reaktionen beobachtet. Ist sie auch nicht! Um im Bild der Wissenschaft zu bleiben, kann man zunächst schon feststellen: In der Ehe ›experimentiert‹ nicht nur eine Person, sondern zwei miteinander. Wir wollen diesen Vergleich nicht zu weit treiben. Das eine allerdings bleibt: Das Bewußtsein, aus dem eine Ehe heute geführt wird, ähnelt dem, wie wir Arbeitswelt, Forschung, Politik gestalten: Wir sehen uns als Handelnde unserer Angelegenheiten.

Nun machen aber gerade Scheidende die Erfahrung, daß sie überhaupt nicht mehr ihr Leben ›in der Hand‹ haben. Sie empfinden sich stark als Erleidende und nicht mehr als Handelnde. Dies zeigt letztlich zweierlei: einmal, daß die Erfüllung des Lebens vom Menschen trotz allen Autonomiestrebens nicht von einer immer stärkeren Ausweitung seines Ich-Bereichs erwartet wird, sondern von der Gemeinschaft mit einem Du und einem Wir. Die moderne Wissenschaft und Technik gerät ja gerade in diesen Jahren vor dem Beginn eines neuen Jahrtausends an die Grenzen der Ich-Gestaltung der Welt. Das Ich, die Durchsetzungsfähigkeit, die Ellenbogenstärke von vier Milliarden Menschen in der Welt auf die begrenzten Ressourcen dieses Globus angesetzt, schafft einen Druck, unter dem selbst Mutter Erde stöhnt. Dieser Druck bedroht die Natur mit Kollaps. Raffen, Alles-für-sich-haben-Wollen, Dinge-im-Überfluß-haben-Wollen – das zerstört Harmonie und Ausgleich in der Natur und führt zur Zerstörung der Harmonie in der Partnerschaft. Umweltschutz und Ehe – auch sie haben etwas miteinander zu tun.

Und damit ist der zweite Punkte berührt: Eine Scheidung/Trennung können wir auch so begreifen, daß das Ich eines Menschen aus der Balance geraten ist. Es ist entweder hypertroph geworden, wächst also unkontrolliert, schießt ins

Kraut, oder es ist zu schwach geworden, kann sich nicht mehr wehren, durchsetzen, behaupten im Konzert mit anderen Ichs. Beide Ichs, jenes mit dem übersteigerten und jenes mit dem unterentwickelten Anspruch, geraten in eine Krise. Sie müssen neue Gestalt gewinnen, neue Kraft gewinnen, auf ein lebens- und liebenswertes Maß schrumpfen oder erst zu einem überhaupt bemerkbaren Umfang wachsen. Scheidung/Trennung fassen wir deshalb auch nicht nur als eine isolierte Begebenheit im Leben auf, sondern als eine Lebenskrise, in der das Ich eine Reihe von anderen Problemen mitbewältigt. Nicht umsonst brechen bei Scheidenden *viele* Welten und nicht nur die eine Partnerwelt zusammen, nicht umsonst gehen viele Scheidende gestärkt aus einer Scheidungskrise hervor, nicht nur in bezug auf Partnerschaften, sondern auch auf die Gestaltung vieler anderer Lebensbereiche. Das ist der Grund, warum selbst in fortgeschrittenem Alter die Trennung von einem anderen Menschen kreativ und trotz aller Zweifel und Schmerzen sehr lebensbejahend sein kann.

Aber kehren wir zurück zu der Frage, wie der Psychologe bei der Trennungskrise eingreifen kann. Die Psychologie entstand – wie wir schon bemerkt haben – in einer Zeit, als der Mensch stärker die Verantwortung für sein Leben übernahm. In der Aufklärung wurden die Folter in Mitteleuropa abgeschafft und die letzten Hexenverbrennungen. Damit wurde im Prinzip auch der Gedanke aufgegeben, ein anderer (die Hexe, der Zauberer) sei schuld am Auf und Ab in meinem Leben. Ganz hat der Gedanke, daß man selbst seines Glückes Schmied sei, aber noch nicht Fuß gefaßt bei uns. Die Suche nach Hexen oder Sündenböcken ist weiter beliebt. Wer klopft schon zuerst an die eigene Tür, wenn etwas nicht so wird, wie man es sich vorgestellt hat? Man wohne nur einem durchschnittlich strittigen Scheidungsverfahren bei. Da heißt es dann nicht: »Ich habe…, ich konnte nicht anders…, auch ich bin nur ein Mensch…, ich wollte es ja gerne anders, aber mir ging die Kraft aus…«, sondern: »Du hast…, du bist…, sie hat immer…, er war immer…, wenn er nicht, wenn sie nicht, dann hätte auch ich…« Scheidungen sind jedoch Schlußpunkte unter Auseinandersetzungen und Krisen, in denen das Ich jedes Maß verloren hat, zu klein oder zu groß geworden ist. Der Psychologe versucht nun, uns dabei zu helfen, unser Ich wieder ins Lot, in die Mitte zu bringen und uns damit wahre Stärke zu geben, damit wir wieder austausch-, kommunikationsfähig mit einem anderen Ich werden, uns weder unterwerfen noch dominieren wollen.

Seit Sigmund Freud und andere vor ungefähr 100 Jahren intensiv damit begannen, das Verhalten des Menschen systematisch zu beobachten, haben wir viel über unsere Natur erfahren. Wir wissen, daß Leben sich entfaltet und nicht im Moment der Geburt festgelegt ist. Die Entfaltung geschieht jedoch in bestimmten Abläufen (zuerst die totale Abhängigkeit des Babys von der Mutter beziehungsweise einer anderen Hauptbezugsperson, dann das schrittweise ›Weglaufen‹ des Kindes, schließlich der Aufbau eines eigenen Lebenskreises). Scheidung/Trennung signalisieren nun, daß dieser Prozeß nicht an das vom Scheidenden gewünschte Ziel gekommen ist. Störungen in seiner kindlichen und späteren Entwicklung können dafür verantwortlich sein. Die Fähigkeit, sich zu behaupten, kann gestört, die Fähigkeit, zu geben, kann unterentwickelt, die Fähigkeit, eine Bindung zu einem anderen Menschen nicht nur einzugehen, sondern zu pflegen und aufrechtzuerhalten, kann noch nicht genügend herausgebildet sein. Hier setzt der Psychologe an.

Viele Menschen, die nur wenig von der Psychologie wissen, meinen immer noch, der Gang zum Psychologen bedeute, daß man sich ›flachlegt‹ und sein ganzes Leben noch einmal durcharbeitet. Diese Methode, die klassische Psychoanalyse, wird auch heute noch gepflegt, doch ist eine Vielzahl von anderen psychologischen Verfahren an ihre Seite getreten. Sie basieren sehr stark auf der Annahme, daß es nicht nötig ist, den Menschen total umzukrempeln und alle Kindheitsstörungen bewußt zu machen, um ihm neue Freiheit, neue Ich-Stärke, neue Selbstbestimmung zu geben, sondern daß man in der Gegenwart einhaken sollte, dort, wo der Mensch die größten Schwierigkeiten hat, wo er den größten Mangel empfindet, wo die Seele am stärksten schmerzt. Verhalten, das uns schmerzt und stört, ist irgendwann einmal erlernt worden. Also müssen wir nach Wegen suchen, dieses Verhalten wieder zu verlernen und durch ein anderes zu ersetzen.

Psychologische Beratung, die im Zusammenhang mit Scheidungskrisen steht, wird sowohl als Paar- wie als Einzel-Therapie durchgeführt. Mich mit meinem Partner in Gegenwart eines Dritten auseinanderzusetzen, kann mir wertvolle Fingerzeige auf mein eigenes Verhalten geben und meinem Partner auf seines. Mit Hilfe des Ehetherapeuten machen wir gemeinsam einen Schritt aus dem Kreis heraus, in dem wir uns zusammen gedreht haben. Das kann zu einer Neubelebung der Ehe führen, aber auch zum Gegenteil davon: zu einer bewußten Bejahung der Scheidung. Ehetherapeuten fragen häufig zu Beginn einer Sitzung mit einem Paar: »Warum sind Sie zu mir gekommen: Wollen Sie die Ehe fortsetzen oder auflösen?« Selbstverständlich wird auch die Aussage: »Wir wissen es nicht! Ich weiß es nicht!« akzeptiert. Viele Scheidende suchen aber auch einzeln psychologische Hilfe. Sie spüren, daß bei ihnen im Leben etwas klemmt, nicht nur im Zusammensein mit dem Partner. Die Freilegung einer verstopften Seelen-Ader hat dann auch Rückwirkungen auf die Partnerschaft. Eheberatungsstellen werden beide Wege sehr ernst nehmen.

Gelegentlich wird es wünschenswert sein, auch andere Familienmitglieder (Eltern, Kinder) oder den neuen Partner miteinzubeziehen. Der Zeitpunkt der Beratung ist von Paar zu Paar verschieden. Einige kommen, bevor sie den Trennungsentschluß fassen, andere in der Trennungszeit, andere Jahre nach der Trennung, weil sie mit den Folgen nicht fertig werden. Eine Modellberatungsstelle für die Bundesrepublik, die sich nur mit Scheidungs- und Trennungsproblemen befaßt und 1982 in München eingerichtet wurde (der ›Familien-Notruf‹ der Deutschen Arbeitsgemeinschaft für Jugend- und Eheberatung, Leopoldstr. 43, 8000 München 40, Tel.: 089/394477), machte folgende Erfahrung: »Es zeigte sich, daß die Beratungsarbeit in der Regel längere Zeit in Anspruch nimmt, als ursprünglich konzipiert. Die Zeit, insbesondere die Pausen zur Erprobung und Konsolidierung, ist für die Tragfähigkeit eigener Lösungen wichtig, weil sich die Partner, Paare oder Familien oft in verschiedenen Phasen der Auseinandersetzung und Entwicklung befinden. Insgesamt wurde die Erfahrung gemacht, daß einzelne, Paare und Familien von der Trennung bis zur endgültigen psychischen Scheidung und Neuorientierung in vielen Fällen – mit Beratungspausen – zwei Jahre und länger brauchten.«

In die Münchner Modellberatungsstelle kamen im Jahr 1983 647 Personen. 42,7 Prozent davon lebten noch zusammen, 13,2 Prozent getrennt im selben Haus oder derselben Wohnung, 36,3 Prozent in verschiedenen Haushalten, 6,2 Prozent waren geschieden, 1,6 Prozent ledig. Zum Zeitpunkt der ersten Beratung waren:

in 15,5 Prozent der Fälle einer zur Trennung entschlossen, einer unentschlossen,
in 26,7 Prozent einer zur Trennung entschlossen, einer dagegen,
in 9,8 Prozent beide zur Trennung entschlossen,
in 17,6 Prozent beide zur Trennung unentschlossen,
in 12,1 Prozent war die Trennung vollzogen,
in 15,5 Prozent einer zur Trennung unentschlossen, einer dagegen,
in 2,8 Prozent beide gegen eine Trennung.

Ein ebenso buntes Resultat gibt es auch, wenn man die Ratsuchenden nach sozialer Schicht, Dauer ihrer Ehe, Lebensalter, Alter der betroffenen Kinder etc. aufschlüsselt. Eindeutiger ist da die Aufschlüsselung der Ratsuchenden nach Ausbildung und Beruf. Trotz aller Fortschritte im Arbeitsleben trifft weiterhin viele Frauen Trennung und Scheidung deshalb besonders hart, weil sie keine oder nur eine ungenügende berufliche Ausbildung haben. Zur Bewältigung der seelischen Probleme bei einer Scheidung kommt dann die Sorge um die berufliche Zukunft. Bei den im Münchner Familien-Notruf Ratsuchenden des Jahres 1983 sah die berufliche Situation so aus:

Beruf	Frau	Mann
Keinen Beruf	10,7%	0,5%
ungelernt/angelernt	2,4%	1,6%
ausführende Berufe	22,8%	11,3%
qualifizierte Berufe (berufsbezogener Abschluß)	45,8%	37,6%
höherqualifiziert	12,1%	39,7%
selbständig/freiberuflich	3,2%	6,7%
Student	1,1%	1,0%
ohne Angaben	1,9%	1,6%

Die derzeitige Arbeitssituation der Ratsuchenden – also der momentane berufliche Ausgangspunkt für das Leben ›allein‹ – sah so aus:

Arbeitssituation	Frau	Mann
Ausbildung/Studium	2,9%	1,0%
Hausfrau/Hausmann	51,1%	–
vollzeitbeschäftigt	15,2%	89,8%
teilzeitbeschäftigt	25,1%	0,5%
Rentner	0,9%	1,5%
arbeitslos	3,9%	6,7%
Sozialhilfeempfänger	0,2%	–
ohne Angaben	0,7%	0,5%

Bei diesen Zahlen muß man natürlich beachten, daß es sich hier nicht um einen statistischen Querschnitt durch alle Scheidenden handelt, sondern um die prozentuale Aufteilung einer Gruppe von Scheidenden, nämlich derer, die Hilfe durch Dritte bei der Lösung ihrer Scheidungsprobleme in Anspruch nahmen. Eine ganze Reihe von Scheidungen, so zum Beispiel nach Jung-Ehen, wenn beide Partner schnell die Unvereinbarkeit der Lebensführung und der Lebensziele feststellen, geht völlig problemlos vonstatten. Bei den Scheidungen mit größeren seelischen und äußeren Erschütterungen – und das ist die Mehrzahl – wird häufig auch die Frage zu lösen sein: Welchen Platz in der Arbeitswelt, in der Gesellschaft kann jeder der Partner nach der Trennung erhalten, erreichen? Dies zu entscheiden ist sicher nicht die Aufgabe des Psychologen, aber er kann den Partnern helfen, auch hier realistische Erwartungen für die Zukunft zu entwickeln, denn innere Weichen beeinflussen die äußeren Weichenstellungen. Aber auch umgekehrt: Ein geschiedenes Paar, das noch viele Jahre nach der Trennung finanziell voneinander abhängig ist, wird sich beim Aufbau eines neuen Selbst schwerer tun als Scheidende, die aus eigener Kraft (auch finanzieller Kraft) ihren Alltag gestalten und daraus ein neues Selbstbewußtsein ziehen. Als Ergebnis einer speziellen Trennungs- und Scheidungsberatung hat der Münchner Familien-Notruf folgendes formuliert:

Ratsuchende in der Entscheidungszeit:

– Viele Klienten konnten klären, welche Möglichkeiten noch für die Fortführung der Ehe bestehen.
– In vielen Fällen konnte die Gefahr von übereilten Entschlüssen aus dem Affekt heraus verhindert und eine realistische Einschätzung der Situation erarbeitet werden.
– Verhärtete Fronten konnten durch Wiederaufnahme von Gesprächen abgebaut werden.
– Eigene Anteile an den wechselseitigen Enttäuschungen und Konflikten konnten angenommen werden, so daß das Ehe- und Familienklima entgiftet wurde.
– Viele Eltern bekamen dadurch wieder den Blick frei für die Bedürfnisse und Konflikte der Kinder und konnten diese in ihre Entscheidungen einbeziehen.
– Abhängigkeiten der Erwachsenen von den eigenen Eltern konnten gelockert und damit die Aufgaben in Partnerschaft und Elternschaft verantwortlicher übernommen werden.

Ratsuchende in der Trennungszeit:

– Eltern konnten die Kinder aus der ›Geisel‹-Funktion innerhalb ihrer Auseinandersetzung entlassen.
– Das zukünftige Schicksal der Kinder konnte von vielen Eltern auch weiterhin als *gemeinsames* Problem betrachtet werden.

– Unterhalts-, Sorgerecht- und Umgangsregelungen konnten für die Zeit der Trennung und Scheidung gefunden werden.
– Bei immer mehr Eltern konnten Vorstellungen über ein gemeinsames Sorgerecht entstehen.

Ratsuchende nach der Scheidung:

– Kinder konnten über ihre Gefühle und Verunsicherungen infolge der Scheidung ihrer Eltern reden und damit auch Symptome wie schlechte Schulleistungen, inneren Rückzug, nächtliche Ängste ablegen.
– Kinder konnten wieder offene Kontakte zu *beiden* Eltern halten.
– Die Versuche eines Elternteils, Kontakte der Kinder zum nichtsorgeberechtigten Elternteil einzuschränken oder ganz auszuschließen, konnten in vielen Fällen besprochen oder verhindert werden.
– Viele geschiedene Eltern konnten pädagogisch wieder gemeinsam handeln (z.B. bei Schulentscheidungen, Ferien, Feiertagen, finanziellen Fragen, Ausbildung etc.).

Wie finde ich nun einen Psychologen, eine Ehe- oder Familienberatungsstelle, wo mein Problem gut aufgehoben ist? Da wird jeder ein wenig suchen müssen. In der Großstadt ist die Suche schwer, weil viele Adressen infrage kommen, auf dem flachen Lande, weil kaum eine Adresse vorhanden ist. Es gibt folgende Wege:
– Beim Gesundheitsamt der Stadt oder des Landkreises anrufen und erfragen, an wen man sich bei Ehe- und Scheidungsproblemen wenden kann.
– Ebenso gut – in vielen Fällen noch ergiebiger – dürfte ein Anruf bei der örtlichen katholischen oder evangelischen Kirche sein. Die meisten Ehe- und Familienberatungsstellen in der Bundesrepublik haben konfessionelle Träger. Das heißt aber nicht, daß man Mitglied einer Kirche oder gerade dieser Kirche sein muß, um dort Rat zu bekommen. Die Kirchen werden bei ihren Beratungsaufgaben vom Staat erheblich unterstützt und nehmen, wie in anderen sozialen Bereichen auch, Aufgaben staatlicher Instanzen wahr. Obwohl die Kirchen ihren eigenen Standpunkt zum Thema Ehe und Scheidung haben (siehe den folgenden Abschnitt), kann man dennoch in der Regel davon ausgehen, daß die konfessionellen Beratungsstellen Hilfe bieten, ohne religiöse Fragen anzusprechen. Sollte das doch der Fall sein, so ist die Bitte an den Beratenden: »Ich möchte eine Aufschlüsselung darüber, was die Kirche und was die Psychologie zu diesem Thema sagt«, berechtigt und nützlich.

– Unter dem Dach des Deutschen Paritätischen Wohlfahrtsverbandes arbeitet die gemeinnützige Organisation ›Pro Familia‹ seit 1952. Sie beschäftigt sich sehr stark mit Fragen der Familienplanung (§ 218) und der Sexualberatung. Die Ehe- und Scheidungsberatung ist aber auch bei ›Pro Familia‹ immer stärker in den Vordergrund getreten. Das Netz der Beratungsstellen ist nicht so stark ausgebaut wie bei den kirchlichen Trägern, aber ein Anruf beim jeweiligen Landesverband von ›Pro Familia‹ sagt Ihnen, ob und wo eine Beratungsstelle in Ihrer Nähe ist. ›Pro Familia‹ empfiehlt auch einen Ratgeber, der im Buchhandel erhältlich ist: *Scheidungsrecht für Frauen/Scheidungsrecht für Männer* von Siegfried de Witt.

Landesverbände von ›Pro Familia‹:

Baden-Württemberg:
Schloßstr. 60, 7000 Stuttgart 1, Tel.: 0711/617543

Bayern:
Türkenstr. 103/I, 8000 München 40, Tel.: 089/399079

Berlin:
Ansbacher Straße 11, 1000 Berlin 30, Tel.: 030/2139013

Bremen:
Stader Str. 35, 2800 Bremen 1, Tel.: 0421/491090

Hamburg:
Seewartenstr. 7, 2000 Hamburg 11, Tel.: 040/31102498 und 31102305

Hessen:
Hügelstr. 70, 6000 Frankfurt/Main 50, Tel.: 069/533257

Niedersachsen:
Am Hohen Ufer 3a, 3000 Hannover 1, Tel.: 0511/15459

Nordrhein-Westfalen:
Loher Straße 7, 5610 Wuppertal 2, Tel.: 0202/38 41 22/23/24

Rheinland-Pfalz/Saarland:
Rheinallee 40, 6500 Mainz, Tel.: 06131/672151

Schleswig-Holstein:
Marienkirchhof 6, 2390 Flensburg, Tel.: 0461/17911

Adressen von Psychologen und Psychotherapeuten findet man im Branchenverzeichnis des Telefonbuches oder durch einen Anruf beim Berufsverband Deutscher Psychologen, Heilsbachstraße 22, 5300 Bonn 1, Telefon: 0228/641054.

Nicht selten gibt es bei Beratungsstellen und frei praktizierenden Psychologen Wartezeiten, zum Teil bis zu mehreren Monaten. Dann sollte man versuchen, unter Schilderung der Dringlichkeit des Falles zumindest bald ein Erstgespräch zu bekommen. Dadurch tritt eine gewisse Erleichterung ein. Man hat das Schiff schon einmal betreten, auch wenn es noch nicht abgelegt hat. Zudem kann man dann die nächsten Schritte besser planen.

Psychologen in freier Praxis rechnen pro Stunde ab. Es muß mit Honoraren zwischen 50 und 90 Mark gerechnet werden; ferner ist ratsam, die Kostenfrage gleich zu klären. Krankenkassen geben Zuschüsse oder übernehmen die Kosten unter bestimmten Bedingungen, die der Psychologe oder Psychotherapeut Ihnen sagen kann. Die Art seiner Diagnose ist dabei wichtig; also sollte man sie einholen, bevor man bei der Krankenkasse nachfragt. Eventuell ist es empfehlenswert, auch den Hausarzt einzuschalten. Nicht alle Praktischen Ärzte aber verstehen viel von den Methoden und Wirkungen der Schwester-Disziplin Psychologie. Es kann sein, daß Sie auf einen Arzt treffen, der auf diesem Gebiet ohne besondere Kenntnis lieber selber ›doktort‹, allgemeine Ratschläge gibt, Tabletten verschreibt. Dann sollten Sie weitersuchen und die Hilfe einer Beratungsstelle in Anspruch nehmen, wo die für Ihren Fall besonders ausgebildeten Psychologen und Psychotherapeuten in der Nähe wahrscheinlich bekannt sind. Die kirchlichen und anderen Beratungsstellen geben zum Teil kostenlose Hilfe oder berechnen Gebühren bis zu zwei Prozent des monatlichen Netto-Einkommens für die Beratungsstunde. Manche erbitten eine freiwillige Unterstützung der eigenen Arbeit.

Ich habe bewußt zum Anfang dieses Abschnitts gleich das Thema Geld im Zusammenhang mit der Beratung angeschnitten. Erinnern Sie sich an die zwei Äste, in die das heutige psychologische Wissen fließt: den therapeutischen, helfenden Ast und den der Werbung, des Marketing, der Beeinflussung. Beide haben ihren Preis. Im zweiten Fall stellt er sich häufig erst später heraus, nachdem zuerst vorgegaukelt wird, man brauche nur zuzugreifen, der Griff in den Glückstopf sei frei. In der helfenden Abteilung der Psychologie ist es anders.

Da wird – wenn der Berater es ernst meint – nichts vorgegaukelt, sondern er wird Ihnen nach Anhörung Ihrer Sorgen bald reinen Wein einschenken. Er kann Ihnen zwar sein Wissen zur Verfügung stellen, aber den größten Teil der Arbeit machen Sie. Der schönste Tennis-Court ist nutzlos, wenn nicht darauf gespielt wird. So ist es auch mit der Lebensberatung. Der Psychologe, der Berater kann Ihnen sagen, wie es geht, wie die Spielregeln sind, aber spielen müssen Sie, auch wenn Sie sich noch so ungelenk vorkommen. »Ich bin ich, und ich bin nicht auf der Welt, um so zu sein, wie du mich haben willst.« Dieser Satz des berühmten Therapeuten Fritz Perls gilt auch für den Kontakt mit dem Therapeuten. Dieser wird mich direkt oder indirekt auf Auffälligkeiten meines Handelns aufmerksam machen, mir Konsequenzen andeuten, mir Hinweise darauf geben, was ich abwerfen soll (meinen männlichen Übereifer, meine weibliche Verzagtheit usw.) und was ich in mein neues Leben mit hinübernehmen soll (mein Lachen, meine Neugierde, meinen Gerechtigkeitssinn usw.), aber er wird nicht verlangen, daß ich so werde wie er/sie. Die Distanz, die der Berater zu mir trotz allen Mitgefühls, trotz seiner tiefen Kenntnis meiner Probleme wahrt, ist ein heilendes Moment in der Beratung. Der Berater geht ein Stück ›in meinen Mokassins‹, aber er begibt sich nicht in den Kreis, in dem ich mich drehe. Darin liegt sein Wert.

Aus der geschilderten Tatsache, daß es inzwischen in München eine Modellberatungsstelle für Scheidungsfragen in der Bundesrepublik gibt, kann man ein wesentliches Merkmal der heutigen Scheidungssituation ablesen. Selbst die Psychologen sind sich bei vielen Scheidungsproblemen noch nicht sicher und noch nicht einig. Es ist auffällig, daß auch die Wissenschaft von der Psychologie sich erst in jüngster Zeit intensiv mit dem Thema Scheidung und Trennung befaßt hat. Es ist also damit zu rechnen, daß wir in fünf bis zehn Jahren viel mehr über Scheidung und ihre Folgen wissen und uns dann auch leichter beim Abschiednehmen tun. Doch bis dahin wird jeder Scheidende über die Bewältigung seines Problems hinaus ein Stückchen Neuland, neues Wissen für einen anderen Betroffenen miterwerben. Daher gilt: Wer etwas Gutes weiß, wer eine gute Erfahrung gemacht hat, der sollte es weitersagen. Und ein letzter Tip: Man muß einen Psychologen nicht erst aufsuchen, wenn das Kind schon in den Brunnen gefallen ist. Es ist hilfreich, sich schon dann Rat zu holen, wenn erste Anzeichen einer Krise auftauchen. Warum nicht fachlichen Rat für die Sorge um die Kinder in der geschiedenen Situation einholen, auch wenn sonst alles ›stimmt‹ bei der Scheidung? Ein, zwei Stunden gezielte Beratung – und die Gewißheit, auf dem richtigen (nämlich dem persönlich passenden) Weg zu sein, wird wachsen.

Scheidung – mit Gottes Segen?

Die Kirchen tun sich immer noch schwer mit Scheidungen – besonders die katholische –, obwohl ihre Haltung in den letzten Jahrzehnten sehr viel toleranter geworden ist. Sie haben sich nämlich immer auch als Ordnungsmächte in der Welt verstanden neben ihrem Anspruch, über den Menschen, über die Erde hinausweisendes Wissen und Erfahrung zu vermitteln. So verkünden die christlichen Kirchen nicht nur die frohe Botschaft von der Erlösung des Menschen durch Gott und seinen Sohn Jesus Christus, sondern aus den Lehren Christi und seiner jüdischen Vorgänger wie seiner christlichen Nachfolger werden Morallehren gezogen. Diese wurden zwar von den Kirchen von Zeit zu Zeit abgewandelt. Ein jüngstes Beispiel ist der Weg von der Segnung der Waffen zu ihrer Ächtung durch die heutige christliche Friedensbewegung. Aber der grundsätzliche Anspruch, auch in den weltlichen Dingen ein Wort mitzusprechen, ist geblieben und wird auch bleiben. Dies gründet sich jedoch nicht allein auf Aussagen in der Bibel, sondern auch auf die geschichtliche Situation der Kirchen. So sind die christlichen Kirchen – wie ich früher schon einmal bemerkt habe – auch Ordnungsstifter, Überwinder von ›chaotischen‹ Verhältnissen gewesen. Nicht zuletzt ist die Zweier-Gemeinschaft, wie sie sich in der Ehe ausdrückt, eine auch aus dem Bereich kirchlicher Lehren entstandene Lebensform.

Die katholische Kirche ging nun den Weg – auch in Abgrenzung zur protestantischen –, diese Form als verbindlich zu erklären. Die Ehe wurde zum Glaubensgrundsatz, zum Sakrament. Der Satz aus der Bibel: »Was Gott zusammengefügt hat, das soll der Mensch nicht scheiden«, wird absolut gesehen. Wobei ohne Wertung nur hinzugefügt werden soll, daß der göttliche Anteil beim Zustandekommen einer Ehe von Land zu Land, von Zeit zu Zeit, von Kultur zu Kultur sehr unterschiedlich gesehen wird. Wie auch immer – Tatsache ist, daß eine Mehrheit der Eheschließenden in der Bundesrepublik sich nicht mit dem Spruch der weltlichen Instanz, des Standesbeamten, zufrieden gibt, obwohl das völlig für das Eingehen einer Ehe ausreicht, sondern auch die kirchliche Feier begehrt. Religiöse Überzeugungen spielen dabei häufig keine Rolle, sondern die kirchliche Segnung wird als eine Art festlicher Rahmen für den Hochzeitstag betrachtet. Vorsichtig interpretierend könnte man sagen: Die Eheschließung wird von den meisten Menschen weiterhin als ein so zentrales Ereignis in ihrem Leben gesehen, daß sie sich weit von anderen Lebenshandlungen abhebt. Deshalb will man diesem Tag durch die kirchliche Weihehandlung eine besondere Herausgehobenheit geben. Man kann vielleicht sogar weiter deuten: Jeder Eheschließende wünscht sich, daß damit ein Schritt in andere, höhere Bereiche des Lebens getan wird. Mancher, der eine Weihe für seine Ehe begehrt und erhalten hat, wird später darüber stöhnen, daß die Kirchen nicht ohne Weiteres den einmal ausgesprochenen Segen wieder zurücknehmen.

Auch der nicht-kirchliche Mensch wird das bis zu einem gewissen Grade einsehen. Das Besondere wird entwertet, wenn wir es zu einer Verfügungsmasse unserer jeweiligen, sich ändernden Bedürfnisse machen. Doch dieses, sich auch aus kultischen Quellen speisende Engagement der Kirchen bei der Eheschließung und Eheführung ist nicht das einzige christliche Moment. Das für das Christentum maßgebliche Neue Testament der Bibel zeigt uns nicht den strafenden, sondern einen gnädigen Gott, der sich mit den ›Versagern‹ an einen Tisch setzt, der Bemühen höher schätzt als Erfolg und Selbstgerechtigkeit und der so predigt: Die Normen sind *für* den Menschen da, nicht *gegen* ihn. Also übertritt Christus das Sabbat-Gebot des Nichtstuns an Gottes Ruhetag, um etwas Unaufschiebbares zu tun: zu helfen (einen Menschen zu heilen). Daraus kann der Christ die Hoffnung schöpfen, daß Gott ihn nicht fallen läßt, wenn er gegen eine Norm verstößt, auch wenn die Kirche den Normenverstoß nicht hinnimmt. Martin Luther, auf den die protestantischen Kirchen in der Welt zurückgehen, hat die Eheschließung in den Bereich der weltlichen Handlungen verwiesen. Also gilt die Umkehr des obigen Bibel-Zitats: »Wo etwas geschieden wird, was der Mensch zusammengefügt hat, ist Gottes Segen nicht auf Dauer darauf gelegen, auch wenn die Kirche Segen gespendet hat.«

Gläubige Menschen haben größere Schwierigkeiten beim Auflösen einer Partnerschaft, auch wenn sie ihr Unglücklich-Sein darin stark spüren. Sie werden in dem – durchaus christlichen – Gedanken Trost finden, daß alles Tun der Menschen auf Erden Stückwerk, Versuch, Annäherung an ein Ziel ist, nicht Erfüllung. Diesen Gedanken erkennen auch die Kirchen an, indem sie zum Beispiel die Beratung bei Ehe- und Scheidungskrisen übernommen haben und dabei die Aufgabe des Trostes, der Hilfe (nicht die der Bewertung, Maßregelung) in den Vordergrund stellen.

So ist festzustellen: Die Scheidung/Auflösung einer Ehe nehmen beide Kirchen hin. Sie sind allerdings nur in unterschiedlichem Maße bereit, eine neue Ehe vor dem Altar zu segnen. Die katholische Kirche wird das nur dann tun, wenn die erste Ehe durch ein kirchliches Verfahren für ungültig erklärt wurde. Ferner gibt es bestimmte Gründe, warum eine Ehe als nicht-vollzogen angesehen wird. Wem sehr an der Aufarbeitung des christlichen Aspektes einer Ehe liegt, der wird als katholischer Christ den Weg zur Kirchenverwaltung nicht scheuen, um sich über diese Möglichkeiten aufklären zu lassen. Auch wenn er, wie in den meisten Fällen, ohne das begehrte Ergebnis zurückkehrt, wird eine Klärung in ihm stattfinden. Vielleicht ist das der Anfang eines bewußteren religiösen Lebens.

Die protestantische Kirche traut unter bestimmten Umständen auch ein zweites Mal, sofern der jeweilige Pfarrer den Eindruck der Ernsthaftigkeit dieses Begehrens hat. Es gibt sogar geschiedene Pfarrer und Pfarrerinnen in der evangelischen Kirche. Gewissensbisse, Schuldfragen (und wer von uns ist ganz frei von ihnen?) im Zusammenhang mit einer Scheidung oder Trennung mit einem Pfarrer zu besprechen, kann sehr hilfreich sein. »Gott ist nicht unser Feind, sondern unser bester Freund – auch nach der Trennung«, sagt der evangelische Theologe und Eheberater Dietrich Stollberg und fügt an anderer Stelle hinzu: »Ein leidenschaftliches Leben gelingt nicht ohne Leiden.«

Trotz unterschiedlicher Ausgangspunkte haben katholische und evangelische Kirche den Versuch unternommen, ihr grundsätzliches Eheverständnis auf einen gemeinsamen Nenner zu bringen. Im Oktober 1981 war das möglich. Deshalb sei zum Schluß aus der Denkschrift ›Ja zur Ehe‹ der Deutschen Bischofskonferenz und des Rates der Evangelischen Kirche in Deutschland eine wichtige Passage zitiert:

»Die Lebensgemeinschaft von Mann und Frau in der Ehe hat verschiedene geschichtliche Formen durchlaufen und dabei auch viele Krisen erfahren und bestanden. Sie ist eine Ordnung gemeinsamen menschlichen Wachsens, gegenseitiger Hilfe und sozialer Stützung sowie der Ort sittlich verantworteter Geschlechtsgemeinschaft und Elternschaft. Alle diese Aufgaben der Ehe können, vor allem wenn eine einzelne Zielsetzung absolut gesetzt wird, jedoch auch zu ihrer Krise führen. Die Ehe muß immer wieder wachsen, sich aus der Mitte wechselseitiger Zuwendung erneuern, in der Entschiedenheit füreinander Freiheit zum Leben gewähren. Auch gescheiterte und geschiedene Ehen dürfen nicht darüber hinwegsehen lassen, daß es viele Ehen gibt, die trotz der Erfahrung von Krisen gelingen, in denen das Versprechen des gemeinsamen Lebens eingelöst, miteinander eheliche Treue erfahren und der Dienst an den Kindern erfüllt wird.«

Ihre Seite

Meine Gedanken heute: ______________________

Nach sechs Monaten meine ich dazu: ______________________

Kapitel 4

»Mein Papi wohnt nicht mehr bei uns«

Wie Kinder auf Trennung reagieren

Wer ist die gute Mutter, wer der gute Vater?

Eine der schönsten Geschichten davon, was Elternschaft bedeutet, hat Bertolt Brecht erzählt. Sie hat einem seiner Stücke den Namen gegeben: »Der kaukasische Kreidekreis«. Der Richter Azdak muß entscheiden, welcher von zwei Frauen ein Kind gehört. Er läßt einen Kreis ziehen und stellt das Kind hinein. Dann fordert er die Frauen auf, jede einen Arm des Kindes zu fassen. »Die richtige Mutter wird die Kraft haben, das Kind aus dem Kreis zu sich zu ziehen.« Zweimal läßt er die Probe machen, und beide Male gewinnt die eine, die Gouverneursfrau Natella Abaschwili, weil die andere das Kind losläßt. Die Frau, die losläßt, ist Grusche, eine Magd. »Ich hab's aufgezogen! Soll ich's zerreißen? Ich kann's nicht.« Grusche ist nicht die leibliche Mutter des Kindes. Sie hat das Kind als Baby an sich genommen, als die leibliche Mutter, die Gouverneursfrau, aus der Provinz floh und das Baby zurückließ. Das Kind ist bei Grusche in einem Bergdorf aufgewachsen. Jetzt will es die leibliche Mutter zurück, weil das Kind inzwischen als Erbe der Familiengüter eingesetzt wurde. Das Urteil? Azdak spricht Grusche das Kind mit den Worten zu: »Und damit hat der Gerichtshof festgestellt, wer die wahre Mutter ist. (Zu Grusche) Nimm dein Kind und bring's weg. Ich rat dir, bleib nicht in der Stadt mit ihm. (Zur Gouverneursfrau) Und du verschwind, bevor ich dich wegen Betrug verurteil. Die Güter fallen an die Stadt, damit ein Garten für die Kinder daraus gemacht wird, sie brauchen ihn.« Brechts Sänger kommentiert dieses und andere ungewöhnliche Urteile des Azdak, der nach diesem Fall sein Richteramt niederlegt, so: »Und nach diesem Abend verschwand der Azdak und ward nicht mehr gesehen. Aber das Volk Grusiniens vergaß ihn nicht und gedachte noch lange seiner Richterzeit als einer kurzen goldenen Zeit beinah der Gerechtigkeit.«

Die Geschichte der beiden Mütter, die dasselbe Kind begehren, wird schon im Alten Testament der Bibel erzählt (1. Könige 3, 16–28). Da kommen zwei Frauen zum König Salomo. Beide hatten innerhalb von drei Tagen im selben Haus einen Sohn geboren. Das Kind der einen starb, die Mutter hatte es im Schlaf erdrückt. Sie bemerkte dies, stand auf und ging in das Zimmer der anderen Frau, nahm deren Sohn an sich und legte das tote Kind in ihren Arm. Diese Frau merkt am Morgen aber, was passiert ist, und fordert ihr Kind zurück. Da sie es nicht erhält, wendet sie sich an den König Salomo. Der Text der Bibel: »Und der König sprach: Holet mir ein Schwert her! Und da das Schwert vor den König gebracht ward, sprach der König: Teilet das lebendige Kind in zwei Teile und gebt dieser die Hälfte und jener die Hälfte.« Die wahre Mutter sagt daraufhin: »Ach, mein Herr, gebt ihr das Kind lebendig und tötet es nicht!« Der König spricht ihr daraufhin das Kind zu mit den Worten: »Gebet dieser das Kind lebendig und tötet's nicht; die ist seine Mutter.« Und in der uns fremden, aber schönen Sprache des Alten Testaments kommentiert der Erzähler das Ergebnis so: »Und das Urteil, das der König gefällt hatte, erscholl vor dem ganzen Israel, und sie fürchteten sich vor dem König; denn sie sahen, daß die Weisheit Gottes in ihm war, Gericht zu halten.«

Der pfiffige Mann aus dem Volke, der ›Richter auf Zeit‹ Azdak, und der weise König Salomo, sie kommen zum gleichen Schluß: Wahre Elternschaft heißt auch, ein Kind loszulassen, sein Interesse über die eigenen Wünsche zu stellen. Wenn Azdak oder Salomo heute in einem Scheidungsverfahren Recht sprechen müßten und bei einem Streit um das Sorgerecht für ein Kind die Schwert- oder Kreidekreis-Probe machen würden, wer würde loslassen? Vater oder Mutter? Glauben Sie, liebe Leserin, daß Sie loslassen könnten? Glauben Sie, lieber Leser, daß Sie loslassen würden? Sagen Sie nicht zu schnell: Ja! Das Ende der Geschichte ist ja bei der Probe nicht bekannt...

Azdak hätte heute keine Chance, bei uns in den juristischen Dienst zu kommen, denn er würde das Staatsexamen nicht bestehen. Und Salomo würde, wenn er die juristische Laufbahn eingeschlagen hätte, auch nicht bei einem deutschen Familiengericht landen, aber er hätte es vielleicht zum höchsten Richteramt in der Bundesrepublik Deutschland, zum Präsidenten des Bundesverfassungsgerichts in Karlsruhe, gebracht. Und dieses fällte im November 1982 ein Elternschaftsurteil im Geiste Salomos des Weisen. Es polierte dabei allerdings den Gedanken des Fassens und Loslassens auf eine andere Weise als der König Israels auf. Beide Eltern sollen, so die Karlsruher Weisen, bei einer Scheidung die Möglichkeit haben, das Kind zu fassen, ohne es dabei auf eine Seite herüberziehen zu müssen.

Die Familiengerichte der Bundesrepublik waren bis zum November 1982 in der Kreidekreis- oder Schwert-Situation. Sie mußten bei einer Scheidung zwingend einem der beiden Elternteile das Sorgerecht für ein Kind übertragen, auch wenn beide Elternteile gleich geeignet und gleich gut motiviert für die Pflege und Erziehung waren (§ 1671, 4, Bürgerliches Gesetzbuch). Auf listige Weise wie Salomo und Azdak in die Herzen der Menschen zu sehen, ist der heutigen Justiz verwehrt. Wie aber dann eine Elternschaft ›teilen‹ in der getrennten Situation?

Als der Gesetzgeber 1979 mit Wirkung zum 1. Januar 1980 das Recht der elterlichen Sorge neu ordnete und dabei die in ihren Grundzügen seit dem Jahre 1900 geltenden Normen des Bürgerlichen Gesetzbuches über das Verhältnis zwischen Eltern und Kind den Wertvorstellungen des Grundgesetzes der Bundesrepublik Deutschland und den heutigen tatsächlichen Gegebenheiten anpaßte, machte er einen gewaltigen Schritt nach vorn. Die Position von Kindern und Pflegekindern wurde verbessert. So wurde ein Paragraph geschaffen (§ 1631 BGB), der sicherstellt, daß Eltern bei Schul- und Berufsentscheidungen für ihre Kinder Rücksicht auf deren »Eignung und Neigung« nehmen und im Zweifelsfall »den Rat des Lehrers oder einer anderen geeigneten Person« einholen müssen. Pflegekinder können nach Paragraph 1632 BGB jetzt nicht mehr ohne Weiteres von den leiblichen Eltern aus den Pflegefamilien, bei denen sie jahrelang gelebt haben, herausgeholt werden. Die Bestimmung, daß das »Wohl des Kindes« den Vorrang vor den Wünschen der Eltern haben soll, wurde nicht nur an dieser Stelle herausgestellt. Im Falle einer Scheidung tat sich der Gesetzgeber jedoch schwer, zu definieren, worin das Wohl des Kindes besteht. Heraus kam folgende Regelung (§ 1671 BGB):

Absatz 1: »Wird die Ehe der Eltern geschieden, so bestimmt das Familiengericht, welchem Elternteil die elterliche Sorge für ein gemeinschaftliches Kind zustehen soll.«

Absatz 2: »Das Gericht trifft die Regelung, die dem Wohle des Kindes am besten entspricht; hierbei sind die Bindungen des Kindes, insbesondere an seine Eltern und Geschwister, zu berücksichtigen.«

Absatz 3: »Von einem übereinstimmenden Vorschlag der Eltern soll das Gericht nur abweichen, wenn dies zum Wohle des Kindes erforderlich ist. Macht ein Kind, welches das vierzehnte Lebensjahr vollendet hat, einen abweichenden Vorschlag, so entscheidet das Gericht nach Absatz 2.«

Absatz 4: »Die elterliche Sorge ist einem Elternteil allein zu übertragen.«...

In diesem Absatz 4 wurde allerdings gleich eine Ausnahme angefügt, welche die Gesetzgeber schon damals für wichtig erachteten. Sie lautet: »Erfordern es die Vermögensinteressen des Kindes, so kann die Vermögenssorge ganz oder teilweise dem anderen Elternteil übertragen werden.«

Für die Scheidung wurden auch Bestimmungen aus dem Bereich des Bürgerlichen Gesetzbuches interessant, die die elterliche Sorge für eheliche Kinder regeln. So heißt es in Paragraph 1634 BGB: »Ein Elternteil, dem die Personensorge nicht zusteht, behält die Befugnis zum persönlichen Umgang mit dem Kinde. Der Elternteil, dem die Personensorge nicht zusteht, und der Personensorgeberechtigte haben alles zu unterlassen, was das Verhältnis des Kindes zum anderen beeinträchtigt oder die Erziehung erschwert. Das Familiengericht kann über den Umfang der Befugnis entscheiden.«

Daß dies alles noch nicht der ›Stein der Weisen‹ war, wurde bald offenbar. Besonders die Bestimmung, daß das Kind bei einer Scheidung sozusagen ›aus dem

Kreis herausgezogen werden muß‹, geriet unter Beschuß. Mehrere Familiengerichte, die von Eltern bedrängt wurden, ein gemeinsames Sorgerecht bei der Scheidung auszusprechen, wandten sich an das Bundesverfassungsgericht, und das entschied, daß der Satz, daß einem Elternteil das Sorgerecht bei einer Scheidung zwingend übertragen werden muß, verfassungswidrig ist. Gemeinsames Sorgerecht für die Kinder nach der Scheidung ist seither möglich – ein weises Urteil im Sinne Salomos, wobei der Begriff ›teilen‹ nicht im mathematischen, kaufmännischen, kriegerischen Sinn als ›zerteilen‹, sondern im pädagogischen, demokratischen, friedlichen Sinn als ›sich etwas teilen‹ verstanden wird.

Weg mit dem Begriff ›Scheidungskind‹!

Christoph (9 Jahre) und Stefan (11) sind zwei liebe, sehr aufgeweckte Kinder, offen zu allen Menschen, aber nicht vertrauensselig-anbiedernd. Wenn Christoph von einem Fremden, etwa einem Bekannten seines Vaters, angesprochen wird: »Und wie heißt du denn?«, dann schlägt er nicht die Augen nieder wie viele andere Kinder und nennt leise seinen Namen, sondern er blickt dem Frager offen ins Gesicht und sagt: »Christoph. Warum fragst du?« Christophs Vater muß dann immer an die stolzen Indianer denken, die selbstbewußt auf jeden Fremden zugingen und ihn etwa so begrüßten: ›Hugh, ich bin Tetuan Chique, genannt Der schwarze Adler. Wer bist du? Warum kommst du zu uns?‹ Stefan ist in letzter Zeit sehr hochgeschossen. Fast so groß wie seine Mutter ist er schon geworden. Zu ihr hat er wie der kleinere Bruder ein sehr zärtliches Verhältnis, in das sich immer stärker Momente des Beschützens mischen. Die Mutter hat kaum Schwierigkeiten mit den Kindern. Diese sind daran gewöhnt, daß sie bei vielen Entscheidungen um ihre Meinung gefragt werden, daß ein letztes Wort der Mutter aber gilt, so zum Beispiel beim Zubettgehen. Zum Vater haben beide ein fast kumpelhaftes, freundschaftliches Verhältnis, wobei auch hier die Grenzen Erwachsener-Kind nicht überdehnt oder verwischt werden. Grundlage ist eine tiefe Zuneigung, die sich auch körperlich in Schmúsen und Toben ausdrückt. Das Lieblingsspiel der drei ›Männer‹ ist eine Art kontrolliertes Kräftemessen, aus einem liebevollen Raufen entstanden und »Rumbuffen« getauft. Christoph, Stefan und der Vater liegen auf dem Bett oder auf der Erde, und die beiden Jungen ärgern ihn oder werfen ihm die unmöglichsten ›Beleidigungen‹ an den Kopf (»Du dreimal um den Kirchturm gewickeltes Nachtgespenst«). Dann greift sie der Vater, zieht sie langsam steigernd an den Haaren, nimmt sie in die Arme und quetscht sie, kneift sie, wirbelt sie in die Luft, bis sie Halt schreien oder etwas Liebes sagen. Das geht manchmal fast eine Stunde lang, und danach sind alle vor Lachen, Schreien und Toben total erschöpft.

Christoph und Stefans Eltern sind seit sechs Jahren getrennt, seit vier Jahren geschieden.

Als der Vater ging, war Christoph drei Jahre alt, Stefan fünf. Die Trennung zog sich vom ersten Erwähnen der Trennungsmöglichkeit zwischen den Eltern bis zum Auszug ein halbes Jahr hin. Die Kinder merkten in dieser Zeit wenig davon. In den ›heißesten Phasen‹ des Streits zwischen den Eltern waren sie bei den Großeltern. Vor der endgültigen Trennung war die scheidende Familie noch einmal mit Freunden in Urlaub gefahren, was alle Beteiligten heute als »Krampf« und »Würden wir nie wieder machen« beschreiben. Die Trennungsphase ging nicht ohne gegenseitige seelische Verletzungen zwischen den Eltern ab. In der Nacht, nachdem der Vater gegangen war, wurden auch die Kinder stark in das Geschehen mit einbezogen. Die Frau verlor die Nerven, rief in Gegenwart der Kinder bei der Freundin des Mannes an und beschimpfte ihn. Der Mann kam in die Wohnung zurück und versuchte die Wogen zu glätten, was mißlang. Die Eltern fingen sich aber so weit, daß sie die Kinder gemeinsam zu Bett brachten, bevor der Mann wieder ging. Eine Woche später suchten sie eine Kinderpsychologin auf und ließen sich darüber informieren, wie Kinder auf Trennung der Eltern reagieren und was man tun kann, um ihre Situation zu erleichtern. Danach gab es jahrelang keinen Streit mehr vor den Kindern. Als es vor kurzem bei einer Begegnung der Eltern doch wieder zu einer Auseinandersetzung kam, gingen die Kinder aus dem Raum und suchten eine Nachbarin auf.

Die Eltern vereinbarten auf Anraten der Psychologin einen wöchentlichen Besuchstag des Vaters. Dieser fand zuerst noch in der Familienwohnung am Sonntagnachmittag statt. Gelegentlich war die Mutter dabei, meistens zog sie sich aber zurück. In diese Zeit fiel auch das erste getrennte Weihnachtsfest. Der Vater kam am Nachmittag und verteilte die Geschenke; als es schön gemütlich wurde, mußte er gehen, denn er hatte der Freundin versprochen, ab sechs Uhr bei ihr zu sein. Spätestens da merkten alle, daß man sich gegenseitig gefühlsmäßig überforderte. Der Mann, der zu dieser Zeit noch bei einem Freund wohnte, nahm sich darauf ein eigenes Appartement, das er mit einigen Möbeln aus der alten Wohnung und einigen neuen einrichtete. Die Kinder kamen dann an einem bestimmten Wochentag nach Schule/Kindergarten zu ihm und blieben bis zum nächsten Morgen. Sie fühlten sich in der neuen Wohnung von Anfang an wohl, hatten dort ihr eigenes Eckchen und fanden auch einige von ihren alten Spielsachen sowie etliche neue dort. In den Sommerferien blieben die Kinder länger beim Vater. Der Mann fuhr dann auch mit ihnen zu seinen Eltern. Bei dem regelmäßigen Kontakt ist es bis heute geblieben. Als die Kinder größer wurden, wurde der wöchentliche Besuchstag in einen Wochenendbesuch alle 14 Tage umgewandelt, von Schulschluß Freitagmittag bis Sonntagabend. So können Vater und Söhne auch größere Unternehmungen machen. Meistens wird aber gar nichts Besonderes unternommen, sondern gespielt, im Haushalt gearbeitet, geschlafen, wie in anderen Familien auch. Im Sommer sind die drei 14 Tage zusammen, seit zwei Jahren unternehmen sie jeweils eine Reise.

Die Kinder haben das Gefühl, zwei Zuhause zu haben. Einige von ihren Freunden gehen in beiden Wohnungen ein und aus, andere nur in der der Mutter. Der Vater hatte zuerst Schwierigkeiten damit, sein Zusammensein mit den Kindern als etwas ganz Eigenes zu begreifen. Wenn etwas mit den Kindern nicht so lief, wie er es sich vorstellte, war er geneigt, bei seiner Ex-Frau anzurufen, und tat es gelegentlich auch. Diese wies ihn sanft, aber bestimmt darauf hin, daß er sich selbst etwas einfallen lassen müsse. Endgültig ›kapiert‹ hatte der Mann seine neue Rolle, als Stefan ein Jahr nach der Trennung einen Satz mit »Wir vier…« begann, der Mann angenehm erschauerte und dann feststellen mußte, daß damit Mutter, Kinder und die Katze gemeint waren, die inzwischen den früheren Haushalt wieder auf die ursprüngliche Zahl gebracht hatte.

Zeitweise versuchten die Eltern nach der Trennung noch gemeinsame Unternehmungen mit den Kindern, die unproblematisch verliefen, aber auch nichts Besonderes brachten. Sie stellten sie daher wieder ein. In der früheren Wohnung ist der Mann seit zwei Jahren nicht mehr gewesen. Ein Freund der Frau ist inzwischen dort eingezogen, der sehr nett zu den Kindern ist und den sie sehr mögen. Die Kinder erzählen ohne Scheu vom »Klaus«, was für Musik er hört und was sie ihm zu Weihnachten basteln. Der Mann hört es sich in Ruhe an und fragt nicht weiter. Er hat »den Klaus« einmal aus der Ferne beim Zurückbringen der Kinder gesehen. Es gab ihm zwar einen Stich, als die Kinder kein Weihnachtsgeschenk für ihn hatten, nachdem sie voller Begeisterung von ihren Basteleien für den Freund der Frau erzählt hatten, aber das steckte er weg.

Die Lehrer der Kinder wissen, daß die Eltern geschieden sind, aber alle meinten beim jüngsten Elternsprechtag: »Wenn wir es nicht wüßten, würden wir es nicht merken. Wir sehen viele Väter nur ganz gelegentlich.« Die Eltern von Christoph und Stefan haben nur einen Wunsch: Daß der Begriff ›Scheidungskinder‹ endlich verschwindet oder zumindest in Gegenwart der beiden niemals fallen möge. »Es sind Kinder wie andere auch, mit einem besonderen Lebensweg, aber den gleichen kleinen und großen Freuden, Hoffnungen, Enttäuschungen«, sagen sie.

Woher ich das alles weiß? Ich habe Ihnen von meinen Kindern erzählt.

Wie Kinder Trennung verarbeiten

Kennen Sie den Pygmalion-Effekt? Bei uns ist er besser unter dem Begriff der sich selbst erfüllenden Prophezeiung bekannt. Pygmalion, so lesen wir bei Ovid, formte aus Elfenbein das Idealbild einer Frau, Galathea. Er verliebte sich in seine Schöpfung, und die Göttin der Liebe, Aphrodite, die sich in jenen Tagen emsig darum bemühte, Wünsche zu erfüllen, erhörte sein Flehen und gab der Statue Leben. Die Liebe, die positive Einstellung, vollbrachte die Verwandlung. Der Pygmalion-Effekt funktioniert aber auch andersherum, psychologische Forschungen haben es wieder und wieder bewiesen. Die Macht der Erwartungen, die wir an einen anderen Menschen stellen, ist so groß, daß allein schon durch sie dessen Verhalten beeinflußt werden kann. Positive Erwartungen steigern Bereitschaft und Leistung, negative Erwartungen senken sie. Wie man in den Wald ruft, so schallt es auch heraus!

Pygmalion wurde neulich im Schwimmbad gesichtet. Amerikanische Psychologen unternahmen folgenden Test: In einem Sommerferienlager für Jungen und Mädchen zwischen sieben und 14 Jahren, das unter anderem das Ziel hatte, diesen Kindern das Schwimmen beizubringen, wurde der Hälfte der Schwimmlehrer gesagt, daß in ihrer Gruppe alle Schwimm-Talente zusammengefaßt seien. Dies war aber in Wirklichkeit nicht der Fall. Die Gruppen waren vom Alter und Talent her gleich gemischt. Tatsächlich konnten diese Kinder nach zwei Wochen besser schwimmen als die Kinder aus der ›nichttalentierten‹ Gruppe. Pygmalion ist auch im Schulhaus zu Gast. An einer Schule, welche die Jahrgangsklassen jeweils nach Leistung bildete (eine mit den überdurchschnittlichen Begabten, eine mit den mittleren Begabungen und eine mit den Langsamlernern), wurde von Psychologen mit allen Schülern zu Beginn des Schuljahrs ein Leistungstest gemacht. Dann griffen die Forscher in jeder Klasse 20 Prozent wahllos aus dem Namensregister heraus und erklärten dem Lehrer, das seien die Schüler, bei denen im Laufe des Schuljahrs die meisten Lernfortschritte zu erwarten seien. Acht Monate später wurde derselbe Test noch einmal bei allen Schülern gemacht, und siehe da: Wer den Lehrern als ›vielversprechend‹ gemeldet worden war, hatte größere Fortschritte erzielt als die anderen. Der Effekt der sich selbst erfüllenden Prophezeiung zeigte sich in allen drei Leistungsstufen.

Der Pygmalion-Effekt wurde auch in der Arbeitswelt, bei der Berufsberatung und anderswo nachgewiesen. Die Erwartungen, die Lehrer, Chefs, Berater an einen Menschen haben, beeinflussen auch dessen Verhalten und tatsächliche Leistung. Dabei muß diese Erwartung gar nicht ausdrücklich und offen mitgeteilt werden. Sie wird häufig ohne Worte nur durch Mimik, Gestik vermittelt.

Die amerikanische Psychologin Mary Budd Rowe führt ein schönes Beispiel wissenschaftlich vor Augen. Sie beobachtete an einer Schule, wie lange Lehrer den Schülern Zeit zum Beantworten einer Frage ließen, bevor sie sie an den nächsten weitergaben. Selbst bei Lehrern mit vielen Jahren Unterrichtserfahrung waren das im Schnitt nur ein bis zwei Sekunden, bevor die Frage wiederholt und dann häufig schon an den nächsten gerichtet wurde. Eine Ausnahme aber kehrte immer wieder: Schülern, von denen die Lehrer meinten, daß sie mit der richtigen Antwort herauskämen, ließen sie mehr Zeit zum Überlegen. Die Lehrer waren überrascht, als die Psychologin ihnen dieses Ergebnis mitteilte. »Wahrscheinlich erwarten wir von den durchschnittlichen Schülern in der Regel gar keine Antwort und teilen ihnen das auch in Blick und Gestik mit trotz der Aufforderung, etwas zu sagen«, meinte einer von ihnen. Diese Lehrer verlängerten dann bewußt die Wartezeit bei den ›langsamen‹ Schülern. Eine größere Beteiligung am Unterricht und eine Steigerung der Leistung bei vielen waren die Folgen.

Pygmalion ist auch Pate bei vielen Scheidungen. Wenn die Eltern Zuversicht ausdrücken, geht es den Kindern besser. »Jetzt haben wir zwar weniger Geld, aber wir machen es uns ganz anders schön.« – »Du siehst deinen Papi zwar nicht mehr so oft, aber dafür nimmt er sich dann immer viel Zeit für dich.« – »Daß die Mami weggegangen ist, tut uns sehr weh, aber die Schmerzen halten wir gemeinsam aus. Dann werden sie immer weniger, und eines Tages sind sie weg.« Bei diesen positiven Verstärkern für die Kinder soll gar nicht gemogelt und schöngefärbt werden. Die Scheidenden sollen ihren Kindern nur das Gefühl vermitteln, daß die meisten Dinge auch nach Trennung der Eltern so bleiben wie vorher (die Sonne, der Regen, die Ferien, der Sport, die Freunde, das Lachen und das Weinen). Für verlorene Freuden und entschwundene Sicherheit wird man sich jetzt etwas Anderes suchen, nicht als Ersatz, sondern als etwas Neues, Unbekanntes, Aufregendes. »Egal, was ist, du behältst Vater und Mutter, auch wenn du einen von ihnen jetzt weniger siehst als früher« – diese Versicherung ist der wichtigste Satz für Kinder bei der Trennung der Eltern.

Kinder tun in der Trennungssituation das Nächstliegende: Sie halten das fest, was sie haben. Solange noch eine Chance besteht, daß Vater und Mutter bleiben, werden sie alles tun, um ihren Beitrag dafür zu leisten. (Es sei denn, die Kinder sind schon größer und haben eine Einsicht darin, daß die Trennung der Eltern das kleinere von zwei Übeln ist.) Sie ziehen sich vom Streitfeld der Erwachsenen zurück, sind traurig, aber sagen kein Wort. Doch ihre Augen bitten: ›Hört doch endlich auf damit! Wenn ihr nicht lieb zueinander sein könnt, dann seid doch wenigstens höflich und fair.‹ Und heimlich arbeitet es in ihren Köpfen und Herzen: ›Was können wir dazu tun, damit es bei den beiden wieder besser läuft?‹ Da wird ganz vorsichtig bei dem einen Elternteil mal eine kleine positive Bemerkung über den anderen fallengelassen und abgewartet: ›Na, wie reagiert er? Gibt es einen Hoffnungsschimmer?‹ Kinder (je jünger sie sind, um so stärker) beziehen Ereignisse um sie herum nur auf sich, entwickeln Schuldgefühle. Diese sind auch eine Art Magie. Das Geschehen, das stört und belastet, wird in das eigene Herz verlegt. So glauben sie, eine Chance zu haben, positiv eingreifen zu können: ›Wenn ich mich nur ändere, etwas besser hinkriege, dann wird alles gut.‹ Kinder sind durch streitende Eltern – man muß es gar nicht moralisch sehen – schlichtweg überfordert. In ihrer Welt kommt zwar ebenfalls Streit vor: Jungen schlagen sich, Mädchen giften sich an, aber da sind Regeln erkennbar, das löst sich irgendwie immer auf – vielleicht nicht mit dem gewünschten Ergebnis, und man verliert einen Freund oder eine Freundin, doch irgendwann kehrt Ruhe ein, so oder so. Streit der Erwachsenen hat dagegen etwas Lähmendes, ständig nach unten Ziehendes. Da wird die Luft nicht gereinigt, sondern ständig mit neuem Explosivstoff aufgeladen. Die Trennung der Eltern erfahren Kinder dann häufig als etwas Befreiendes, obwohl sie traurig sind und Schuldgefühle an ihnen nagen.

Was können Eltern tun, um ihren Kindern das Leben in der Trennungssituation zu erleichtern? Zunächst einmal müssen sie ihnen deutlich machen (am besten natürlich beide Eltern), daß der Streit der Erwachsenen, das Auseinandergehen der Eltern nicht von ihnen, den Kindern, verschuldet worden ist. Das ist gar nicht so leicht, wie es scheint. Streit, Auseinandersetzung, gegenteilige Meinung – so häufig diese ›Kommunikationsform‹ von uns auch benutzt wird, so ungeübt, schlecht sind wir letztlich darin. Der typische Streit, gerade zwischen langjährigen Eheleuten, hat schiefe Fronten, da wird übertrieben und untertrieben, durch die Blume und mit dem Holzhammer geredet. Da wird genörgelt, in Nebensätzen kunstvoll und spitz verletzt sowie abgewinkt, bevor der andere auch nur einen Satz zur Hälfte herausgebracht hat (»Ach, komm mir doch nicht schon wieder damit«). Jeder steckt in seiner Rüstung. Der Mann tobt, die Frau schmollt oder kreischt. Mal zieht sich der eine, mal der andere beleidigt zurück. Der Mann meckert grundlos am Sonntagsessen herum, doch eigentlich ist er traurig, daß die Frau seine Annäherungsversuche morgens im Bett nicht erwidert hat. Die Frau schnauzt ihn an: »Du könntest endlich mal deine Sachen aufräumen.« Dabei will sie sagen: »Du könntest endlich mal wieder Notiz davon nehmen, daß es mich gibt, daß ich immer noch attraktiv bin, auch wenn ich älter werde.« Die Auseinandersetzungen, die sich wie ein Kaugummi hinziehen, belasten alle. Wenn dann an irgendeiner Stelle mal die Rüstungen ein kleines bißchen aufgemacht werden und jeder seine Wünsche an den anderen klar formuliert, dann ist schon viel Gutes geschehen, auch wenn es nur um ein Detail geht. Voraussetzung dazu ist immer wieder, daß einer der Streitenden aus der Nörgel-Phase herauskommt, erkennt, was für ihn der Kern der Auseinandersetzung ist, und das dem Partner deutlich zu erkennen gibt. Wenn dieser den Schlagabtausch aufnimmt und nicht sofort auf ein anderes Gebiet ausweicht, kann Positives geschehen. Ein bayerischer Freund erzählte mir mal folgende Geschichte. Da hatten sich bei einem Lehrerkongreß zwei ältere Pädagogen ineinander verbissen. Das gegenseitige Meckern und Herabsetzen zog sich über Stunden hin, aber immer so, daß es gerade noch unter dem Siedepunkt blieb. Schließlich hielt das einer der beiden nicht mehr aus und zischte den anderen an: »Woaßt was, du kannst mich mal am A.... ......« – »Ja, warum sagst' denn das nicht gleich?« entgegnete der andere ebenso spontan wie erleichtert.

Der Streit von Scheidenden ist häufig nicht nur deshalb so unerquicklich, weil wir mit der eigentlichen Beschwerde gar nicht herauskommen. Er tobt so hartnäckig, weil wir ihn nicht direkt miteinander austragen, sondern ihn über Dritte und Drittes ablaufen lassen. Bei Ehen, die sich auflösen, wird am häufigsten über Geld oder Kindererziehung gestritten. Am Geld, dieser scheinbar objektiven, mathematisch bestimmbaren Größe, läßt sich vieles aufhängen, was sonst an negativen Gefühlen nicht herauskommt. »Man hat doch recht, wenn man diese und jene unsinnige Ausgabe kritisiert.« Dieselben zwei Menschen haben keinen Moment lang auf den Preis geschaut, als er ihr vor zehn Jahren Blumensträuße brachte und sie ihm einen Pullover kaufte. Mit der Kindererziehung läuft es ähnlich, für jede Ansicht findet sich irgendwo ein Zeuge oder ein Beleg. »Kinder müssen um acht ins Bett, damit sie ausgeschlafen zur Schule kommen.« – »Kinder früh ins Bett zu stecken hat gar keinen Sinn, sie schlafen doch erst ein, wenn sie müde werden.« Jeder hat ein bißchen recht. Es geht eigentlich auch gar nicht um die beste Bettzeit. Er will ihr sagen: »Ich möchte mal ungestört mit dir allein sein.« Und sie will ihm sagen: »Nimm doch mal wahr, was hier zu Hause geschieht, und leb nicht nur in deiner Welt.« Kinder werden von sich lösenden Paaren auf geschickte und subtile Weise für die eigenen Ziele eingespannt. Das ist ihnen häufig gar nicht bewußt. Ich denke an einen Fall, wo das Kind der sich trennenden Eheleute Monate vor dem schließlichen Tag Abend für Abend in das Bett der Eltern kam. Dem Mann war es ungelegen, der Frau sehr recht. Er hatte noch Hoffnungen auf die Fortsetzung der Ehe, sie hatte sich mit dem Gedanken der Trennung innerlich schon abgefunden.

Der Streit über sie, der schließlich auf ihrem Rücken ausgetragen wird, ist das Verhängnisvollste für Kinder in der Trennungssituation. Damit ist nicht gesagt, daß die Eltern immer einer Meinung sein sollen in bezug auf die Kinder, das ist gar nicht nötig. Kinder spüren schon früh: Vater denkt so und Mutter denkt so, Vater bevorzugt dies, Mutter dies. Darauf stellen sie sich ein, und wenn die Eltern ihnen die Freiheit lassen, mit jedem Elternteil den passenden Umgang zu finden, dann ist sehr viel gewonnen und sehr viel Negatives verhindert. Dies gilt besonders für die Scheidungssituation. Abgesehen von der Wegnahme möglicher Schuldgefühle und der Versicherung, daß ihnen beide Eltern auch nach der Trennung erhalten bleiben, ist dies das Wichtigste: Die Kinder müssen die Chance bekommen, sich zu beiden Eltern eine stabile (wohlgemerkt: nicht die gleiche) Beziehung aufzubauen. Besuchszeiten können kurz, aber sie sollten regelmäßig sein. Das Leben beim wegziehenden Partner kann ganz anders verlaufen als beim bleibenden, aber es sollte stabile, regelmäßig wiederkehrende Elemente enthalten, Rituale, an denen das Kind erkennt: Hier bin ich ebenso geborgen wie zu Hause. Und weil sich Väter – leider – immer noch schwertun, ihre Gefühle auszudrücken, mein Rat an sie: Sagen Sie Ihren Kindern, daß Sie sie lieb haben, auch wenn es erst gar nicht so richtig herauskommen will. Sie zeigen es Ihren Kindern vielleicht auf mancherlei Art und Weise, aber die Kinder wollen es auch direkt bestätigt haben, es hören und fühlen.

Wie gesagt: Kinder tun in der Trennungssituation das Nächstliegende, wenn man sie läßt, versuchen zu halten, was nur zu halten ist: die Mutter, den Vater (auch wenn einer von beiden nicht mehr daheim wohnt), den einen Großvater und den anderen, die »Omi Bremen« und die »Omi Berlin«. Sie tun das Nächstliegende – das heißt auch, sie klammern sich besonders stark an denjenigen Elternteil, bei dem sie bleiben. Sie wollen ganz deutlich und wieder und wieder wissen, daß der ihnen ganz sicher ist, nachdem der andere nun nicht mehr täglich greifbar ist. Daraus soll weder der bleibende Partner noch der gehende die falschen Schlüsse ziehen, denn es hat nichts mit Liebe für den einen oder anderen zu tun, wohl aber mit Vorsicht – eben mit dem Naheliegenden. Wir Erwachsenen, von allen möglichen Forderungen umgeben, von allen möglichen Wünschen geplagt, erkennen dies häufig nicht mehr. Ein Bett zum Schlafen, ein Brot zum Essen, ein Glas Milch zum Trinken, das ist das Wichtigste, dann kann alles Weitere kommen. Kinder wissen es noch, denn sie sind Realisten, lebenstüchtig.

Wer ist das eigentlich – unser Kind?

Ich stelle Ihnen zwei Aussagen über Kinder gegenüber. Die erste stammt von dem 1883 im Libanon geborenen und 1931 in New York verstorbenen arabischen Dichter und Maler Kahil Gibran aus seinem auch bei uns bekannt gewordenen Büchlein *Der Prophet,* die zweite aus einem 1896 erschienenen Erziehungsbuch eines Düsseldorfer Gymnasialdirektors, Dr. Adolf Matthias, dessen Widmung lautet: »Meiner lieben Frau und treuen Erziehungsgefährtin.«

Kahil Gibran schreibt: »Eure Kinder sind nicht eure Kinder. Es sind die Söhne und Töchter von des Lebens Verlangen nach sich selber. Sie kommen durch euch, doch nicht von euch. Und sind sie auch bei euch, so gehören sie euch doch nicht. Ihr dürft ihnen eure Liebe geben, doch nicht eure Gedanken, denn sie haben ihre eigenen Gedanken. Ihr dürft ihren Leib behausen, doch nicht ihre Seele, denn ihre Seele wohnt im Hause von Morgen, das ihr nicht zu betreten vermöget, selbst nicht in euren Träumen. Ihr dürft euch bestreben, ihnen gleich zu werden, doch suchet nicht, sie euch gleich zu machen. Denn das Leben läuft nicht rückwärts, noch verweilet es beim Gestern. Ihr seid die Bogen, von denen eure Kinder als lebende Pfeile entsandt werden. Der Schütze sieht das Zeichen auf dem Pfade der Unendlichkeit, und Er biegt euch mit Seiner Macht, auf daß Seine Pfeile schnell und weit fliegen. Möge das Biegen in des Schützen Hand euch zur Freude gereichen. Denn gleich wie Er den fliegenden Pfeil liebet, so liebt Er auch den Bogen, der standhaft bleibt.«

Adolf Matthias sagt: »Was man auch im einzelnen von seinem Sohne getan oder nicht getan haben will, man muß sicher sein, daß man Gehorsam finde. In diesem Punkte darf es weder Nachsicht noch Widerstand geben, denn wenn es einmal zu einer Probe der Geschicklichkeit oder zu einem Streite zwischen euch kommt darüber, wer Meister sei, und dies ist der Fall, wenn du befiehlst und er sich weigert, so mußt du unter allen Umständen gewinnen, koste es auch noch so viele Schläge, wenn eben ein Wink oder Worte nicht durchschlagen. Eine kluge und freundliche Mutter aus meiner Bekanntschaft sah sich bei einer solchen Veranlassung genötigt, ihre kleine Tochter, als sie eben von der Amme zurückgenommen war, an dem nämlichen Morgen achtmal hintereinander zu schlagen, ehe sie ihre Hartnäckigkeit bemeistern und Folgsamkeit in einer sehr unbedeutenden und gleichgültigen Sache erlangen konnte. Wenn sie früher nachgelassen und beim siebenten Male mit dem Schlagen aufgehört hätte, so hätte sie das Kind für immer verdorben und durch ihre wirkungslosen Schläge die Widerspenstigkeit des Kindes nur bestärkt. Aber indem sie verständigerweise beharrte, bis sie seinen Sinn gebeugt und seinen Willen fügsam gemacht hatte, stellte sie ihr Ansehen schon bei der ersten Gelegenheit durchaus fest und erhielt immer nachher von ihrer Tochter eine durchaus bereitwillige Fügsamkeit und Willfährigkeit. Dieses Beispiel sollte uns zum Muster dienen. Hätte die Mutter sieben-, nicht aber achtmal geschlagen, so wäre es Roheit und Grausamkeit gewesen. Das achte Mal machte die Strafe zur Wohltat und Milde für alle Zeit. Die sieben Male ohne Wirkung wären Ausgaben ohne Einnahmen gewesen, das achte wirkungsvolle Mal machte die Ausgabe der Prügel zu einem Kapital, das reiche Zinsen trug.«

Zwei Betrachtungen über Kinder – innerhalb weniger Jahrzehnte geschrieben. Unsere Kinder – Pfeile, die von unserem Bogen geschnellt, zu einem nicht einholbaren Fluge ansetzen, oder unbeschriebene Blätter, die wir – »wenn's Not tut, mit Gewalt« – mit unseren Zeichen versehen?

Es ist für Scheidende mit Kindern – wie auch für alle anderen Eltern – sehr wichtig, sich klarzumachen, daß die Auffassung von dem, was Kinder sind, sich im Laufe der Menschheitsgeschichte sehr geändert hat und sich auch weiter ändern wird. Jahrtausende lang – und in manchen Kulturen jetzt noch – war unbestritten, daß Kinder der ›Besitz‹ der Eltern sind. Dieser Gedanke spielt auch im heutigen Scheidungsrecht noch rudimentär eine Rolle, wenn ein Kind einem Elternteil ›zugesprochen‹ wird, nur daß heute in den allermeisten Fällen die Frau der ›Besitzer‹ des Kindes wird, während es noch bis vor zweihundert Jahren zumeist unangefochten der Mann war.

Nach dem römischen Recht war der Vater Oberhaupt der Familie und damit auch Inhaber einer absoluten Gewalt über die Kinder. Erst zu Beginn des 18. Jahrhunderts begann man, vom Konzept der absoluten väterlichen Erziehungsgewalt abzuweichen, und zwar zu einer Zeit, da verheirateten Frauen langsam auch der Erwerb von eigenem Besitz zugestanden wurde. Die »elterliche Gewalt« wurde aber noch im Bürgerlichen Gesetzbuch der Bundesrepublik Deutschland zunächst dem Vater übertragen. Der entsprechende Satz wurde 1953 wegen des Verstoßes gegen den Gleichheitsgrundsatz im Grundgesetz außer Kraft gesetzt und 1957 zugunsten der gemeinsamen elterlichen Sorge rechtlich neu gefaßt. Wie schwer sich auch da noch Richter und Gesetzgeber taten, grundsätzliche Vorrechte des Mannes in der Erziehung abzubauen, zeigt der Umstand, daß auch in die Neufassung noch eine Bestimmung aufgenommen wurde, die dem Vater bei Streitfällen in der Erziehung einen sogenannten ›Stichentscheid‹ zubilligte. Dieser wurde dann wiederum 1959 vom Bundesverfassungsgericht für verfassungswidrig erklärt, was das Ende einer gesetzlich festgeschriebenen Dominanz des Mannes in der Erziehung bedeutete.

Zu diesem Zeitpunkt hatte sich in anderen Ländern bereits eine Gegenbewegung durchgesetzt, die nun der Mutter eine beträchtliche Dominanz in der Erziehung einräumte. Diese Entwicklung war u.a. eine Folge der Industrialisierung und der damit einhergehenden Trennung von Arbeitsplatz und Wohnung, die sich seit dem beginnenden 19. Jahrhundert immer mehr verbreitete. Als unsere Kultur sich in Richtung zunehmender Industrialisierung und Urbanisierung entwickelte, arbeitete der Vater oft weit weg von zu Hause und ließ die Erziehung der Kinder praktisch in den Händen der Mutter. Dieser Prozeß, der nach und nach zu einer Glorifizierung der Mutterschaft und zur Heraushebung eines besonderen mütterlichen Instinktes führte, geschah jedoch in Stufen. Zuerst wurde den Müttern ein besonderes Sorgerecht für Kinder im vorschulischen Alter zugedacht und diese dann wieder dem Vater zur weiteren Erziehung und Sorge übergeben. Erst gegen Ende des vorigen Jahrhunderts setzte sich langsam die Auffassung durch, daß die Frau die primäre Bezugsperson des Kindes bis ins Erwachsenenalter sei. Diese Annahme – obwohl inzwischen bestritten, zum Teil widerlegt, modifiziert und ergänzt – bestimmt bis heute weitgehend das Denken, so auch der Scheidenden und der Familiengerichte. In 90 Prozent der Fälle wird der Frau bei einer Scheidung das Sorgerecht für die Kinder übertragen. Lediglich in Fällen, daß Mütter kein Interesse an den Kindern zeigen oder ganz offensichtlich unfähig zur Erziehung sind (Sucht, unsteter Lebenswandel), entscheiden Familiengerichte ›zugunsten‹ des Vaters. Selten sind Fälle, in denen sich die Eltern bei der Scheidung auf den Vater als Sorgeberechtigten einigen. Ich kenne einen Fall, in dem sich eine Frau das Sorgerecht durch eine hohe finanzielle Abfindung abkaufen ließ. Innerhalb von etwas mehr als 100 Jahren hat sich also eine totale Kehrtwendung vollzogen. Zu Beginn des vorigen Jahrhunderts mußte dem Vater die Eignung zur Erziehung offiziell abgesprochen werden, damit die Mutter das Sorgerecht für die Kinder bekam, in diesem Jahrhundert wurde das praktisch umgekehrt: Der Mutter muß Nichteignung nachgewiesen werden, damit der Vater das Sorgerecht erhält.

Es ist leicht zu erkennen, daß hinter beiden Vorgehensweisen starre Auffassungen von männlicher und weiblicher Rolle stehen. In dieses Rollensystem fügen sich jedoch viele Scheidende. Väter denken kaum über die Sorgerechtsfrage nach, weil sie sich nur als Brotverdiener der Familie sehen. Andere, die gern das Sorgerecht für die Kinder hätten oder eine besondere Mitsprache bei der Erziehung der Kinder nach der Scheidung erstreben, geben auf, wenn sie von der üblichen Familiengerichtspraxis erfahren. Viele scheidende Väter verzichten auf eine Erörterung der Sorgerechtsfrage, weil sie den Kindern zusätzliche Auseinandersetzungen zwischen den Eltern ersparen wollen. Summa summarum: Rollenklischees und Besitzgedanken spielen bei Sorgerechtsüberlegungen – offen oder versteckt, eingestanden oder uneingestanden – weiterhin eine große Rolle, besonders auch bei der glücklicherweise klein und kleiner werdenden Gruppe von Vätern, die sich bei einer Trennung oder Scheidung schlicht aus dem Staub machen. Kinder werden der Mutter wie ein Möbelstück überlassen, das man ins neue Leben nicht mitnehmen möchte. Der umgekehrte Fall, daß Mütter total die Beziehung zu ihren Kindern abbrechen, ist noch relativ selten, aber ansteigend in der Zahl.

Das neue Scheidungsrecht der Bundesrepublik, das mit vielen tief verwurzelten Vorstellungen über die Beziehung der Geschlechter gebrochen hat (am wichtigsten war die Aufgabe des Schuldgedankens bei der Lösung einer Ehe), enthält aber auch eine Reihe von Stellen, in denen Besitzgedanke oder Rollenfixierung noch die Feder geführt haben. Den Vätern und Müttern des Gesetzes einen Vorwurf zu machen, wäre unbillig, denn sie sind weit über das hinausgegangen im Sinne einer versöhnlichen partnerschaftlichen Auflösung einer Ehe, was der vielbeschworene ›Mann auf der Straße‹ oder die ›Frau auf der Straße‹ für sich für tragbar hält. Eine der Nüsse, die die Schöpfer des Gesetzes nicht geknackt haben, ist, die Komplexe ›materielle Sicherung der beiden Partner‹ und ›bestmögliche Sorge für die Kinder‹ auseinanderzuhalten. Es gibt dabei Verquickungen, und es wird von Richtern, Anwälten sowie – wenn auch selten – von Scheidenden eingeräumt, daß Sorge für die Kinder gelegentlich mit dem Hintergedanken begehrt wird, daß dadurch auch die eigene finanzielle Position weitgehend abgesichert ist. Es geht dabei nicht um den Kinderunterhalt – der ist selten umstritten –, sondern um den des Ehegatten, der sich aus der Aufzucht der Kinder ableitet. Der Gesetzgeber hat sich damit beholfen, daß er den entsprechenden Paragraphen allgemeingehalten hat: »Ein geschiedener Ehegatte kann von dem anderen Unterhalt verlangen, solange und soweit von ihm wegen der Pflege oder Erziehung eines gemeinschaftlichen Kindes eine Erwerbstätigkeit nicht erwartet werden kann« (§ 1570 BGB). Das gibt einen großen Spielraum. Die Versuchung, Kinder quasi als ›Geiseln‹ zu betrachten, die garantieren, daß der Partner lange zahlen muß (noch einmal: Es geht hier um Ehegatten-, nicht um Kinderunterhalt, der sich nach anderen Kriterien berechnet), ist bei vielen Scheidenden vorhanden, und etliche können ihr nicht widerstehen.

Unsere Kinder – Pfeile von unserem Bogen? Matritzen, in die wir unsere Handschrift zeichnen? Faustpfänder gegen den Partner, der ging?

Ich habe davon gesprochen, daß Auffassungen vom Eltern-Sein und Kind-Sein Wandlungen unterworfen sind. Die oben angesprochene Kette: Vater der dominierende Teil in der Erziehung – Mutter der dominierende Teil in der Erziehung, beinhaltet seit einiger Zeit ein weiteres Glied: Beide übernehmen wechselnd die gleichen Aufgaben in der Pflege und Erziehung der Kinder. Das passiert heute in jenen Familien, in denen Männer und Frauen überkommene Rollenstereotypen aufbrechen. Männer, die bei der Geburt der Kinder dabei sind, die ihre Kinder wickeln, füttern und sie nicht nur wohlgefällig aus der

Ferne (wie früher einmal dem Mann zugedacht) betrachten, sondern ihnen von der ersten Stunde an auch körperlich ihre Zuneigung schenken, sind keine Seltenheit mehr. Frauen, die selbstverständlich alle jene Rechte und auch Privilegien fordern, die früher einmal allein dem Mann zugestanden wurden, sind ebenfalls nicht mehr eine kleine Minderheit. Rund 50 Prozent der Frauen mit Kindern unter 15 Jahren in der Bundesrepublik sind berufstätig und fast 40 Prozent der Frauen mit Kindern unter sechs Jahren. Da bilden sich zwangsläufig völlig neue Vorstellungen der Elternschaft heraus. In Fällen, wo das möglich ist, sind Eltern zu einer kompletten Teilung von Berufs- und Haushalts- sowie Erziehungsaufgaben gekommen. In den USA ist es möglich, daß sich Ehepaare mit gleicher Qualifikation zum Beispiel einen Lehrstuhl an einer Universität teilen. In Deutschland teilen sich beispielsweise junge Pfarrer-Ehepaare in der evangelischen Kirche eine Pfarrstelle. Solches Job-Sharing ist sicherlich in vielen weiteren Berufen (Ärzte, Rechtsanwälte, Journalisten und andere freiberufliche Tätigkeiten) möglich. Die Vorteile für beide Partner liegen auf der Hand. Schwieriger ist es, wenn die Partner unterschiedliche Berufe haben, ein Job-Sharing also durch eine doppelte Halbtagstätigkeit erreicht werden müßte. Aber auch da gibt es viele Möglichkeiten, wenn sich die Partner einig sind, eine neue Auffassung vom Eltern-Sein leben zu wollen.

Eine solche Auffassung von Elternschaft hat eine partnerschaftliche Erfüllung von Aufgaben und eine grundsätzliche Anerkennung der Kompetenz des Partners zur Vorbedingung, aber auch noch etwas anderes! Pfeil von unserem Bogen... Das Kind wird nicht mehr dem einen oder dem anderen Elternteil zugerechnet, sondern von Anfang an als ein Eigenes betrachtet, das der Hilfe beider Eltern bedarf, aber Schritt für Schritt mit bewußter Förderung der Eltern eigenständig wird. Um Mißverständnissen vorzubeugen: Damit ist nicht gemeint, daß das Kind in seiner Entwicklung alleingelassen wird, um der Bequemlichkeit oder anderen Interessen der Eltern zu dienen!

Im Begriff »Kindeswohl«, der auch in den Text der Familiengesetze Eingang gefunden hat, sind solche neuen Auffassungen von Aufgaben und Ziel einer Elternschaft zusammengefaßt. Bei der schon erwähnten Neuregelung des Rechts der elterlichen Sorge vom 1. Januar 1980 wurde der Begriff der »elterlichen Gewalt« ganz fallengelassen und durch den Begriff der »elterlichen Sorge« ersetzt. Das scheint nur eine in der Zeit liegende Buchstaben-Änderung eines Gesetzestextes zu sein, ist jedoch die Dokumentation eines radikalen Umdenkungsprozesses in der Menschheitsgeschichte. Der tatsächliche Anspruch, der daraus entsteht, beinhaltet erheblich mehr, als sich viele Eltern klarmachen. Er bedeutet letztlich die Aufgabe eines traditionellen ›inneren‹ Besitzanspruchs der

Eltern in bezug auf die Kinder, wie er sich etwa in solchem Satz versteckt: »Wir wissen, was für dich gut ist.« Kindeswohl, wie es jetzt verstanden wird, heißt für die Eltern: in wechselnden Situationen nach jeweils neuen Antworten zu suchen, was für das Kind das jeweils Beste ist. Dies hat auch für Scheidung und Trennung vielfältige Konsequenzen.

Wie sagen wir ›es‹ unserm Kind?

Bei der Auflösung einer Ehe oder Partnerschaft, aus der Kinder hervorgegangen sind, gibt es deutlich voneinander abgetrennte Interessensebenen: die des Partners, der geht, die des Partners, der bleibt, und die der Kinder. Dies machen sich viele Scheidende nicht klar, und die Ebenen werden vermischt. Was man sich selbst wünscht, wird mit tatsächlichen oder gedachten Ansprüchen der Kinder vermengt. Eigene Wünsche oder Gefühle werden häufig nur dadurch herausgebracht, daß man sie als Reaktionen auf das Verhalten des anderen formuliert. Dabei werden Kinder leicht zu ›Agenten‹ der Wünsche und Gefühle der Erwachsenen bestimmt. Dagegen ist festzuhalten: Kinder werden auf ihre Weise mit Trennung und Scheidung der Eltern fertig – wenn man sie läßt. Aber oft läuft es leider anders. Eltern, die eine Trauer beim Auflösen einer Verbindung nicht herausbringen, projizieren dieses Gefühl in die Kinder. »Sie sind traurig, weil der Papi geht.« Ja, und dann werden sie es vielleicht auch. Eltern, die ihre Beziehung zueinander als verworren und chaotisch erleben, aber sich dies nicht in seiner ganzen Schärfe eingestehen wollen, übertragen den Druck auf die Beziehung zu den Kindern. Die Reaktion der Kinder auf das eigene Verhalten oder das des Partners wird ängstlich oder argwöhnisch betrachtet. Kinder sollen – wozu sie nun ganz und gar nicht fähig sind und was außerdem zutiefst nicht in ihrem Interesse liegt – irgendwie Schiedsrichter über das Verhalten der Erwachsenen spielen. So ›gelingt‹ es den Eltern vielleicht tatsächlich, auch die Beziehung zu den Kindern in ein Chaos zu stürzen.

Unterschiedliche Interessenslagen von Kindern und Erwachsenen – an zwei Beispielen aus typischen Scheidungssituationen ist das schnell zu demonstrieren. Beispiel eins: Die Kinder finden den neuen Freund der Mutter witzig, jungenhaft, anregend, gütig-gerecht, oder sie versuchen schlicht, irgendwie mit ihm auszukommen – der scheidende Vater hat gegenüber dem ›Neuen‹ ganz andere Gefühle. Beispiel zwei: Die Mutter ist durch das Verhalten des scheidenden Partners tief verletzt worden – die Kinder haben ihn aber lieb, in seinem Verhalten ihnen gegenüber hat sich nichts verändert. Diese Beispiele lassen sich beliebig vermehren und führen letztlich zu der Erkenntnis, daß bei Trennungen mit Kindern zwei Scheidungsverfahren durchgeführt werden müssen: die Trennung der ehemaligen Partner mit ihren ganz eigenen Falltüren, Klippen, Hoffnungen und – jetzt paßt der Begriff Trennung nicht mehr – das Finden eines neuen Weges der Sorge für die Kinder, an dem beide Scheidende Anteil haben und durch den sie möglicherweise ganz neue und ungewohnte Aufgaben bekommen.

Aus dieser Erkenntnis heraus läßt sich übrigens eine oft gestellte und vielen Menschen als sehr kompliziert erscheinende Frage relativ leicht beantworten: ›Wegen der Kinder zusammenbleiben?‹ Die Projektion der eigenen Unsicherheit in die Welt der Kinder ist bei dieser Fragestellung leicht zu durchschauen. Die Partner wissen nicht, wie sie ihre Beziehung weiterführen sollen, und hoffen durch Betonung der beiden Eltern gestellten Aufgaben in der Kindererziehung Impulse für die ungelösten Fragen in der Partnerebene zu bekommen. Das ist nicht im Interesse der Kinder, denn indirekt wird diesen damit die Verantwortung für die Beziehung der Eltern aufgeladen. Die Frage: ›Wegen der Kinder zusammenbleiben?‹ läßt sich also nicht leicht mit einem Ja oder Nein beantworten, sondern eher mit zwei weiteren Fragen:

Wie können wir unsere Beziehung innerhalb der Ehe so gestalten, daß die Kinder nicht belastet, sondern in ihrem Werden gefördert werden?

Wie können wir unsere Beziehung durch eine Trennung so gestalten, daß die Kinder nicht belastet, sondern in ihrem Werden gefördert werden?

Scheidende Eltern sollten deshalb schon früh damit beginnen, die Kinderfrage von ihrer Auseinandersetzung, von der Lösung (Auflösung) ihrer Beziehung zu trennen. Dies muß ein ganz eigenes Kapitel in ihrem Leben werden, egal, was sich sonst zwischen ihnen tut. Das ist viel verlangt, aber es geht, wie Scheidungspaare bestätigt haben, die härteste Auseinandersetzungen miteinander um ihre persönlichen Interessen geführt, aber ihre jeweilige Beziehung zu den Kindern vom Streit ferngehalten haben. Das bedeutet nicht, eine Schein-, eine Märchenwelt vor den Kindern aufzubauen. Kinder haben – glücklicherweise – gute Antennen und spüren früh und schnell, was sich bei und zwischen Erwachsenen tut. Ihre normale Reaktion auf einen Streit von Erwachsenen, vor allem jener, die ihnen nahestehen, ist eben nur anders, als Erwachsene reagieren würden. Kinder sind beunruhigt, betroffen, wenn ›die Fetzen fliegen‹, aber auch, wenn ständiges Nörgeln und Verstimmtsein in der Kommunikation zweier Erwachsener einen Sturm ankündigt, aber sie halten sich, so weit es geht, aus der Auseinandersetzung heraus, ducken sich, ziehen sich zurück und hoffen, daß das Unwetter sich legt oder gar nicht erst aufzieht. Ist das nicht der Fall, versuchen sie, sich irgendwie ihr kleines Schutzhäuschen zu bauen, um das schlechte Wetter zu überstehen. Dies ist ein sehr vernünftiges Verhalten (und die Erwachsenen sollten es den Kindern lassen), denn es beruht auf der realistischen Einschätzung der eigenen Möglichkeiten, und die sind gering. Instinktiv spürt das Kind, daß eine Parteinahme ihm nichts bringt, auch wenn es mit der einen oder anderen Seite innerlich sympathisiert. Wenn dies von den scheidenden Erwachsenen richtig verstanden wird, dann ergibt sich daraus auch für sie eine Riesen-Chance, denn die Kinder bauen eine Mauer, ein Schild im Streit der Erwachsenen auf: »Bis hierher und nicht weiter« steht darauf.

Vielleicht merken Sie schon: Die Überschrift, die ich diesem Abschnitt gegeben habe: »Wie sagen wir ›es‹ unserm Kind?«, ist mit einem mitfühlenden, aber auch mit einem ironischen Augenzwinkern formuliert worden. Es ist nicht entscheidend, wie und wann der Entschluß der Eltern, auseinanderzugehen, den Kindern mitgeteilt wird. Diese spüren gewiß schon seit langem, daß etwas Neues auf sie zukommt, auch wenn sie keine Zeichen oder Kommentare von sich geben. Das Dramatische, das scheidende Eltern diesem Moment der Offenbarung gerne zumessen, berührt einzig die Interessen der Eltern, aber nicht die der Kinder. Für die Eltern ist das Eingeständnis der Trennungsabsicht die ›Stunde Null‹, der ›Point of No Return‹, der Ruf ›Anker hoch‹. Für die Kinder ist er nur ein Punkt unter vielen merkwürdigen und unerwarteten auf ihrem Weg zur Selbständigkeit, zum Erwachsenwerden. Ihre Wünsche an die Erwachsenenwelt sind schon oft frustriert worden, damit haben sie leben gelernt.

Eine herrliche Asphaltfläche lädt zum Rollschuhfahren ein, aber man darf es nicht, weil sie »Straße« heißt und die Erwachsenen mit ihren PS-starken Maschinen sich darauf so benehmen, als ob sie ihnen allein gehört. Eine wunderbare Rasenfläche liegt grün in der Sonne und fordert zum Fußballspielen heraus, aber man darf es nicht; ein kleines Schild mit der Aufschrift »Ballspielen verboten« weist darauf hin, daß dies eine Domäne der Erwachsenen ist. Wunderbar ist es, mit dem Vater die kleinen Plastikautos hin- und herzuschieben und dabei »brumm, brumm« zu machen, stundenlang. Aber dummerweise ist dieser herrliche Spielkamerad fast nie da, und wenn er mal ein solches Auto in die Hand nimmt, hört er nach kurzer Zeit abrupt wieder auf. Grießbrei schmeckt so herrlich mit Zucker und Zimt, aber merkwürdigerweise kocht die Mutter ihn nicht jeden Tag, wie man es sich wünschen würde, sondern man muß alles Mögliche essen, was einem nicht schmeckt, obwohl ein Paket Grieß ständig im Schrank steht. Die Beispiele lassen sich endlos vermehren. Für Kinder ist die Erwachsenenwelt voller Geheimnisse, positiver wie negativer Art. Stück für Stück lernen sie, sich darin zurechtzufinden. Wenn ihr Heranwachsen gut gelingt, dann lernen sie und werden darin bestärkt, ihre eigenen Antworten auf die Welt der Erwachsenen zu geben, auf ihrem Pfeil-Flug in ihre eigene erwachsene Zukunft.

Die Trennung ihrer Eltern ist eine Station dabei, eine unerwartete mit Sicherheit, eine schwere vielleicht, aber beileibe nicht die einzige dieser Art. Die Kinder müssen wie die beiden Erwachsenen mit der Situtation fertig werden, daß die Familie nicht mehr in der bisher üblichen Weise bestehen wird; in vielen Fällen gelingt ihnen jedoch der Abschied von einem Wunsch schneller und besser als den Erwachsenen selber. Sie ersetzen den Wunsch schlicht durch eine Reihe anderer, auch an die jetzt scheidenden Eltern. Wenn diese sich auf die neuen Wünsche konzentrieren und sich einig werden, den Kindern jetzt auf eine andere, neue Art und Weise Vater und Mutter zu sein, dann ist eine Trennung oder Scheidung der Eltern für Kinder nicht jene Lebens-Katastrophe, als die sie gerne dargestellt wird, sondern lediglich ein Prozeß der Umorientierung.

Mein kleiner Christoph antwortet auf gelegentliche Fragen nach seinen Eltern: »Meine Eltern haben geschieden.« Irgendwann fiel mir auf, daß er die Aktivform »haben geschieden« und nicht das Passiv »sind geschieden« benutzt, obwohl ihm niemand den Unterschied erklärt hat. Damit unterstreicht er unbewußt, was er über die Scheidung der Eltern denkt und weiß: Nicht eine ›höhere Macht‹, ein ›Naturereignis‹, ein anderer Mann oder eine andere Frau (obwohl solche im Spiel waren) hat hier Schicksal gespielt, sondern die Eltern haben etwas miteinander gemacht. Sie haben schon oft etwas gemacht, was nicht seinen Wünschen entsprach, das war für ihn sowieso eine Selbstverständlichkeit. Aber er weiß ganz sicher, daß er – egal, was die Eltern miteinander machen – seine Chance dabei bekommt. Und so kommt sein »Meine Eltern haben geschieden« weder schamhaft, noch verlegen oder bedeutungsschwanger heraus, sondern als schlichte Feststellung. ›Noch weitere Fragen? Nein? Dann können wir uns über etwas anderes unterhalten...‹ würde er vermutlich formulieren, wenn er seine Gedanken in solchen Momenten aussprechen würde. Aber – interessanterweise und Gott sei Dank – spüren seine erwachsenen Freunde und Gesprächspartner, daß für ihn das Leben stimmt – mit der Scheidung seiner Eltern –, und fragen nicht weiter.

Daß es soweit kommt, sollten alle scheidenden Eltern anstreben, egal, wie zerstritten sie gegenwärtig sind, wie hoffnungslos sie ihre persönliche Situation derzeit sehen, wie ratlos sie sich fühlen. Einige Grundüberlegungen und Grundentscheidungen sind dazu notwendig:

Die Scheidenden müssen sich einig werden: Wir wollen auch in Zukunft beide für die Kinder sorgen. Dieser Entschluß kann bereits in einem Moment gefaßt werden, da in der persönlichen Beziehung kein Stein mehr auf dem anderen ist.

Das Wie und Wann ist momentan gar nicht so wichtig, und muß sich erst im Verlauf der Lösung der Beziehung zeigen. Da gibt es die vielfältigsten Möglichkeiten, die andere Scheidungspaare schon durchprobiert haben. Es gilt, eine persönliche Lösung zu finden, unabhängig davon, was Gesetze und Konventionen für Aussagen machen. Wichtig dazu ist erst einmal, etwas Gewißheit über den eigenen weiteren Weg zu finden. Die grundsätzliche gegenseitige Versicherung der Scheidenden (Streitenden): Wir wollen auch in Zukunft beide für die Kinder sorgen, ist jedoch schon ein Riesenschritt. Achten Sie darauf, ich sage bewußt nicht, »gemeinsam« für die Kinder sorgen. Das ist zwar möglich, und immer mehr geschiedene ehemalige Paare streben es an, aber es ist nicht unbedingt notwendig. Notwendig dagegen ist, daß jeder der Scheidenden sich möglichst von Anfang an Gedanken darüber macht, was sein persönlicher neuer Beitrag im Leben der Kinder sein soll, und den ehemaligen Partner dazu ermuntert, sich ebenfalls Gedanken in dieser Richtung zu machen. In sehr verfahrenen Situationen ist es, wie gesagt, wahrscheinlich unmöglich, schon ein Programm für die gemeinsame getrennte Zukunft zu entwickeln, aber jeder der scheidenden Partner sollte in sich hineinhorchen, welche Lösungen für ihn wichtig sind.

Scheidende müssen lernen, zwischen Partnerebene und Elternebene zu unterscheiden. Diese Unterscheidung sollten prinzipiell alle Eltern vornehmen, aber in der Trennungssituation und getrennten Situation ist sie besonders wichtig und auch hilfreich. Ein schlechter Ehemann kann ein guter Vater sein, auch wenn er das bisher nur wenig gezeigt hat und erst sein Vater-Sein begreifen und für sich formulieren muß. Eine antriebsschwache und ewig unzufriedene Ehefrau kann eine sehr entschlossene und couragierte Mutter werden, wenn sie entsprechend gefordert ist, obwohl im Moment gar nichts darauf hindeutet. Solche Tatsachen müssen von den Scheidenden gelernt und akzeptiert werden! Sie sind keine utopische Schönmalerei, sondern eine vielfach zu beobachtende Erfahrung. Wichtig ist die Grundeinsicht: Mein Partner/meine Partnerin und ich haben Streit, wir leben uns auseinander, wir wissen nicht, wo es bei uns langgehen wird, wir können nicht oder kaum mehr miteinander sprechen, ohne daß einer gleich hochgeht, wir sind bereits getrennt – das ist unsere Sache. Für die Kinder ist die Interessenlage anders: Sie wollen von uns beiden etwas, jetzt, im nächsten Jahr, in der Zukunft, auch dann, wenn sie selbst schon erwachsen sind.

Im Moment ist es vielleicht nur wichtig, daß die Scheidenden sich fest vornehmen und gegenseitig versprechen: »Wir streiten uns nicht mehr vor den Kindern.« Scheidende brauchen den Streit, denn zu vieles hat sich angestaut, zu vieles muß nun heraus. Aber es sollte der richtige Zeitpunkt gewählt werden, und die Kinder sollten nicht dabeisein. Warum sie nicht, wie schon an anderer

Stelle vorgeschlagen, in den heißesten Phasen zu Verwandten, Freunden geben (allerdings mit der Versicherung, daß sie nicht abgeschoben werden, sondern jederzeit zurückkommen können)? Das beste ist allemal das Eingeständnis der Erwachsenen, auch vor den Kindern: »Wir haben Streit, aber wir müssen selbst damit fertig werden. Egal, was passiert, an der Liebe von Vati und Mutti zu euch ändert das nichts. Ihr behaltet beide.« Dahinter steht auch das für jede gute Erziehung notwendige Bewußtsein: Kinder sind nicht die Fortsetzung meiner Person, meines Ichs, sondern sie sind von mir und durch mich (Pfeile von meinem Bogen), aber auf dem Weg, ein Eigenes zu werden. Sie brauchen mich, denn niemand kennt sie so wie ich, aber sie müssen auch die Gelegenheit bekommen, von mir wegzugehen, Schritt für Schritt, um ein Eigenes zu werden. Und: Sie sind Ergebnis von zwei Personen, egal, was ich von der anderen gegenwärtig halte. Dies ist die schwerste Lektion in der Trennungssituation, aber auch sie muß gelernt werden.

Scheidende mit Kindern müssen lernen, ihr künftiges Leben als Kompromiß zu begreifen. Egal, welchen Weg sie gehen werden und wie weit sie sich vom jetzigen und früheren Leben entfernen – durch die Kinder kommen ständig Signale aus der Welt des früheren Partners herüber. Das mag unbequem sein und die eigenen Kreise stören, aber es ist nicht zu vermeiden – im Interesse der Kinder. Kinder brauchen beide, Vater und Mutter, und wenn beide verfügbar sind, sollte ihnen von keinem die Möglichkeit verwehrt werden, sich ihre ureigene Beziehung zum anderen Partner aufzubauen, egal, wie die aussieht. Dies ist ein ganz schwieriger Punkt. Vieles am früheren Partner stört, verletzt, widerstrebt, steht im Gegensatz zu dem, was man selbst will – man möchte weit fort, das andere wegschieben, es gar nicht mehr wissen. Das ist auch richtig so, heilsam, notwendig, aber die Interessenlage der Kinder ist anders. So, wie sie aus vielen Quellen schöpfen auf dem Weg zur Eigenständigkeit, so möchten sie ihre Primärquellen Vater und Mutter auch nach der Trennung unverstopft wissen. Der Münchner Familienforscher Wassilios Fthenakis, der das Staatsinstitut für Frühpädagogik leitet und dem wir viele Erkenntnisse über die Situation der Kinder in der Trennungssituation der Eltern und danach verdanken, attackiert in diesem Zusammenhang den »Mythos der klaren Verhältnisse«, der für die Scheidungssituation so gern postuliert wird. »Wenn wir wirklich das Wohl der Kinder im Auge haben und nicht nur die im übrigen berechtigte Perspektive der Partner, die nach der Trennung zur Ruhe kommen wollen, dann müssen wir umdenken«, formuliert er. Es ist keinesfalls so, daß die eindeutige Zuordnung des Kindes nach der Scheidung zu einem Elternteil für sein Wohl das Beste ist, wie oft angenommen wird. Sogenannte ›klare Verhältnisse‹ sind eine Illusion, auch in der intakten Familie. Wo Menschen zusammenleben, passiert ständig etwas; Beziehungen und Bezüge ändern sich, besonders auch durch das Älterwerden, Reifen von Kindern und Erwachsenen. In der Scheidungssituation so zu tun, als ob ein ganz bestimmter Weg der richtige ist, ist lebensfremd und für die Zukunft der Kinder abträglich. Was für sie wichtig ist, ist, überschaubare Verhältnisse zu schaffen, für eine neue, andere Kontinuität in ihrem Leben zu sorgen, aber nicht um den Preis, daß eines der Elternteile aus ihrem Leben ausgeschlossen oder weitgehend verbannt wird.

Speziell nichtsorgeberechtigte Väter nehmen häufig an, daß sie dann, wenn die Mutter das alleinige Sorgerecht für die Kinder übernommen hat, aus ihrer Elternverantwortung entlassen sind. Besonders ist dies der Fall, wenn sie eine neue Partnerschaft eingehen. Der nichtsorgeberechtigte Vater sollte sich aber bewußt werden, wie sehr seine Kinder ihn auch jetzt brauchen, als zwar nicht jederzeit verfügbarer, aber stets vorhandener Faktor in ihrem Leben, als Identitätsgeber, als Sorger, als Freund. Die sorgeberechtigte Mutter ihrerseits ist aufgerufen, die weitere Beteiligung des Vaters im Leben der Kinder als positiven Faktor zu erkennen. Vier Augen sehen mehr als zwei, vier Ohren hören mehr, zwei Herzen fühlen mehr als eins. Es geht nicht darum, möglichst viele Verbindungen zwischen den beiden Welten herzustellen, in denen sich die Kinder künftig bewegen, sondern jedem Partner Mut zu machen, seine Welt für die Kinder so stabil wie möglich zu gestalten.

Scheidende müssen lernen, auf das zu horchen, was von den Kindern kommt. Schon Kinder ab sechs Jahren haben erstaunliche Einsichten und bemerkenswert klare Vorstellungen davon, was sie sich für ihre neue Situation in zwei Elternhäusern wünschen. Wenn die scheidenden Partner genau hinhören und hinschauen und nicht ihre Sicht der Dinge massiv an die Kinder herantragen, können sie viel von den Kindern lernen und davon für die Gestaltung der Nach-Trennungsverhältnisse profitieren. Die Kinder sollen nicht entscheiden, aber mitbestimmen, wie sie jetzt die Kontakte zu beiden Eltern handhaben wollen. Zwei ganz wichtige Erkenntnisse sind zu berücksichtigen und geben auch Trost in all der Verworrenheit und Schwere der Trennungszeit.

Scheidung und Trennung der Eltern ist nicht, wie oft angenommen, ein einmaliges, traumatisierendes Ereignis im Leben der Kinder, sondern sie müssen in ihren verschiedenen Alters- und Entwicklungsstufen immer wieder neu mit der Situation fertig werden, die Eltern nicht gemeinsam zur Verfügung zu haben. Darin liegen eine ganz große Chance und ein besonderer Trost für alle, die im Moment das Gefühl haben, ihr Leben sei ein einziger Scherbenhaufen. Es mag sein, daß die Belastung für einen selbst und für die Kinder unerträglich erscheint, aber der ganze Schutt muß nicht jetzt, auf einmal, aufgeräumt werden. Man muß nur anfangen damit, kleiner Schritt nach kleinem Schritt. Was die Kinder jetzt nicht bewältigen, dem können und werden sie sich eines anderen Tages stellen. Es geht – gerade, wenn man stark unter dem Eindruck verpaßter Gelegenheiten leidet – darum, die zukünftigen Gelegenheiten nicht zu verbauen.

Die zweite Erkenntnis ist, daß Kinder, welche die Werte der Eltern stark übernehmen, nicht unbedingt gut auf die Zukunft vorbereitet sind. Die Welt dreht sich, ob wir wollen oder nicht. Wir können nicht ihren Kurs bestimmen, aber wir können uns fit machen, unsere jeweiligen Möglichkeiten in der Welt zu erkennen und zu ergreifen. Dabei können uns die Kinder helfen, und die klugen Väter und Mütter aller Zeiten haben sich einen Vorteil nie aus der Hand nehmen lassen: von den Kindern zu lernen.

Ich benutze Vergleiche mit dem Tierreich nur ungern, weil sie meistens schief sind, ob es sich nun um Sexualaufklärung mit Hilfe von Bienen und Schmetterlingen oder um die berühmten Graugänse des Nobelpreisträgers Konrad Lorenz handelt, die ihn durch ein bestimmtes Verhalten seinerseits als Bindungsfigur akzeptieren. Ein Faktum jedoch ist, daß das Überleben von Tieren in einer sich für sie ändernden Umwelt häufig dadurch geschieht, daß die Brut, die ›Kinder‹, sich anders verhält als die Eltern, indem sie etwas ›Dummes‹, Unvorsichtiges, Neues tut und damit neue Futterplätze, neue Überlebensmöglichkeiten entdeckt. Großangelegte Untersuchungen in den USA haben ergeben, daß Kinder aus geschiedenen Ehen in bezug auf ihre kognitive Entwicklung etwas weiter als andere Kinder sind. Dies ist wahrscheinlich eine Folge der Tatsache, daß sie sich von Haus aus in zwei Welten zurechtfinden und eigene Antworten finden müssen, wo andere Kinder sehr stark unter der suggestiven Kraft sogenannter ›geordneter‹ Verhältnisse stehen. Solche (statistischen) Ergebnisse sollte man aber nicht überinterpretieren. Tatsache ist andererseits auch, daß Kinder durch die Trennungssituation häufig überfordert werden. Und wer überfordert ist, der wird auch weniger Kraft zur Bewältigung anderer Aufgaben haben. In der Überforderungssituation ist die grundsätzliche Einstellung der Scheidenden sehr wichtig. Tun sie so, als ob…, auch vor den Kindern, oder geben sie offen zu: Das, was jetzt ist, ist schwer! Ich bin auch ratlos! Ich weiß im Moment nicht weiter! Ich suche, aber ich finde noch nicht! Es ist erstaunlich, wie die Kinder – derart ehrlich mit der Situation der Erwachsenen konfrontiert – anfangen, nach Lösungen zu suchen und sie auch finden, zuerst einmal für sich, aber häufig in der Folge auch für die Erwachsenen. Man muß sie nur lassen und ihnen dann den Erfolg gönnen.

Zwei Bemerkungen noch dazu: Die Beschreibung der Scheidungssituation in bezug auf die Kinder liest sich in mancher psychologischer Literatur wie ein Horror-Katalog. Da wird aufgeführt, welche Symptome Kinder in der Scheidungssituation der Erwachsenen entwickeln können, unkommentiert, gnadenlos. Ich werde den Verdacht nicht los (obwohl ich die Beschreibung der Verhaltensauffälligkeiten nicht anzweifle), daß hier der Stellvertreter-Mechanismus, der so oft in der Interaktion von Erwachsenen und Kindern eine Rolle spielt, mit die Feder führt. Bei den Kindern wird – weil sie leichter zu beobachten und zu analysieren sind – festgemacht, was sich bei den Erwachsenen versteckt, schwer zu bestimmen ist, sich hinter manchem für passend erachteten Verhalten verbirgt. Wer Schweres durchmacht, der reagiert darauf, wenn er noch ein bißchen lebendig ist. Wir Erwachsenen haben es verlernt, zu weinen, zu schreien. »Es tut weh« – wie oft müßten wir diesen Satz aussprechen, wenn uns etwas passiert, wenn wir in die Zeitung schauen, wenn wir vom Verhalten anderer Menschen erfahren. Uns bleibt dann – leider – nur noch Verdrängung, Süffisanz, Zynismus. Die Kinder schreien und weinen noch, sind auffällig, pinkeln ins Bett, sind aggressiv, verstört, fallen in längst überwundene Verhaltensweisen zurück. Begreifen wir dies als einen Weg von ihnen, mit etwas Schwerem fertig zu werden. Sie wollen gar nicht ewig ins Bett machen, Nägel kauen, Bilder malen, auf denen sich Panzer und Flugzeuge beschießen, mit roten, gelben, giftigen Strichen. Aber momentan ist es Ausdruck ihres Verwirrtseins, ihrer Trauer. Wir können ihnen helfen, aber nicht damit, daß wir ihnen direkt oder versteckt Vorwürfe über ihr Verhalten machen oder uns von ihnen abwenden, weil wir durch ihr Verhalten erst unseren Schmerz deutlich spüren. Wir können ihnen nur sagen: »Ich habe dich lieb, auch wenn im Moment vieles passiert, was dir unverständlich ist, und dein Vater/deine Mutter hat dich auch lieb«, und können versuchen, ihre Welt, die eine doppelte sein wird, so schnell wie möglich wieder überschaubar zu machen. Aber wir müssen ihren Schmerz ernst nehmen, und das bedeutet: ihn den Kindern lassen. Früher haben die Menschen ihre Kleidung zerrissen, sich Asche aufs Haupt gestreut, geklagt, gejammert, wenn sie einen Verlust erlitten haben, und heute tun wir (zu unserem Nachteil) so, als ob nichts ist. ›Cool‹ heißt das auf Neudeutsch.

Und ein Zweites: Ich bin fest davon überzeugt, daß diejenigen Wege, die scheidende Paare mit ihren Kindern finden und probieren, künftig auch für die Erziehung in der bleibenden Familie wichtig werden, denn scheidende Eltern müssen (wohl oder übel) lernen, was der ›Prophet‹ mit dem Wort meinte: Unsere Kinder »wohnen in dem Haus von morgen, das ihr nicht zu betreten vermöget«. Pfeile von unserem Bogen...

Auf dem Weg zum doppelten Elternhaus

In diesem Abschnitt möchte ich Ihnen Mut machen, Mut dazu, an eine gute Zukunft für Ihre Kinder zu glauben und etwas dafür zu tun, auch wenn die Trennung viele Fragezeichen in das Leben der Kinder gesetzt hat. Bevor Sie aber etwas tun, müssen Sie zuerst einmal etwas lassen. Und wenn Sie es im Moment nicht lassen können, müssen Sie es Schritt für Schritt lernen. *Sie dürfen nie (wieder) Ihren scheidenden oder geschiedenen Partner vor den Kindern herabsetzen!* Das geht – wie viele Scheidende und Geschiedene berichten, die zuerst nicht daran glauben wollten, daß eine verletzte und leidende Seele derart Einsicht und Selbstdisziplin aufbringen kann. Und es zahlt sich aus, zuallererst einmal für die Kinder, denn diese gewinnen ein entscheidendes Stück Sicherheit in all dem Tumult der Trennung. Ihre Eltern gehen verschiedene Wege, sehen sich vielleicht nicht mehr an, mögen sich vielleicht überhaupt nicht mehr – aber die Kinder spüren: Diese Entwicklung tastet unsere Rechte nicht an, Vater und Mutter bleiben uns auch in der getrennten Situation erhalten. Sie müssen nicht befürchten, daß sie daran gehindert werden, zu beiden – wirklich zu beiden – einen guten und bleibenden Kontakt aufzubauen.

Diese Entscheidung, in Gegenwart der Kinder nicht schlecht vom Partner zu sprechen, zahlt sich jedoch auch für die Scheidenden aus. Sie setzt ihm/ihr eine Grenze: Bis hierher und nicht weiter! Egal, was ich mit meinem Partner/meiner Partnerin noch für Streit habe und noch aushalten muß – ich erkenne an: Es ist nicht nur unser Leben, das jetzt neu bestimmt werden muß, sondern auch das Leben von Menschen, die Teil von uns beiden sind und immer Teil von uns beiden bleiben werden. Ihr Interesse in dieser Situation ist ein anderes als das der Erwachsenen. Zu den Menschen, die nach einer Trennung oder Scheidung wieder glücklich werden, gehören überwiegend jene, die eine stabile Situation für die Kinder schaffen, in welcher diese sich das für ihre Entwicklung Wichtige von Vater und Mutter holen können.

Letztlich steckt in der Lösung der Kinderfrage das ›Geheimnis‹ einer guten Trennung oder Scheidung. Wohlgemerkt: Ich sage »gute Trennung«, nicht »Trennung im Guten« – das erste ist immer möglich, das zweite wünschenswert, aber nicht immer erreichbar. Gute Trennung heißt: Ich bemühe mich, mit neuen Kräften, neuen Impulsen, neuen Ideen und neuen Menschen mein Leben wieder stabil und anregend zu machen, und gestatte meinem Expartner äußerlich und innerlich, dasselbe zu tun. Und – ganz wichtig: Ich lerne, ›meinen Geschiedenen‹/›meine Geschiedene‹ als eigenständigen Menschen mit eigenen Ideen, eigenen Wertvorstellungen, eigenen Zielen und eigenen Fehlern zu akzeptieren. Viele Scheidende lernen ferner, den früheren Partner auf diese Weise nicht nur zu akzeptieren, sondern auch zu schätzen. Vieles, was gut, originell, lebensbejahend an uns war, ist in einer unglücklich verlaufenen Partnerschaft verlorengegangen, abgestorben, aufgebraucht worden. Jetzt müssen wir wieder auf die Schatzsuche gehen in dem Berg in uns, der Wüste, der Öde. Das gibt erfreuliche Überraschungen, wenn erst einmal die erste Spur gefunden ist, wenn die Wünschelrute, die uns die Lebensadern, die Wasseradern in uns zeigt, zum ersten Mal nach unten ausschlägt. Manche fangen an, wie besessen in sich zu graben, und stoßen auf einen unvermuteten Fund nach dem anderen. Auch Menschen, die im fortgeschrittenen Alter sind, werden atemlos vor Staunen, wieviel unentdeckte Quellen sie in sich auf einmal entdecken. Aus dieser Suche in sich selbst und nach sich selbst wächst das neue Selbst-Bewußtsein nach einer Trennung. Und das ist die gute Erde, auf der unsere Pflanzen, die Kinder, wachsen. Sie wachsen nun in zwei Gärten. Wir müssen dem anderen ›Gärtner‹ – zuerst einmal um der Kinder willen, dann vielleicht auch wieder um seiner selbst willen – jeden Erfolg gönnen. Wenn es bei Ihnen in Ihrem neuen ›Garten‹ blüht und auch bei Ihrem früheren Partner/Ihrer früheren Partnerin sprießt, dann wissen Sie: Ich bin auf dem richtigen Wege. Nehmen Sie dies Bild für eine glückliche Zukunft Ihrer Kinder: Auf Ihren Baum sollen sie klettern, und im Schatten des Baumes im anderen Garten sollen sie sich ausruhen – und umgekehrt.

Wie kommen wir nun zu den beiden blühenden Gärten? Wir dürfen uns zuerst einmal nichts vormachen! Bei einer Trennung wird etwas abgeschnitten, umgehauen, und das tut weh. Irgendwann sprießt etwas Neues, aber wann genau, das wissen wir nicht. Wir brauchen also Geduld, zunächst einmal mit uns selber. Wir können – um im Bild vom Garten zu bleiben – kräftig, wild düngen. Das mag das Wachstum beschleunigen, aber zuviel Chemie im Garten – das wissen wir neuerdings – ist nicht ratsam. Da schießt dann manches in die Höhe, was wenig Substanz hat. Wichtig ist erst einmal der Entschluß: Ich pflanze etwas Neues, ich mache etwas Neues. Das ist vielleicht kleiner und bescheidener als der Park, den ich vorher besaß, aber eines weiß ich: Egal, wie groß – es ist mein. Und diese Absicht müssen wir, sobald wir sie gefaßt haben, den Kindern mitteilen: Ich baue für mich und für euch etwas Neues, in das auch vieles Gewohnte – vielleicht an anderer Stelle – gut hineinpaßt.

Was ich mir mit den Kindern bauen kann, sieht von Fall zu Fall anders aus. Der sogenannte Sorgeberechtigte (ich sage »sogenannte«, denn in meinem Verständnis einer Scheidung sind beide Eltern auch weiterhin sorgeberechtigt und sorgeverpflichtet) hat mehr Mühe, aber auch mehr Zeit mit den Kindern. Der sogenannte Umgangsberechtigte muß genau überlegen, was er in der vereinbarten Besuchszeit sinnvollerweise anpacken kann. Das Wichtigste, was beide ihren Kindern nach der Trennung zeigen können, ist dies: Leben heißt immer auch, Probleme zu haben, vor ungelösten Fragen zu stehen. Aber erfülltes Leben ist, sich offen und mutig den Fragen zu stellen und eigene Antworten zu finden. Diesen Mut wollen die Kinder bei Ihnen spüren. Sie sollen ihnen nichts vormachen, müssen sich nicht größer, tapferer, entschlossener, wissender machen, als Sie sind. Sie sollen nur den Kindern zeigen: Es kommt in den wechselnden Lebenssituationen immer wieder darauf an, sich neu zu orientieren, anzupacken, sich etwas einfallen zu lassen. Das ist das Grundprinzip eines gelebten und nicht nur dahingedämmerten Lebens, aber das ist auch das Grundprinzip für die Lösung z.B. einer Mathematik-Aufgabe. Merken Sie, daß sogar ein Zusammenhang besteht zwischen der Einstellung der Eltern zum Leben und der Zeugnisnote eines Kindes? Und so wird auch deutlich, welche Chancen nach der Trennung bleiben, daß sogar ein »nichtsorgeberechtigter« Vater, der seine Kinder einmal in der Woche sieht, ihnen bei den Schulaufgaben helfen kann, ohne je einmal ein Buch mit ihnen in die Hand genommen zu haben. Er kann ihnen nämlich auch bei kurzen Besuchen zeigen: So löse ich meine Probleme (soviel Zeit und Geduld nehme ich mir, wenn ich unter meinen Problemen leide), und damit gebe ich euch indirekt, aber beständig einen Hinweis, wie ihr eure Probleme lösen könnt.

Viele Menschen (besonders Männer) können einem Kind mit der Sprache wenig sagen, aber sie ›reden‹ gut mit ihrem Gesicht und ihrem Körper. Kinder verstehen das sofort und instinktiv. Ich kenne einen Mann, der sich von seiner Frau trennte, als die gemeinsame Tochter gerade eineinhalb Jahre alt war. Wie einem solchen Kind die Trennung der Eltern ›erklären‹? Da – aber nicht nur da – kommt es darauf an, daß wir mit allem ›sprechen‹, was uns zur Verfügung steht. Was kann dieser Mann seiner kleinen Tochter sagen? Wie soll er ihr ›begreifbar‹ machen, daß Mami und Papi sich getrennt haben? Dabei braucht er es doch gar nicht, dieses ewige Selbsterklären, Selbstrechtfertigen, Selbstbedauern, es ist unnötig, weil jedes Kind, auch das kleine, von allein spürt, daß sich etwas verändert hat. Dieser Mann hat jedoch eine Chance (und wichtige Aufgabe): Er kann dem Kind zeigen, daß er es weiter lieb hat, daß es weiter für ihn wichtig ist, daß er sich weiter um es kümmern will. Dieser Mann, von dem ich Ihnen erzähle, hat gelernt, dem Kind ohne Worte zu sagen, was er meint und will. Obwohl er das Kind nur einmal in der Woche sieht, nimmt er sofort und selbstverständlich Kontakt zu ihm auf, als ob es immer da wäre. Er läßt sich in diesem Moment durch nichts innerlich blockieren, nicht durch den Gedanken an eine ungewisse Zukunft, nicht durch die ungelösten Fragen der Trennung, sondern zeigt dem Kind durch Aufmerksamkeit, Spielen, Küssen und Drücken: ›Ich bin dein Vater, ich bin für dich da, du hast einen Wert für mich. Wir sehen uns zwar nicht so oft, aber wir werden uns nie aus den Augen verlieren. Du wirst größer werden und ich älter, und wir werden vieles miteinander erleben, was wir heute noch gar nicht wissen, wozu wir aber durch unsere regelmäßigen Begegnungen den Grundstein legen.‹ Wenn die Besuchszeit zu Ende ist, klingt die Freude eine Zeitlang nach; dann allerdings reißt es auf, das »große innere Loch« (wie dieser Mann sagt), aber damit lebt er, und langsam schüttet er es wieder zu bis zum nächsten Besuch.

Viele Väter und Mütter sind solche in Wirklichkeit erst nach der Trennung vom Partner geworden. Auf einmal entwickeln sie Phantasie beim Gestalten des Alltags, machen Sekunden einer Begegnung zu Stunden der Freude, können in der Beziehung von Menschen traumhaft sicher Unwichtiges von Wichtigem unterscheiden. Ehrlichkeit sich selbst gegenüber, ehrliches Eingeständnis über das, was Freude macht, und das, was schmerzt, ist ein Schlüssel dazu. »Papi, lächeln!« sagt Stefan zu mir, wenn ich meine grüblerischen Momente habe, mich in mich zurückziehe, mein Leid beklage, an die Zukunft oder die Vergangenheit denke. Und dann springe ich entweder aus meiner selbstgewählten Isolation heraus zu ihm hinüber in seine ganz von gegenwärtigem Erleben, momentaner Freude oder momentanem Ärger geprägten Welt, oder...? Oder ich muß ihm sagen: »Ich bin jetzt nachdenklich, das kennst du ja an mir. Das hat mit dir nichts zu tun. Ich bin ein Bär, der brummt und sich in seine Höhle zurückzieht. Niemand zieht oder lockt ihn da jetzt heraus, auch du nicht. Er kommt aber wieder von ganz allein zurück.« Das versteht Stefan, und sein jüngerer Bruder Christoph auch. Die beiden sind ihrerseits manchmal Brummbären, die sich zurückziehen. Das will ich auch nicht immer wahrhaben. Die Stunden ihrer Besuche sind so kurz und wertvoll, und wenn wir ›nicht auf einem Sender‹ sind, bekomme ich Panik. Aber wir lassen uns unsere Höhlen, auch wenn es im Moment schwerfällt, weil wir wissen, daß jeder einmal wieder ans Licht kommt.

Welche Botschaften geben wir unseren Kindern in und nach der Trennung? Darauf sollten wir achten. Es beantwortet auch die Frage: Wie sage ich es ihnen? In uns allen schwebt die Vorstellung, ist der Wunsch da, mit ›Einmal-Sagen‹ eine Sache ein für allemal zu erledigen, alle Fragen auf einmal zu beantworten, wie beim Schneider im Märchen, der Sieben auf einen Streich (sieben Fliegen waren es) erledigte. Das Leben ist jedoch ganz anders. ›Die‹ Antwort, ›das‹ klärende Gespräch gibt es so gut wie nie, obwohl wir sie verzweifelt suchen. Aber es gibt Entwicklungen und Prozesse, die wir beeinflussen, in die wir uns immer wieder einschalten können. Ein solcher Prozeß setzt ein, wenn zwei Eltern den Entschluß fassen, sich zu trennen, und es ihren Kindern dann sagen. Trost geben und Mut machen können dabei zwei Dinge, die Psychologen herausgefunden haben:

– Scheidung ist nicht ein einmaliges (traumatisches) Ereignis im Leben der Kinder. Sie müssen und wollen sich in allen Altersstufen wieder neu damit auseinandersetzen, werden neue Fragen stellen und neue Antworten finden. Das ist wichtig für sie, weil dies Aufwachsen in zwei Elternhäusern eine Grundbedingung ihres Leben ist, wie es andere Grundbedingungen gibt: arme oder reiche Eltern zu haben, junge oder ältere Eltern zu haben, viele oder wenig Freunde zu haben, Geschwister zu haben oder Einzelkind zu sein, eine schöne oder eine knarrige Stimme zu haben, sich schön oder eckig zu bewegen, groß oder klein zu sein, in einer reichen oder in einer armen Nation dieser Erde aufzuwachsen, Draufgängertum und Zuversicht zu haben oder Vorsicht und Zuversicht, usw. Eltern können den Kindern am besten dadurch helfen, daß sie zu ihrem eigenen Leben stehen und auch die eigenen Probleme aufzeigen. Und wenn alles in Scherben liegt? Dann sollte man den Kindern sagen, wie man die Scherben wieder kitten will.

– Durch Scheidung oder ähnlich dramatische Ereignisse ist noch nichts über den Lebenserfolg des Kindes ausgesagt. Scheidung allein bewirkt wenig, wenn nicht noch andere gravierende Faktoren hinzukommen. Kinder aus getrennten Ehen entwickeln häufig besondere Fähigkeiten, sich im Leben zurechtzufinden, weil sie weniger ständig behütet und beaufsichtigt sind und vieles für sich selbst probieren müssen. Wenn Eltern ihre Trennung mit Mut und Würde schaffen, dann kann sie geradezu befreiende, positive Impulse für das Leben der Kinder geben, denn diese bekommen an einem Punkt, der sie sehr berührt, vorgeführt, daß man auch schwierige Situationen im Leben ›mit Anstand‹ lösen und leben kann.

Was die Eltern den Kindern sagen, und wie sie es sagen, hängt natürlich auch von deren Alter ab, aber es sollte immer möglichst umfassend und ehrlich sein. Die Eltern können davon ausgehen, daß die Kinder – egal, wie heftig oder auch nicht die Auseinandersetzungen zwischen den Scheidenden waren – schon viel davon mitbekommen haben und für sie jetzt nur etwas ans Tageslicht kommt, was sie im Innern schon lange bewegt und möglicherweise beunruhigt und verunsichert hat. Wenn die Eltern gemeinsam mit den Kindern sprechen können – um so besser, aber es ist nicht nötig. Die Kinder werden auch in Zukunft mit den Eltern getrennt sprechen müssen. Warum nicht gleich damit den Anfang machen? Ratsam ist es, ein solches Gespräch mit den Worten zu schließen: »Ich habe euch jetzt von dem erzählt, was ich in Zukunft machen werde und was wir miteinander machen werden. Jetzt wird euch euer Vater/eure Mutter seinen Weg mit euch und seine/ihre Sicht der Dinge sagen.« Dieses Vorgehen schafft von Anfang an ein hohes Maß an Sicherheit und Selbstverständlichkeit für die Kinder.

Was man den Kindern sagt, welche Botschaften man ihnen gibt, sollte man sich schon vorher überlegen. Man kann es sich auch ruhig aufschreiben, um die eigenen Gedanken zu ordnen. So sollte es allerdings nicht vor sich gehen: »Ihr habt wohl schon gemerkt, daß Papi häufig nicht da war. Er zieht der Mami eine andere Frau vor. Jetzt will er ganz bei ihr wohnen. Diese Frau ist viel jünger als Mami, hat langes blondes Haar und eine schöne Haut. Die Männer drehen sich nach ihr um. Auch Papi konnte ihr nicht widerstehen, weil er sie Tag für Tag am Arbeitsplatz...« Tränen schießen hervor, herauslaufen aus dem Zimmer, Suche nach einem Taschentuch, abtrocknen, tapfer sein, zurückkehren. Stop! Dieser Teil der Trennung ist der Ihre. Ihn müssen Sie allein oder mit Hilfe von Freunden/Psychologen bewältigen, er hat mit den Kindern überhaupt nichts zu tun. Wenn es so ist, wie Sie es schildern, dann sollten es die Kinder von Ihrem Mann erfahren, falls er darüber sprechen mag, oder gar nicht. Das hat mit ihrer Zukunft erst dann etwas zu tun, wenn sie ihre eigene Beziehung zu diesem dritten Menschen finden müssen. Jetzt geht es für die Kinder nur darum, wie sie mit ihrem Vater und mit ihrer Mutter in Zukunft leben und verkehren werden, das muß das Thema des Gespräches sein. Ein solches Gespräch muß von den Fragen der Kinder, die sie an die neue Situation haben, bestimmt sein und nicht von den Fragen der Eltern. Die Fragen der Kinder sehen oft ganz anders aus, als die Erwachsenen sich vorstellen, sind viel einfacher, vordergründiger. Auf sie sollte und kann man Antworten geben, ob sie nun so gestellt werden oder nicht.

Hier die wichtigsten Fragen, die Kinder sich trennender Eltern stellen – ausgesprochen oder unausgesprochen: Wer wird sich jetzt um mich kümmern? Wo werde ich wohnen? Was geschieht, wenn ich krank werde? Werde ich euch *beide* weiter sehen? Werde ich mit meinem Bruder/meiner Schwester/meinen Geschwistern zusammenbleiben? Werde ich meine Freunde behalten? Werde ich in Zukunft immer jemanden in meiner Nähe haben oder werde ich viel allein sein? Wo wird der Papi (oder die Mami, wenn diese auszieht) wohnen? Wer kocht ihm/ihr Essen? Was macht er/sie, wenn er/sie krank wird? – Ergänzen Sie diese Fragen nach Ihren eigenen Lebensumständen und machen Sie sich über die Antworten Gedanken, *bevor* Sie mit den Kindern sprechen.

Es ist keineswegs falsch, die Kinder zu Fragen zu ermuntern, aber man sollte sich andererseits damit zufrieden geben, wenn nichts oder wenig kommt. Je jünger Kinder sind, desto stärker werden sie alles, was passiert, als Folge eigenen Verhaltens interpretieren. Sie werden sich bewußt oder unbewußt die Schuld an der Trennung der Eltern geben. Darin liegt ein ›Trick‹ der menschlichen Seele: Wo ich mich schuldig mache, da gebe ich mir auch ein scheinbares Stück Handlungsfreiheit und -möglichkeit. Ich brauche, so denkt und manipuliert die kindliche Seele, mich ja nur zu ändern, und dann laufen die Dinge schon wieder in meinem Sinne. Folglich werden Kinder in solchen Situationen häufig schweigen, weil sie spüren, daß jede Äußerung von ihnen die Dinge vielleicht noch schwieriger macht. Sie versuchen damit auch, die Eltern vor weiterem Kummer zu schützen. Wie ein Pferd, das vor einer Hürde scheut, werden die Kinder vor allem Fragen abblocken, die sie – direkt oder indirekt – in eine Loyalität mit dem einen Elternteil gegen den anderen bringen wollen. Ein guter und sicherer Instinkt sagt ihnen, daß ihnen das auf Dauer nichts bringt.

Die Zukunftsangst der Kinder läßt sofort nach, wenn Grundzüge ihres künftigen Lebens mit beiden Eltern besprochen sind und sie danach beginnen können, an ihrer künftigen Welt zu basteln. Die Eltern können dabei helfen, wenn sie den Kindern ganz klar zu verstehen geben, daß sie von ihnen nicht erwarten, daß sie jetzt den Platz, den der andere Partner eingenommen hatte, ausfüllen müssen (Ersatz-Papi, Ersatz-Mami), sondern daß sie weiter als Kinder geliebt und geachtet werden. Es ist erstaunlich, welche Phantasie Kinder, die diese Sicherheit einmal haben, dann auch bei der Bewältigung der neuen Alltagsprobleme aufbringen, zum Beispiel bei der Frage, wie die kleiner gewordene Familie mit weniger Geld auskommt.

Es ist keine breite Straße, sondern ein schmaler Grat, den die Eltern mit ihren Kindern in diesen Tagen, Wochen, Monaten des Umbruchs beschreiten, er liegt zwischen Beteiligung an dem Geschehen und deutlichem Ziehen einer Grenze, bei der die kindliche Verantwortung endet. Unsere Selbstachtung erfordert es, daß wir an Entscheidungen, die unser Leben bestimmen, beteiligt werden. Wer davon wiederholt ausgeschlossen ist, wird sich – wenn er kann – eines Tages mit Gewalt rächen oder in chronischer Depression versinken. Das ist bei Kindern nicht anders als bei Erwachsenen. Ebenso ist es allerdings eine Überforderung, für etwas Verantwortung übernehmen zu müssen, auf das wir keine oder nur wenig Einflußmöglichkeiten haben. Wer diese beiden Grundwahrheiten in jeder Beziehung zwischen Eltern und Kindern beachtet, wird auch seinen Weg in der Trennungssituation gut gehen, egal, wie steinig oder schmal er im Moment ist.

Kinder müssen deshalb wieder und wieder erfahren (hören), daß die Trennung der Eltern eine Sache der Erwachsenen ist, von der sie zwar mitberührt sind, an der sie aber keine Schuld tragen. Zugleich müssen die Kinder erfahren (hören), daß die Trennung der Eltern an ihrer Liebe zu den Kindern nichts ändert und daß die Kinder künftig in zwei Elternhäusern das leben werden, was sie bisher in einem hatten. Daraus ergeben sich einige leicht faßbare Faustregeln:

– Setzen Sie Ihren Partner/Ihre Partnerin nie vor den Kindern herab. Die Kinder müssen nicht wissen, wie sehr Sie einander wehgetan haben. Sie brauchen weiterhin beide Eltern und wollen vor beiden Respekt haben.

– Versichern Sie den Kindern Ihre Liebe und daß sie beständig Zugang zum anderen Elternteil haben werden.

– Machen Sie den Kindern Mut, in zwei Elternhäusern zu leben und sich eine doppelte Elternwelt aufzubauen.

– Wählen Sie eine Sprache, die Ihre Kinder verstehen. Zuneigung kann man oft besser zeigen als aussprechen.

– Lassen Sie den Kindern Zeit, die Trennung auf ihre Weise, mit ihren Mitteln, mit ihrer Sprache zu verarbeiten. Die Tränen der Kinder sind deren Tränen, nicht Ihre. Weinen Sie Ihre eigenen.

– Sorgen Sie, so gut und so schnell es geht, wieder für klare Verhältnisse im Leben der Kinder und behindern Sie Ihren/Ihre »Ex« nicht darin, dasselbe auf seine/ihre Weise zu tun.

– Freuen Sie sich, daß Sie Kinder haben, und zeigen Sie es ihnen. Es ist ein großes Glück, auch für geschiedene Väter und Mütter.

Für McDonald's und Bud Spencer ist Papi zuständig

Seit der Trennung von meiner Frau und dem Auszug aus der gemeinsamen Wohnung sind ein paar merkwürdige Dinge an mir hängengeblieben. Damals besuchte der Jüngere noch den Kindergarten und der Ältere schon die Schule. Der wöchentliche Besuchstag begann mittags natürlich mit einem gemeinsamen Essen, und weil die Kinder gern in die bunte Welt eines Schnellrestaurants gingen, marschierten wir regelmäßig dorthin. Ich probierte ein mir passenderes Restaurant aus, ohne Erfolg. Und so sind uns Hamburger und Pommes frites als Auftakt der Besuche geblieben. Wenn ich manchmal wütend über meine neue Situation nach der Trennung war, dann sagte ich: »An Scheidungen profitieren doch nur der Staat über die Steuer und der blöde Hacksteak-Brater.« Einen habe ich dabei vergessen: den modernen Kasperl, jenes Urviech von neapolitanischem Rechtsanwalt, der unter dem Künstlernamen Bud Spencer alle Teufelchen reihenweise aufmischt. Von ihm habe ich alle Filme gesehen, und im Kinosaal sitzen am Nachmittag mindestens fünf von meiner Sorte, geschiedene Väter auf dem Weg in die Welt ihrer fernen und doch so nahen Kinder. Was würde meine Routine sein, wenn ich zwei Töchter hätte, frage ich mich manchmal.

Diese Routine des Magens wie der Augen nehme ich jedoch inzwischen sehr ernst. Sie sind ja nicht die einzigen im Laufe eines Besuchstages oder -wochenendes. Unsere wiederkehrenden Unternehmungen und Freuden beweisen uns, daß es bei aller Unbeständigkeit ein Beständiges gibt: unseren Kontakt. Wir sind einen Weg gegangen, den ich allen scheidenden Eltern empfehlen möchte, und wenn er so nicht möglich ist, sollte der Start in eine auch für die Kinder ungewisse Zukunft möglichst ähnlich sein. Wir haben die ersten zwei Jahre nach der Trennung den häuslichen Lebensbereich der Kinder total unverändert gelassen. Neu war nur die Katze, die aus drei Verbliebenen wieder eine Vierergemeinschaft machte. Die Tagesabläufe blieben, die Freunde blieben, die Nachbarschaft blieb, nur der Vater war ausgezogen. Ein Bild von ihm, das die Familie in vergangenen Zeiten zeigte, blieb, die anderen wurden nach und nach durch neue ersetzt. Der Vater blieb jedoch ständig präsent. Solange er noch keine eigene Wohnung hatte, sondern bei einem Freund Unterschlupf fand, kam er zum wöchentlichen Besuch in die alte Wohnung. Das kann problematisch sein, weil der ›Besucher‹ eine manchmal schwer zu lebende Zwitterstellung innehat: mehr als ein Gast, aber doch kein Bewohner mehr. Soll er einfach an den Kühlschrank gehen und sich bedienen? Darf er noch jede Schublade öffnen auf der Suche nach irgend etwas? Das schaffte Unruhe, auch in der eigenen Seele. Sobald eine eigene Wohnung da war, wurde es viel besser. Die Kinder kamen in die neue Wohnung und fanden dort – wie von Geisterhand hingezaubert – auch einige Spiele und Gegenstände aus der alten Wohnung wieder. Sie bekamen ihr Eckchen, ihr Besteck, ihre Wäsche, nahmen mit blitzartiger Geschwindigkeit Besitz von der neuen Umgebung und gewannen sie schnell lieb, zumal sie ein paar Dinge bot, die es zu Hause nicht gab. Sobald sie selbst telefonieren konnten, erhielten sie ein Zettelchen mit meiner Telefonnummer, und seitdem sie allein mit der Straßenbahn und U-Bahn fahren können, haben sie einen Schlüssel zu meiner Wohnung.

Von Anfang an gab es feste Besuchszeiten, am selben Wochentag, zur selben Zeit. An dieses geregelte Leben mußte sich der Vater, der es gewohnt war, sehr spontan zu leben, erst einmal gewöhnen, aber für die Kinder – das konnte man schnell sehen – war es ein Fundament ihres neuen Daseins. Die Gewißheit, daß sich die Eltern an einmal ausgemachte Dinge hielten, gab ihnen die notwendige

Sicherheit. Die feste Regelung schloß spontane Kontakte – ein kurzer Besuch in der Schule, ein Anruf – nicht aus, aber Kern der Kontakte waren die festen Abmachungen. Für viele Scheidende ist es nützlich, derartige feste Regelungen einander schriftlich zu geben, noch bevor sie in der Scheidungsvereinbarung offiziellen Charakter bekommen. Der ›Vertrag‹ schließt weitergehende Regelungen ja nicht aus, sondern schafft nur eine Basis, ein Minimalprogramm, auf das man in Krisenzeiten bauen und sich berufen kann.

Eine feste Regelung bindet aber nicht nur die Eltern, sondern auch die Kinder, und das ist gut so. Sie kommen irgendwann in ein Alter, in dem sie eventuell andere Dinge dem Kontakt mit dem ›abwesenden‹ Elternteil vorziehen. Diese ›Ich-will-nicht-gehen‹-Haltung kann in der Pubertät auftreten, aber nicht nur da. Der Besuchsvater, die Besuchsmutter ist dann vielleicht entsetzt, gekränkt. Er/sie fragt sich: ›Was steckt dahinter? Mag mein Kind mich nicht mehr? Wir sehen uns doch nur so selten, und dann das! Hintertreibt der frühere Partner die Besuche?‹ Aus der Kränkung heraus mag vielleicht die Bemerkung fallen: »Wenn du nicht willst, dann will ich auch nicht mehr.« Dazu sollte es nicht kommen, und die festen Besuchszeiten sind eine Gewähr dafür, daß es entweder gar nicht dazu kommt oder daß ein neuer Weg gefunden wird, wenn die Kinder einmal ›besuchsmüde‹ sind.

Feste, regelmäßige Besuchszeiten geben Eltern und Kindern die Sicherheit, daß von einem Besuch allein nicht ›die Welt abhängt‹. Wir haben alle unsere guten und schlechten Tage, das ist bei Kindern nicht anders. Und so geht auch schon einmal ein ganzer Besuchstag, ein ganzes Besuchswochenende ›den Bach runter‹. Aber gerade diese momentan sehr frustrierenden Momente sind die ›Seele‹ des Kontaktes des nichtsorgeberechtigten Elternteils mit seinem Kind nach der Trennung. Sie setzen den Stempel der Normalität auf eine ›unnormale‹ Situation, zeigen Kind und Eltern: Wir haben eine Beziehung, die nicht nur in Schönwetter-Zeiten läuft; wir nehmen uns gerade dadurch ernst, daß wir uns weiterhin alle Gefühle zueinander gestatten, die schönen (Liebe, Anhänglichkeit, Vertrauen, Offenheit) und die belastenden (Angst vor Ablehnung, Ungeduld, Gereiztheit, Verstimmung). Wenn also eines meiner Kinder mal nicht kommen will, lasse ich es, aber: Ich ziehe mich nicht schmollend zurück, sondern frage nach einer Erklärung und nehme mir dabei fest vor, zu akzeptieren, was auch immer kommt, und nicht weiter zu fragen. Das zeigt dem Kind, daß mein Interesse an ihm weiterhin ungebrochen ist und sich durch eine Pause im Kontakt nichts daran ändert. Zugleich betone ich aber, daß ich mich auf den nächsten Besuch nun doppelt freue. Regelmäßigkeit als fester Grund-Akkord und dazu die Improvisation, die auch ein zeitweiliges Sich-Zurückziehen einschließt – das ist das bekömmliche Tempo einer Eltern-Kind-Beziehung (nicht nur nach der Trennung).

Nach diesem Grundmuster sollte auch der einzelne Besuchstag ablaufen. Wenn sich der ›abwesende‹ Elternteil und die Kinder treffen, kann das Wiedersehen sehr heftig sein. Man will sich mit allem, was man hat und kann, versichern, wie sehr man sich über den Kontakt freut. »Was machen wir alles?« wollen die Kinder wissen. Ich sage ein, zwei Dinge, die ich geplant habe, betone dann, daß wir aber durchaus den Plan umschmeißen oder ergänzen können, und warte auf ihre Ideen. Wenn wir dann den Rahmen abgesteckt haben, passiert es oft, daß sich jeder erst einmal etwas in sich zurückzieht, um Atem zu holen vor dem nächsten Moment der Aktivität. Erregung und Abkühlung – nach dieser Wellenbewegung sind wir gut aufeinander eingestimmt und bereit, uns ganz auf den Moment unseres Zusammenseins einzulassen.

Die Eltern-Kind-Beziehung nach einer Trennung verlangt in vieler Hinsicht einen Realismus, der ungewohnt, zeitweise unbequem und manchmal schmerzlich ist – vom sorgeberechtigten wie vom umgangsberechtigten Elternteil. Aber hierin liegen auch die besonderen Chancen dieser Situation. Von Illusionen, falschen Hoffnungen, übertriebenen Erwartungen, die anderswo die Erziehung von Kindern (häufig zu deren Nachteil) begleiten, muß man schnell Abschied nehmen und sich ganz auf den Moment sowie seine jeweiligen Möglichkeiten konzentrieren. Viele geschiedene Väter und Mütter gewinnen gerade dadurch – nach einer Phase der Neuorientierung, in der sie von Träumen Abschied nehmen – eine sie selbst frappierende Energie und einen nicht vermuteten Behauptungswillen. Sie, die in der Ehe – besonders in der letzten Phase – endlos lange Anläufe brauchten, um Kleinigkeiten zu erledigen, packen auf einmal zu, improvisieren, zaubern. Und die Kinder spüren das plötzliche Aufbrechen von Eis und Schmelzen von Schnee und schieben mit an. In all der wirklichen und scheinbaren Unsicherheit entstehen neue Selbstverständlichkeiten. Auch Freunde und Verwandte registrieren den frischen Wind und machen mit.

Besuchszeit von Freitagmittag bis Sonntagabend, alle 14 Tage: Was kann ich in dieser Zeit wirklich ›schaffen‹ und was muß ich lassen, auch wenn es mir schwerfällt und mich schmerzt? Das ist eine Schlüsselfrage für den ›abwesenden‹ Elternteil. Überlastung durch zusätzliche Anforderungen, Ungewißheit durch verlorene Sicherheiten: Was kann ich den Kindern jetzt noch geben und wo muß ich darauf vertrauen, daß sie sich ihre Bedürfnisse anderswo erfüllen? Das ist eine Schlüsselfrage für den ›bleibenden‹ Elternteil. Die Antworten dazu erhält man durch eine realistische Einschätzung der neuen Situation. Dazu gehört, daß man sich auch Problemen und unangenehmen Gefühlen offen stellt (alle getrennt erziehenden Eltern haben mehr oder weniger davon). Gefahr erkannt – Gefahr weitgehend gebannt!

Ich vermeide im folgenden den oft gebrauchten Begriff ›alleinerziehend‹. Selbst wenn der Umgang des einen Elternteils mit den Kindern nach der Trennung erheblich reduziert ist, ist der andere nicht ›alleinerziehend‹. Auch gelegentliche Kontakte sind ›erziehend‹, allein schon durch das Beispiel, das der Besuchs-Elternteil gibt. ›Alleinerziehend‹ – der Begriff fördert Besitzdenken der Haupt-Bezugsperson und suggeriert der zweiten Bezugsperson, es käme auf ihn/sie nicht mehr so an. Beides ist falsch und für das Gedeihen der Kinder abträglich. Noch schädlicher gar ist der amtliche Begriff ›sorgeberechtigt‹. Mag die Unterstellung, daß die Erziehung nach der Trennung der Eltern stark von einer Person getragen ist, eine noch weitverbreitete Realität beschreiben, so ist der Begriff ›sorgeberechtigt‹ nicht nur unzutreffend, sondern auch hanebüchen. Zur Sorge um das Wohl des Kindes ist auch nach der Trennung jeder Elternteil aufgerufen und keiner davon befreit. In Art und Ausmaß der Kontakte gibt es zwar Unterschiede, aber selbst die werden von einer wachsenden Zahl von scheidenden Eltern möglichst weit angeglichen.

Wenn sich Eltern nach der Trennung die Sorge um die Kinder nicht fünfzig: fünfzig teilen – sei es durch gemeinsames Sorgerecht oder durch eine entsprechende Besuchsregelung für den ›Nichtsorgeberechtigten‹ –, dann entsteht eine unterschiedliche Ausgangssituation für das weitere Leben mit den Kindern. Beide, der ›Sorgeberechtigte‹ wie der ›Nichtsorgeberechtigte‹, finden sich auf spezifische Weise beengt, empfinden spezifische, ihrer Situation entsprechende Ängste, neigen zu speziellen Übertreibungen. Das müssen sich die Scheidenden ganz klar machen, um sich selbst in der neuen Situation zu verstehen, aber auch, um den früheren Partner zu begreifen, damit sie ihm/ihr nicht etwas anlasten, was sich schlicht aus der spezifischen Lebenssituation ergibt. Es sind nach der Trennung sowieso eine Fülle von neuen Aufgaben mit den Kindern zu bewältigen. Warum sich also das Leben durch Selbst-Mißverständnisse und Mißverständnisse in bezug auf den früheren Partner schwerer machen?

Ich werde bei den folgenden Aufzählungen für die Haupt-Bezugsperson ›Mutter‹ und für die zweite Bezugsperson ›Vater‹ einsetzen. In neun von zehn Fällen gibt es in der Bundesrepublik diese ›Aufteilung‹ der Kinder nach der Trennung. Ich kann das um so leichter tun, weil, wenn der Vater die Kinder zu sich nimmt und die Mutter ›Besuchsmutter‹ wird, sich Angst- und Freude-Faktoren fast genau umkehren. Wird der Vater die Hauptbezugsperson, entwickelt er die meisten der Gefühle einer ›alleinerziehenden‹ Mutter. Zieht die Mutter aus und ordnet sich das neue Familienleben um die Person des Vaters wie seiner

Bekannten und Freunde, entwickelt die Mutter die typischen ›Nichtsorgeberechtigten‹-Ängste.

Jüngst sprach ich mit einer Frau, die im Alter von 45 Jahren aus der Ehe – wie es so schön/schlecht heißt – ›ausgestiegen‹ war und die drei schon fast erwachsenen Kinder beim Mann zurückgelassen hatte. Eine Weile kam sie noch zu den Besuchszeiten in die frühere Wohnung zurück. »Immer mehr fühlte ich mich als Fremdkörper in meinem früheren Zuhause«, berichtete sie. »Alle waren lieb zu mir, auch mein früherer Mann, ja sogar seine neue Freundin, die gelegentlich da war; aber ich spürte deutlich, daß natürlich alles nicht mehr so war wie früher. Die Höflichkeit, mit der man mich behandelte, schmerzte mich fast mehr, als wenn man mich vor die Tür gesetzt hätte.« Eines Tages, als diese Frau in ihre alte Wohnung ging, waren die Kinder und der Mann durch eine Reifenpanne aufgehalten worden, rechtzeitig zum vereinbarten Besuchstermin da zu sein. Die Frau wußte dies natürlich nicht, nahm auch den Telefonhörer – ihrerseits »rücksichtsvoll und bescheiden« – nicht ab, als es klingelte. Nachdem eine halbe Stunde vergangen war und von den Ersehnten immer noch keiner aufgetaucht war, legte sie ihre mitgebrachten Geschenke auf den Eßzimmertisch, holte in ihrer inneren Not von einem nahen Blumengeschäft eine Rose für jedes Kind, legte sie neben die einzelnen Geschenke, stellte für jedes Kind noch eine Kerze dazu und ging dann. »Wie eine Beerdigung!« entfuhr es mir, als sie das erzählte. »So etwas Ähnliches war es auch«, meinte sie. Nach diesem für sie so frustrierenden Erlebnis suchte sie sich eine größere Wohnung, die Kinder bekamen ein Besuchszimmer darin, und seit diesem Tage ging es allen besser.
Hier sind nun die Stolpersteine der ›alleinerziehenden‹ Mutter und des ›nichtsorgeberechtigten‹ Vaters:

Mutter: Überlastung. Lasten, die sich vorher auf zwei Schultern verteilten, liegen nun weitgehend auf einer, ob es das Schmücken des Weihnachtsbaumes oder die Krankheit eines Kindes ist. Die faktisch vorhandene Mehrbelastung wird durch verschiedene Gefühle noch verstärkt:
– Die Angst, mit der Situation allein nicht fertig zu werden. Zu dieser gesellt sich gern das Gefühl hinzu: Alle schauen auf mich und warten nur darauf, daß ich einen Fehler mache.
– Leiden unter Fehlschlägen bei dem Bemühen, jetzt alles doppelt gut zu machen. Dieses Gefühl wird verstärkt durch die Erfahrung, dem Kind bestimmte negative Erlebnisse nicht ersparen zu können, obwohl man es so gerne möchte, zum Beispiel das Gefühl der Einsamkeit.
– Eine falsche Wahrnehmung der Alltagssituation. So sehr man sich früher

vielleicht gegen das Einmischen und ›Besserwissen‹ des Partners gewehrt hat, so sehr spürt man jetzt die Nachteile des ›Immer-recht-Habens‹.

– Leiden unter dem Angebunden-Sein. Dieses Gefühl wird häufig durch Neid auf den früheren Partner verstärkt, der ›ungebunden‹, ›frei‹ ist und sich den Tag nach eigenem Belieben gestalten kann.

Vater: Ausgeschlossen-Sein. Die Künstlichkeit der Kontakte zu den eigenen Kindern ist die große Schwierigkeit der ›Nichtsorgeberechtigten‹. Gedanken, Gefühle, Sorgen gegenüber Menschen, die man lieb hat, müssen nun schematisiert, katalogisiert, rationiert werden. Aufmachen/zumachen, Gas geben/bremsen, umarmen/loslassen, Gefühle zeigen/Gefühle aufsparen – das ist das Wechselspiel in der Seele des ›Nichtsorgeberechtigten‹. Die negative Situation wird durch eine Reihe von Gefühlen noch verstärkt:

– Machtverlust. Ob der Geschiedene nun früher viel in der Erziehung mitgesprochen hat oder wenig – jetzt merkt er, daß sich viele Dinge im Leben des Kindes entscheiden, ohne daß er ein Wort der Mitsprache hat, vielleicht überhaupt nichts davon erfährt. Männer empfinden es als besonders bitter, daß die angestammte Rolle des Ernährers der Familie – trotz vielleicht hoher Unterhaltszahlungen – nicht mehr sichtbar wird. Die Frau nimmt das Geld an, als ob es von einem Amt kommt, und klagt vielleicht noch darüber, daß es so wenig ist (»Du mit deinen miesen Alimenten«).

– Schuldgefühle. Ob es sich der ›Nichtsorgeberechtigte‹ eingesteht oder nicht – in vielen Fällen sind Schuldgefühle wegen des Weggangs von der Familie vorhanden, egal, wie sicher man ist, das Richtige getan zu haben. Sie finden Nahrung in quälenden Fragen, ob es den Kindern auch wirklich gut geht, ob sich immer jemand um sie kümmert, ob die Mutter auch darauf achtet, daß sie Schularbeiten machen oder nach links und rechts schauen, wenn sie über die Straße gehen, etc.

– Unterdrückte Wut. Aus Angst, die knappe Besuchszeit mit ›Unnötigem‹ zu verplempern, oder aus Angst, die Kinder zu verdrießen oder zu verlieren, unterdrückt der ›Nichtsorgeberechtigte‹ häufig seine Gefühle und redet wie der Wolf im Märchen, der Kreide gefressen hat.

– Die grundsätzliche ›Kränkung‹, daß etwas, was man bejaht, woran man sich freut, was man als Teil seiner selbst empfindet, nämlich Vater zu sein (Mutter zu sein), Kinder zu haben, nun auf dem Amtswege zugeteilt wird.

– Energieverlust. Um die Beziehung zu den Kindern aufrechtzuerhalten, müssen – im wahrsten Sinne des Wortes – Umwege gefahren, zusätzliche Mittel (Geld für Kino, Eis, Geschenke etc.) aufgebracht werden. Und wenn dann der Junior aus vollem Herzen beim Verzehr des ersten selbstgebackenen Kuchens des ›Gelegenheits-Vaters‹ mault: »Schmeckt nicht!«, ist es vielleicht endgültig mit der eigenen neuen Fassung vorbei.

Klingt nach Horror, nicht? Ist es zeitweise auch, aber für beide, nur eben mit spezifischen Momenten für Vater wie Mutter, ›Alleinerziehenden‹ wie ›Nichtsorgeberechtigten‹. Und man kriegt von außen noch einen drauf: »Ihr habt es ja so gewollt« – »Hättest ihn ja halten können« – »Ja, das kommt davon, wenn man als alter Esel jungen Frauen nachsteigt« – »Jeder macht es sich so schwer, so gut er es kann«. Beifall ist von der Gesellschaft nicht zu erwarten, Nachsicht schon gar nicht. Verständnis findet man hier und da (besonders bei jenen, die in ähnlicher Situation stecken – sie sollte man auch suchen!) und Mitgefühl; wenn man ein echtes spürt, dann sollte man gar nicht viel sagen, sondern sich auf dieses so selten angebotene Lager legen, sich ausspannen und glücklich sein. Antwort auf die offen geäußerten oder stumm, aber wirkungsvoll kommunizierten Beurteilungen und Verurteilungen gibt es nur eine: »Ich will es so, es ist mein Leben« (und wenn der erste Teil nicht stimmt, dann: »Ich wollte es nicht so, aber ich lebe es, was sollte ich sonst tun?«).

Trost bietet den ›Alleinerziehenden‹, ›Nichtsorgeberechtigten‹ und all den anderen Eltern, die erst noch eine generell akzeptierte und abgesegnete Rolle in dieser Welt finden müssen, zweierlei:

a) Es gibt genügend Menschen, die sich genauso abstrampeln wie ich!

b) Der Stempel, der gerade auf mich gedrückt wurde, sagt noch nichts über den Lebenserfolg aus. Es gibt glückliche ›Alleinerziehende‹ ohne viel Geld und es gibt unglückliche, es gibt glückliche ›Alleinerziehende‹ mit genügend Geld und es gibt unglückliche, es gibt glückliche Menschen in sogenannten intakten Familien und es gibt unglückliche, es gibt unterhaltzahlende Väter, die trotz reduziertem äußerem Lebensstil ein spannendes, befriedigendes Leben führen, und es gibt solche, die über den Verlust an Status und äußeren Möglichkeiten nie hinwegkommen.

Hier ein paar erprobte Ratschläge, wie sich ›Alleinerziehender‹ (ich nehme beispielhaft die Mutter) und ›Nichtsorgeberechtigter‹ (ich nehme beispielhaft den Vater) über die toten Punkte hinweghelfen:

Mutter: Sie muß bei allen Problemen und wirtschaftlichen Schwierigkeiten, die auf sie zukommen, sich ganz bewußt werden, daß sie nach der Trennung einen Vorteil behält, der durch nichts aufzuwiegen ist: Sie hat die Kinder als feste, fühlbare Größe ständig um sich. Wenn die Kinder einen Kummer haben, erfährt sie es in der Regel zuerst, wenn sie eine Freude haben, auch.

Und so erleichtert sie ihr Leben:

– Überforderungen rücksichtslos abbiegen: Auch der Tag einer Mutter hat nur 24 Stunden. Es gibt einige Dinge, denen kommt man nicht aus. Sie müssen schnell und beständig erledigt werden. Aber sonst muß die ›Alleinerziehende‹ Revision in ihrem Leben machen. Raus mit Dingen, die nur auf- oder abhalten. Keine Fürsorgestelle für den früheren Partner – es sei denn, man will das bewußt. Wie man einen Knopf annäht und noch mehr, hat so mancher schneller und effektiver gelernt, als er geglaubt hätte. Volkshochschulkurs: Bringt er was oder kostet er nur Zeit? Politisches, soziales Engagement: Ist es mein ehrlicher Wunsch, oder bin ich da nur in etwas hineingeraten, weil ich mal nicht Nein sagen konnte? Freundeskreis: Wem kann ich auch einmal etwas aufladen und wer lädt nur bei mir etwas ab? Haushalt: Was muß ich wirklich allein machen und wobei können die Kinder helfen? Was kann ich mit einer Nachbarin, Freundin teilen?

– Sich selbst gegenüber nachsichtig sein: Wer immer alles perfekt machen will, kommt in einen unmenschlichen Erfüllungszwang. Zudem besteht die Gefahr, daß man von anderen (bequemen) Menschen ausgenutzt wird.

– Sich selbst etwas Gutes tun: Das ist unbedingt nötig, auch wenn im Moment nur wenig Zeit und Geld dafür vorhanden ist. Nicht zuletzt ist es für die Kinder wichtig. Hier bildet sich die entlastende und heilsame Alternative zu einer Mutter heraus, die alles Lebensglück aus der Interaktion mit den Kindern erwartet, sich – obwohl sie sich äußerlich abrackert – in Wirklichkeit seelisch auf die Kinder stützt und sie eventuell aussaugt. Kinder sind kompromißfähig zugunsten der Interessen der Eltern, wenn diese es einmal ernsthaft versuchen. Kinder möchten Sicherheit und nicht versteckt das Leben der Erwachsenen führen. »Wenn du nicht da bist, wer beschützt uns dann?« ist ihre entscheidende Frage. Und so wollen sie erst einmal wissen, was der Erwachsene macht, wenn er nicht da ist (Kommt er wieder? Ist er in Gefahr?), und wer da (beziehungsweise erreichbar) ist, wenn sie selbst nicht weiterwissen. Auf dieser Grundlage haben viele ›Alleinerziehende‹ vom ersten Moment an ihre Freiheiten gepflegt, sind allein oder mit dem neuen Partner in Urlaub gefahren, haben jene Stunden am Abend gefunden, die jeder zur Regeneration und Lebensfreude braucht. Andere geraten in einen unmenschlichen gegenseitigen Erfüllungszwang mit den Kindern, bei dem keiner recht froh wird. Wichtig ist auch die folgende Überlegung (sie entstammt der Arbeitspsychologie): Was ein anderer gut macht, das muß ich nicht auch noch erledigen. Viele ›Alleinerziehende‹ geraten in eine ungesunde Hast, weil sie überhaupt niemandem mehr etwas zutrauen, weder dem Lehrer noch dem Arzt – und auch nicht dem eigenen Kind.

Vater: Der ›Nichtsorgeberechtigte‹ hat es scheinbar leichter nach der Trennung, denn er wird von Pflichten befreit (Anwesenheitspflicht, Legitimationspflicht etc.). Das Stück Freiheit ist aber, wie er/sie bald feststellt, relativ und mit vielen Stolpersteinen versehen. Der Kontakt zu den Kindern wird, egal, welche Besuchsregelung gefunden wird, schwieriger. Es muß viel mehr geplant, aber auch gewartet werden. Eines kann sich der ›Nichtsorgeberechtigte‹ aber immer wieder sagen: Er/sie ist zwar im zeitlichen Umgang mit den Kindern reduziert, aber nicht in der Bedeutung für sie. Folgende ganz praktische Überlegungen helfen dabei, dieser neuen Rolle gerecht zu werden:

– Eigene Welt schaffen: Ich habe auf die Bedeutung dieses Schrittes schon an anderer Stelle hingewiesen. Er ist wichtig für die Kinder, aber auch für den ›abwesenden‹ Vater. Hier gewinnt mit den Kindern etwas Eigenes Gestalt und sichtbaren Ausdruck. Bisher war es vielleicht so, daß der Vater in der Familie über allem stand und doch bei keiner Sache so richtig beteiligt war. Das empfinden Männer häufig nicht als negativ, aber es ist in der ›intakten‹ Situation bereits der Verlust eines Stückes Lebensqualität, einer Möglichkeit der eigenen Identität. Der scheidende Vater wird, wenn er es richtig anstellt, eine Angelegenheit, die – wenn er ehrlich ist – häufig nur mitgelaufen war, zu seiner machen. Es kommt auf mich an! Das hat in der getrennten Situation eine ganz andere, aber nicht weniger intensive Bedeutung. Die Kinder brauchen mich? Um alles in der Welt, ja! Auch wenn kein täglicher Umgang mehr mit ihnen ist.

– Neue Rollen: Die neue Väterlichkeit, die uns hier und da plakativ verkündet wird, ist häufig zuerst einmal eine neue Weinerlichkeit. Man kann sich kaum vorstellen, wie die einstmals so genannte »Krone der Schöpfung« bei der Lösung kleinster praktischer Alltagsprobleme voller Selbstmitleid in die Knie geht. Einen Einkaufszettel machen, damit auch am Sonntag die Milch nicht ausgeht – da schießen wir doch lieber einen Astronauten auf den Mond! Wer allerdings auf den Geschmack kommt und seine verschütteten, sogenannten ›weiblichen‹ Fähigkeiten beim Backen, Kochen, Gärtnern etc. entdeckt, der fragt sich, wie er vorher überhaupt ohne sie gelebt hat. Zurecht!

– Normalität herstellen: Das heißt auch, sich mit seinen unerfüllten Wünschen, verdrängten Sehnsüchten auseinanderzusetzen. Wer bin ich eigentlich? Bin ich der, für den ich mich immer gehalten habe? Oder bin ich gar ein anderer? Wieviel Vereinsvorsitze brauche ich, um glücklich zu sein? Mit wieviel Jogging und anderer gesellschaftlicher Hampelei komme ich aus? Wem will ich eigentlich gefallen? Meiner Sekretärin? Meiner Mutter? Meinem Chef? Oder etwa mir? Jetzt muß ich meine Kinder ohne ›Assistenten‹ wahrnehmen, versorgen, ihre Wünsche erraten. Habe ich überhaupt Zeit dazu? Nehme ich mir diese

Zeit? Wo bin ich mit meinen Gedanken, wenn die Kinder da sind? Quetsche ich sie irgendwo als Punkt in meinen Terminplan ein? Oder mache ich die Begegnung mit ihnen zu einem Höhepunkt (warum nicht Ruhepunkt?) in meinem Leben, in meinem Alltag? Was wünsche ich mir nicht alles für das Kind! Aber was davon sind meine unerfüllten Wünsche und was sind jene, die sich aus der Persönlichkeit des Kindes ergeben (die sich schließlich aus den Anlagen zweier Menschen zusammensetzt).

– Vertrauen in die eigene Stärke entwickeln: Sie kommt aus dem Gefühl heraus, daß es auch in der getrennten Situation meine Aufgabe ist, den Kindern Sicherheit zu geben. Was gibt ihnen Sicherheit? Einmal meine wiederkehrende Versicherung, daß ich sie lieb habe, daß sie mir etwas wert sind, daß ich für sie sorgen werde. Warum den Kindern nicht sagen, wieviel man monatlich überweist und was es bedeutet, diesen Betrag verdienen zu müssen? Scheidende Väter sind auch von einem Erfüllungszwang getrieben. Jetzt wollen sie aus Sekunden Ewigkeiten machen. Alles wird leicht eine Nummer zu groß. Die Kinder stehen erst einmal fassungslos vor diesem ungewöhnlichen ›Gebäude‹, dem überdimensionierten Sein. Und der gebeutelte Vater schafft und schafft, aus Angst getrieben, er könnte etwas von der Liebe der Kinder verlieren, bis er nicht mehr kann. Dann entfährt es ihm: »Ich bin auch nur ein Mensch.« ›Komischerweise‹ verstehen das die Kinder wieder. Ich erinnere mich, wie ich einmal, als die Kinder beim Toben in der Wohnung eine Vase kaputt gemacht hatten, in einer Mischung von Wut, Angst und Zwang zur Beherrschung plötzlich nur noch geheult habe. Das hat die Kinder und mich viel näher zueinander gebracht als viele Super-Nachmittage im Zirkus oder am Skihang, wo ich immer in der Gefahr bin, ihnen etwas vormachen zu wollen. Mit Erstaunen habe ich damals registriert, wie zwei Buben von sieben und neun Jahren trösten können – wenn man es annehmen kann.

– Den Tag nicht überbewerten: Der ›Nichtsorgeberechtigte‹ ist eine Alternative, manchmal auch ein Korrektiv zum Handeln des ›Alleinerziehenden‹. Die Möglichkeiten der auch unter reduzierten Umständen intensiv gepflegten Beziehung zu dem Kind können sich gar nicht in einer einzelnen Situation zeigen. Vieles, was da geschieht, ist Potential, angehäufter Wert, der sich in einer anderen Lebenssituation, in einem anderen Lebensalter vielleicht erst richtig offenbart.

Sie werden beim Lesen dieser Zeilen vielleicht einige Dinge vermissen. Warum spricht er nicht davon, daß es schädlich sein kann, wenn der eine Elternteil in der Erziehung hierhin zieht, der andere dorthin? Das ist, so antworte ich, kein besonderes Problem der getrennten Eltern. Zum Problem werden unterschiedliche Auffassungen der Eltern in bezug auf Erziehung oder Wohlergehen der Kinder erst, wenn sie mit der Drohung gegen den anderen Partner oder mit Einschüchterung der Kinder verbunden sind. »Wenn ihr euch nicht so verhaltet, wie ich will, dann…« Falls sie als unterschiedliche Angebote und Problemlösungen an Kinder und Partner herangetragen werden, bereichern sie das Familienleben wie das Leben in der getrennten Situation.

Warum, so fragen Sie vielleicht, spricht er nicht von den neuen Partnern der getrennten Eltern, dem Freund der Mutter, der das Kind viel mehr sieht und viel mehr in den Armen hält als der Vater, von der Geliebten des Vaters, die im Zentrum der Ehescheidung stand und nun auch noch auf die Kinder ›losgelassen‹ wird. Wie mag sich die frühere Frau dabei fühlen? Sie merken es durch meine leichte Übertreibung: Das ist Erwachsenen-, nicht Kinderebene. Die sogenannten Dritten haben mit den entsprechenden Erwachsenen, aber vorerst wenig mit den Kindern zu tun. Sie sollten daher erst einmal das bleiben, was sie sind: die Freundin des Vaters, der Freund der Mutter. Als diesen soll ihnen zwar von den Kindern mit Respekt begegnet werden, doch mehr nicht. Ob die Kinder eine Beziehung zu ihnen aufbauen, ob der/die ›Dritte‹ das überhaupt will oder kann, muß sich erst noch zeigen. Als ›Rächer‹ der betrogenen Ehefrau, als ›Stifter‹ der neuen Beziehung der ›Alleinerziehenden‹ sind Kinder überfordert, man sollte sie davor schützen.

Eine Beobachtung will ich noch anschließen, bevor ein anderer das letzte Wort in diesem Abschnitt haben soll. Wer seinen ›Marschtritt‹ mit den Kindern gefunden hat, wird die Erziehungsarbeit des früheren Partners in ganz anderem Licht sehen. Wir können nicht alles. Unsere Stärken haben die Kehrseiten unserer Defizite. Ich weiß genau, was die Mutter meiner Kinder besonders gut hinkriegt und was ich besonders gut hinkriege. Sie hat den Kindern zum Beispiel dadurch ein Stück Lebensbejahung vermittelt, daß sie ihnen gezeigt hat, wie man auf sein Gefühl achtet und es in wechselnden Situationen wahrnimmt. Ich habe es auf dem Umweg über die Kinder selbst wieder gelernt; als Kind, so erinnere ich mich, konnte ich es noch ganz gut – ein später, unerwarteter Erfolg einer nach außen hin erfolglosen Beziehung! Sie war gar nicht erfolglos. Ihre Lösung mit Krächen, Zweifeln, Niederlagen war ihr letzter Erfolg. Absurd? Nein, wenn man richtig und in Ruhe darüber nachdenkt.

Und jetzt soll abschließend David McClelland, em. Professor an der renommierten Harvard-Universität in den USA, zu Wort kommen, bekannt geworden durch seine Pionierarbeiten auf dem Gebiet der Motivationsforschung. *Macht als Motiv* und *Die Leistungsgesellschaft* heißen seine bekanntesten Veröffentlichungen. »Wie können sich nun Eltern gegenüber ihren Kindern richtig verhalten?« fragt der Psychologie-Professor, und die Antwort, die er gibt, gilt für die gemeinsame wie für die getrennte Situation in all ihren Sorgerechtsformen: »Es gibt eine einfache Antwort. Sie sollten ihre Kinder lieben, sie gerne um sich haben, Spaß an ihnen haben. Sie sollten ihre Macht nicht dazu benutzen, um ein Familienklima zu schaffen, in dem sich alles an den Bedürfnissen der Erwachsenen orientiert. Sie sollten ihre Kinder nicht als ›Störfaktor‹ betrachten und sie nicht dauernd unter Kontrolle halten wollen. Es sind die gelassenen, entspannten und liebevollen Eltern, deren Kinder den höchsten Reifegrad als Erwachsene erreichen. Ist das ein überraschendes Ergebnis? Entspricht das nicht dem gesunden Menschenverstand? Das Problem mit dem gesunden Menschenverstand ist nur, daß er nicht so verbreitet ist, wie man immer annimmt.«

Plädoyer für ein gemeinsames Sorgerecht

Was bisher in diesem Kapitel beschrieben wurde, wird von einigen Eltern nach der Trennung zum Wohle der Kinder gelebt, für andere ist es eine Perspektive, ein Leuchtturm in der Nacht, für wieder andere ein Wunsch; für manche ist es vielleicht unglaublich, daß es so sein kann. Die Auflösung des Rätsels ›Kinder bei der Trennung‹ könnte viel häufiger so lauten, wenn sich in den Köpfen der Menschen (Scheidenden, Juristen, Politiker, aber auch Ratgeber) nicht kaum bewegbar der Gedanke festgesetzt hätte, daß Scheidung ein Streitfall sein muß. Durch das allgemeine Dafürhalten, durch die Rechthaberei der Moralisten, durch auf alten Prinzipien der Lebensgestaltung fußende Gesetze und Rechtsanschauungen muß der/die Scheidende geradezu glauben, er/sie habe etwas falsch gemacht oder (manchmal noch schlimmer) etwas verpaßt, wenn man vom früheren Partner mit wenig Streit scheidet und sogar zu einem gütlichen Ausgleich der verschiedenen Interessen kommt. Wie in der griechischen Tragödie, steht ein Chor im Hintergrund und stachelt: »Streitet euch, streitet euch! Wir wollen es so, alle machen es so, es gehört dazu! Wollt ihr etwa anders sein? Laßt euch die Gelegenheit nicht entgehen! Es warten viele darauf, sie werden euch anfeuern, euch Beifall spenden! Genießt das! Genießt es, euch einmal so richtig unmöglich aufzuführen! Bringt alles ein in den Streit, was ihr habt: Kinder, Freunde, Arbeitskollegen, Verwandte, euer Geld, eure Intensität, euren Behauptungswillen, eure Leidenschaft! Nutzt die Gelegenheit! Wachst über euch hinaus!«

Wer in der Trennungssituation steht oder sich auch nur mit Trennungsgedanken befaßt, kann sich seine Situation am besten in einem Bild klarmachen. Beide stehen mit einem Bein in einem Boot, das an einem Landungssteg festgemacht ist, und mit dem anderen in einem, das auf die offene See hinaustreibt. Eine Weile hält die Kraft der Beine noch die beiden auseinanderdriftenden Boote beieinander, dann wird der Zug nach draußen zu stark. Jetzt kann dreierlei passieren: Er/sie zieht den Fuß vom startenden Boot zurück und bleibt im Hafen, er/sie springt auf das startende Boot und fährt davon, oder die Boote treiben langsam weiter auseinander, und er/sie fallen ins Wasser. Wer im Hafen bleibt, aber seine Augen weiterhin sehnsuchtsvoll auf das weite Meer richtet, wird nicht glücklich; wer hinausfährt, aber nicht nach vorn blicken kann, sondern immer sehnsuchtsvoll zum bekannten Strand zurückschaut, der wird es auch nicht. Nun kommt das Wichtigste: Kindern ist mit Eltern, die im Wasser treiben und mit den Armen rudern, um sich über Wasser zu halten, nicht geholfen, aber auch nicht mit Eltern, die sie nur in ihr jeweiliges Boot zerren wollen. Sie brauchen ihr eigenes kleines Boot, um zwischen den Schiffen der Eltern hin- und herzufahren. Und noch etwas sehr Wichtiges: Wie und in welchem Rhythmus die Kinder diese Fahrten machen, müssen die sich trennenden Eltern bestimmen. Aufgewühlt, wie die See ihrer Gefühle ist, kann es keine reine Gefühlsentscheidung sein. Sie würde in vielen Fällen entweder lauten: ›Ich will das Kind ganz in meinem Boot und sonst nirgendwo‹, oder: ›Das Kind belastet nur mein Schiff, es soll im anderen Boot bleiben.‹ Es muß daher eine Vernunftentscheidung getroffen werden, die sich allerdings auf ein Gefühl, die Liebe zu dem Kind, stützen soll. Und Liebe zu dem Kind heißt eben auch: in seinen kleinen Mokassins gehen (es nicht nur an mich binden, sondern es teilen; es nicht nur dem anderen überlassen, sondern ihm auch meine Liebe schenken).

Diese schwierige innere Situation in ein für alle Menschen eines Staates gültiges Gesetz zu fassen, ist eine kaum zu lösende Aufgabe. Das Recht ist dabei schlicht überfordert. Trotzdem kann der Gesetzgeber dieses Gebiet nicht dem freien Spiel der Kräfte überlassen, allein schon um die Rechte derer zu wahren, die noch nicht für sich sprechen können, der Kinder. Die Sorgerechtsregelungen im Scheidungsrecht sind Kompromisse, Festschreibungen von dem, was eine Mehrheit in der Gesellschaft über die Eltern-Kind-Beziehung denkt. In den letzten Jahren hat es hier Aufbrüche und Entwicklungen gegeben, die noch nicht zu einem Stillstand gekommen sind.

Im alten Scheidungsrecht, das bis 1977 galt, dominierte der Schuldgesichtspunkt. Bei einer Scheidung mußte ein ›Schuldiger‹ ausgemacht werden, dem dann auch weitgehend die Lasten der Scheidung aufgebrummt wurden. (Um überhaupt eine Scheidung zu erreichen, einigten sich viele Scheidungswillige darauf, wer diesen Part vor Gericht übernehmen sollte.) Die Kinder fielen häufig dem ›schuldlos‹ Geschiedenen zu.

Im neuen, jetzt gültigen Scheidungsrecht wurde der Schuldgedanke fallengelassen. Um eine Ehe zu scheiden, braucht es keinen Schuldigen mehr, sondern die »Zerrüttung« der Ehe – so der Fachbegriff – wird vom Familiengericht nach bestimmten Fristen festgestellt. Die Scheidungsfolgen (Unterhalt, Aufteilung des Vermögens, Aufteilung von Versicherungs- und Rentenansprüchen) werden ebenfalls nicht mehr nach Schuld-Gesichtspunkten festgelegt, sondern nach Verhältnismäßigkeit und Bedürftigkeit. Das Sorgerecht für die Kinder schließlich ist ebenfalls neu geregelt. Das Kind soll dort aufwachsen, wo es »seinem Wohl« am besten entspricht. Das war ein revolutionärer Schritt, denn damit wurde ein jahrtausendaltes Prinzip aufgehoben: Nicht die Bedürfnisse der Eltern (ihre Wünsche, ihre Gefühle) sollen bei der Entscheidung der Kinderfrage im Vordergrund stehen, sondern das Interesse, das Wohl des Kindes.

Wie schwierig es jedoch ist, eine derart moderne und vom Besitzdenken in familiären Beziehungen wegführende Idee in den Alltag umzusetzen, zeigte bald die Praxis des neuen Gesetzes, denn auch das neue Scheidungsrecht bietet keinen ausreichenden Schutz davor, daß nicht sachfremde Gesichtspunkte in die Sorgerechtsfrage hineinkommen. Zwei Schwachstellen gibt es im neuen Sorgerecht, wie sich bald herausstellte, eine wurde inzwischen durch Spruch des Bundesverfassungsgerichts zum Teil beseitigt.

An die Erteilung des Sorgerechts sind unter Umständen erhebliche Vorteile für den Sorgeberechtigten (Recht auf persönlichen Unterhalt, Bevorzugung bei Aufteilung der ehelichen Wohnung, Steuervorteile) gebunden. Hinzu kommt, daß er/sie (in neun von zehn Fällen ist es die Frau) dem Nichtsorgeberechtigten den Umgang mit den Kindern erleichtern oder erschweren kann und daß der Nichtsorgeberechtigte, der an seinen Kindern sehr hängt, bis zu einem gewissen Grade ›erpreßbar‹ wird. Diese ins Gesetz eingebaute Schwäche wurde noch durch eine andere Bestimmung verstärkt. Das Sorgerecht sollte nur einem von beiden, Vater oder Mutter, übertragen werden. Diese Bestimmung wurde im November 1982 vom Bundesverfassungsgericht aufgehoben und das gemeinsame Sorgerecht als Möglichkeit eingeführt.

Seitdem haben scheidungswillige Eltern also auch die Möglichkeit, sich die Sorge um die Kinder – rechtlich festgeschrieben – zu teilen und ein gemeinsames Sorgerecht zu beantragen. Es hängt vom jeweiligen Familienrichter ab, ob dieses ausgesprochen wird. Zum einen müssen sich die Eltern in der Absicht einig sein, zum anderen muß das Familiengericht davon überzeugt sein, daß dies die beste Sorgerechtsform im jeweiligen Fall ist. Das gemeinsame Sorgerecht ist allerdings noch die Ausnahme. Geduld und die Fähigkeit, trotz der Trennungsabsicht aufeinander zu hören, sind dazu vonnöten.

Entsprechend wird heute in der Regel von den Familiengerichten der Bundesrepublik in der Sorgerechtsfrage vorgegangen und entschieden. Wenn die Eltern einen gemeinsamen Vorschlag dazu machen, wer das Sorgerecht bekommen soll, so ist das Gericht gehalten, ihm zu folgen. Auch in diesem Falle wird sich jedoch ein Vertreter des Jugendamtes im Auftrag des Gerichts von der häuslichen Situation der Kinder persönlich überzeugen. Diese Besuche sind häufig reine Routine-Angelegenheiten, bei denen der Vertreter des Jugendamtes vor allem die materielle Seite des künftigen Lebens der Kinder erkundet. Auf Besuch bei demjenigen Elternteil, der das Sorgerecht nicht begehrt, wird oft verzichtet und nur telefonisch Kontakt mit ihm aufgenommen. Der ›Nichtsorgeberechtigte‹ ist gut beraten, den Vertreter des Jugendamtes zu sich zu bitten, um feststellen zu lassen, daß auch er/sie für ein Sorgerecht grundsätzlich infrage kommt, obwohl es im Moment nicht begehrt wird. Gut ist, wenn dieses Gespräch in Gegenwart der Kinder geführt wird und das Jugendamt sich davon überzeugen kann, daß sie zu Vater und Mutter ein ähnlich gutes Verhältnis haben.

Kinder nach Vollendung des 14. Lebensjahres müssen vom Gericht gehört werden, Kinder nach der Vollendung des 8. Lebensjahres können vom Familienrichter zur Verhandlung dazugeladen werden. Dem Kind ab 14 Jahren kommt eine entscheidende Mitsprache bei der Formulierung des Sorgerechts, aber auch des Umgangsrechts zu. So ist zum Beispiel ein Sorgerechtsurteil nicht nur Vater und Mutter, sondern auch diesem Kind zuzustellen, das rechtlich dagegen angehen kann.

Bei der Vergabe des Sorgerechts läßt sich das Gericht – wenn der Elternwille oder der Wille von Kindern über 14 Jahre es nicht anders bestimmt – stark von dem Gedanken der Kontinuität der Erziehung leiten. Bleibender Kontakt zu Geschwistern steht ganz oben auf der Liste der Entscheidungsgründe. Einer ›Aufteilung‹ der Kinder wird nur selten zugestimmt. Derjenige Elternteil, der schon in der Ehe die meiste Zeit mit dem Kind verbrachte, hat eindeutig die besseren Chancen, das Sorgerecht zugesprochen zu bekommen. Daß diese mehr schematische, sich an äußeren Merkmalen festmachende Entscheidung häufig nicht befriedigt, ist leicht einzusehen. Auf der anderen Seite aber muß sich der Richter an objektiv feststellbare Momente halten, denn eine Gewissenserforschung ist nicht möglich. Letztlich aus der Not einer schwierigen Beweislage finden sich in Scheidungs-Handbüchern, die stark von rechtlichen Erörterungen geprägt sind, Hinweise wie: »Falls dennoch der bisher berufstätige Vater ernsthaft beabsichtigt, um die elterliche Sorge zu kämpfen, ist es notwendig, daß er zu Beginn der Trennung die Kinder an sich nimmt. Je länger die Kinder dem anderen Ehegatten vorenthalten werden, desto mehr kann der das Sorgerecht jetzt faktisch ausübende Ehegatte den Grundsatz der Kontinuität der Kinderbetreuung für sich in Anspruch nehmen.« Sprache ist verräterisch (es soll hier nicht an einem Autor, der eine Tatsache korrekt wiedergibt, Kritik geübt werden, sondern Mängel, Fehler eines Rechtssystems und der zugrundeliegenden Geisteshaltung sollen aufgezeigt werden): »an sich nimmt«, »vorenthalten«, »kämpfen« – menschliche Wesen werden zu einer Sache degradiert, Triumph des Besitzdenkens in der Eltern-Kind-Beziehung. Noch einmal: Nicht die Juristen haben den Schwarzen Peter, sondern Eltern, die eine solche Rechtspraxis durch ihr Verhalten fordern und stützen.

Schon in der Trennungszeit kann die künftige Sorgerechtsregelung vorweggenommen werden, und faktisch wird sie das auch durch die sich neu herausbildenden Gewohnheiten. Ebenso wie das Jugendamt, wird sich auch der Familienrichter an den faktischen Verhältnissen orientieren. Vorläufige Regelungen, denen die Eltern – vielleicht sogar schriftlich – zustimmen, werden weitgehend auch das Gerüst der endgültigen Sorgerechts- und Umgangsregelung sein. In der Trennungszeit kann jeder Elternteil mittels einer Einstweiligen Anordnung durch das Gericht die vorläufige Regelung festschreiben lassen. Aber dazu sollte es nicht kommen. ›Kampf ums Kind‹, um günstige Ausgangspositionen für eine Sorgerechtsregelung gehört zum Schlimmsten, was bei der Auflösung einer Ehe passieren kann. Er treibt die Kinder in Zerreißkonflikte und zieht die Eltern tief herab. Auch derjenige, der ›gewinnt‹, wird auf die Dauer gesehen nicht froh. Sein/ihr Leben bekommt eine Schlagseite, und niemand sollte sich davon täuschen lassen, was die Kinder nach außen hin dazu sagen. Sie müssen sich vielleicht der Situation, welche die Erwachsenen für sie schaffen, beugen und willigen in sie ein, weil sie keinen anderen Ausweg für sich sehen, aber tief drinnen verfolgen sie ihr Ziel, mit *beiden* Eltern irgendwann ins Reine zu kommen. Gerade derjenige Elternteil, der vom anderen am Kontakt mit den Kindern gehindert wird, bekommt in ihrem Denken eine übermächtige Bedeutung, weil sie seine tatsächliche Größe nicht erleben.

Wer es recht bedenkt, hat in der Sorgerechtsfrage nur die Wahl zwischen fairem Kompromiß (egal, wie die Gefühle dem früheren Partner gegenüber sind) oder einem Leben mit beständigen inneren und äußeren Fragezeichen. Eine Ehe kann aufgelöst werden, eine Elternschaft nicht. Die Entscheidung für sie wurde bereits in den Momenten von Zeugung und Geburt getroffen.

Ich biete Ihnen zwei Fälle zur Orientierung an, sie sind – auch der traurige erste – keine Erfindung.

1. Fall: Der Mann ist Schichtarbeiter, die Frau verdient als Halbtagskraft in einem Büro dazu. Zwei Kinder, vier und sieben Jahre alt, wurden während der Ehezeit von beiden Eltern mit Hilfe der Großeltern, die nicht weit entfernt wohnen, betreut und erzogen. Die Eltern spielten sich gegenseitig dabei die Bälle zu, indem der Vater häufig die Spätschicht übernahm, während die Mutter vormittags ins Büro ging, damit die Kinder möglichst immer einen Elternteil zu Hause hatten. An Wochenenden nahmen häufig mal die einen, mal die anderen Großeltern die Kinder zu sich, damit die jungen Eltern auch mal Zeit für sich hatten. Mit Hilfe der Eltern hatten sich die Eheleute schon früh ein eigenes Häuschen gekauft, das fast abgezahlt war. Die Ehekrise, die schließlich zum Wunsch nach Trennung führte, hatte angefangen, als finanziell Land in Sicht war, die Last aus dem Hauskauf sich erheblich vermindert hatte und das jüngste Kind ›aus den Windeln‹ war. Seit zuerst die Frau, dann der Mann zum Rechtsanwalt gegangen sind, sprechen sie kein normales Wort mehr miteinander, häufig kommt es zum Streit auch vor den Kindern. Der Mann beansprucht ebenso wie die Frau das Sorgerecht für die Kinder. Er hat seine Arbeit jetzt nur noch auf die Morgenschicht gelegt, während die Kinder in Schule und Kindergarten sind, so daß er am späten Nachmittag zu Hause ist, wenige Stunden, nachdem die Frau von der Arbeit heimkommt. Auf diese Weise hofft er, den ›Platzvorteil‹ der Frau in der Kontinuitätsfrage auszugleichen. Er ist in das obere Stockwerk gezogen und will dort das gesetzlich vorgeschriebene Trennungsjahr verbringen. Die Kinder sind abwechselnd oben und unten. Beide Eltern versuchen durch Geschenke und versteckte Drohungen die Kinder auf ihre Seite zu ziehen. Der Kontakt der Kinder zu den Großeltern ist stark erschwert. Die Mutter des Mannes setzt gezielt Gerüchte über die Erziehungsunfähigkeit und die menschlichen Schwächen der Frau in die Welt. Die Eltern der Frau haben den Kontakt zum Mann ebenfalls abgebrochen und sprechen von ihm nur noch als vom »Herrn Schwachkopf«, auch in Gegenwart der Kinder.

2. Fall: Er ist Vertreter, sie hat ihre Arbeit als Kindergärtnerin aufgegeben, als das erste Kind kam. Drei Kinder im Alter von sieben, 14 und 15 Jahren sind zu versorgen. Bei der Auflösung der Ehe ging es nicht ohne Streit ab, der aber immer so unter Kontrolle blieb, daß der Alltag der Kinder unverändert ablief. In der heißen Streitphase wurden alle drei einmal vier Wochen lang zur Oma in Ferien geschickt, damit die Eheleute Zeit und Ruhe hatten, ihre Angelegenheiten zu entwirren. Obwohl die Frau tief verletzt war, als sie erfuhr, daß ihr Mann seit einem Jahr eine Beziehung zu einer anderen Frau hatte (was er mit dem ›Argument‹ konterte, man habe sich doch auseinandergelebt und »sexuell laufe doch gar nichts mehr«), wurden sich die beiden schnell einig, daß sie »die Kinder heraushalten und auch künftig gemeinsam für sie sorgen« wollen. Die Kinder wissen, wie es um die Ehe der Eltern steht und daß eine Scheidung naht, sind aber dadurch beruhigt, daß sie weiterhin beide Eltern regelmäßig sehen und keiner der Eltern den anderen schlecht macht, weder direkt noch indirekt. Der Mann ist, sofort nachdem die Trennungsabsicht bei beiden klar war, ausgezogen und hat sich ein kleines, preiswertes Appartement in einem anderen Stadtteil genommen. Die beiden großen Kinder haben Schlüssel dazu und kommen gelegentlich vorbei. Ein Besuchstag in der Woche, der Mittwochnachmittag, ist fest verabredet und wird konsequent eingehalten. Der Siebenjährige kommt alle 14 Tage von Sonnabend früh bis Sonntagabend zum Vater. Einmal im Monat stoßen auch die Geschwister am Sonntag dazu, und dann wird es »eng in der Bude«, aber »sehr gemütlich«, wie alle meinen. Die Frau hat mit einer Umschulung begonnen, da die Aussichten, als Kindergärtnerin eine neue Stellung zu finden, schlecht sind. Die Umschulung wird vom Mann bezahlt. Sie hat ihm dafür in Aussicht gestellt, auf Unterhalt für sich zu verzichten, sobald der Jüngste seinen zehnten Geburtstag feiert. Im Moment besuchen die früheren Eheleute eine Eheberatung, um zu prüfen, ob ein gemeinsames Sorgerecht nach der Scheidung für sie infrage kommt.

Es ist unter allen Umständen erstrebenswert, daß es zu einer Einigung der Scheidenden über die Kinder kommt; beide sollten dafür, weil es im wahrsten Sinne des Wortes die Zukunft bedeutet, auch Umwege gehen und bittere Pillen schlucken. Das Scheidungsrecht schreibt (außer den genannten Verfahrensfragen) keinen bestimmten Weg vor. Scheidende können auch ohne gemeinsames Sorgerecht die rechtlichen Voraussetzungen dafür schaffen, wie beide Eltern den Kindern erhalten bleiben. Einzig der Wille muß dazu da sein. Wer ein bißchen Phantasie einsetzt, was die Zukunft beider Zweige des künftigen Familienbaumes angeht, kann sehr befriedigende Lösungen schaffen. Gerichte messen dem Umgangsrecht als einem Teil der Sorge für die Kinder eine ähnlich wichtige Rolle wie dem Sorgerecht zu. Die Scheidenden können es sich individuell ausgestalten, wenn sie sich fragen: Was kann ich als Vater nach der Trennung wirklich für die Kinder leisten? Was muß ich als Mutter nach der Trennung für die Kinder tun und wobei kann ich mir von anderen helfen lassen? Welche Aufgaben können Großeltern oder andere Verwandte übernehmen? Das sollten die entscheidenden Fragen in der Sorgerechtsangelegenheit sein.

Voraussetzung dafür, daß aus einem Kompromiß kein fauler wird, ist jedoch, daß die früheren Eheleute darauf verzichten, sich nach der Trennung die Kinder betreffend ›die Meinung zu sagen‹, direkt oder indirekt. Männer laufen dabei Gefahr, immer noch in den früheren Haushalt hineinregieren, dort mitreden zu wollen. So oder so – was in der alten Wohnung passiert, darf ihn nicht kümmern, er muß sein eigenes Feld bestellen. Frauen wiederum laufen Gefahr, ihr weiteres Lebensschicksal nach der Stunde Null immer noch dem Mann anzuhängen. »Wenn er das nicht getan hätte..., wenn er mehr zahlen würde..., wenn er, wenn er, wenn er...« Nein, so wird nie etwas draus. Trennung heißt Abschied nehmen, auch von Illusionen über das eigene Leben. Jeder ist nun wieder für sich selbst verantwortlich. Die Kinder sind eine getrenntgemeinsame Aufgabe und sollten kein Anlaß sein, den anderen zu bevormunden.

In bezug auf die Kinder müssen sich beide Eltern fragen: Wie wäre ihr Leben weiterverlaufen, wenn wir zusammengeblieben wären? Kinder brauchen ein Dach über dem Kopf, Essen, Kleidung, Geld für Schule und Ausflüge und zur Bestreitung ihrer kleinen Bedürfnisse. Die Summe läßt sich ungefähr in Mark und Pfennig errechnen, und sie müssen beide Eltern auch weiterhin aufbringen. Solange die Kinder klein sind, wird einer der Eltern zu Hause bleiben müssen und der andere für den Unterhalt auch dieses Elternteils aufkommen müssen. Mehr aber auch nicht. Eine teure Skiausrüstung, ein besonderes Vergnügen für die Kinder, eine Urlaubsfahrt, Pakete unter dem Weihnachtsbaum – das muß nach der Trennung jedem Elternteil entsprechend seinen Möglichkeiten und Lebensmaßstäben überlassen bleiben. Mütter, die zur Arbeit gingen, als die Kinder klein waren, damit Geld hereinkam für Urlaub, Anschaffungen etc., und die nach der Trennung wegen Kinderbetreuung gemäß Scheidungsgesetz nun nicht mehr arbeiten können, verschlechtern die Situation der getrennten Familie ebenso wie Väter, die sich nach der Trennung jede einzelne Mark aus der Tasche ziehen lassen und dabei womöglich noch mit der Uninformiertheit der Ex-Frau spekulieren. Kinder legen Verpflichtungen auf, auch finanzielle. Das Leben sieht anders aus – für die geschlossene Familie wie für die getrennte –, wenn Kinder zu versorgen sind. Auch hier gilt es für die Erwachsenen, abzuwägen und sich zu prüfen: Was ist nötig für die Kinder und wo pflege ich über die Kinder oder zu ihren Lasten nur meine eigenen Ziele.

Was ist nun das bereits erwähnte, in letzter Zeit sehr ins Gespräch gekommene gemeinsame Sorgerecht? Es durchbricht die Tendenz, Ehen mit Kindern nach dem Schema aufzulösen: Der eine zahlt, der andere erzieht. Damit kommt es der heutigen Rollen-Auffassung von Mann und Frau entgegen, die nicht mehr ausschließliche Betätigungsfelder für das eine wie das andere Geschlecht vorsieht, sondern beiden die Möglichkeit geben will, sich in Haus, Familie und im Beruf zu verwirklichen.

Aber nicht nur darauf basieren die Vorstellungen von einer gemeinsamen Sorge der Eltern nach der Trennung. Die Überlegung gewinnt Raum, daß man Scheidung nicht als ein einmaliges traumatisches Ereignis im Leben einer Familie betrachten sollte, das irgendwann einen Schlußstrich zieht, sondern als Ablösung einer bestimmten Lebensform durch eine andere. Aufgabe einer so verstandenen Scheidung ist es, alles, was man lösen kann, zu lösen (möglichst im Guten), und Wege dafür zu schaffen, daß die Beteiligten (Eltern und Kinder) gut mit dem weiterleben können, was nicht zu lösen ist. Die Gleichung »Aufhebung der Ehe = Aufhebung der Familie« gilt heute nicht mehr. In wesentlichen Bezügen lebt die frühere Familie auch in getrenntem Zustand weiter, allerdings in zwei verschiedenen, durch neue Partner und Freunde ergänzten Bereichen. Ähnlich den verschiedenen Möglichkeiten, eine Ehe zu führen, muß es auch verschiedene Möglichkeiten geben, eine Scheidung zu leben.

Ein weiteres Argument für das gemeinsame Sorgerecht wurde durch Ergebnisse psychologischer Forschungen gewonnen, die besagen, daß schon das Kleinkind, wenn man es läßt, zum Vater ähnliche Bindungsstrukturen aufnimmt wie zur Mutter. Vaterabwesenheit wird heute von Psychologen ähnlich negativ gesehen wie Mutterabwesenheit, übrigens nicht nur bei Jungen. Bei Mädchen zeigen sich die negativen Folgen nur später, nämlich in der Pubertätsphase. Eine übermächtige, dominierende Mutter und ein schwacher (abwesender) Vater sind für Psychologen eine Situation, die Störungen in der Entwicklung des Kindes provoziert. Bei einem großem wissenschaftlichen Kongreß 1984 in München wurde die Rolle des Vaters als ›Befreier‹ des Kindes aus einer nach der Geburt bestehenden engen Mutter-Kind-Beziehung betont, der ein Gegengewicht gegen eine allzu enge weitere Fixierung des Kindes auf die Mutter bildet. Die Konstellation ›unterdrückter‹ Vater und dominierende Mutter wurde auch als ein möglicher Faktor für Bindungsschwierigkeiten des Kindes im weiteren Leben angesehen. Wenn der Vater überhaupt fehlt (wie oft bei ledigen Kindern), die Mutter also das Kind ganz allein erzieht, gilt die Gefahr seelischer Störungen für das Kind als geringer. Wünschenswert aber ist ein Kraft- und Einfluß-Ausgleich zwischen Vater und Mutter, in der Ehe- wie in der Scheidungssituation.

Des weiteren rückt man immer mehr davon ab, in der Ehe eine auf beständige Harmonie angelegte Beziehung zu sehen. Sie ist vielmehr eine dynamische Verbindung, in der sich das Beziehungsgeflecht der Eltern untereinander und der Eltern mit den Kindern ständig ändert. Mal fühlt das einzelne Familienmitglied sich zum einen, mal zum anderen hingezogen und hat in der bleibenden Familie auch Raum dafür. Die im Falle einer Trennung verlangte Option für den einen oder den anderen Elternteil wird auch unter diesem Gesichtspunkt als unnatürlich und lebensfremd angesehen. Wie sich die Bindungen des Kindes zu Vater und Mutter in den kommenden Lebensjahren entwickeln, kann noch gar nicht vorausgesagt werden, dabei kann es noch viele ›Überraschungen‹ geben. Außerdem sprechen aus der Motivationsforschung und Arbeitspsychologie gewonnene Argumente für ein flexibles Sorgerechtsmodell nach der Trennung. Einbeziehung in ein Geschehen motiviert zu Phantasie, Bejahung und Anstrengung. Leistung erbringen zu müssen, ohne Einfluß auf den Gang des Geschehens zu haben, demotiviert (im Sorgerechtsmodell betrifft das den reinen Zahl-Vater).

Der Münchener Familienforscher Wassilios Fthenakis, der das bayerische Staatsinstitut für Frühpädagogik leitet und dessen Gutachten entscheidenden Anteil am Spruch des Bundesverfassungsgerichts für ein gemeinsames Sorgerecht hatte, spricht sich unter vier Gesichtspunkten für dieses aus:

Kontinuität: Ein stark verminderter oder ganz unterbundener Kontakt zu einem Elternteil nach der Trennung bedeutet einen erheblichen, unerwünschten Bruch in der Kontinuität der Entwicklung des Kindes. Bei gemeinsamer Sorge der Eltern für ein Kind nach der Trennung kann trotz der Veränderung, welche die Scheidung mit sich bringt, weitgehend an der bisherigen Erfahrungs- und Erlebenswelt des Kindes angeknüpft werden. Sollten sich zeitweise Vorlieben für ein Elternteil entwickeln, geschieht es durch einen kontinuierlichen Prozeß und nicht durch einen von außen aufgezwungenen Akt.

Stabilität: Die traditionelle Scheidung mit alternativer Aufteilung des Sorgerechts führt auf längere Sicht nicht nur zur Abschwächung der Beziehung zwischen Kind und nichtsorgeberechtigtem Elternteil, sondern hat häufig auch eine Auflösung der gewachsenen Beziehungen des Kindes zu einer Hälfte seiner Verwandtschaft zur Folge. Gerade nach einer Scheidung kommt diesem Netzwerk aber eine besondere stützende Funktion für die Kinder zu, erst recht, wenn beide Eltern arbeiten müssen.

Loyalität: Bei gemeinsamer Sorge wird dem Kind die ihm Angst machende Frage erspart, bei welchem Elternteil es denn bleiben will. Es kann jetzt auch ohne die Angst, Nachteile zu haben, weiter von Vater und Mutter das übernehmen, was ihm gefällt und was es zu seiner Identitätsfindung braucht.

Flexibilität: Kinder spüren das Positive in dem Bemühen beider Eltern, auch nach der Trennung für sie zu sorgen. Unterschiedliche Wertvorstellungen in beiden Haushalten werden von ihnen nicht mit übertriebener Sorge, sondern mit Neugier erlebt. Entscheidend ist für sie das Gefühl, zu dem Haushalt, in dem sie sich gerade befinden, dazuzugehören. In dem Maße, in dem sie die Besonderheiten jedes einzelnen Elternteils wahrnehmen lernen, entwickeln sie auch den Mut zu eigener Identität.

Fthenakis kommt in seinem Gutachten zu folgender allgemeiner Einschätzung der Scheidungssituation einer Familie mit Kindern: »Entwicklungspsychologisch ist sie eine Familie in der Krise und Umbruch. Dieser Prozeß ist schwierig, und oft geht er nicht ohne schmerzhafte Erfahrungen vor sich. Die Familie in der Scheidung befindet sich in einer Phase, in der sie auch in besonderem Maße offen für negative wie positive Erwartungen ist, die sich auf die Neustrukturierung der Beziehungen zwischen den Familienmitgliedern auswirken. Dies bedeutet zweierlei: Zum einen kann aus dem aktuellen, während der Scheidung gezeigten Verhalten – und dazu gehören meist Unsicherheit und Angst, aber auch Streit und Auseinandersetzung – nur mit großer Vorsicht darauf geschlossen werden, wie sich die Familienbeziehungen insgesamt und langfristig entwikkeln werden. Zum zweiten ist weitgehende Zurückhaltung gegenüber Einflußnahmen angebracht, insbesondere, wenn es sich dabei um die Äußerung negativer Erwartungen handelt. Ich spreche mich deshalb für eine gemeinsame elterliche Sorge nicht nur als eine Möglichkeit unter anderen aus, sondern halte sie gerade auch für eine Chance, den Kindern Vater und Mutter zu erhalten und weitgehend Bedingungen für eine günstige Weiterentwicklung bereitzustellen.«

Gemeinsame Sorge – das muß ebenfalls betont werden – ist nicht *die* Lösung für alle Trennungsfälle. Wenn einer der Partner vielleicht sogar die Lust verspürt, sie dem anderen aufzuzwingen, wird ihr Prinzip bereits im Anfang infrage gestellt und die (gute) Sache gefährdet. Werbend, sich selbst prüfend und vortastend sollten die Scheidenden die Möglichkeit einer gemeinsamen Sorge für die Kinder analysieren und mit geeigneten Personen (Psychologen, Eheberatern, aufgeschlossenen Rechtsanwälten, Freunden, die solches schon erprobt haben) besprechen. Die Erteilung der gemeinsamen Sorge hängt davon ab, ob der Familienrichter den Eindruck gewinnt, daß die Eltern wirklich bereit und geeignet dazu sind. Auch wenn ein solches Modell dann nicht zum Zuge kommt, setzt die Beschäftigung damit die Scheidenden für die Bewältigung der künftigen Aufgaben als Eltern auf die richtige Spur. Oberstes Gebot ist dabei: Wir lösen den Komplex der Verantwortung für die Kinder aus dem heraus, was wir als Erwachsene mit- und gegeneinander auszufechten haben. Wir sind uns immer bewußt, daß es eine Partner- und eine Elternebene nach der Trennung gibt, die wir voneinander trennen wollen. Im Wissen darum werden wir nie zu Extremen greifen, sondern den für beide Seiten lebbaren Kompromiß suchen.

Ihre Seite

Meine Gedanken heute:

Nach sechs Monaten meine ich dazu:

Kapitel 5

Wie das Gesetz es befiehlt …

Paragraphen und Bestimmungen, die Sie kennen müssen

Wieviele Anwälte braucht der Mensch?

Sie kennen die Szene aus Western-Filmen: Der schwarzgekleidete (böse) Cowboy und der Cowboy im helleren Dreß (guter Cowboy) gehen auf der Hauptstraße von Dodge City aufeinander zu. Die Colts an der Hüfte funkeln, Nerven und Muskeln sind zum Zerreißen gespannt, keiner weicht dem Blick des anderen aus. Jeder Schritt aufeinander zu ist eine Demonstration von Entschlossenheit und Furchtlosigkeit. Von den Veranden der Holzhäuser sieht eine ebenso verängstigte wie erwartungsfrohe Menge dem zu, was sich da unheilvoll ankündigt. Die Spannung ist nicht mehr zu überbieten. Szene um Szene hat sie der Regisseur aufgebaut. Unrecht auf Unrecht häufte sich, Tat um Tat hat sich der Böse immer mehr aus dem Kreis der anständigen Bürger ausgeschlossen. Jetzt ist er angekommen am ›Point of No Return‹, dem ›Ort ohne Wiederkehr‹. Dort treffen sie aufeinander, die Mächte der Finsternis und die Mächte des Guten, zum ›Shoot Out‹, zum Duell. Jetzt will es jeder wissen – nicht nur die Kontrahenten, sondern auch die Zuschauer. Lange haben sie auf diesen Moment gewartet, waren zeitweise sogar bereit, dem Bösen zu verzeihen. Aber jetzt ist's wirklich genug! Jetzt ist das Maß mehr als voll! Jetzt sollen die Waffen sprechen!

Dies ist auch das Szenario einer Scheidung, das sich viele Menschen (gar nicht einmal die Scheidenden selbst, sondern die Sekundanten und Zuschauer) laut oder insgeheim wünschen. »Gib's ihm! Gib's ihr! Laß dir nichts gefallen! Lange genug hast du zugeschaut, wie sich der andere immer wilder aufgeführt hat! Jetzt ist dein Moment gekommen!« Und nun marschieren sie aufeinander zu, mit zitternden Knien zwar, aber wild entschlossen: Rudi und Rita Furchtlos (ehedem: Ratlos).

»Jawohl, ich habe noch ein paar Mal geschlafen mit dir nach der Trennung. Aber ich meinte nur deinen Körper. Das hast du gar nicht mehr kapiert. Du wolltest uns beide haben, mich und deine Freundin. Du hast dir das alles so schön gedacht für dich. Aber jetzt drehe ich den Spieß um. Bluten wirst du. Ich mache dich fertig, aber so, daß du es gar nicht merkst.« (Tagebuchaufzeichnung einer in Scheidung lebenden Lehrerin.)

»Sie braucht nicht zu denken, daß sie auch nur einen Pfennig sieht. Wenn sie mit der Unterhaltsforderung durchkommt, hänge ich sofort meinen Beruf an den Nagel. Ich schlage mich schon mit Gelegenheitsarbeiten durch. Ich freue mich jetzt schon auf das blöde Gesicht ihrer Eltern, wenn die von meinem Chef erfahren: ›Der Herr P. arbeitet nicht mehr bei uns.‹« (Staatsbeamter, 4000 Mark netto, gesicherte berufliche Position mit Aufstiegsmöglichkeiten.)

Wer bietet mehr? Wer fordert mehr? »Chefarzt soll zwei Millionen bei Scheidung zahlen« – »Mick Jagger soll 15 Millionen zahlen« – »Neuer Rekord bei Scheidungsprozeß: Öl-Milliardär soll 1,5 Milliarden zahlen«: Schlagzeilen, die das ganze Volk liebt, die eine angenehme Gänsehaut bereiten. Ein Freund von mir kam nicht in die Schlagzeilen, aber ihn traf fast der Schlag. Er war mit seinem Rechtsanwalt nicht zufrieden und konsultierte einen anderen. Die Rechnung für eine knapp einstündige Beratung: 900 Mark. Selbst schuld: Warum wechselt er den Rechtsanwalt? Selbst schuld: Warum läßt er sich scheiden? Selbst schuld: Warum hat er denn überhaupt geheiratet, obwohl dieses Ende doch vorauszusehen war? Selbst schuld: Warum ist er denn überhaupt auf der Welt?

Ich habe in diesem Buch fast überhaupt noch nicht von rechtlichen Aspekten einer Scheidung gesprochen, mit Absicht. Viele Menschen sitzen bei ihrer Scheidung oder bei einer Scheidung im Verwandten- bzw. Bekanntenkreis einem verhängnisvollen Irrtum auf: Sie meinen, die rechtliche Lösung einer Lebensgemeinschaft sei die Scheidung. Mitnichten, sie ist nur ein Teil davon und beendet den äußeren Vertragszustand zweier Menschen. Wenn der ›innere Vertrag‹ nicht gekündigt oder die Kündigung durch den Partner nicht hingenommen und verarbeitet wurde, kommen die Scheidenden in eine gefährliche Zone. Sie erwarten vom Buchstaben des Gesetzes, was ihr Herz und Kopf nicht leisten wollen oder können. Rechtsanwälte, die eigentlich nur das rechtliche Geflecht einer Ehe entwirren und einen vernünftigen Ausgleich der Interessen und Lasten zum Zeitpunkt der Trennung vornehmen sollten, werden als Herolde neuer Freiheiten oder als Rächer vergangener Leiden angesehen (und letztlich mißbraucht, obwohl manche dabei gut verdienen). Von ihnen wird erwartet, daß sie die Waffen laden, mit denen sich die bedrängte und verwirrte Seele den Weg in eine angenehmere Zukunft freischießt. Bei dieser Art von Duell gibt es fast immer zwei Leichen, auch wenn der eine zuerst schneller und besser schießt, denn der andere kommt schnell darauf, welche Kaliber verfeuert werden, und wird zurückballern, so oder so. Die ›Helden‹ selbst merken oft gar nicht, was da vorgeht. Du glaubst zu schieben, und du wirst geschoben...

Auf Scheidenden lastet ein ungeheurer Erwartungs- und Rechtfertigungsdruck. Aha, da bricht jemand aus! Aha, da macht jemand etwas, was zwar erlaubt, aber doch irgendwie nicht ganz erwünscht ist. Aha, da macht jemand etwas, woran ich auch schon gedacht hatte, aber nie jemandem davon erzählen würde. Jetzt wollen wir doch mal sehen, wie die Chose läuft!

Die dümmsten Gesichter kann man sehen, wenn jemand erklärt, daß er/sie geschieden ist und sonst nichts ›anbieten‹ kann. »Ja und..., wielange kanntet ihr euch denn?« – »13 Jahre.« – »Ja, das ist eine lange Zeit, und wie fühlt man sich?« – »Jetzt gut, es waren natürlich eine Menge von Dingen zu klären.« Und dann arbeitet es sichtbar in den Köpfen der Umstehenden: Das kann doch nicht alles sein? Wer von beiden ist denn fremdgegangen? Er? Sie? Oder gar beide? Und die Kinder? Vermutlich stark in den Schulleistungen abgefallen. Aber das würde ja keiner zugeben. Ob die wohl einen oder zwei Rechtsanwälte hatten? Die haben doch ein noch nicht ganz abgezahltes Haus gehabt. Wer wohnt denn jetzt darin? Sie soll Vermögen haben. Ob er sich da bedient hat? Vielleicht sollte ich mir mal den Rechtsanwalt empfehlen lassen. Man kann ja nie wissen...

Jenen Scheidenden, die sich vom Scheidungsverfahren selbst die Lösung ihrer persönlichen Probleme erwarten, steht eine nicht minder kleine Zahl von Scheidenden gegenüber, welche die rechtliche Seite der Beendigung einer Ehe total verdrängt und wegschiebt und nur den Aufbruch aus verkrusteten Ehe- und Beziehungsstrukturen sieht. Beides sollte nicht passieren. Die meisten Schwierigkeiten (und die unangenehmsten) bei der Lösung einer Ehe entstehen, wenn schon der Doppelkopf der Ehe als Gemeinschaft und Rechtsgemeinschaft sowie das doppelte Gesicht einer Scheidung – Lösung der Gefühlsbeziehung, Lösung der Rechtsbeziehung – verkannt und die Ebenen munter miteinander vermischt werden. Dann kommt es zu den Situationen, die alle Zuschauer insgeheim so lieben, obwohl sie sich äußerlich mit Grausen abwenden: Die Scheidenden verstricken sich in einen – womöglich lebenslangen – Grabenkampf. Beide Aufgaben müssen die Scheidenden lösen, jeder für sich, aber am besten nicht gegen den anderen: Es muß eine neue gefühlsmäßige Grundlage für das Leben ohne den Partner gelegt werden (das hat etwas mit Entwicklung, Selbstbestimmung, Finden einer neuen Identität, Leben als Wagnis, Leben als ständig neuem Entwurf zu tun – und das stellt sich nur schwer in Rechtsanwaltskanzleien und vor Gericht ein). Und es muß ein Rechtszustand beendet werden, wobei ›beendet‹ bedeutet, daß bestimmte Verpflichtungen aufhören, aber ein gewisses Maß von ihnen noch eine Weile wirksam ist, vor allem dort, wo gemeinsame Kinder zu versorgen sind. Wer versteht oder zu verstehen lernt, die beiden Seiten einer Scheidung auseinanderzuhalten – die innere Lösung vom Partner (seelische Seite) und die äußere (rechtliche Seite) –, der kann sich viel ersparen: an unnötiger Feindschaft und, nicht zuletzt, an Geld.

Damit das richtig verstanden wird und tief genug sinkt, müssen wir noch einmal zurück zum Anfang der Ehe. Wußten Sie eigentlich, daß Sie mit Ihrem Ja-Wort vor dem Standesbeamten in einen neuen Rechtszustand eingetreten waren? Oder hatten Sie tatsächlich gedacht, daß Ehe nur Hochzeitstorte, Schnappschüsse fürs Familienalbum, Steuervorteile durch das Ehegatten-Splitting und gemeinsame Einladungen für ›House-warming-Parties‹ ist? Ja? Sie sind doch ein sonst so gescheiter Abteilungsleiter! Ja? Wenn man Sie so als Gastgeberin erlebt hat, wie Sie für jeden das rechte Wort fanden, kann man sich gar nicht vorstellen, daß Sie in eigener Sache so sprach- und hilflos sind!

»Die Ehe wird auf Lebenszeit geschlossen. Die Ehegatten sind einander zur ehelichen Lebensgemeinschaft verpflichtet.« Wußten Sie das? Bürgerliches Gesetzbuch der Bundesrepublik Deutschland. Laut Eherecht sind die Verheirateten verpflichtet zu:

– gegenseitiger Treue, Liebe und Achtung,
– einvernehmlicher Regelung aller gemeinsamen Angelegenheiten,
– Respekt vor der religiösen Anschauung des Partners und vor seiner Privatsphäre,
– Hilfe bei Gefahr.

Und Sie dachten immer, Sie waren frei bei der Wahl des Wohnortes, frei bei der Wahl des Urlaubsortes, frei bei der Frage, ob das gemeinsame Kind getauft werden soll oder nicht, frei, das Maß der Liebe und Achtung für den anderen je nach Situation (und seinem/ihrem Verhalten) dosieren zu können. Wie man sich doch irren kann!

Wer hat denn bei Ihnen gekocht und die Wäsche gemacht und wer ist morgens um sechs nach einem schnellen Schluck schwarzen Kaffees in die Arbeit gegangen? Einer dies, der andere das? Beide? Wußten Sie, daß Sie dabei unter ›Beobachtung‹ des Gesetzes standen? Paragraph 1356 des Eherechts: »Die Ehegatten regeln die Haushaltsführung im gegenseitigen Einvernehmen. Ist die Haushaltsführung einem der Ehegatten überlassen, so leitet dieser den Haushalt in eigener Verantwortung. Beide Ehegatten sind berechtigt, erwerbstätig zu sein. Bei der Wahl und Ausübung einer Erwerbstätigkeit haben sie auf die Belange des anderen Ehegatten und der Familie die gebotene Rücksicht zu nehmen.« So ist das also... *Beide* waren berechtigt, erwerbstätig zu sein. Da hätte ja glatt der Mann bei Kindern, Bügeleisen und Wäschetrockner bleiben können und die Frau zu ›Knödelsdorf und Partner‹ gehen und sich darum streiten können, wer den Schlüssel zum Sonder-WC der Führungskräfte bekommt und wer nicht.

Aber das ist noch nicht alles. Dem Partner, der nichts verdient, hat ein Taschengeld zuzüglich zum monatlichen Haushaltsgeld zugestanden, fünf Prozent des Nettos. Ist das immer bezahlt worden? Oder mußte sich der Nichtverdiener seine kleinen Wünsche dadurch erfüllen, daß sie/er die billigere Wurst eingekauft hat und die Differenz in die Bleikristall-Vase getan hat? Der Gesetzgeber war auch im Schlafzimmer ›dabei‹. Die Klagen des Ehegatten auf mangelnden Sex hatten, zumindest rechtlich, keine Basis. Mit dem seit 1977 bestehenden Eherecht wurde der Tatbestand der ›ehelichen Pflicht‹, dessen Verweigerung bis dato ein Scheidungsgrund war, abgeschafft. Hätten Sie's gewußt? Nicht einmal das Recht auf ein Kind gibt es. Eine Frau kann ohne Zustimmung ihres Mannes abtreiben lassen. Und Sie dachten, das sei ein Scheidungsgrund? Ein subjektiver (wichtiger) für Sie zwar, aber kein objektiver (rechtlicher).

Es muß jetzt einiges Grundsätzliches über das Scheidungsrecht gesagt werden, das ein juristischer Grenzfall ist. Scheidungsrecht, egal wie aufwendig und kompliziert man es gestaltet, kommt schnell an die Grenzen, und die liegen in der unterschiedlichen Natur der Menschen. Beim Diebstahl sind wir uns rasch einig, welcher Urteilsspruch zutreffen könnte (obwohl auch da das Recht dem Wandel der Werte unterworfen ist). Beim Scheidungsspruch ist das anders. Was der eine als gerecht empfindet, empört den anderen in tiefster Seele. Hier sind Fragen der persönlichen Lebensgestaltung, des Geschmacks, des Herkommens, der Tradition und zukünftiger Erwartungen berührt. Das Scheidungsrecht zieht einen Kompromiß aus den vielen unterschiedlichen Vorstellungen der Menschen eines Staates darüber, wie man leben sollte. Da bleiben Enttäuschungen des einzelnen überhaupt nicht aus. Zwischen dem, was der einzelne subjektiv als sein Recht in der Ehe und in der Trennung empfindet und was ihm dann als allgemeines Recht (Konvention der Gesellschaft) präsentiert wird, klaffen häufig Welten. Besonders die Progressiven, die ganz anders leben oder leben möchten, als ›man‹ lebt, und die Konservativen, die gesellschaftliche Entwicklungen nicht mitvollzogen haben, sind von der ›Mittellage‹ des Scheidungsrechts enttäuscht und darüber erbittert, wenn sie damit im eigenen Leben konfrontiert werden.

Vor dieser Wirklichkeit aber verschließen selbst intelligente Menschen, die in einer Scheidungsangelegenheit stecken, die Augen. Scheidungsverfahren werden durchgeführt und abgeschlossen, ohne daß die Scheidenden je einen Buchstaben der Vereinbarungen, die sie vor Gericht unterschreiben, gelesen haben (der Anwalt wird's schon richten!). Die persönliche finanzielle Gegenwartssituation wird verdrängt, die künftigen Folgen der Scheidung, etwa in bezug auf die Altersversicherung, ignoriert, so, als ginge es um das Leben und Schicksal eines fernen Verwandten. Wenn sich dann die rechtlichen Folgen einstellen, gibt es ein böses Erwachen und – weil die wenigsten Menschen im Moment der Enttäuschung an die eigene Tür klopfen können – Wut auf den früheren Partner. »Er/sie hat mein Leben ruiniert.« Gehen Sie mal in einen

Kreis ›alleinerziehender‹ Mütter oder unterhaltszahlender Väter und fragen Sie einfache Größen des persönlichen Lebens ab (die Steuerklasse, die voraussichtliche Höhe der Auszahlung der Lebensversicherung, die Grenze für die Gewährung von Wohngeld, eine Bank im Umkreis der Wohnung, die besonders niedrige Kreditzinsen hat, etc.). Sie werden erstaunt sein, wie wenig man davon weiß. Kennen Sie Ihre persönlichen Daten eigentlich?

Bei einer Scheidung passiert nun allerdings etwas – obwohl es viele gar nicht so richtig mitbekommen –, was es sonst im Leben so nicht gibt. Es muß Kassensturz gemacht werden, eine haargenaue Bilanz des eigenen wirtschaftlichen Zustands und der eigenen Möglichkeiten. Die Vermögenswerte werden ermittelt, die Schulden und Guthaben festgestellt, die zu erwartenden Ruhegelder im Alter ausgerechnet, das Inventar der Wohnung erfaßt. Wahrscheinlich ist es dieses Durchsichtigmachen eines Teils der eigenen Existenz, diese Bestandsaufnahme eines Menschen aus Fleisch und Blut als Wirtschaftsbürger, die vielen einen solchen Schrecken einjagt, daß sie lieber die Augen verschließen. »So genau möchte ich das alles gar nicht wissen.« Also drückt man sich, so gut es geht, davor, in diesen Spiegel zu schauen, bringt Formulare zögerlich bei, versäumt Termine und überläßt sich schließlich dem Anwalt, von dem dann auch noch Wunderdinge erwartet werden.

Die Hoffnung auf die ›Wunderdinge‹, auf den ›überraschenden‹ Ausgang des Scheidungsprozesses ist eine Beruhigungspille, mit deren Hilfe man die aufgewühlten Seelenzustände und turbulenten Zeiten besser zu durchstehen glaubt. Statt wunderbarer Wendungen ist dem Scheidungsrecht nämlich etwas ganz anderes eigen, und das leitet sich aus der Tatsache her, daß dieses Recht so viele verschiedene Menschen (arm und reich, bedeutend und unbedeutend, Stadtbewohner und Landbwohner, Gauner und moralische Menschen) bedient und von ihnen in Anspruch genommen wird. Die meisten Grundfragen, die in einem Scheidungsprozeß auftauchen, sind folglich schon ausprozessiert, und es liegen höchstrichterliche Entscheidungen vor. Unterstellt, daß zwei Scheidende ähnlich gute (im Scheidungsrecht firme) Rechtsanwälte haben, ist der Ausgang eines Scheidungsprozesses ziemlich genau vorhersehbar. Es ist also doppelt ungeschickt, die Augen vor der rechtlichen Situation bei der Trennung zu verschließen. Einmal muß man sie irgendwann sowieso wieder aufmachen, und zum anderen sind Illusionen teuer, wenn Prozesse gewagt werden, die sich nicht lohnen, weil das erwünschte Ergebnis fraglich, wenn nicht gar unmöglich ist, und viel Geld, Zeit und Kraft gebunden werden, die man anderswo nötiger hätte – gerade in dieser schweren Lebenszeit.

Bunt wie das Leben überhaupt, sind auch die Situationen der Menschen bei Trennung und Scheidung. Eines ist überall gleich: Es muß ein Interessenausgleich zwischen zwei Menschen durchgeführt werden. Deswegen sollte sich jeder/jede Scheidende erst einmal darüber klar werden, welches seine/ihre Hauptinteressen bei der Trennung vom früheren Partner sind. Möchte er/sie nach der Trennung die Kinder möglichst häufig sehen oder vielleicht die Familienwohnung behalten? Oder beides? Braucht er/sie im Moment möglichst hohe Unterstützungsbeträge, weil ein bestimmtes Lebensprojekt (z.B. Umschulung, Studium) realisiert werden soll, oder stehen bei ihm/ihr die Gedanken um die Versorgung im Alter im Vordergrund? Jeder Scheidende sollte sich darüber klar werden, was er/sie für sich als besonders wichtig hält und unbedingt erreichen will und wo er/sie auch Kompromisse akzeptieren könnte. Diese Überlegungen sind sehr wichtig; sie sollte man schon ziemlich weit vorangetrieben haben, bevor man zum Anwalt geht.

Den Anwalt im Scheidungsverfahren sollte man als rechtlichen Berater ansehen, nicht als Seelentröster, nicht als Werkzeug, nicht als Degen und schon gar nicht als Waffenlader. Man sollte von seinen menschlichen wie von seinen juristischen Fähigkeiten überzeugt sein. Zu den juristischen gehören Sachkunde und Durchsetzungsfähigkeit, zu den menschlichen Offenheit, aber auch Abstand. Der Anwalt, der nach dem Munde redet, ist ebenso mit Vorsicht zu betrachten wie der, der gar nicht auf die Besonderheit eines Falles eingeht. Abstand, Distanz zu dem Fall, bei allem erkennbaren Wunsch, Ihnen zu helfen, ist nötig, damit der Anwalt sich nicht von der in jedem Scheidungsfall vorhandenen Brisanz anstecken läßt und auf die Tube drückt, wo nüchternes Kalkül angebracht wäre. Die bei Scheidungen zu Tage kommenden Tatbestände lassen niemanden ganz unberührt, weder den Anwalt noch den Richter. Sie sind auch Menschen, haben vielleicht selbst Familienprobleme. Vom Anwalt sollten Sie bereits im ersten Gespräch erfragen, wie er Ihren Fall sieht, wo er Chancen für entschlossenes Vorgehen erkennt und wo er eher zum Abwarten und Kompromiß rät. Auch die Kosten- und Honorarfrage sollte gleich beim ersten Gespräch offen auf den Tisch.

Es ist durchaus richtig, bei einem ersten Gespräch nur um eine allgemeine Beratung in der eigenen Sache nachzusuchen. Man sollte telefonisch fragen, ob das möglich ist, und sich gleich die Kosten für dieses Gespräch sagen lassen. (Für eine solche Beratung kann übrigens schon Prozeßkostenhilfe – das früher sogenannte Armenrecht – in Anspruch genommen werden.) Ob Sie dem Anwalt dann wirklich Ihren Fall übertragen, können Sie sich hinterher in Ruhe überlegen. Es mag sein, daß ein Anwalt, eine Kanzlei sich auf ein solches Beratungsgespräch nicht einläßt, sondern den Fall gleich übertragen haben möchte. Dann müssen Sie entscheiden, ob Sie das akzeptieren oder weitersuchen wollen. Auf gut Glück sollte man an keiner Kanzlei-Tür läuten, denn nicht jeder Anwalt ist Experte im Scheidungsrecht. Wenn Ihr Scheidungsfall andererseits keine besonders spektakulären oder ungewöhnlichen Momente (Ehe mit Ausländer z.B.) aufweist, müssen Sie auch nicht unbedingt zu *dem* Staranwalt weit und breit gehen, sondern sollten sich einen Rechtsberater suchen, der zu Ihnen paßt, zu dem Sie ein Vertrauensverhältnis aufbauen können. Sie können sich jemanden von Freunden und Geschiedenen empfehlen lassen oder bei einer Ehe- oder anderen Beratungsstelle nachfragen. Der Hinweis sei auch hier deutlich angebracht: Die Benutzung der Wörter ›Anwalt‹ und ›er‹ heißt nicht, daß unter den Rechtsanwälten und Richtern im Familiengerichtsbereich speziell die Männer das Prädikat ›besonders wertvoll‹ tragen. Anwältinnen und Richterinnen haben über die fachliche Kompetenz hinaus manchmal noch einen (weiblichen) sechsten Sinn in Familiengerichtsangelegenheiten.

Scheidungen mit nur einem Anwalt sind möglich, wenn sich die Scheidenden in wesentlichen Punkten einig sind. Dabei ist allerdings zu beachten: Ein Rechtsanwalt ist Parteivertreter und verpflichtet, die Interessen seines Mandanten wahrzunehmen. Nur wenn der nicht-vertretene Scheidende die Situation genau übersieht, also einen bestimmten Wissensstand hat, und sich mit dem früheren Partner im Ziel einig weiß, ist zu diesem Vorgehen zu raten. Die billigsten Lösungen sind manchmal im Endeffekt die teuersten, das ist beim Schuhkauf nicht anders wie bei der Übertragung einer Rechtsvertretung.

Das Scheidungsverfahren sollte – bei aller notwendigen Aufgewühltheit im emotionalen Bereich – dem Scheidenden ein Stück Sicherheit geben, ihm/ihr sagen, wo er/sie steht und was in den nächsten Jahren zu erwarten ist. Es sollte möglichst kein ›Shoot Out‹ werden, sondern ein ernstes Verhandeln um einen Vertrag, mit dem beide Seiten leben können (auch wenn sie im Moment vielleicht nicht übermäßig glücklich darüber sind).

Scheidung – beide haben ein Recht darauf

Mit unseren großen Festen im Leben, unseren Hoch-Tagen, befinden wir uns im Niemandsland. Wer einmal einer standesamtlichen Trauung beigewohnt oder selbst den Haupt-Part darin gespielt hat, wird das leicht einsehen. Auf der einen Seite Gefühle, Hoffnungen, Erwartungen, frohgestimmte Gäste, Betroffenheit, Besonderheit, auf der anderen (behördlichen) Seite eine Zeremonie, die an Profanität kaum zu überbieten ist. Falls man bei der Anmeldung zur ›Ziviltrauung‹, wie es offiziell so schön heißt, das Kreuz im richtigen Kästchen gemacht hat, spielt in einigen Standesämtern ein Orgelstück, wenn die Tür aufgeht... vom Tonband. Der behördliche Ablauf, die Worte des Standesbeamten, der Vorhang am Fenster, der schon bessere Zeiten gesehen hat, die Topfpflanze in der Ecke, vermutlich nach der Zimmerpflanzen-Einkaufs-Verordnung der Gemeinde Sowieso angeschafft – all dies ist merkwürdig befremdlich und zum Frösteln oder Lachen reizend (je nach Temperament) – überdeckt allerdings durch die Hoch-Stimmung, in der sich Paar und Gäste befinden. Für das, was viele als den schönsten Tag im Leben ansehen, hat die Gesellschaft, die den geschlossenen Bund absegnet, ein Ritual gefunden, das an Herbheit, Sprödigkeit und Schnödigkeit kaum noch zu überbieten ist. Die großen Erwartungen, die vielfältigen Hoffnungen, die tiefen Schwüre – hier werden sie auf ein ganz kleines Format reduziert. Nur beim Ja-Wort und der Unterschrift kommt ein wenig Feierlichkeit auf. Zwei ›Staaten‹ haben ihren Pakt besiegelt, die Menge jauchzt...

Dieses kleine Nadelöhr, diese Engstelle, durch die der große Strom der Gefühle bei der Trauung muß, hat eine ›wundersame‹ Parallele, wenn der Staat Ja zur Auflösung einer Ehe sagt. Tatort der Scheidung ist allerdings nicht mehr ein Amt, sondern ein Gericht, und das erweckt schon ganz andere Assoziationen. Zwischen Taschendieben und rückständigen Mietern finden sich auch ›Krause gegen Krause‹ wieder. Der Ton ist gesetzt: Streit ist angesagt. Und Menschen, die noch nie ein Gericht von innen gesehen haben und wahrscheinlich nie wieder eines von innen sehen werden, dürfen auf dem justizeigenen Mobiliar, das nach ›Bewährung‹ duftet, Platz nehmen. Was zieht man an zur Scheidung? Das kleine Schwarze oder trotzig das neue Bunte? Mit den unterhaltsamen Schauern der Fernsehserie *Ehen vor Gericht* im seelischen Gepäck, drückt man die Klinke einer überdimensionierten Tür eines furchterregenden Gebäudes aus wilhelminischen Zeiten nieder. Wer da nicht das Gefühl bekommt, er habe etwas ausgefressen, hat das Gemüt eines Bären oder eines Regenwurms. Ja, und dann wartet man, und der Anwalt macht einen Scherz, und Männer mit Akten unter dem Arm hasten vorbei, und der Anwalt kennt einen anderen, der gerade in seinen Gerichtssaal huscht, und wünscht ihm noch augenzwinkernd »möglichst zwei Jahre ohne Bewährung«, und dann wird man aufgerufen. Keine Orgel spielt. Die Familienrichterin blättert in den Akten, während man hereinkommt, die Protokollantin sieht gelangweilt an die Decke. Ende einer Story, die auf einem Faschingsball begann...

Es würde sich lohnen, einmal eine Bestandsaufnahme aller unserer gesellschaftlichen Rituale zu machen. Daß Scheidungen, selbst wenn sie mit Zustimmung beider Partner und ›in gegenseitiger Achtung‹ geschehen, dieses leicht entwürdigende Ritual, diese Engstelle durchlaufen müssen, ist bemerkenswert. Wer wünscht es sich eigentlich so? Die Scheidenden? Oder wer sonst? Gelegentlich, auf der Tagung einer Evangelischen Akademie oder einem ähnlich freien Forum, spricht es mal einer aus: »Was geht es den Staat eigentlich an, daß Herr Müller Fräulein Krause mag, mit ihr in eine Dreizimmerwohnung zieht und die beiden sich nicht mehr aus den Augen verlieren wollen?« Aber, gemach. Die Müller/Krauses sind in ihrer Mehrzahl selbst nicht damit zufrieden, daß sie sich lieben, gegenseitig Gutes tun, die Wünsche von den Nasenspitzen ablesen und möglichst immer zusammenbleiben wollen. Ein Aktenvermerk darüber muß her (standesamtliche Trauung) und ein Handauflegen (kirchliche Trauung). Wer darf sich dann wundern, daß derjenige, der am Anfang mitgeredet hat, auch am Ende ein Wörtchen sagen will? Nur Priester oder Pfarrer bleiben da sprachlos. Es mag jetzt so klingen, als ob ich mich darüber belustige. Mitnichten, ich habe selbst alle Rituale gewollt, die kirchliche Hochzeit ›durchgedrückt‹, obwohl meine künftige Frau gar nicht so sehr davon überzeugt war. Ich will hier nur eine mögliche Konsequenz aufzeigen: Wer sich sein Glück von anderen bestätigen läßt, mag bei der Scheidung dem Irrtum erliegen, jetzt müsse man auch höheren (oder sagen wir besser: finsteren) Mächten Tribut zollen. So wird manches klar. Das neue Scheidungsrecht der Bundesrepublik von 1977 hat das Schuldprinzip bei der Auflösung einer Ehe abgeschafft. 60 Prozent der Bevölkerung, so eine neue Umfrage, wünschen es sich aber zurück, obwohl viele von ihnen eine Scheidung vor oder hinter sich haben. Vermutlich sieht die Rechnung so aus: Schuldig ist natürlich immer der andere!

Das in diesem Lande gültige Scheidungsrecht, das wir uns jetzt näher anschauen wollen, ist von der Anlage und zum Teil auch in seiner Ausformung viel weiter als die meisten, die sich auf dieser Plattform mit einem scheidenden Partner einigen müssen (wollen). Die Hauptprinzipien:

– Schuldfragen (der Blick ins Schlafzimmer oder hinter sonst irgendwelche ›Kulissen‹) spielen keine Rolle mehr bei der Auflösung einer Ehe.

– Eine Ehe wird geschieden, wenn »die Lebensgemeinschaft der Ehegatten nicht mehr besteht und nicht erwartet werden kann, daß die Ehegatten sie wiederherstellen« (Zerrüttungsprinzip).

– Um festzustellen, ob eine Ehe wirklich zu Ende ist, sind den Partnern Prüfungsphasen aufgegeben worden (Trennungszeiten: wenn beide Partner sich einig sind, ein Jahr; wenn ein Partner die Scheidung begehrt und der andere nicht, muß der Richter anhand konkreter Behauptungen des Scheidungsklägers prüfen, ob die Ehe zerrüttet ist. Nach drei Jahren wird die Zerrüttung der Ehe unwiderlegbar vermutet, und es wird geschieden. Nur in ganz wenigen Ausnahmefällen wird diese Frist noch einmal verlängert.)

– Bei der Aufteilung des Sorgerechts für gemeinsame Kinder soll nur das Wohl der Kinder maßgebend sein.

– Bei der Aufteilung von Vermögen und Rentenansprüchen werden die während der Ehezeit erworbenen Werte aufgeteilt, die vorher erworbenen und die nach Zustellung des Scheidungsgesuchs erzielten bleiben den einzelnen Partnern ganz. Ebenso wird mit den Schulden verfahren.

– Unterhaltszahlungen werden nicht nach irgendeinem Verschulden festgesetzt, sondern nach Bedürftigkeit. Dabei sollen insbesondere Nachteile ausgeglichen werden, die der nicht-erwerbstätige Partner bei der Scheidung vorfindet. Im Prinzip soll jeder Ehepartner nach der Scheidung für sich allein wirtschaftlich sorgen und verantwortlich sein.

Soweit der Kern des gültigen Scheidungsrechts, der von einer weitgehenden Autonomie der Scheidenden ausgeht, dem wirtschaftlich Schwächeren aber eine vernünftige Starthilfe in das neue Leben geben will. Das Gesetz stellt es frei, daß sich die Scheidenden über wesentliche Scheidungsfolgen (Unterhalt, Aufteilung von Hausrat und Besitz, Umgangsrecht des nichtsorgeberechtigten Elternteils) selbst einigen und dem Gericht diese Einigung präsentieren. Nur bei der Verteilung des Sorgerechts und bei der Aufteilung der Versorgungsansprüche für das Alter muß das Gericht bindend mitsprechen.

Apropos Gericht: Seit der Scheidungsreform von 1977 werden alle im Zusammenhang mit einem Scheidungsverfahren stehenden Verhandlungen von *einem* Gericht durchgeführt, dem Familiengericht im Rahmen des Amtsgerichts. Die Familiengerichte sind gehalten, alle Fragen bei einem Termin zu klären. Die Scheidungen heute sind in der großen Mehrzahl der Fälle auch einvernehmlich, das heißt: Die Scheidenden haben sich über alle Punkte mit Hilfe eines oder zweier Anwälte geeinigt, bevor der Termin für die endgültige Scheidung angesetzt wurde.

Scheidungen sind nicht billig: Die Kosten für das Verfahren vor Gericht (wenige hundert Mark) und den Anwalt oder die Anwälte (das ist der größere Batzen) werden aus einem sogenannten ›Streitwert‹ der Scheidung ermittelt, für den der dreifache Monatsbetrag des Nettoeinkommens beider Eheleute, gemindert um Beträge nach Anzahl der Kinder, die Grundlage bildet. Hinzu kommen die Streitwerte der vom Gericht in jedem Fall zu regelnden Verfahren über Sorgerecht und ›Vorsorgerecht‹ (Alterssicherung/Versorgungsausgleich). Das ›billigste‹ Scheidungsverfahren liegt etwa bei 1500 Mark pro Ehegatten, in der Regel sind Kosten von etwa 5000 Mark (für jeden oder für beide) anzusetzen.

Die (relativ geringen) Gerichtskosten werden geteilt, im übrigen zahlt jeder Partner seinen Anwalt selber. Gute Anwälte werden ihren Klienten jederzeit über die Höhe der angefallenen oder noch zu erwartenden Kosten aufklären. Wenn das nicht der Fall ist, sollten die Ratsuchenden unbedingt danach fragen. Scheidungskosten können von der Steuer abgesetzt werden, aber das bringt nur demjenigen etwas, der entsprechend gut verdient. Der Partner, der unterhaltspflichtig ist, muß auf Antrag dem anderen einen Prozeßkostenvorschuß zahlen (und damit letztlich den Prozeß ›gegen sich‹ finanzieren), wenn dieser die Kosten aus eigenen Mitteln nicht aufbringen kann.

Das Gericht kann Prozeßkostenhilfe (früher: Armenrecht) gewähren, aber nur für das eigentliche Verfahren, nicht für zusätzliche Rechtsstreitigkeiten). Als Grundlage wird das tatsächliche Netto, das dem Unterhaltszahler nach Abzug aller Verbindlichkeiten und des Unterhalts für Ex-Partner und Kinder bleibt, angesetzt. Also auch relativ hohe Einkommen, bei denen dem Bezieher nach den Abzügen und Zahlungen nur wenig (1200 Mark oder weniger) bleibt, können ein Recht auf diese Prozeßhilfe begründen. Rechtsanwälte werden unter Umständen nicht auf diese Möglichkeit aufmerksam machen, da sie dann auch ihre Anwaltsgebühren vom Staat holen müssen, und die sind in der Regel geringer als bei privater Liquidation. Wer Prozeßkostenhilfe wünscht, füllt ein entsprechendes Formblatt aus und reicht es beim Familiengericht zusammen mit dem Scheidungsantrag ein. Die Prozeßkostenhilfe kann, wenn die wirtschaftliche Lage des Empfängers sich ändert, zurückgefordert werden einschließlich der vom Staat dem Anwalt bezahlten Beträge. Sie kann auch in der Form gewährt werden, daß den Scheidenden Ratenzahlungen zugebilligt werden.

Kostenersparnis erzielt man in erster Linie dadurch, daß man sich mit dem scheidenden Partner über möglichst alle zu regelnden Scheidungsfolgen einig wird und nicht über den Besitz von jedem Teppich und jeder Vase in der Wohnung besondere Prozesse geführt werden. Anwälte, die sich auf jeden dieser Prozesse freuen und dazu ermuntern, wird man genügend finden, aber jeder muß sich fragen, was dafürsteht. Die Grundannahme, wie ich sie oben geschildert habe, daß eine Scheidung eine Streitsache ist, verpflichtet nicht dazu, daß die scheidenden Partner sich streiten *müssen,* und das auch noch mit Anwaltshilfe.

Eines ist aber auch deutlich zu sagen, wenn man zu einvernehmlicher Scheidung rät: Beide Partner sollten ihre Rechte genau kennen und nur auf dieser Basis eine Interessenabwägung vornehmen sowie Kompromisse schließen, die beiden Partnern Luft zum Atmen lassen. Scheidung – und davon handelt dieses ganze Buch – ist eine Kunst, eine Sache von Augenmaß, Nüchternheit und Gewissenserforschung in einer Zeit der aufgewühlten Emotionen. Keine leichte Sache. Für alle die Rechtsseiten einer Scheidung betreffenden Fragen sollte man sich Zeit nehmen, sich kundig machen, zusätzliche Bücher studieren, andere um die Meinung fragen. Die Verbände der Alleinerziehenden geben Rat und die Verbände der Unterhaltszahler (Adressen s. S. 84 f.). Warum nicht auch einige Schritte in den Mokassins des Partners/der Partnerin laufen und sich bei seinem/ihrem Verband erkundigen? Es soll doch eine Regelung werden, die trägt und nicht auf Dauer schmerzt oder verletzt. Wo muß ich um der Selbsterhaltung willen dem Partner gegenüber auf einem Recht bestehen, auch wenn es ihm/ihr wehtut? Und wo kann ich auf etwas verzichten, das ich auch noch fordern könnte, weil es den Weg zu einem lebenswerten Kompromiß freimacht? Das sollten die wichtigsten Fragen bei der Lösung einer Ehe sein. Schmerzen und Einschränkungen müssen beide auf sich nehmen.

Je komplizierter Vermögens- oder Schuldsituationen bei der Lösung einer Ehe sind, desto mehr anwaltlichen Rat wird man brauchen. Aber es spricht nichts dagegen, alle Dinge selbst oder mit Hilfe von Freunden oder Verwandten durchzurechnen, bevor man einen Anwalt aufsucht. Je höher der Wissensstand ist, desto leichter kann auch der Anwalt kostengünstige Lösungen empfehlen.

Die Sache mit einem Anwalt bei der Scheidung ist ein Fluchtpunkt für viele Scheidende. Angesichts der auf sie zukommenden Belastungen erscheint ihnen das wie ein großer gelungener Coup. Leider ist es oft so, daß derjenige, der bereits besser Bescheid weiß und ein bestimmtes Ziel verfolgt, den Partner zu einem (seinem) Anwalt überreden möchte unter Hinweis auf Kostenersparnis. Tatsächlich ist das nur dann für beide vorteilhaft (und so sollte es sein), wenn die bei einem Anwalt ausgehandelte Scheidungsvereinbarung, also die Regelung der Vermögenssituation, Schuldensituation, Aufteilung des Hausrats und der Ehewohnung, Alters- und Krankheitssicherung, Umgangsrecht für den nichtsorgeberechtigten Elternteil, fair ist und beide genau abschätzen können, was sie da unterschreiben. Die Ersparnis liegt dann darin, daß über die Scheidungsvereinbarung ein gesonderter Vertrag geschlossen wird (er muß bestimmte Kriterien erfüllen), der dem Familiengericht beim Scheidungstermin präsentiert wird und in das Urteil kommt.

Das Gericht akzeptiert die Einigung der Scheidenden ohne weitere Prüfung. Ausnahmen: das Sorgerecht, bei dem sich das Gericht durch Jugendamt, Allgemeinen Sozialdienst oder ähnliche kommunale Behörden beraten läßt und dem Vorschlag auch häufig weitgehend folgt, und die Alterssicherung, bei der die Rententräger und Träger von Versicherungsleistungen im Alter im Rahmen des Scheidungsverfahrens befragt werden.

Nicht mehr im Angebot: der ›Scheidungsgrund‹

›Scheidungsgrund‹: Ich habe den Begriff in Anführungsstriche gesetzt, denn eigentlich gibt es ihn nicht mehr. Es wird vor Gericht nicht mehr nach Gründen für die Lösung einer Ehe gefragt, es wird also nicht mehr nach der Vergangenheit einer Beziehung gefragt, sondern nach der Gegenwart (leben die Ehepartner getrennt?) und nach der Zukunft (wollen sie die eheliche Lebensgemeinschaft wieder aufnehmen oder nicht?). Dieses Prinzip, man kann es nicht oft genug betonen, bedeutet: Scheidung ist weder Strafe noch Belohnung und auch keine Belehrung durch den Staat. Mit einer Scheidung werden die rechtlichen Konsequenzen daraus gezogen, daß die eheliche Lebensgemeinschaft nicht mehr besteht und die Partner nicht mehr den Willen haben, sie wiederherzustellen. Diese ›Abstinenz‹ des Staates wird von Scheidenden, die voller widerstreitender Gefühle sind und nach Bestätigung (vielleicht uneingestanden auch nach Bestrafung) suchen, häufig nicht begriffen. Vom Scheidungsverfahren, dem rechtlichen Akt, wird eine Klärung der eigenen Situation erwartet (wenn ich erst einmal geschieden bin, dann...), die der Staat weder leisten kann (das konnte er auch früher nicht, als es noch ›schuldig‹ oder ›unschuldig‹ geschieden gab, aber es wurde so getan) noch leisten will. Die Klärung der eigenen Situation müssen die Scheidenden selbst leisten. Der Staat (das Recht) setzt nur sein Siegel, seine Unterschrift unter die gefundene Lösung.

Die Scheidung kann von jedem eingereicht werden, ob Mann oder Frau, ob Verlassender oder Verlassener. ›Geschieden‹ heißt also nicht, daß damit eine Verfehlung gebrandmarkt wird. Alle Geschiedenen sind im selben Boot: Ob sie nun in der Ehe ›moralisch‹ waren oder nicht, ob sie treu waren oder nicht, ob sie sich dem Partner gegenüber anständig benommen haben oder nicht – das Scheidungsurteil sagt darüber nichts aus. Es hält lediglich fest: Person A war mit Person B verheiratet, und sie sind es nicht mehr aus Gründen, die nur die beiden wissen. Auch die Frage, wer von beiden Partnern die Scheidung eingereicht hat, sagt im Prinzip nichts über die Qualität der Ehe und die Moralität der einzelnen Personen aus.

In den meisten Fällen reichen heute Frauen die Scheidung ein. Das hat mehrere Gründe:

– Männer, als die immer noch Hauptverdiener, fürchten die erheblichen finanziellen Nachteile nach der Scheidung.

– Viele Männer glauben ferner, daß sie – solange sie noch nicht geschieden sind – noch die Hand über dem Portemonnaie haben. Das täuscht allerdings, denn schon in der Trennungszeit kann die Frau (oder der die Kinder betreuende

Vater) sämtliche Unterhaltsleistungen, die nach der Scheidung zustehen, verlangen.

– Frauen wie Männer erleben die Trennung als eine Zeit der Verwirrung oder auch Lähmung. Frauen neigen allerdings früher als Männer dazu, diesem Prozeß der Unsicherheit irgendwann ein Ende zu setzen, so oder so.

– Zuletzt muß darauf hingewiesen werden, daß das neue Scheidungsrecht die Hausfrauenehe begünstigt. Die ›Nur-Hausfrau‹ (der ›Nur-Hausmann‹) hat auch bei Trennung und Scheidung Ansprüche an den Verdiener, die weitgehend unabhängig vom eigenen Verhalten (Wegfall des Schuldprinzips) sind. Entsprechend ist die Scheidungsbereitschaft dieser Personengruppe gewachsen.

Es scheint, daß das Selbstbewußtsein, besonders das der Frauen, von der Tatsache profitiert, die Scheidung eingereicht zu haben. Rechtlich ist es ohne Belang. Es hat nur den Vorteil, daß derjenige, der die Scheidung einreicht, eventuell zeitlich im Vorteil ist bei der Klärung der Situation, und außerdem kann er/sie das Verfahren legal hinauszögern, weil ein zeitweises Aussetzen des Verfahrens möglich ist. Deshalb wird gern dazu geraten, daß auch der andere Partner einen Antrag auf Scheidung stellt, wenn er mit der Beendigung der Ehe einverstanden ist, damit er unabhängig disponieren kann.

Bei Ehen mit Ausländern ist es allerdings sehr wichtig, daß auch der deutsche Partner Scheidungsantrag stellt, denn sonst gilt möglicherweise nur das Scheidungsrecht des Herkunftslandes des ausländischen Antragstellers, und das kann für den deutschen Partner erheblich schlechter sein als das die Lasten partnerschaftlich verteilende und Ansprüche an die Altersversorgung des Partners begründende deutsche Scheidungsrecht. Es gibt staatliche und kirchliche Beratungsstellen, die sich speziell mit diesem Problemkreis befassen. Erkundigungen beim Diakonischen Werk (evangelisch), bei der Caritas (katholisch) oder bei einer staatlichen Stelle (stellvertretend für alle führe ich die Bayerische Beratungsstelle für Auswanderer, Auslandstätige und Ausländerehewillige, Meiserstraße 6, 8000 München 2, Tel.: 089/59 15 16, auf) sind dringend geraten.

Wenn man die beiden Bereiche, die beim Auflösen einer Ehe berührt sind (Vertragsbereich = rechtliche Seite und Gefühlsbereich = psychologische Seite), immer im Auge behält und niemals vergißt, daß beide ›Hausaufgaben‹ zu lösen sind – jede auf ihre Weise –, dann sind die Voraussetzungen für eine gute (= die Zukunft für beide nicht verbauende) Lösung gelegt. Die Abgeordneten des Bundestages und Bundesrats, die 1976 das neue Scheidungsgesetz verabschiedeten, schufen zuallererst einmal neue Formeln für die Abwicklung der ›Vertragsauflösung‹, aber sie hatten auch die psychologische Seite einer Scheidung im Auge. Der schon angesprochene Übergang vom Schuld- zum Zerrüttungsprinzip bei der Ehescheidung ist – im Gang der Menschheitsgeschichte gesehen – durchaus mit revolutionären Erfindungen oder Entdeckungen – sagen wir einmal der Nutzbarmachung der Elektrizität oder der Erfindung des Kompasses – vergleichbar. Nun haben es Entdeckungen so an sich, daß man sie zum Guten oder zum Bösen benutzen kann. Jedes Gesetz kann dazu verwendet werden, daß ich mein Handeln an ihm prüfe und positiv ausrichte oder daß ich noch gerissener und geschickter mit den durch ein Gesetz gewonnenen Möglichkeiten einen anderen ›austrickse‹. Ein Gesetz anwenden und seinen Zwang deutlich machen, aber auch die Schlupf- und Ausweichmöglichkeiten kennen, das ist das ›Geschäft‹ des Juristen. Ich spreche das so ungeniert aus, um allen Scheidenden auch etwas über die Kräfteverhältnisse bei einer Scheidung zu sagen. Doch das ›Spiel der Kräfte‹ wird nicht nur von den Scheidenden und ihren Rechtsbeiständen bestimmt. Da ›mischen‹ noch ein paar andere mit, ich zum Beispiel. Ich sage Ihnen Dinge, die Sie vielleicht so noch nicht wußten, ich mache Sie auf Möglichkeiten und Gefahren aufmerksam, und Sie können Ihr Handeln erfolgbringender ausrichten, Klippen umschiffen. Das ist wichtig und gut. Kann es Ihre Partnerin/Ihr Partner auch? Es ist die Mutter/der Vater Ihrer Kinder! Sie/er möchte ebenfalls mit einer Perspektive für ihre/seine Zukunft aus der Trennungszeit herauskommen. Er/sie braucht diese Perspektive, um Lebensmut zu schöpfen, um diesen Lebensmut an die Kinder weiterzugeben.

Die Ratschläge, die ich Ihnen in diesem Buch gebe, sind nicht die einzigen, die Sie sich holen werden. Ich ermuntere Sie gerade dazu, sich umfassend zu informieren und sich bei allem, was Sie gesagt bekommen, auch die Frage zu stellen: Paßt das zu mir? Trifft das auf meinen ›Fall‹ zu? Wo ist es ergänzungsbedürftig? Wie sieht die Situation aus, wenn ich genau das Gegenteil mache? Aber prüfen Sie auch andere Fragen: Warum gehen Sie jetzt zum Arzt? Wollen Sie sich helfen lassen oder suchen Sie nach einer Bestätigung dafür, daß Ihr Partner sich Ihnen gegenüber so verhalten hat, daß Sie nur krank werden konnten? Warum gehen Sie zu einem Psychologen? Wollen Sie wissen, wie Sie besser mit sich, Ihren Anlagen, Ihrem Temperament leben können und wie Sie eine schwierige Lebenssituation mit möglichst wenig Nachteilen für die Kinder meistern können? Oder hoffen Sie im Stillen, daß der Psychologe Ihnen Schützenhilfe gibt, sich am scheidenden Partner zu rächen, ihm/ihr die Kinder vorzuenthalten mit Hinweis auf sein/ihr ›unmögliches‹ Verhalten? Bei vielen Scheidenden sind Wünsche dieser Art vorhanden; manche leben sie auch aus, andere stoppen sie rechtzeitig. Darin ist der Mensch frei, und Freiheit, mit der Sie so oder so verfahren können, ist das besondere Kennzeichen Ihrer neuen Situation.

Viele Scheidende, die momentane rechtliche oder psychologische ›Siege‹ über den Partner errungen haben, haben allerdings später gemerkt, daß es sogenannte Pyrrhus-Siege waren, Scheinerfolge. Um den Preis eines momentanen Vorteils willen verspielen sie wesentliche Pluspunkte der Zukunft: die Selbstsicherheit, die aus der fairen Auflösung eines Interessengegensatzes (eines Streites) erwächst, die Ruhe, die nach der Trennung aus geregelten Verhältnissen erwächst, denen beide Partner innerlich und äußerlich zustimmen, die Ungebundenheit, die auch daraus erwächst, daß ich meinen früheren Partner in seinem/ihrem neuen Rahmen zufrieden und glücklich weiß.

Entscheidend bei der Auflösung einer Ehe ist heute die Trennungszeit. Der Gesetzgeber war vor die Frage gestellt, was denn ein Kriterium für die Auflösung einer Ehe sein soll, wenn es ein Schuldgesichtspunkt nicht mehr ist. Die Antwort: Es soll die objektive Feststellung der Zerrüttung einer Ehe sein. Der entscheidende Satz des neuen Scheidungsrechts (§ 1565 des Bürgerlichen Gesetzbuches): »Eine Ehe kann geschieden werden, wenn sie gescheitert ist. Die Ehe ist gescheitert, wenn die Lebensgemeinschaft der Ehegatten nicht mehr besteht und nicht erwartet werden kann, daß die Ehegatten sie wiederherstellen.« So sieht die Quintessenz einer großen ›Erfindung‹ (Übergang vom Schuld- zum Zerrüttungsprinzip) in der dürren, normierenden Sprache eines Gesetzestextes aus. Aber das ist erst einmal das Prinzip. Nun braucht der Rechtsprecher noch einige Anwendungskriterien für dieses Prinzip, und die lauten so:

§ 1566 Bürgerliches Gesetzbuch, Absatz 1: »Es wird unwiderlegbar vermutet, daß die Ehe gescheitert ist, wenn die Ehegatten seit einem Jahr getrennt leben und beide Ehegatten die Scheidung beantragen oder der Antragsgegner der Scheidung zustimmt.«

§ 1566, Absatz 2: »Es wird unwiderlegbar vermutet, daß die Ehe gescheitert ist, wenn die Ehegatten seit drei Jahren getrennt leben.« Also: Wenn einer dem Scheidungsbegehren des anderen nicht zustimmt, kann er die Aufschiebung der Scheidung erreichen, aber nicht auf ewig, sondern längstens – von extremen Ausnahmen abgesehen – drei Jahre.

§ 1567 BGB: »Die Ehegatten leben getrennt, wenn zwischen ihnen keine häusliche Gemeinschaft besteht und ein Ehegatte sie erkennbar nicht herstellen will, weil er die eheliche Lebensgemeinschaft ablehnt. Die häusliche Gemeinschaft besteht auch dann nicht mehr, wenn die Ehegatten innerhalb der ehelichen Wohnung getrennt leben. Ein Zusammenleben über kürzere Zeit, das der Versöhnung der Ehegatten dienen soll, unterbricht oder hemmt die in § 1566 bestimmten Fristen nicht.« Das muß im folgenden noch etwas erläutert werden. Soviel sei hier schon verraten: Wenn Sie mit Ihrem Partner während der Trennungszeit mal wieder ins Bett gehen, aber nichts Dauerhaftes daraus wird, unterbricht das die Trennungszeit nicht. Wenn sie ihm aber regelmäßig die Socken wäscht oder er ihr regelmäßig bestimmte Aufgaben im Haushalt abnimmt, wird die Wiederaufnahme der ehelichen Lebensgemeinschaft vermutet und die Trennungszeit ausgesetzt.

Diese Lösung mit den Trennungsfristen war und ist nicht unumstritten, aber Besseres ist den Gesetzesmachern nicht eingefallen. Es ist nicht leicht, mehrere Prinzipien – auch wenn sie neu sind – in die kleine Münze eines Alltags, der auch noch Rechtswirksamkeit haben soll, umzusetzen.

In der Praxis sieht das nun so aus: Wenn sich die Eheleute über die Scheidung einig sind, wird derjenige Partner, der das Scheidungsbegehren einreicht (oder auch beide getrennt), eine Erklärung abgeben, daß die Eheleute ein Jahr getrennt gelebt haben und der andere Partner der Auflösung der Ehe zustimmt. Das Gericht wird keine Beweise darüber erheben, wie die Trennungszeit ablief. Widerspricht ein Partner der Scheidung, dann wird sich das Gericht genauer dafür interessieren, ob nun wirklich getrennt gelebt wurde oder nicht. Dabei spielen verschiedene Dinge eine Rolle. Erst einmal muß derjenige, der die Trennung will, nachweisen, daß er sich von einem bestimmten Zeitpunkt an tatsächlich vom Partner getrennt hat (Auszug aus der Wohnung, aber auch der Bezug eines eigenen Zimmers innerhalb der Wohnung und Selbstversorgung reichen dazu aus). Besser noch ist die Ergänzung mit einer schriftlichen Mitteilung an den Partner (Einschreiben!), daß man sich von einem bestimmten Zeitpunkt an als getrennt (im Trennungsjahr befindlich) betrachtet. Es muß, auch wenn der Ehegatte der Scheidung widerspricht, nicht in jedem Fall drei Jahre auf die ›Aussegnung‹ durch den Staat gewartet werden. Der Familienrichter wird auch früher scheiden, wenn er von der Trennungswilligkeit des einen Partners fest überzeugt ist und der andere keine besonderen Gründe für die Fortsetzung der Ehe anführen kann.

Eine Scheidung ist auch schon vor Ablauf eines Jahres möglich. Dann allerdings muß der die Trennung Suchende beweisen, daß die ›Prüfungszeit‹, das Trennungsjahr, eine besondere Härte für ihn/sie darstellt. Das kann bei einem gewalttätigen oder suchtabhängigen Partner der Fall sein. Im Gesetzestext liest sich das so: »Leben die Ehegatten noch nicht ein Jahr getrennt, so kann die Ehe nur geschieden werden, wenn die Fortsetzung der Ehe für den Antragsteller aus Gründen, die in der Person des anderen Ehegatten liegen, eine unzumutbare Härte darstellen würde« (§ 1565, Absatz 2).

Der Vollständigkeit halber sei hinzugefügt, daß der Familienrichter die Aussetzung eines Scheidungsverfahrens für eine bestimmte Zeit veranlassen kann.

Diese Bestimmung wird in Zukunft eine größere Bedeutung bekommen, weil Richter Scheidenden, die ein gemeinsames Sorgerecht für die Kinder begehren, unter Umständen diese Frist verordnen, damit sie sich in diesem Bereich einig werden und persönliche Wege des gemeinsamen Sorgerechts finden können.

Wir müssen jetzt noch einmal zu dem zurückkehren, was am Anfang dieser Ausführungen stand: dem Unterschied zwischen Theorie und Praxis, Idee und Wirklichkeit. Die Lösung, die der Gesetzgeber für die ›Prüfungszeit‹ gefunden hat, besitzt ihre Haken. In der Praxis hat sich gezeigt, daß die Trennungszeit, wenn sie einmal bewußt von beiden Partnern angetreten wird, nur in seltenen Fällen zu einer Wiederaufnahme der Ehe führt, also keine echte Prüfungs-, sondern schon eine Ablösungszeit ist. Deswegen kommt nicht erst der Einreichung der Scheidungserklärung nach der Trennungszeit, sondern schon der Erklärung oder dem Vollzug der Trennung durch einen Partner oder beide eine wichtige, vielleicht schon die entscheidende Bedeutung zu. Bereits in diesem Moment werden die Grundlagen – auch die rechtlichen – für den weiteren Weg des sich trennenden Paares gelegt. Eine von folgenden drei Situationen tritt in der Trennungszeit fast immer ein:

– eine beständige (wenn auch durch gelegentliche Zweifel, Hoffnungen, Schmerzen unterbrochene oder untermalte) weitere Lösung der Partner voneinander,
– eine Verhärtung der Standpunkte bei gleichzeitiger ruckhafter Lösung,
– eine Phase andauernder Unsicherheit und Entschlußlosigkeit bis zur gegenseitigen Lähmung.

Es ist leicht zu sehen, daß der erste Weg die besten Möglichkeiten zur Überwindung der negativen Momente der Trennung und zum Aufbau eines neuen Lebensansatzes bietet. Aber es ist schwer, über seinen persönlichen Schatten zu springen, obwohl man jedem Mut machen sollte, es doch zu versuchen. Wichtig ist nur, daß sich die Scheidenden darüber im Klaren sind, daß die Ehe, wenn sie ein offenes Nein zum Partner sagen, schon so gut wie geschieden ist, obwohl sie auf dem Papier noch besteht. Und wichtig ist auch, zu sehen, daß dadurch erhebliche Einschnitte im Leben bevorstehen, die möglicherweise (wenn es hart auf hart kommt) auch erhebliche rechtliche Konsequenzen haben werden. Jeder Scheidende ist also gut beraten, sich über wesentliche Punkte und Ziele seines neuen Lebens im Klaren zu sein, bevor er ›aussteigt‹, bevor er seinen Trennungsentschluß dem Partner mitteilt. Das Leben läuft nicht so, daß wir immer vernünftig sein und alles planen können, ich weiß es, aber es gibt einen sehr plausiblen Grund für Nüchternheit, Überlegenheit im Trennungsmoment: Jedes

Stückchen äußerer Sicherheit und Stabilität schafft mir mehr inneren Freiraum für die jetzt notwendige Umorientierung und das Experimentieren.

Sie sollten sich also folgende Fragen ernst (nicht erregt) stellen:

– Kann ich mit einem Partner, von dem ich mich trennen will oder der sich von mir trennen will, noch ein gemeinsames Konto haben?

– Kann ich mit diesem Partner noch in einer gemeinsamen Wohnung wohnen?

– Kann ich davon ausgehen, daß mein Partner in der Zeit der Trennung finanziell stillhält, oder muß ich befürchten, daß er/sie unsere finanzielle Situation einseitig zu seinen/ihren Gunsten verändert? Schulden macht? Vermögenswerte beiseiteschafft?

– Kann ich davon ausgehen, daß ich vom Partner die Unterstützung zur Erledigung gemeinsamer Aufgaben (zum Beispiel bei der Kindererziehung) bekomme, die ich während der Ehe hatte, oder bin ich ganz auf mich allein gestellt?

Die rechtliche Situation sieht so aus: Nahezu alle Scheidungsfolgen, die später beim ›Termin‹ verhandelt werden, können jetzt schon rechtlich fixiert werden.

Über den Unterhalt (mehr darüber im nächsten Abschnitt des Buches) sagt das Gesetz: »Leben die Ehegatten getrennt, so kann ein Ehegatte von dem anderen den nach den Lebensverhältnissen und den Erwerbs- und Vermögensverhältnissen der Ehegatten angemessenen Unterhalt verlangen.« Es gelten fast dieselben Grundsätze wie bei den Unterhaltsansprüchen zwischen Geschiedenen. Ich rate Ihnen dringend dazu, in bezug auf Unterhalt in dieser Situation weder den Mund zu voll noch zu leer zu nehmen. Geld wird bei der Auflösung einer Ehe häufig ›Liebesersatz‹. Da geht der von Gewissensbissen, weil er eine Freundin hat, geplagte Ehemann aus dem Haus und stimmt allen finanziellen Regelungen zu, ›um frei zu sein‹. Da stimmt die gestreßte Frau einem Vorschlag des Mannes zu, man solle doch gegenseitig auf Unterhalt verzichten, um Ruhe zu haben. Beides ist verständlich, aber unnötig und falsch. Über Geld sollte man in Ruhe reden. Verzichten, Überzahlen ist ›erlaubt‹, aber erst, wenn man seine rechtliche Situation kennt, seine Zukunft und deren Möglichkeiten in Umrissen vor sich hat und eine Entscheidung treffen kann, von der man weiß, daß man auch in drei Jahren noch zu ihr steht, wenn die Ehe (ein möglichst aufgearbeitetes Stück) Vergangenheit ist.

Die Sorge für die Kinder bleibt in der Trennungszeit bei beiden Eltern (es sei denn, das Sorgerecht wird jetzt schon – was möglich ist – gerichtlich geklärt). Derjenige aber, der die Kinder tatsächlich in dieser Zeit bei sich hat, wird im Streitfall mit großer Wahrscheinlichkeit auch das weitere Sorgerecht für sie bekommen. Es sollte also jetzt schon der Grundstein für großzügige Umgangsregelungen oder gemeinsames Sorgerecht gelegt werden.

Wer in der Ehe-Wohnung bleibt, zudem noch mit Kindern, wird bei der Aufteilung des Hausrates im Vorteil sein. Dinge, die für die Kinderbetreuung wichtig sind (Waschmaschine, Geschirrspüler), müssen in der Wohnung bleiben. Persönliche Dinge (einschließlich Hobby-Sachen) kann jeder für sich behalten (mitnehmen). Es ist nicht falsch, schon jetzt eine (schriftliche) Einigung über die Aufteilung der Wohnungseinrichtung zu machen, auch wenn der/die Ausziehende noch Teile, die zu ihm/ihr kommen, zurückläßt.

Das Trennungsjahr kann – wie gesagt – in der gemeinsamen Wohnung verbracht werden, aber viele raten davon ab. Es übersteigt die Kräfte der meisten Scheidenden, und nur, wenn die Partner schon weit in der Aufarbeitung der eigenen Gefühle sind, ist es vielleicht ein guter Weg, um Kosten zu sparen. Für die Kinder kommt durch ein ständig vorhandenes Pulverfaß, auch wenn es nicht gezündet wird, zusätzlicher Streß ins Leben. Wer auszieht, sollte alle Schlüssel zur Wohnung abgeben. Er/sie wird dem zurückbleibenden Partner ja auch nicht einen Zweitschlüssel für die neue Wohnung geben.

Wenn Vermögensauseinandersetzungen zu erwarten sind, wird häufig dazu geraten, bei der Trennung die zumeist in der Ehe vorhandene Zugewinngemeinschaft aufzuheben und Gütertrennung (was sonst erst bei Einreichen der Scheidung eintritt) zu vereinbaren, verbunden mit einer Vermögensaufstellung. Der Vorteil liegt darin, daß beide Partner in diesem Punkt schon jetzt wirtschaftlich klarsehen und vor Manipulationen bei sich verhärtenden Standpunkten geschützt sind. Bei Vermögens- und Zugewinnfragen ist fachlicher Rat immer angezeigt. Auch hier sollte der vermögendere Partner nicht aus schlechtem Gewissen oder im Überschwang der Situation Dinge versprechen, die er später bereut, und der andere nicht in einer Aufwallung von Gefühl Verzicht aussprechen. Liebe und Besitz (in der doppelten Bedeutung dieses Wortes): Was kann ich gegenüber dem scheidenden Partner hergeben und was will ich behalten? Die Frage nach dem Loslassen ist auch beim Geld zu stellen. Auch da sollte es eine Trennung geben. Wenn es kein Riß werden soll (auch im Inneren nicht), muß diese Frage in Ruhe und mit Zeit überlegt werden.

Es sind eine Menge weiterer Dinge im Moment der Trennung zu bedenken, zu denen viele Scheidende ›keine Lust‹, ›keinen Mut‹, ›keinen Bock‹, ›keine Zeit‹ haben. Man kann nur empfehlen, daß sich jeder die Zeit dazu nimmt. Es tut weh, auch wenn man zur Trennung entschlossen ist, ein gemeinsames Konto aufzulösen, aber es ist besser so. Auch das schärft den Realitätssinn in dieser Situation. Es tut weh, einen Ordner mit dem Etikett ›Scheidung‹ anzulegen, aber es schafft Ordnung, auch im Kopf. In ihm sollten sich neben den wichtigen persönlichen Dokumenten (Geburtsurkunde, Heiratsurkunde, Zeugnisse, Arbeitszeugnisse, Lohnsteuerkarte, Versicherungsunterlagen, Sparbuch, Unterlagen der Kinder) auch in Kopie die Unterlagen des Partners befinden. Frauen haben häufig immer noch ein gespaltenes Verhältnis zu amtlichen Schriftstücken. Unter Umständen haben sie noch nie den Kaufvertrag des gemeinsamen Hauses, den Depot-Auszug der Wertpapiere, den Sparvertrag, den Bausparkassenvertrag, den Arbeitsvertrag und den Gehaltszettel des Mannes, die Police der Lebensversicherung und anderer Versicherungen gesehen. Dann wird es jetzt Zeit. Wie steht es z.B. mit der Krankenversicherung? Bis zur Scheidung sind Frau und Kinder in der Regel beim Mann mitversichert, aber haben sie auch ein eigenes Krankenscheinheft?

Theorie und Praxis des Trennungsjahres: Im rechtlichen Ansatz ist es eine Prüfungszeit, in der täglichen Praxis eine Lösungszeit. Hier wird schon das durchexerziert, was mit der Scheidung Wirklichkeit wird. Die drohenden Wolken materieller Einschränkung sind sichtbar, der Streß eines Lebens in doppelten Bezügen wird spürbar, aber auch vielleicht ein neuer Mut zu sich selbst. ›Steht das, was ich mache, eigentlich dafür?‹ fragen sich viele Scheidende in ruhigen Minuten. Die Antwort kann nicht aus der momentanen Situation gewonnen werden, sondern aus einer umfassenderen Überlegung von Lebenszusammenhängen. Etwas traumhaft und unreal ist diese Situation zwischen allen Zuständen und vielleicht auch zwischen allen Stühlen, aber viele Scheidende werden sie später als eine der fruchtbarsten (und nicht nur der furchtbarsten) Zeiten in ihrem Leben beschreiben.

Mindestens ein Trennungsjahr ist gesetzlich vorgeschrieben, aber – Sie haben es gelesen – es gibt Wege, auch dies noch zu verkürzen. Wer sich sicher und einig ist, kann schnell von einem Scheidenden zu einem Geschiedenen werden. Schon während der Trennungszeit können die Auskünfte bei den verschiedenen Versicherungen für den Vorsorgeausgleich eingeholt werden. Das ist – wie schon gesagt – ein Stück vorgezogener Lebensbilanz, das ernüchternd, aber auch hilfreich ist: Ich weiß dann besser als die meisten Menschen hierzulande, was ich für meine Finanzen im Alter noch tun muß. Überhaupt sollte man bei Scheidung und Trennung nicht nur an den Anwalt denken – sowohl der Steuer- wie auch der Rentenberater spielen ebenso eine wichtige und hilfreiche Rolle.

Wer sich sicher und einig über die Trennung ist, wird schon diese Zeit zur fruchtbaren Zeit 0 + 1 des neuen Lebensabschnittes machen. Wer noch nicht so weit ist, muß sich diese Zeit als Zeit der Zweifel einräumen. Er/sie sollte aber nicht vergessen: Das Leben geht weiter, auch wenn man selbst den Atem anhält. Der Partner wird seine eigenen Schlüsse aus der Situation ziehen und ist auch gut beraten, das zu tun. Viele Scheidende (besonders Männer, die gewohnt waren, daß ihre Frau ihrem Lebenstempo folgt) begreifen das nicht oder zu spät. Ihre Wünsche, ihre Überlegungen, auch wenn sie noch so begründet sind, sind jetzt nur Teil eines sich mit immer größerer Eigendynamik entwickelnden Prozesses. Manchen Mann packt innere und äußere Wut, daß die Frau plötzlich ihren eigenen Weg geht, ihre eigenen Dispositionen trifft, ohne nachzufragen oder etwas doch zumindest anzukündigen. Ein Partner versucht vielleicht, dem anderen Begründungen für sein Verhalten zu geben (im Stillen mit dem Wunsch verbunden, Einfluß zu behalten). Das ist in Ordnung, aber ob dadurch tatsächlich noch Einfluß auf den Gang der Dinge genommen werden kann, liegt nicht mehr in seiner/ihrer Hand.

Die Einreichung des Scheidungsantrages durch einen oder beide ist häufig nur noch ein formaler Akt, der amtliche Vollzug eines sowieso schon bestehenden Zustandes. Der Zeitpunkt der Einreichung des Scheidungsantrages hat aber eine gravierende Konsequenz, denn mit der Zustellung des Scheidungsantrages an den Partner gelten die Eheleute in zwei wichtigen Versorgungsbereichen als getrennt: beim Vermögen (Schulden), wenn nicht vorher schon Gütertrennung vereinbart worden war, und beim Versorgungsausgleich. Das bedeutet: Alles, was ein Ehepartner von jetzt ab erwirbt, ist seins – er braucht es nicht mehr mit dem Partner zu teilen. Ebenso belastet ihn eine Schuldenaufnahme jetzt ganz allein. Aber auch Einzahlungen in die Altersversicherung kommen jetzt nur demjenigen zugute, der sie vornimmt, und nicht mehr dem Ehepartner, obwohl die Ehe ja noch nicht geschieden ist. Es kann also in bezug auf den Scheidungszeitpunkt eine unterschiedliche Interessenlage der Ehepartner vorhanden sein, das muß man – gerade, wenn man zu fairen Regelungen bei der Auflösung einer Ehe rät – deutlich sagen. Der Partner mit den geringeren Rentenansprüchen (in der Regel die Frau) hat vielleicht Interesse daran, die Scheidungseinreichung noch hinauszuschieben, um bestimmte eigene Anwartschaften für die Rente (die Zahl der Beitragsjahre spielt eine Rolle) zu erreichen. Der berufstätige Partner möchte möglicherweise die Scheidung schnell einreichen, damit er den Rentenanspruch nicht mehr teilen muß. Ebenso ist es beim gemeinsamen Vermögen, dem sogenannten Zugewinn in der Ehe. Derjenige Partner, der laufend Vermögen hinzugewinnt, möchte – wenn er sich über die Trennungsabsicht ganz sicher ist – auch hier einen Schlußstrich ziehen, das heißt, den Zugewinn allein einstreichen, und der andere Partner möchte vielleicht weiter daran partizipieren.

Beim Unterhalt ändert sich durch die Einreichung der Scheidung nichts. Bereits während der Trennungszeit besitzt der Partner, der sich nicht selbst versorgen kann (wegen Kinderbetreuung, Alter, Krankheit, schlechter beruflicher Situation), einen Unterhaltsanspruch gegen den anderen. Zahlt dieser Partner nicht, kann der Unterhalt eingeklagt werden. Die Dauer der Ehe kann sich auf den Unterhalt auswirken. Bei kurzer Ehedauer (drei bis vier Jahre) und wenn keine Kinder zu versorgen sind, werden Unterhaltsansprüche ganz oder teilweise verneint. Während dieses Buch geschrieben wird, sind Bestrebungen im Gange, den Unterhaltsanspruch eines Partners an den anderen (wenn keine Kinder da sind) generell zeitlich auf die Anzahl von Jahren, die die Ehe gedauert hat, zu begrenzen. Es kann also auch ein finanzielles Interesse daran vorliegen, daß ein Partner die Einreichung einer Scheidung hinausschiebt.

Ferner können Schulden den Zeitpunkt der Einreichung einer Scheidung taktisch bestimmen. Hierbei ist von vornherein ein häufiger Irrtum auszuräumen: Schulden, die ein Ehepartner hat, müssen nicht automatisch vom anderen Partner mitgetragen werden. Gemeinsam tragen die Eheleute (auch in der Trennungszeit) diejenigen Schulden, die sie auch gemeinsam unterschrieben haben. Bei Schulden, bei denen der eine für den anderen die Bürgschaft übernommen hat, wird sich die Bank erst einmal ausschließlich an den Unterzeichner des Kreditvertrages halten und erst bei dessen Zahlungsunfähigkeit den Bürgen aufsuchen. Schulden, die von einem Partner für ehebedingte Aufwendungen gemacht worden sind (Auto, Wohnung), werden im Rahmen der Vermögensregelung bei der Scheidung geklärt. Dann muß ja auch der Besitz an diesen Gegenständen geklärt werden. Es kann also durchaus sein, daß jemand aus Verschuldungsgründen die Einreichung einer Scheidung hinauszögert, weil dann der andere (auch wenn er/sie die Schuldenverpflichtung offiziell nicht teilt) an der Abzahlung der Schulden mitarbeitet.

Es ist im Rahmen eines Ratgebers wie diesem nicht möglich, alle verschiedenen Lebensfälle auf eine Formel des Verhaltens hin zu ordnen. Menschen sind unterschiedlich. Das bleiben sie, auch wenn sie miteinander verheiratet sind. Es kann durchaus sein, daß im Moment der Trennung auch die unguten, unsympathischen Züge eines Menschen voll dem Partner gegenüber durchbrechen. Zu Fairneß, Ehrlichkeit, Verständnis bei der Trennung raten, heißt natürlich nicht, zu Unvorsichtigkeit, Gutgläubigkeit, Weltfremdheit anzuhalten. Deswegen sei deutlich betont: Betrachten Sie den Partner, von dem Sie sich trennen oder der sich von Ihnen trennt, nicht automatisch mehr als Ihren besten Freund. Er/sie kann und sollte es bis zu einem gewissen Grade auch weiterhin sein, aber Freundschaft und Mitgefühl sind nicht einklagbar.

Mehr oder weniger Unterhaltsames vom Unterhalt

»Nach Golde drängt, am Golde hängt doch alles« – man muß nicht Mephisto sein, um dieses Motiv menschlichen Handelns immer mitzubedenken. Für einen ist es mehr, für den anderen weniger eine Lebensmaxime. Wer innerlich reich ist, mag äußerlich mit weniger auskommen. Aber wer würde den Pfennig nicht aufheben, der vor einem liegt?

»Geld macht sinnlich« lautet ein anderer Spruch, und es ist nicht ungewöhnlich, daß an Stelle schwindender Sinnlichkeit in einer sich lösenden Partnerschaft die Münzen und Scheine treten. Und so nehmen wir uns vor, bei einem der heikelsten Abschnitte in diesem Scheidungsbuch erst gar nicht schamhaft zu tun: Die meisten von uns hätten gern mehr, als sie haben. Und damit kommen wir gleich *in medias res* oder an den *nervus rerum:* Wer scheidet, besitzt vielleicht innerlich bald mehr, aber äußerlich mit ziemlicher Sicherheit sofort weniger. Darüber sich oder den Partner hinwegzutäuschen, wäre dumm. Faktum ist andererseits, daß die Scheidungsziffern nicht gesunken sind, obwohl sich dieses herumgesprochen hat. Wenn man nicht unterstellen will, daß sich die Scheidenden in ihrer Mehrheit gute Chancen ausrechnen, den früheren Partner übers Ohr zu hauen (und ich tue das nicht), dann darf man wohl unterstellen, daß die meisten Scheidenden eine finanzielle Einbuße einkalkulieren, wenn sie sich daran machen, den Lebensweg wieder allein oder mit einem neuen Partner zu gehen. Zu theoretisch? Zu kompliziert? Sehen wir uns die materielle Situation eines scheidenden Paares an. (Die Fälle, in denen eine Ehe kinderlos blieb und beide Partner einen Beruf ausüben, in die Altersversorgung eingezahlt haben und wirtschaftlich voneinander unabhängig sind, blenden wir hier aus, weil solche Scheidung finanziell leicht zu vollziehen ist.) Nehmen wir die Standardsituation: Der Mann verdient überwiegend das Familieneinkommen, die Frau etwas dazu für Urlaub und Anschaffungen (oder umgekehrt), es sind Kinder da, die Vermögenswerte (nicht abgezahlte Eigentumswohnung, Sparkonto oder ähnliches) begrenzt, Unterstützung durch Eltern gelegentlich, Anschaffungen abgezahlt oder als monatlicher Posten im Familienbudget abgedeckt. Nach der Scheidung sieht die Situation derselben Personengruppe so aus:

– Erheblich mehr Kosten durch doppelte Haushaltsführung (zwei Wohnungen, zwei Telefone, doppelte Versicherungen, eventuell ein zweites Auto nötig, ganz zu schweigen vom Mehraufwand beim täglichen Lebensbedarf).

– Personen, die Kinder betreuen, müssen laut Gesetz nicht mehr für den eigenen Lebensunterhalt sorgen, sogar, wenn sie vorher zum Familieneinkommen erheblich beigetragen haben.

– Das Einkommen des Partners, aus dem der Unterhalt für beide Teile der ehemaligen Familie bestritten werden muß, vermindert sich erheblich durch Wegfall von ehebedingten Steuervorteilen (Ehegatten-Splitting).
– Die angesparten Vermögenswerte müssen eventuell dafür hergenommen werden, um Lebensbedarf oder Schulden zu decken. Bei Notverkauf von Wohnungseigentum ist mit Verlust zu rechnen.
– Wenn es ganz schlimm kommt, stellen auch noch Eltern oder Schwiegereltern, weil ihnen ›die ganze Richtung nicht paßt‹, die Unterstützung ein.

Erstaunlich, daß es überhaupt Scheidungen gibt? Unter finanziellen Gesichtspunkten ja! Warum wollen Sie sich eigentlich scheiden lassen oder der Freund oder Verwandte, für den/die Sie dieses Buch gekauft haben? Gibt es da einen Mäzen, der die Scheidung und ihre Folgen finanziert? »Macht der sich über mich lustig?« werden Sie sich jetzt vielleicht empört fragen. Gewiß nicht, im Gegenteil. Sie wissen ja, ich bin geschieden und habe von dem, was ich hier beschreibe, vieles selbst erlebt. Dieses Buch – und ich schrieb es gerne, weil ich etwas weitergeben möchte von meinen Erfahrungen – entstand in meiner Freizeit, nachts, an Wochenenden. Mit dem Honorar wird u.a. der Sommerurlaub mit meinen Kindern finanziert, den wir uns sonst nicht leisten könnten.

Warum scheiden Menschen, wenn der (finanzielle) Preis dafür so hoch ist? Warum, so könnte man weiter fragen, wenn diese erste Frage nicht zu beantworten ist, sind nicht Hunderttausende von Geschiedenen protestierend auf der Straße, vor dem Finanzministerium in Bonn, vor dem Wohnungsamt ihrer Gemeinde, vor der Wohnung ihres Abgeordneten, und weisen auf das Unrecht ihrer Behandlung durch Staat und Gesellschaft hin? Bauern gehen auf die Straße, wenn sie einen halben Pfennig weniger für die Vernichtung einer überschüssigen Ernte bekommen, Beamte drohen mit Dienst nach Vorschrift, wenn die Prozenterhöhung des Gehalts pro Jahr nicht stimmt. Nur die wachsende Zahl der Scheidenden ist merkwürdig stumm. Bei ihnen werden keine Prozente zugelegt, sondern gleich zweistellig abgezogen. Bei ihnen werden keine Lasten verteilt, sondern zusätzlich aufgebürdet. Und trotzdem bleibt der Sturm der Entrüstung aus. Nicht einmal eine frische Brise weht. Hin und wieder heult ein Interessenverband der Unterhaltspflichtigen auf, wie ein Wolf in der Nacht, oder ein Zusammenschluß Alleinerziehender grummelt wie ein fernes Gewitter, doch bald kehrt wieder Stille ein. Was ist da eigentlich im Spiel? Oder besser gefragt: Was wird da eigentlich gespielt? Ich versuche ein paar Antworten zu geben:
– Scheidung wird von den meisten Menschen (ob selbst beteiligt oder beobachtend) immer noch als Schuld und Versagen erlebt. Schuld und Versagen verlan-

gen nach Bestrafung oder Selbstbestrafung. Wer sich schuldig fühlt oder als Versager, der hat kaum den Mut, zu fordern.

– Der Schuldgedanke in bezug auf Scheidung, obwohl ihn das neue Scheidungsgesetz nicht mehr kennt, ist von vielen, die Politik in diesem Lande machen, erwünscht. Eheschließung wird vom Staat subventioniert, Scheidung bestraft. Ein Beispiel dafür ist das Ehegatten-Splitting. Je höher das Einkommen, um so mehr wird steuerlich gespart, wenn die Ehefrau nicht arbeitet. Eine Steuerersparnis, für die nichts weiter erforderlich ist als das Ja-Wort vor dem Standesbeamten, wird nicht nur hingenommen, sondern auch noch mit Hinweisen auf Gleichberechtigung der Frau und Aufwertung der Hausfrau verteidigt. Eine Steuererleichterung, zugeschnitten auf den Bedarf eines Abgeordneten: Mann schafft in Bonn, Frau mäht zu Hause den Rasen und schüttelt die Kissen auf, damit sich der Krieger wohlfühlt, wenn er vom Feldzug heimkommt. Derweil sind in den Großstädten inzwischen fast 50 Prozent der Sozialhilfeempfänger (also jener, die mit dem Lebensminimum im Wohlfahrtsland Bundesrepublik auskommen müssen) Alleinstehende mit Kindern, darunter immer mehr Geschiedene. Das regt wenig auf. »Selbst schuld!« heißt das Motto. Die geschiedene Arbeiterfrau, die zwei oder mehr Kinder durchbringt, ist unterrepräsentiert in den Volksvertretungen, dort gibt es diesen Personenkreis nicht, der vielleicht sehr Wichtiges zu sagen hätte, wenn Scheidungsreformen oder neue Steuer- und Unterhaltsregelungen beschlossen werden.

– Selbstentwickelte und von außen eingehauchte oder eingetrommelte Schuldgefühle bei der Scheidung erklären jedoch nicht alles. Es kommt noch ein legaler ›Trick‹ dazu, ein grandioses Ablenkungsmanöver, genannt: Unterhaltsrecht. »Wer nach der Scheidung nicht für sich selbst sorgen kann, bekommt Unterhalt« – so die Balkenüberschrift in einer Broschüre des Bundesjustizministeriums über *Das neue Ehe- und Familienrecht.* Die schönsten Satiren schreibt das Leben selbst! Als Illustration unter der Überschrift für diese hoffnungsvolle Aussicht auf ein sorgenfreies Leben nach der Scheidung hat der Graphiker des Ministeriums sich eine ›Köstlichkeit‹ ausgedacht: Eine Hand von links und eine Hand von rechts reißen einen Hundertmarkschein auseinander. Das soll in diesem positiv gestimmten Zusammenhang wohl heißen: Jeder bekommt die Hälfte – die linke Hand nimmt die große Hundert auf der linken Vorderseite des ›Blauen‹ und die rechte die kleine Hundert im Eck des Hundertmarkscheins. Macht zusammen 200, oder? Mit unfreiwilliger Komik wird hier allerdings auf einen finanziellen Grundtatbestand nach der Scheidung hingewiesen: Wenn die früheren Partner das Auseinanderreißen anfangen, haben bald beide nichts mehr.

In diesem Buch werden Sie nicht finden, was Sie seitenweise in anderen Scheidungsratgebern nachlesen können: Wie Sie Unterhaltszahlungen zum Teil oder ganz vermeiden können bzw. wie Sie als Unterhaltsempfänger auch noch den letzten Pfennig eines – rechtlich sogenannten – Unterhaltsanspruchs gegen einen Zahlungspflichtigen einklagen können. Ich kann Ihnen nur raten: Warten Sie nicht auf eine Gerechtigkeit von oben. Schaffen Sie sich Ihre eigene Gerechtigkeit, nicht gegen, sondern mit dem früheren Partner.

Es ist alles möglich: Sie können z. B. als Bundeswehroffizier versuchen, die Summe, aus der die Unterhaltszahlungen an Ihre frühere Familie berechnet werden, zu drücken, indem Sie den Besuch kultureller Veranstaltungen als berufsbedingte Mehraufwendungen bei der Lebensführung geltend machen (obwohl Sie – wenn Sie ehrlich wären – lieber ein zackiges Gruppenlied als eine feinstimmige Arie hören), oder Sie können als unterhaltsberechtigte Frau im Familienbetrieb aushelfen und sich dafür auf eine Weise entlohnen lassen, daß es Ihren Unterhaltsanspruch nicht schmälert. Es geht alles, oder man kann es zumindest versuchen. Aber man kann es auch lassen. Sie sollten nie vergessen, was da passiert: Menschen, denen nach der Trennung das Wasser bis zum Hals steht, werden direkt (von Anwälten) oder indirekt (von den Versprechungen eines Schönwettergesetzes, dem in Zeiten wirtschaftlicher Hochkonjunktur verabschiedeten Unterhaltsrecht als Teil des neuen Scheidungsgesetzes) auch noch aufeinander gehetzt. Hol's dir doch von diesem Fiesling! Gib es ihr nicht, dieser Schlampe! Da fällt mir nur noch Ringelnatz ein, der meinte: »Niemals darfst du so tief sinken, den Kakao, durch den man dich zieht, auch noch zu trinken.«

Schauen wir uns das Süßstoffgetränk, das den Scheidenden vorgesetzt wurde, trotzdem genauer an. Die Väter und Mütter des neuen Scheidungsgesetzes wollten eigentlich etwas sehr Gutes, denn sie beseitigten auch im Unterhaltsrecht die Schuldfrage. Im alten Scheidungsrecht verlor der allein oder überwiegend schuldig geschiedene Ehepartner Anspruch auf Unterhaltszahlungen. Die Frage nach der Schuld entschied so auch weitgehend das Anrecht auf Geld. Als Schuld galt in erster Linie der damals noch sogenannte ›Fehltritt‹, das Fremdgehen, der außereheliche Verkehr. Deutlich waren dabei die Männer bevorzugt. Blieb dem Mann, der ›erwischt‹ und schuldig geschieden wurde, noch sein Teil nach Abzug der Unterhaltszahlungen, so stand die nichtberufstätige Frau, die sich mit dem Staubsaugervertreter eingelassen hatte und dabei von der Nachbarin beobachtet worden war, vor dem existentiellen Nichts. Das war die damals gesetzlich gestützte Moral. Damit ist glücklicherweise ein Ende. ›Wer mit wem‹ spielt bei der Berechnung des Unterhalts keine Rolle mehr, sondern er wird nach

Bedürftigkeit gewährt und berechnet. Aber es gibt noch eine Härteklausel im Unterhaltsrecht: Unterhalt kann versagt oder herabgesetzt werden, wenn er ›grob unbillig‹ ist. Hier setzen die ›Schuld-Freunde‹ gern an. ›Ist es einem Partner zuzumuten, dem anderen Unterhalt zu zahlen, wenn der wieder Freund oder Freundin hat?‹ wird gefragt. Und es wird gefordert, eine sogenannte ›Konkubinatsklausel‹ (die in erster Linie natürlich wieder die Frauen treffen würde) in das Unterhaltsrecht einzuführen, zumindest als Härteklausel. Man muß abwarten, wie die Diskussion darüber weitergeht. Im Moment – Winter 1984/85 – ist es so, daß ein Freund (Freundin) oder mehrere kein Ausschlußgrund für den Unterhalt sind, es sei denn, der Unterhaltsberechtigte führt ihm/ihr den Haushalt (und das steht nicht im Gesetz, sondern ist Rechtspraxis).

Im Prinzip besagt das jetzige Unterhaltsrecht wie es sich auch durch die Rechtsprechung präzisiert hat, folgendes:

– Unterhalt für Kinder *muß* gezahlt werden; er kann nicht ausgeschlossen werden, da dies ein vom Staat garantierter Anspruch des Kindes gegen die Eltern ist. In der Regel ist es so, daß der eine Elternteil Bargeld-unterhaltspflichtig ist und der andere seinen Unterhalt durch Betreuung des Kindes erbringt. Wenn das Kind volljährig wird und sich noch in Schul- oder Berufsausbildung befindet, werden beide Eltern bargeldpflichtig. Der Mindestunterhalt ist festgelegt. Er entspricht dem Satz für ein nichteheliches Kind, derzeit zwischen 228 und 327 Mark je nach Alter.

– Unterhalt für sich selbst kann ein Ehegatte in der Trennungsphase und nach der Scheidung verlangen, wenn er nicht selbst für sich sorgen kann. Grundsätzlich wird unterstellt, daß beide dazu in der Lage sind. Unterhaltsansprüche für den getrennten oder geschiedenen Gatten begründen aber:

a) die Pflege oder Erziehung eines gemeinsamen Kindes,
b) Alter oder Krankheit,
c) Überbrückung bis zur Erlangung einer angemessenen Erwerbstätigkeit,
d) Ausbildung, Fortbildung oder Umschulung,
e) sonstige schwerwiegende Gründe.

Das ist alles im Prinzip sehr edel und fair gedacht. Es entstammt dem Wunsch, aus dem Jahrtausende alten Denken ›Wer schuld hat, zahlt!‹ herauszukommen. Das neue Recht faßt die scheidenden Eheleute als eine noch für eine Weile bestehende Solidargemeinschaft auf. Derjenige, der mehr hat oder mehr verdienen kann, soll dem anderen helfen, bis dieser auf eigenen Beinen stehen kann.

Die (gute) Regelung hat nur einen Haken: Der Staat schweigt sich darüber aus, wie der finanzielle Mehrbedarf, den doppelte Haushaltsführung in getrennter Situation erfordert, gedeckt werden soll. Im Gegenteil, er holt sich von dem bereits angeknabberten Kuchen auch noch ein sattes Stück durch die schärfere Besteuerung von Geschiedenen. Absurd? Wir leben jetzt seit vielen Jahren mit dieser Situation, und die große Mehrzahl fügt sich drein.

Nachdem der Staat diese Prinzipien festgesetzt hatte, deren Konsequenz unter anderem ist: Geschiedene Paare können sich schon total aus den Augen verloren haben, aber es bestehen weiterhin Ansprüche und jeden Monat fühlbare Kontakte über den Bankauszug, legte er die Hände in den Schoß und meinte: Nun macht mal das Beste daraus (auf deutsch: Nun rauft es mal untereinander aus). Im Scheidungsgesetz stehen keine Unterhaltsbeträge, keine Mindest- oder Höchstsätze, keine Angaben über die Art der Zahlung. Da heißt es lediglich lakonisch: »Das Maß des Unterhalts bestimmt sich nach den ehelichen Lebensverhältnissen. Der Unterhalt umfaßt den gesamten Lebensbedarf.« Unterhalt nach den ehelichen Lebensverhältnissen? Selbst ein politisch nicht sonderlich bewanderter Mensch wird sofort einwenden: »Stop mal, das geht doch gar nicht. Die ehelichen Lebensverhältnisse mit ihren vielfachen materiellen Vorzügen, die sogar vom Staat steuerlich gestützt werden, sind doch nach der Scheidung nicht mehr gegeben. Soll also aus einem kleiner gewordenen Topf der gleiche Standard für zwei finanziert werden?« So ist es, zumindest auf dem Papier, das ein Gesetz dieses Landes ist.

Kritiker des Scheidungsgesetzes haben für all dies harte Worte gefunden. Ich begnüge mich mit der Feststellung: Hier wird vom Staat (wohlgemerkt mit im Grundsatz guten Motiven) eine Fiktion, ein Schein aufrechterhalten. Wie brüchig dieser Regenbogen ist, war bei der Verabschiedung des Scheidungsgesetzes vielen auch noch gar nicht klar. Damals ging man von wachsendem Wohlstand aus, von Arbeitsplätzen für jeden, der arbeiten will, und der Fähigkeit des Staates, den in Not Geratenen angemessen unter die Arme zu greifen. Die wirtschaftliche Gesamtsituation hat sich seither erheblich verschlechtert, und es ist anzunehmen, daß das angesichts der Vielzahl der wirtschaftlichen und ökonomischen Probleme, die weltweit zu lösen sind, auf absehbare Zeit nicht anders wird. Die Scheidenden trifft es besonders hart. Sprach man vor zehn Jahren noch von einem gewissen sozialen Abstieg, den die meisten Scheidenden hinnehmen müßten, so kann man heute – ohne zu übertreiben – sagen, daß viele Geschiedene einen Kern der neuen Armut in der Bundesrepublik bilden.

Das Prekäre an der Situation ist aber nicht nur das finanzielle Minus im Leben. Ihm kann man sich anpassen, und Scheidende sind Künstler darin, wie man durch Phantasie etwas erreicht, wofür satte und bequeme Mitmenschen eine Menge Geld aufwenden müssen. Nein, das Verhängnisvolle ist zweierlei:

– Scheidende sind häufig nicht auf die neue Situation vorbereitet. Sie ahnen zwar, daß eine auch äußerlich einschneidende Lebensumstellung auf sie zukommt, aber sie schließen lange die Augen davor. Eine neue Liebe, eine neue Begegnung hilft dabei. Wenn dann die neuen Konto-Zahlen auf dem Tisch liegen, trifft der äußere Abstieg manche so hart, daß sie in gewisser Weise ›aussteigen‹ und den Kontakt zu ihrem bisherigen Lebensbereich, obwohl sie ihn bitter nötig hätten, aus materiellen Gründen (»Da kann ich nicht mehr mithalten«) total abbrechen.
– Die durch das Unterhaltsrecht geschürte Illusion, man könne nach der Scheidung so weiterleben wie bisher, und die bald eintretende Enttäuschung sind der Hauptgrund dafür – so sehe ich es jedenfalls –, daß sich das Klima zwischen vielen, im Prinzip gesprächs- und ausgleichsbereiten Partnern nach der Trennung rapide verschlechtert. Selbst bei einer gütlichen Unterhaltsregelung schwingt der Gedanke mit: Es könnte doch wirklich etwas mehr sein! Er könnte doch eigentlich mehr zahlen, schließlich habe ich doch die Hauptlast durch die Erziehung der Kinder! Sie könnte doch eigentlich auf etwas mehr verzichten, schließlich hat sie Auto und alles behalten, und ich mußte mir alles neu anschaffen! Und dann passiert häufig folgendes: Der Wunsch nach mehr, der Wunsch nach weniger wird wohl Freunden gegenüber ausgesprochen, aber nicht dem früheren Partner gegenüber. Die sich Trennenden sind befangen, man hat vielleicht sowieso Schwierigkeiten miteinander. So lebt man unzufrieden mit der gefundenen Lösung. Hin und wieder fällt mal eine Bemerkung, die dem Partner Unmut mitteilt, aber man spricht sich nicht darüber aus. Die Mutter zieht dem Kind die älteste Jacke an, wenn es zum Vater geht (»Er soll sehen, daß es uns nicht gut geht«), der Vater klagt, wenn er das Kind abholt, über hohe Steuerabzüge (»Sie soll doch sehen, daß ich nicht in Saus und Braus lebe«). Und wenn die Sorgen größer werden, verhärten sich die Standpunkte vielleicht noch mehr. Unzufriedenheit wird allein auf die finanzielle Situation geschoben, der frühere Partner wird der Blitzableiter, und eines Tages schnappt die Falle ganz zu: einschränken wegen ihm/einschränken wegen ihr? Die auch sonst sich schon sammelnde Wut entlädt sich in einer neuen Auseinandersetzung um Geld und Unterhalt, es wird prozessiert daß die Fetzen fliegen, und alles kommt erst dann zum Stillstand, wenn einer der beiden merkt, daß die Kosten für die Anwälte einen Großteil des erhofften Mehr aufzehren.

Hauptübel ist ein Erwartungsdenken, das durch das Unterhaltsgesetz, die vielen Unterhaltsprozesse und eingängige Tabellen geschürt wird. Ein durch Gericht einklagbarer Anspruch gegen einen Menschen, von dem man sich ja eigentlich getrennt hat (oder von dem man getrennt wurde) – das ist im Prinzip keine gute Sache und schon gar keine Dauerlösung. Eine gewisse Zeit der Überbrückung wird von den meisten Menschen klaglos hingenommen, auch wenn sie schmerzt, aber dann sind die Fäden hin und her nur noch locker, und nur über das Gehaltskonto sind die Seile noch straff gespannt. Beendigung der Liebesehe, Fortsetzung der Versorgungsehe – das klingt etwas pointiert, trifft aber den Kern. Wohlgemerkt, es geht bei diesen Erörterungen um den Ehegatten-, nicht um den Kinderunterhalt. Über letzteren gibt es wenig Streit, da wollen die scheidenden Eltern in der Regel ihren Verpflichtungen voll nachkommen.

Besonders problematisch im neuen Unterhaltsrecht sind die Unterhaltsgarantien wegen Überbrückung bis zur Erlangung einer angemessenen Erwerbstätigkeit und wegen Kinderbetreuung. In bezug auf die Erwerbstätigkeit heißt es: »Angemessen ist eine Erwerbstätigkeit, die der Ausbildung, den Fähigkeiten, dem Lebensalter und dem Gesundheitszustand des geschiedenen Ehegatten sowie den ehelichen Lebensverhältnissen entspricht.« Auch das ist sehr edel gedacht, aber in der heutigen Praxis bedeutet es: Wenn keine Arbeit da ist – und besonders Frauen, die lange aus dem Beruf sind, haben es schwer, etwas Angemessenes zu finden –, trägt der unterhaltsverpflichtete Partner das Arbeitsplatzrisiko des anderen, und nicht der Staat. Das schafft viel Bitterkeit, besonders weil Abhilfe nicht in Sicht ist, es sei denn, der frühere Partner steigt beruflich eine Stufe tiefer, wozu er aber ausdrücklich nicht verpflichtet ist.

Die Verbindung von Kindererziehung und Unterhaltsansprüchen (noch einmal: Es geht hier um Ansprüche für den Erzieher, nicht für die Kinder) ist noch ›kitzliger‹. Ich zitiere aus einem juristischen Ratgeber für Scheidungsfragen: »Wegen der Verzahnung der Unterhaltsansprüche – nach der Kindesbetreuung können sich die übrigen Unterhaltsansprüche nahtlos anschließen – kommt der Sorgerechtsentscheidung ausschlaggebende Bedeutung im Hinblick auf die finanziellen Konsequenzen der Scheidung zu.« So hatte es der Gesetzgeber nicht gemeint, aber so ist es in der Praxis geworden. Der Kampf ums Kind bei einer Scheidung hat häufig massive materielle Hintergründe (von beiden Seiten). Partner, die in der Ehe unter der Last der Kinder gestöhnt haben, werden plötzlich zu hingebungsvollen Eltern, die am liebsten 24 Stunden am Tag für die Kinder da wären. Aber Mann/Frau merkt die Absicht und ist verstimmt. Was da alles kaputt gemacht wird an Kraft, Kooperationsbereitschaft, Phantasie, die eigentlich ›für‹ etwas gebraucht würden und nicht ›gegen‹, kann gar nicht abgeschätzt werden. Der Staat, wir alle sollten uns fragen, ob wir hier nicht auf einem ganz falschen Weg sind.

Es soll nicht der Eindruck entstehen, daß ich den Forderer (in den meisten Fällen die Frau) in diesem Zusammenhang schärfer beurteile als den Abwehrer (meistens der Mann). Ich will beiden nur die Situation, in der sie von Gesetz wegen und durch die sich daraus ergebende Rechtsprechung zusammengespannt sind, deutlich machen. In der Summe sind es immer noch mehr Männer, die in diesem Zusammenhang ganz grobe Schläge gegen den früheren Partner führen. Manche verschwinden angesichts der auf sie zukommenden Belastungen ganz oder setzen die frühere Familie, die unterstützt werden will, unter Druck, damit eine Situation entsteht, in der die Frau resigniert und auf Forderungen verzichtet. Aber auch das ist nicht nur geschlechtsspezifisch zu sehen. Eine Familienrichterin erzählte mir kürzlich, daß sie die größten Probleme mit Frauen hat, die zu Unterhaltszahlungen an den früheren Partner verpflichtet wurden. Es geht ihnen nicht ein, daß die Bestimmung des Unterhaltsrechts, daß bei der Trennung der besserstehende Partner für den anderen zu sorgen hat, auch für die Frau gelten kann. Hinzu kommt wohl, daß viele Frauen zwar inzwischen berufstätig sind und ›eigenes‹ Geld haben, aber die Standard-Mann-Situation, daß man nicht nur Geld für sich, sondern auch für andere verdienen muß, einfach noch nicht in ihrer ganzen Härte erlebt haben.

Ein besonderes Problem, das übrigens auf einer Tagung der Unesco kürzlich als weltweit beschrieben wurde, ist die Situation der neuen Partner und neuen Familien der Geschiedenen. Ist für sie das Geld schon kaum ausreichend, so kommt noch eine stille oder offene Diskriminierung dazu. »Für ihn würde ich schon noch auf etwas verzichten, aber für die Neue doch nicht. Wo kämen wir denn da hin?« Die neue Ehefrau, der neue Ehemann ist in bezug auf eigene Versorgung durch einen anderweitig schon unterhaltsverpflichteten Partner vollkommen chancenlos, es sei denn, es ist eine Menge Geld vorhanden. Die erste Frau ist vor der zweiten anspruchsberechtigt, solange sie Recht auf Unterhalt hat – das höchste Gericht der Bundesrepublik hat es kürzlich noch einmal bestätigt. Was das für den Alltag, für die Lebensgestaltung einer wachsenden Zahl von Menschen zu bedeuten hat (Verpflichtungen für einen Menschen, von dem man getrennt ist und den man kaum oder nicht mehr sieht, gebundene Hände gegenüber einem Menschen, mit dem man jetzt Tisch und Bett teilt), ist leicht abzusehen.

Es gibt viele weitere Ungereimtheiten im Scheidungs- und Unterhaltsrecht. Sie können hier nicht alle aufgezählt werden. Letztlich ist die jetzige Situation ein Kompromiß zwischen vielen Strömungen. Liberale Ideen (jeder soll so leben, wie er mag, und mit dem leben, den er mag), soziale Ideen (der Staat ist eine Solidargemeinschaft, in der der eine des anderen Last mitträgt) und konservative Ideen (der jeweilige Grundkonsens an Werten muß auch mit Sanktionen verbindlich gemacht werden) vermischen sich. Wie es weitergehen wird? Das ist schwer zu sagen, denn gegenwärtig vollzieht sich im Bereich geschiedener Paare nicht nur eine Revolution der Lebensformen, sondern es finden auch erhebliche soziale Veränderungen statt.

Ich kann Ihnen nur immer wieder raten: Täuschen Sie sich nicht über Ihre wirkliche materielle Situation im Moment der Trennung und der Scheidung hinweg. Sie ist der Keim für viele spätere Frustrationen und Leiden. Sagen Sie nicht zu schnell Ja und nicht zu schnell Nein zu einer Unterhaltslösung. Da muß jedes Komma auch auf die Wirkung in die Zukunft hinein abgeklopft werden! Versuchen sie eine Lösung zu finden, die einen Interessenausgleich zwischen Ihren Wünschen und denen des Partners darstellt! Sie leben vermutlich noch eine ganze Weile finanziell aneinander gebunden. Also sprechen Sie jetzt über das Geld, auch wenn Sie es in der Ehe nie getan haben! Unterscheiden Sie deutlich zwischen dem Geld für die Kinder und dem Geld für den Erzieher! Das erste sollte kein Problempunkt sein, das zweite ist fast immer einer, auch bei jenen, die sich ›noch gerne mögen‹!

Wie kann eine gute finanzielle Lösung bei Trennung und Scheidung aussehen? Bis zur Scheidung sind im allgemeinen mehr Mittel vorhanden als danach. Der ausziehende Partner gibt sich vielleicht erst einmal mit einem gemütlichen, aber Raum für den Besuch der Kinder bietenden Provisorium zufrieden, etc. Die Scheidenden sollten schon jetzt ausrechnen oder ausrechnen lassen, wie in etwa die prozentuale Verteilung des Einkommens nach der Scheidung aussehen wird; einen entsprechenden Betrag sollte jeder auf seinem nun eigenen Konto vorfinden.

Bei der Scheidung sollte es dann eine eindeutige Lösung geben, keine Gummi-Bestimmungen, die nur zu späterem Streit einladen. Die Erfahrung lehrt, daß selbst hohe Belastungen nach der Scheidung leichter empfunden werden, wenn ein Ende in Sicht ist. Eine Lösung, die darauf Rücksicht nimmt und den Scheidenden sagt: Jetzt hängt ihr noch ein paar Jahre hart finanziell aneinander, aber dann geht wirklich jeder seine eigenen Wege, ist vorzuziehen.

Alle Geld- und Vermögensfragen sollten in einem Zusammenhang gesehen werden. Es kann durchaus eine gute Lösung sein, daß Frau und Kinder die Eigentumswohnung behalten und in Zukunft praktisch mietfrei wohnen, der Mann dafür von Unterhaltsverpflichtungen für die Frau freigestellt wird.

Übersehen wird häufig, daß der Unterhaltszahler zusätzlich zum Unterhaltssatz auch für einen angemessenen Versicherungsschutz bei Krankheit, Alter und Erwerbsunfähigkeit des Partners sorgen muß. Das kommt nur häufig nicht in Betracht, weil durch die Unterhaltszahlungen bereits die gesamte verfügbare Finanzmasse aufgebracht ist. Auch diese Verpflichtung sollte im Rahmen des ›finanziellen Endes‹ einer Ehe Berücksichtigung finden.

Eheleute sind frei, jede denkbare Unterhaltsvereinbarung untereinander zu treffen. Dafür sollte man sich Zeit lassen und Phantasie mobilisieren. Leider messen viele Scheidende diesem Punkt nicht genügend Bedeutung bei, verzichten oder übertreiben und wachen später ernüchtert und mit Regelungen konfrontiert auf, denen sie zwar ihre Zustimmung gegeben haben, an die sie sich aber kaum noch erinnern können. Mündliche Absprachen in bezug auf Ehegatten-Unterhalt sind jedoch bindend.

Das Gesetz nennt, wie gesagt, keine Zahlen für Unterhaltsleistungen, sondern nur Tatbestände, die einen Anspruch begründen. In der Rechtsprechung hat es sich so herausgebildet, daß die Unterhaltsrichtlinien einiger Oberlandesgerichte Norm auch für andere Bereiche setzen. Die berühmt-berüchtigte *Düsseldorfer Tabelle,* nach der in vielen Scheidungsprozessen der Unterhalt festgesetzt wird, ist also weiter nichts als das von allen Familiengerichten im Bereich des Oberlandesgerichts Düsseldorf angewandte Unterhaltsschema. Weil ihm so große Bedeutung zukommt, sei es hier kurz beschrieben. Die Sätze für die Kinder ergeben sich aus dem Nettoeinkommen des Unterhaltszahlers, von dem noch bestimmte berufsbedingte Aufwendungen abgezogen werden. Hier die Tabelle (die niedrigste Stufe entspricht dem Satz für nichteheliche Kinder):

Düsseldorfer Tabelle (Stand: Januar 1985)

Nettoeinkommen des Unterhaltspflichtigen	Altersstufe des Kindes bis Vollendung des 6. Lebensjahres	Vollendung des 12. Lebensjahres	Vollendung des 18. Lebensjahres
bis 1850 DM	228	276	327
bis 2100 DM	240	290	345
bis 2400 DM	260	315	375
bis 2800 DM	295	360	425
bis 3400 DM	330	400	475
bis 4000 DM	365	440	525
bis 4800 DM	420	510	605
bis 5800 DM	480	580	685
bis 7000 DM	545	660	785
über 7000 DM	nach den Umständen des Falles		

Mit Hilfe dieser Tabelle können Sie auch in etwa den Unterhaltsanspruch des Erziehers ablesen. Vom Nettoeinkommen des Pflichtigen wird der Kinderunterhalt abgezogen und dann 3/7 genommen. Arbeitet der Erzieher, so wird dieses Einkommen vom (in der Regel höheren) Einkommen des Unterhaltspflichtigen abgezogen und daraus 3/7 errechnet. Wenn keine Kinder da sind, wird die Differenz der Einkommen genommen und ebenfalls 4/7 (Unterhaltszahler) und 3/7 (Unterhaltsberechtigter) genommen. Dies ist nur ein Schema, das so nicht zur Anwendung kommen muß, aber es gibt Anhaltspunkte auch für eine Kompromißeinigung der Scheidenden.

Kindergeld wird in der Regel zur Hälfte dem einen und dem anderen Elternteil zugerechnet. Der Unterhaltszahler hat gegenüber dem Empfänger und auch den Kindern einen sogenannten Selbstbehalt, das heißt einen Betrag, der ihm bleiben *muß*. Gegenüber Kindern beträgt er nach der neuen Düsseldorfer Tabelle 1300 Mark, gegenüber dem nicht erwerbstätigen Unterhaltspflichtigen 910 Mark, gegenüber dem erwerbstätigen 990 Mark pro Monat. Das ist die finanziell brutale Wirklichkeit der Scheidungssituation. Damit keine falschen Tränen aufkommen: Wenn dem Unterhaltszahler nur das bleibt, dann dürfte der Unterhaltsempfänger noch weniger haben.

Unterhaltszahler dürfen sich von ihrer Verpflichtung nicht dadurch drücken, daß sie minderbezahlte Arbeit annehmen (und sich vielleicht ›schwarz‹ etwas dazuverdienen). Das Gericht geht von dem aus, was ein Berufstätiger zum Zeitpunkt der Trennung verdiente und auch danach noch erzielen kann. Es ist am Ende dieser wenig unterhaltsamen Ausführungen zum Unterhalt wohl klar, daß die finanziellen Probleme einer Scheidung – auch wenn Kinder da sind – in der Regel nur bewältigt werden können, wenn beide Eltern nach der Trennung verdienen. Etwas anderes zu unterstellen, hieße die Augen verschließen. Wann der die Kinder betreuende Elternteil wieder zur Arbeit gehen kann, wird unterschiedlich beurteilt. Die erste deutliche Ablösungsphase der Kinder von der Mutter setzt ja schon mit dem Kindergartenalter ein. Arbeit, die während der Ehe zur Anschaffung eines Mittelklassewagens möglich war, sollte auch nach der Scheidung möglich sein. Die Gerichte der Bundesrepublik sind allerdings unterschiedlicher Meinung. Das Oberlandesgericht München sagt zum Beispiel, daß einem Elternteil eine Halbtagsbeschäftigung zuzumuten ist, wenn das jüngste Kind die dritte Grundschulklasse beendet hat, und eine Ganztagsbeschäftigung nach Vollendung des 14. Lebensjahres. Dies kann Anhaltspunkte geben, aber jeder sollte auch die besonderen Umstände seines Falles gewichten. Sind andere Personen (Verwandte) da, die die Kinderbetreuung in Abwesenheit der Hauptbezugsperson übernehmen können? Inwiefern kann der nichtsorgeberechtigte Partner aushelfen (zum Beispiel bei Lehrern oder anderen Berufen, bei denen ein Teil der Arbeit zu Hause geleistet werden kann)? Der Phantasie sind keine Grenzen gesetzt, nur sollte eine feste Regelung gefunden werden. Im Vorteil – hier wie bei allen anderen Punkten der Auflösung einer Ehe – sind Scheidende, die noch miteinander reden.

Die Scheidenden können sich das Leben gegenseitig leichter machen oder auch schwerer bis zur totalen Erschöpfung. Wie ersteres in einer Zeit emotionaler Aufgewühltheit geschehen soll? Es geht nur über die Einsicht, daß die Lösung einer Ehe ein doppelter Vorgang ist – wie mehrfach in diesem Buch beschrieben: eine Lösung oder starke Lockerung der seelischen und gefühlsmäßigen Verbindung zweier Menschen und die Beendigung eines Vertragszustandes (Rechtszustandes). Das Geld, der Unterhalt, sollte zur zweiten Kategorie gehören; wenn er in die erste rutscht, ist Feuer auf dem Dach, das vielleicht das ganze Haus und noch die Scheune einäschert.

Wer eine Ehe hauptsächlich unter finanziellen Gesichtspunkten betrachtet, sollte sich nicht scheiden lassen. Eine Versorgungsehe oder eine aus anderen finanziellen Erwägungen eingegangene Verbindung war in früheren Zeiten keine Seltenheit. Dann sollte man aber dazu stehen und die besonderen Gesetzmäßigkeiten einer solchen Beziehung anerkennen. Das Gegenteil – »Hauptsache, wir haben uns, alles andere ist egal« – ist ebenfalls denkbar. Es ist häufig der Ausgangspunkt einer Verbindung, aber meistens bleibt es nicht dabei. Es gibt genügend Paare, die mit zu Fächern gestapelten Apfelsinenkisten in der Küche angefangen haben sowie einer Schaumstoffmatratze auf dem Boden zum Schlafen und dann bei der Scheidung um jeden Pfennig gestritten haben. Mir scheint, daß ein Anspruchsdenken, das auf alle möglichen Fälle in der Welt paßt, aber eben nicht auf die Beziehung zwischen Mann und Frau, wenn sie gut und lebendig sein soll, vieles kaputt macht: Wir wollen alles (Gefühle, Versorgung, Erleben), und das möglichst sofort.

Der gute Kern der Scheidungen heute liegt vermutlich darin: Menschen kehren zu ihrem Gefühl zurück, das unter den vielen Nützlichkeitserwägungen in der Ehe zum Teil verlorenging. Die Ur-Situation der ›Liebe ohne Grenzen‹ wird wieder gesucht und wird übrigens auch von vielen Partnern gefunden, die sich zu Anfang der Trennung als Verlassene vorkommen mußten. Bei ihnen dauert es häufig nur etwas länger. Wie auch immer: Im Moment kann man nur nüchtern feststellen, daß viele den Weg der Trennung/Scheidung gehen, auch wenn er ungewiß ist und nicht mit Goldstücken gepflastert. Jeder Scheidende sollte nicht vergessen: Der Partner, ob er nun von sich aus ging oder ›mitgehen‹ mußte, beschreitet dieselbe Straße, nur an einer anderen Stelle.

Bei der Rente sehen wir uns wieder

Man sollte eigentlich ein anderes Wort für Scheidung finden. Es klingt so endgültig, und man ist geneigt, an eine messerscharfe Trennung zu glauben. Daraus entstehen viele Irrtümer über die Situation nach der Trennung vom Partner, auch bei den Scheidenden selbst. Das seit 1977 in der Bundesrepublik Deutschland geltende Scheidungsrecht ermöglicht zwar den Scheidenden, eine Ehe ohne große Dramatik zu beenden. Auf dem weiteren Lebensweg sind die Geschiedenen aber noch auf mannigfache Weise miteinander verbunden. Beim Unterhalt mit seinen vielfältigen Gestaltungsvarianten und den verbesserten Möglichkeiten für den nicht-erwerbstätigen Partner, Ansprüche zu begründen und durchzusetzen, hatten wir das schon gesehen. Dasselbe gilt für die Altersversorgung.

Daß darüber noch große Unkenntnis herrscht, liegt daran, daß schon die rechtliche Seite der Ehe als Versorgungsgemeinschaft für beide verkannt wird. Auch wenn nur einer von beiden ›das Geld nach Hause bringt‹, in die Rentenversicherung einzahlt, eine betriebliche Altersversorgung erwirbt, eine private Lebensversicherung begründet – der andere nimmt automatisch daran teil. Bei der Scheidung wird das (oft erstmals) deutlich.

Früher behielt jeder Ehegatte bei der Scheidung seine eigenen Renten- und Pensionsanwartschaften. Wer ›nur‹ den Haushalt geführt und die Kinder erzogen hatte, konnte nicht viel mitnehmen, häufig gar nichts, denn für die Hausfrau war oftmals nichts eingezahlt worden. Das ist jetzt anders. Auch der nicht-erwerbstätige Partner gewinnt in der Ehe laufend Ansprüche auf Altersversorgung, allerdings nur in der Form, daß sich um diesen Anspruch die Altersversorgung des Partners praktisch verringert. Bei der Scheidung werden die in der Ehe erworbenen Rentenansprüche gegenseitig ausgeglichen, der sogenannte Versorgungsausgleich.

Der Versorgungsausgleich ist ein im Prinzip sehr simples Verfahren. Er gehört zu jenen zwei Bereichen (Sorgerecht, Versorgungsausgleich), die bei der Scheidung nicht von den Scheidenden allein geklärt werden können, sondern vom Familiengericht geklärt werden müssen. Der Scheidende merkt unter Umständen sehr wenig davon. Er/sie füllt zwar einige zugesandte Fragebogen aus, aber weiter geschieht erst einmal gar nichts. Alles weitere unternehmen Gericht und Versicherungen. Auch bei der Verhandlung selbst spüren viele Scheidende wenig davon, was da ›hinter ihrem Rücken‹ alles so gelaufen ist. Es wird bei der Urteilsverlesung nur festgestellt, daß der Versorgungsausgleich so und so durchgeführt wurde.

Was ist nun der Versorgungsausgleich? Bei der Scheidungsreform wurden die Rentenansprüche, welche die Partner während der Ehe erwerben, in eine neue Kategorie gehoben und dem Vermögen, das in der Ehe geschaffen wird, gleichgestellt. In vielen Familien ist ja auch die Altersversorgung praktisch das einzige Vermögen, das während der Ehe erworben wird. Wie bei den Vermögenswerten, wird auch hier bei der Scheidung ein Ausgleich für die Zeit der Ehe ermittelt. Neben der Frage der momentanen Versorgung (Unterhalt) ist bei der Scheidung also auch die Frage der künftigen Versorgung (Vermögensausgleich/ Versorgungsausgleich) zu klären. Der Vermögensausgleich (Zugewinnausgleich) kann natürlich auch dafür hergenommen werden, momentane Bedürfnisse abzudecken. Aber Sparen (Vermögen ansammeln) bedeutet für die meisten Menschen, sich langfristig Sicherheiten zu schaffen. Also sollte man auch bei der Scheidung die Aufteilung des in der Ehe erworbenen Vermögens nicht als momentanen warmen Regen betrachten, sondern zumindest einen Teil davon als Sicherung für spätere Lebensjahre nutzen.

Zugewinnausgleich: Wenn nichts anderes (notariell) vereinbart wurde, leben Ehepartner im Zustand der Zugewinngemeinschaft. Damit ist nicht gemeint – wie häufig fälschlich angenommen wird –, daß Eheleuten alles gemeinsam gehört, was sie während der Ehe besessen oder erworben haben. Auch in der Zugewinngemeinschaft bildet jeder Partner während der Ehe – wie bei der Gütertrennung – eigenes Vermögen (das kann natürlich auch ›negatives‹ Vermögen, nämlich Schulden, sein). Zwischen den Vermögenszuwächsen der beiden Partner wird jedoch am Ende der Ehe (in diesem Fall: bei Einreichung und Zustellung des Scheidungsantrages) ausgeglichen. Dabei wird so vorgegangen: Es wird für beide Scheidende ein Anfangs- und ein Endvermögen ermittelt. Anfangsvermögen ist das, was jeder Partner in die Ehe mitgebracht hat, plus Schenkungen, Erbschaften, Ausstattungen, die ihm/ihr allein gegolten haben. Hat ein Partner Schulden gehabt, als die Ehe geschlossen wurde, wird sein/ihr Anfangsvermögen mit Null angesetzt, egal, was aus den Schulden später wurde. Die Feststellung des Anfangsvermögens ist nach vielen Jahren Ehe natürlich schwierig. Jeder Ehepartner, der etwas als sein Anfangsvermögen geltend machen will, muß dies selbst nachweisen. Das Anfangsvermögen wird dann beim Zugewinnausgleich vom Endvermögen abgezogen. Damit wird also der ›Wertzuwachs‹ des Vermögens jedes Partners während der Ehe ermittelt. Zum Endvermögen gehört alles, was ein Ehepartner am Ende der Ehe besitzt, unabhängig davon, aus welchen Quellen es gekommen ist. Bei sogenannten »gemeinsamen Anschaffungen« muß einer das Besitzrecht übernehmen. Er/sie wird dadurch aber ausgleichspflichtig. Abgezogen vom Endvermögen werden die

Schulden, aber wieder nur bis zum nominalen Betrag Null. Sind die Zugewinne beider Partner ermittelt, wird die Differenz gebildet. Der Partner, der mehr hat, muß dann die Hälfte der Differenz dem anderen Partner abgeben. Das ist der Zugewinnausgleich. Er wird in der Regel durch Bargeldzahlungen geleistet, es sei denn, die Partner einigen sich auf entsprechende Verteilung von dinglichen Vermögenswerten.

Das ist im Prinzip recht einfach. Kompliziert werden aber häufig die Wertermittlungen, besonders wenn die Partner unfair zueinander sind, Vermögenswerte verschweigen, Anfangsvermögen hinauftreiben, Endvermögen dadurch kleiner machen, daß Werte heimlich beiseitegeschafft werden. Abgesehen von solchen Manipulationsmöglichkeiten, vor denen man sich rechtzeitig schützen sollte, wenn man dem scheidenden Partner mißtraut, bevorzugt der Zugewinnausgleich denjenigen Partner, der Schulden gemacht hat. Anfangsschulden eines Partners sind häufig durch gemeinsame Anstrengungen beider während der Ehe abgetragen worden. Für den Zugewinnausgleich ist das ohne Belang. Die Schulden tauchen nur als Posten auf, der das Anfangsvermögen mindert. Schulden am Ende der Ehe mindern wiederum die Masse, aus der Ausgleichszahlungen geleistet werden könnten.

Hier tritt noch einmal ganz deutlich der Charakter der Ehe als Versorgungsgemeinschaft zutage, wenn nicht etwas anderes (Gütertrennung) vereinbart worden ist. An dem, was mein Partner in der Zeit unserer Ehe erwirbt, habe ich automatisch Anteil, ob ich zu dem Erwerb etwas beigetragen habe oder nicht. Beispiel Haus- und Grundbesitz: Der Wert einer Immobilie beim Eintritt in die Ehe verbleibt zwar beim Besitzer (Anfangsvermögen), der Wertzuwachs kommt aber in den Zugewinnausgleich, auch die automatischen, marktbedingten Wertsteigerungen. Eine Versicherung auf Kapitalbasis (einmalige Auszahlung) kommt in den Zugewinnausgleich, auch wenn sie nur für einen der Partner abgeschlossen und von ihm/ihr allein finanziert worden ist.

Am Ende einer Ehe wird also das Portemonnaie jedes Partners (die Sparguthaben, die Immobilienguthaben, die Wertpapierguthaben, die Vermögensgegenstände, aber auch die Verbindlichkeiten) gläsern, durchsichtig gemacht. Als Vorteil kann angesehen werden, daß bei jedem Partner schwarz auf weiß ermittelt wird, wie er/sie finanziell dasteht. Das passiert sonst selten im Leben. Viele sind geneigt, Vermögenswerte gedanklich höher anzusetzen, als sie in Wirklichkeit sind, und Schulden herunterzuspielen (»Zahle ich doch leicht ab!«). Bei der Scheidung wird das Plus-Minus unerbittlich offengelegt. Nachteile entstehen vor allem dadurch, daß die Partner auf den Moment des gläsernen Portemonnaies in der Regel nicht vorbereitet sind. Obwohl die Zahl der Scheidungen inzwischen so hoch ist, daß – statistisch gesehen – aus fast jeder Ehe auch ein Scheidungsfall werden kann, leben viele Eheleute finanziell noch im Zustand totaler Unschuld miteinander. Beim Kauf einer Eigentumswohnung wird davon ausgegangen, daß der Ist-Zustand auch noch nach 30 Jahren, bei der Abzahlung der letzten Tilgungsrate, besteht. Rein statistisch kann das ebensogut der Fall wie nicht der Fall sein. Bei der Altersversicherung wird so getan, als ob von den Einzahlungen eines Partners einmal beide leben könnten. Das ist natürlich nicht der Fall, denn schon ein Partner allein kann häufig von der in Aussicht stehenden Rente nur ganz eingeschränkt existieren. Bei der Scheidung werden all diese versäumten Klarstellungen unerbittlich nachgeholt und die illusionären Erwartungen auf exakte Mark-und-Pfennig-Beträge heruntergeschraubt.

Auch hierbei passiert es leicht, daß dem Partner direkt oder indirekt Vorwürfe für die neue mißliche Situation gemacht werden. Streit und Haß verschärfen aber nur eine sowieso schon ungünstige Situation. Scheidende Eheleute, die einen Teil des Vermögens auch noch durch langwährendes Prozessieren verlieren, sind doppelt übel dran, während jene, die weiter miteinander reden und einen fairen Kompromiß suchen, eindeutig im Vorteil sind. Dann muß vielleicht ein noch nicht abgezahltes Häuschen nicht zu einem ungünstigen Zeitpunkt verkauft werden, um Mittel für den Zugewinnausgleich locker zu machen. Dann wird ein Weg gefunden, wie auch möglichst viele äußere Werte der beiden scheidenden Partner erhalten werden können (den Kindern zugutekommen) und der verzichtende Partner durch andere Dinge (früheres Ende der Unterhaltszahlungen zum Beispiel) entschädigt werden kann. Je mehr Zugewinn ausgeglichen werden muß, je komplizierter die Vermögens- und Schuldenlage ist, desto mehr Zeit sollte man für die genaue Klärung (die Durchsichtigmachung beider Portemonnaies) verwenden.

Versorgungsausgleich: Bei der Scheidungsreform 1976/77 wurden die Ansprüche, die ein Partner während der Ehe in bezug auf eine Altersversicherung erwirbt, dem Vermögen gleichgestellt. Das heißt, daß der andere Partner für die Zeit der Ehe Rechte daran erwirbt, ob er nun dafür eingezahlt hat oder nicht. Der Versorgungsausgleich muß für alle während der Ehe erworbenen Rentenanwartschaften durchgeführt werden, also für Renten aus der allgemeinen Sozialversicherung, Beamtenpensionen, betriebliche Altersversorgungen (wenn zum Zeitpunkt der Einreichung und Zustellung des Scheidungsantrages schon ein Anspruch darauf besteht, was in der Regel erst nach zehnjähriger Zugehörigkeit zu einem Betrieb der Fall ist), Renten aus berufsständischen Versorgungseinrichtungen oder aus der Zusatzversorgung, der Versorgungsanstalt des Bundes und der Länder und Renten aus privaten Versicherungen (Lebensversicherungen auf Kapitalbasis werden dagegen in den Zugewinnausgleich einbezogen). Der Versorgungsausgleich wird unabhängig davon durchgeführt, ob Unterhaltszahlungen geleistet werden müssen oder nicht. Die Position des nicht-erwerbstätigen oder weniger verdienenden Ehegatten ist also auch hier durch die Scheidungsreform gestärkt worden.

Auch beim Versorgungsausgleich wird ein Akt des gläsernen Portemonnaies vollzogen, nur ist er nicht auf die Gegenwart, sondern auf die Zeit nach dem Eintritt in den Ruhestand bezogen. Jeder Bundesbürger kann sich – was häufig nicht bekannt ist – jederzeit den Stand seiner Altersversorgung ausrechnen lassen (etwa durch die Bundesversicherungsanstalt in Berlin, den Hauptträger der Altersversicherung). Bei der Scheidung wird aus diesem Kann- ein Muß-Fall, und der Versicherte erfährt: Wenn bei mir heute der Rentenfall eintritt, bekomme ich eine Unterstützung in dieser und dieser Höhe. Bei der Scheidung wird nun insbesondere für beide Partner ermittelt, welche Art und welche Höhe von Rentenansprüchen während der Dauer der Ehe erworben wurden. Sie werden dann zueinander in Beziehung gesetzt, und derjenige, der höhere Anwartschaften hat, muß die Hälfte der Differenz auf den anderen übertragen. Es erfolgt also kein Ausgleich in Bargeld, sondern ein Ausgleich in Ansprüchen (Anwartschaften), die in einer Zahl (oder mehreren) ausgedrückt sind. Beispiel: Der Mann hat beim jetzigen Stand Anspruch auf 300 Mark Rente durch Zahlungen während der Ehezeit, die Frau auf 50 Mark – die Frau erhält dann 125 Mark Rentenanspruch vom Mann übertragen, so daß die während der Ehe erworbenen Anwartschaften gleich sind (je 175 Mark). Was das jedoch für die finanzielle Versorgung im Alter zu bedeuten hat, muß sich jeder erst dadurch klarmachen, daß er diesen Betrag zu den vor der Ehe erworbenen Rentenansprüchen hinzuzählt und sich auch ausrechnet oder ausrechnen läßt, was durch zu erwerbende Ansprüche nach Ende der Ehezeit (Einreichung und Zustellung des Scheidungsantrages) noch hinzukommt oder hinzukommen kann. Man sieht, auch hier werden von beiden Scheidenden Blicke in die Vergangenheit und in die Zukunft erwartet, an die der ›Normalbürger‹ häufig gar nicht denkt. Renten- und Versorgungsvorgänge sind so kompliziert, daß die Scheidenden auf Hilfe angewiesen sind. Kann sie der Anwalt nicht leisten, sollten Rentenberater hinzugezogen werden. Das ist besonders wichtig, wenn Eheleute einen anderen Weg beim Ausgleich von Rentenansprüchen als den eben skizzierten gehen wollen. Er ist möglich, das Ergebnis muß allerdings dem Familiengericht vorgelegt und von ihm ›abgesegnet‹ werden.

Die gekürzten Anwartschaften eines Partners werden dazu verwendet, um für den anderen Partner ein Rentenkonto in der gesetzlichen Rentenversicherung zu eröffnen oder ein schon bestehendes Konto aufzufüllen. Dabei ist es sehr wichtig, festzustellen, ob überhaupt schon Rentenansprüche erworben wurden und ob durch die jetzt eingehenden Zahlungen überhaupt ein Anspruch auf Rente zustandekommt. Die Rente einer während der Ehe nicht erwerbstätigen Frau errechnet sich später aus der Erwerbstätigkeit vor der Ehe, dem Versorgungsausgleich im Falle der Scheidung und aus einer möglichen Erwerbstätigkeit nach der Scheidung. Die Jahre der Einzahlung von Beiträgen spielen eine wichtige Rolle, nicht nur für die Höhe der Rente, sondern ob überhaupt ein Anspruch zustandekommt, ob sogenannte Ausfallzeiten (Krankheit, Unfall, Schwangerschaft, Arbeitslosigkeit, nach dem 16. Lebensjahr absolvierter Schulbesuch, abgeschlossene Studiengänge) die Rente erhöhen oder den Anspruch dadurch erst begründen.

Ein besonderes Problem besteht, wenn Leistungen aus betrieblicher Altersversorgung, Lebensversicherungen oder ähnlichem ausgeglichen werden müssen. Hier wird nicht nur eine Recheneinheit für einen fernen Tag umgeschrieben, sondern der Anspruch des Partners muß durch sofortige Zahlung in die gesetzliche Rentenversicherung befriedigt werden. Das geht oft über die finanzielle Leistungskraft des Partners hinaus, der einen Anspruch auf derartige Altersversorgung erworben hat. Daher sollten andere Wege des Ausgleichs gesucht werden. Vielleicht kann derjenige, der einen Anspruch auf zusätzliche Altersversicherung hat, der nur unter hohen momentanen Belastungen zu teilen wäre, dem anderen eine private Lebensversicherung finanzieren.

Wie sehr man beim Versorgungsausgleich aufpassen muß und wie nötig gute Beratung dabei ist, zeigt auch der folgende Fall. Steht derjenige, der den Rentenanspruch erworben hat, kurz vor Erreichen der Altersgrenze und ist der berechtigte Partner noch Jahre davon entfernt, wäre es extrem ungünstig, den Versorgungsausgleich durchzuführen. Man sollte mit der Scheidung bis zum Eintritt in den Ruhestand warten. Erfolgt der Ausgleich vor Erreichen der Altersgrenze, wird die Rente bereits von Anfang an um den Betrag gekürzt, den der Partner eines fernen Tages mal erhalten wird. Wartet der Ausgleichspflichtige mit der Scheidung bis zum Eintritt des Rentenalters, bezieht er bis zu dem Termin die volle Rente, zu dem auch der Partner ins Rentenalter kommt. Er hat also Vorteile, ohne daß dem Partner Schaden daraus erwächst.

Wichtig ist beim Versorgungsausgleich – wie bei allen finanziellen Transaktionen beim Auflösen einer Ehe –, daß sich beide Partner über ihre materielle Situation in der Ehe und nach der Scheidung kundig machen. Die Möglichkeit, Irrtümern aufzusitzen, ist groß. Insbesondere muß zwischen momentanen Zahlungen und späteren Ansprüchen genau unterschieden werden. Richtig verstanden, bringt der Versorgungsausgleich den einen Vorteil, daß jeder Partner bei der Scheidung erfährt, wie er im Alter versorgt sein wird. Er/sie muß dann schauen, wie die fehlenden Beträge zu einem sorglosen Alter in den kommenden Jahren noch aufgebracht werden können. Solche Gedanken führen zu einer bewußten Lebensgestaltung, wie sie bei vielen Eheleuten bei der Eheschließung und während der Dauer der Ehe noch nicht vorhanden war.

Erst bei der Scheidung registrieren viele Eheleute, welch vielfältige rechtliche Vorgänge sie gebunden haben und weiter binden werden. Auch nach der Scheidung nehmen die meisten Scheidenden per Gesetz an der Lebensleistung des früheren Partners/der früheren Partnerin teil. Ich bewerte dies nicht, ich stelle es nur fest. Die Scheidenden sollten sich darüber im Klaren sein, dann wird viel Frust und Ärger während und nach der Scheidung vermieden. Unser jetziges Scheidungsrecht ist darauf angelegt, daß zwei Eheleute, die nicht mehr miteinander leben wollen, unproblematisch auseinandergehen können. Im finanziellen Bereich bleiben die Scheidenden aber noch eine Weile, im Versorgungsbereich ein ganzes Leben aneinander gebunden, es sei denn, einer/eine oder beide sprechen Verzicht aus.

Das jetzige Scheidungsrecht ist stark von dem Gedanken geprägt, bei einer Scheidung auszugleichen, was als Benachteiligung desjenigen angesehen wird, der während der Ehe den Haushalt geführt und hauptsächlich die Kinder betreut hat. Als das Scheidungsgesetz verabschiedet wurde, wurde eindeutig derjenige im Vorteil gesehen, der zur Arbeit gehen darf mit den damals noch sehr hochgeschätzten Selbstverwirklichungsmöglichkeiten im Beruf. Soweit es den materiellen Bereich angeht, ist der Berufstätige besonders dadurch im Vorteil, daß er kontinuierlich am Aufbau seiner beruflichen Existenz arbeiten kann. Der Partner, der zu Hause bleibt, gerät gegenüber jenem, der Jahre in das berufliche Weiterkommen stecken konnte, in einen Nachteil. Wie dieser Nachteil zu beseitigen oder zu verkleinern ist, ist eine wichtige Aufgabenstellung bei der Scheidung. Dabei haben sich aber durch äußere und innere Faktoren die Bewertungsmaßstäbe über die Jahre verschoben. Heute mag sich mancher schon wieder fragen, vor allem durch die Popularität alternativer Lebensstile: Ist wirklich derjenige benachteiligt, der das Haus bestellt, das Essen kocht, die Kinder um sich hat, und derjenige bevorzugt, der sich täglich in einen immer weiter verschärfenden Wettbewerb um Arbeitsplatz, Geld, Positionen begibt? Auch diese Frage müssen die Scheidenden, jeder für sich oder auch gemeinsam, beantworten beziehungsweise die Elemente bei der Scheidung gewichten. Der Gesetzgeber hilft ihnen wenig dabei.

Was gibt der Staat, was nimmt er?

Aus dem bisher Gesagten werden Sie herausgelesen haben: Ich bin gegen faule Kompromisse bei einer Scheidung. Zu ihnen gehört auch, daß Vereinbarungen unterschrieben werden, ohne daß sich beide Partner die momentanen und künftigen Folgen dieser Unterschrift klargemacht haben. Daß so etwas überhaupt passiert, hat mehrere Gründe. Einmal scheuen viele Scheidende (darunter leider immer noch besonders die Frauen), sich in Materien einzuarbeiten, die nicht auf den ersten Blick verständlich erscheinen, auch wenn ureigene Interessen berührt sind, auch wenn es um Ansprüche oder die Minderung von Verlusten geht. Taucht in einem Text ein Paragraphen-Zeichen oder der Hinweis auf eine Verordnung auf, dann schaltet mancher sofort ab: »Das verstehe ich sowieso nicht.« Dabei sind selbst Gesetzestexte, wenn man sich etwas Zeit nimmt und sich zudem noch klarmacht, daß die Rechtssprache eigene Ausdrücke hat, die man aber wie Vokabeln einer fremden Sprache lernen kann, durchaus zu verstehen, zumindest soweit, daß man sich ausreichend einarbeiten kann, um mit einem Fachmann ein gewinnbringendes Gespräch zu führen. Ein zweiter Grund liegt darin, daß viele Scheidende zeitweise recht eingleisig denken, was verständlich ist. Jeder, der aufgeregt ist, gerät in Gefahr, nur eine Seite einer Sache zu sehen, diejenige, die ihn/sie innerlich besonders quält. Solches Verhalten ist aber unnütz und schädlich, wenn es einen bestimmten Zeitraum überschreitet. Statt der Freundin oder den Stammtischbrüdern wieder und wieder dieselben Geschichten vom ›unmöglichen Verhalten‹ des scheidenden Partners aufzutischen, sollte man einen Teil dieser Zeit zum Studium von Broschüren, Handzetteln, Büchern benutzen, die den äußeren Rahmen einer Scheidung erläutern. Es gibt etliche davon. In Beratungsstellen, bei Behörden und bei kirchlichen Einrichtungen liegt viel kostenloses Material, das nur darauf wartet, in die Hand genommen zu werden.

Der folgende Ratschlag ist so simpel, daß ich mich fast scheue, ihn niederzuschreiben, aber aus vielfältiger Erfahrung mit Scheidenden, die sich trotz Terminen, Prozessen, eigenen Absichten und Absichten des Partners innerlich weigern, auch nur eine Zeile objektiver Information über die eigenen Angelegenheiten zu lesen, tue ich es doch: Nehmen Sie sich, wenn Sie in Trennung oder Scheidung stehen, einen ganzen Tag, der wirklich von allen anderen Verpflichtungen frei sein sollte, Zeit bzw. Urlaub und sammeln Sie alles zusammen, was für Ihre Scheidung wichtig sein könnte. Fragen Sie zuerst einmal einen schon Geschiedenen, was für ihn/sie bei der Scheidung wichtig und nützlich war und wo er/sie vermeidbare Fehler gemacht hat, und begeben Sie sich dann selbst auf die Suche. Zuerst einmal im Telefonbuch: Wo befindet sich das für mein Verfahren zuständige Familiengericht? Welche Informationsmittel gibt es dort? Was hält die Stadtverwaltung, Gemeindeverwaltung an Hilfsmitteln für Scheidende bereit (Jugendamt, Sozialamt). Sie müssen, wenn Sie sich im Moment noch scheuen, ja nicht auf die eigene Gemeindeverwaltung gehen, sondern können sich in der Nachbargemeinde erkundigen. Sie werden sehen: Für eine gelungene Scheidung ist nicht nur ein guter Anwalt wichtig (auch der braucht Sie als kompetenten Gesprächspartner), sondern eine Reihe anderer Personen, nicht zuletzt der Steuerberater.

Steuervorschriften klingen viel komplizierter, als sie in Wirklichkeit sind (zumindest, soweit es den Bereich von ›Otto Normalverbraucher‹ betrifft). Da wimmelt es nur so von unverständlich erscheinenden Begriffen wie Splitting, Sonderbedarf, Freibeträgen, Pauschbeträgen usw. Allerdings: Wer sich diese einmal klargemacht hat oder von einem guten Freund erklärt bekommen hat, fragt sich, wie er/sie vorher nur ohne dieses Wissen leben konnte.

Die Mehrzahl der Bundesbürger bezieht ihr Einkommen aus nichtselbständiger Tätigkeit. Von diesem Fall soll hier ausgegangen werden. (Freiberufler haben meist sowieso einen Steuerberater, zu dem auch einer der ersten Gänge bei Trennungsabsichten unternommen werden sollte.) Die Möglichkeiten, bei und nach der Scheidung Steuern zu sparen, sind nicht besonders groß, im Gegenteil: Der Staat brummt Scheidenden zusätzliche Abzüge auf, da sie wie Junggesellen und -gesellinnen besteuert werden, auch wenn die allgemeinen Lasten steigen und vielleicht sogar Kinder zu betreuen sind. Gerade deswegen sollten Scheidende jede noch so kleine Möglichkeit nutzen, vom Staat das wieder zurückzuholen, was er ihnen nimmt.

Heirat wird in unseren Breiten steuerlich belohnt, in erster Linie durch das sogenannte Ehegatten-Splitting. Der zugrundeliegende Gedanke war die Aufwertung der Hausfrauenarbeit. Arbeitet einer der verheirateten Partner nicht, so wird durch die dann mögliche Steuerklasse III das Einkommen des verdienenden Partners auf beide aufgeteilt (es wird also so getan, als ob der nichtverdienende Partner durch seine Leistung im Hause das Einkommen mitverdient hat) und getrennt versteuert. Durch dieses Steuer-Splitting kommt eine erheblich niedrigere Steuerlast zusammen, als wenn der Betrag als Ganzes von einer Person versteuert werden müßte, da dann die hohen Sätze der Steuerprogression greifen. Diesen Vorteil verliert das scheidende Paar ohne Rücksicht auf seine sonstige Situation, allerdings nicht sofort: Erst im Jahr, das auf die Trennung folgt, verlieren die Scheidenden das Recht, sich »gemeinsam veranlagen zu lassen« (das Steuer-Splitting zu nutzen).

Die Benachteiligung von Geschiedenen wurde durch Änderung der Steuergesetze 1979 etwas gemildert. Seither gibt es ein sogenanntes »begrenztes Real-Splitting«. Unterhaltsleistungen an den früheren Partner können derzeit bis zu einer Höhe von 9000 Mark im Jahr (750 Mark im Monat) steuerlich abgesetzt werden (das heißt: um diesen Betrag wird das Einkommen, auf das die Steuer geleistet wird, niedriger angesetzt). Diesen Teil des Unterhalts muß der Bezieher allerdings versteuern. »Ja, wo liegt denn da der Vorteil?« werden Sie vielleicht fragen. Vorteile sind dann gegeben, wenn der Unterhaltszahler ein höheres Einkommen als der Empfänger hat. Bei diesem fallen die 9000 Mark dann steuerlich geringer ins Gewicht als beim Zahler. Zudem kann der Empfänger (in der Regel die Frau), wenn Kinder da sind, noch einige andere steuerliche Erleichterungen beanspruchen, so daß die zusätzlich zu versteuernden 9000 Mark erheblich weniger gravierend sein dürften. Diese Steuererleichterung muß durch einen gesonderten Antrag (Formblatt U beim Finanzamt) in die Wege geleitet werden. Sie kann auch als Freibetrag auf der Lohnsteuerkarte des laufenden Steuerjahres eingetragen werden, die Steuer also vorweg mindern. Der Empfänger der Unterhaltsleistung muß allerdings seine Zustimmung dazu geben. Sie wird jeweils für ein Jahr geleistet und ist nach der jeweiligen Unterschrift unwiderruflich. Der Empfänger kann die Erstattung seiner Steuermehrbelastung vom Zahler verlangen. Der Bundesgerichtshof hat festgestellt, daß die Zustimmung gegeben werden muß, wenn der Zahler sich schriftlich verpflichtet, die Steuermehrbelastung zu tragen. Das kann formlos geschehen.

Schon bei diesem Beispiel wird deutlich, daß das Rechnen bei einer Scheidung eine Pflichtaufgabe ist, die möglichst mit Hilfe eines Sachkundigen durchgeführt werden sollte. Wird das Real-Splitting nicht in Anspruch genommen, können Unterhaltsleistungen bis zu einem Betrag von 3600 Mark pro Jahr als außergewöhnliche Belastung steuerlich vom Einkommen abgezogen werden – dies allerdings nur, wenn der Unterhaltsempfänger kein höheres Jahreseinkommen als 4200 Mark hat und nur ein geringes Vermögen besitzt. Zu dieser Steuerersparnis benötigt man keine Zustimmung des Empfängers. Steuerlich absetzbar sind auch einige Versicherungen (z. B. Krankenversicherung), die für den Unterhaltsempfänger aufgebracht werden. Die Möglichkeiten für den Unterhaltszahler, weitere Steuern zu sparen, sind gering. Der Unterhalt für ein Kind, das nicht im eigenen Haushalt aufwächst, kann durch einen geringen Jahresfreibetrag (600 Mark) abgesetzt werden. Zuordnung der Kinder zu einem Elternteil vermindern zwar die Steuerlast, aber aus allem, was zur Kinderbetreuung nach der Scheidung in diesem Buch gesagt wurde, ist klar geworden, daß steuerliche Gesichtspunkte nicht über den Aufenthaltsort eines Kindes entscheiden sollten.

Von steuerlichem Vorteil kann es für den Unterhaltsverpflichteten sein, wenn er den Unterhaltsanspruch durch Übertragung von Eigentum oder Nutzungsrechten an Eigentum, Anstellung des früheren Partners in der eigenen Firma etc. abgilt. Das allerdings erfordert genaue Überlegung und fachliche Beratung. Dabei ist nicht nur zu prüfen, ob ein finanzieller Vorteil erzielt wird, sondern auch, ob beide Partner auf Dauer in und mit der geschaffenen Situation glücklich werden. Im Vorteil sind auch hier natürlich wieder Paare, die weiter miteinander reden können und wollen. Dabei sollte nicht einer den anderen ›überreden‹ oder gar ›totreden‹, sondern unter Umständen auch einmal eine Unterredung unterbrochen werden, damit der ›Langsamlerner‹ Zeit hat, auf den gleichen Wissens- und Informationsstand zu kommen wie der Ober-Scheidungs-Tüftler.

Beide Elternteile können Ausbildungsfreibeträge in Anspruch nehmen, wenn das Kind Aufwendungen für die Berufs- und Schulausbildung hat. Sind beide Eltern bargeldunterhaltspflichtig (in der Regel nach dem 18. Lebensjahr des Kindes), so werden diese Freibeträge halbiert. Die Aufteilung ist beliebig. Sie kann auch schon vorweg als steuermindernd eingetragen werden.

Die Betreuung von Kindern wirkt sich steuermindernd durch Eintragung auf der Lohnsteuerkarte aus. Haben beide Elternteile jeweils ein Kind bei sich, so erhält jeder denselben Freibetrag. Das Bundesverfassungsgericht hat im November 1982 die unterschiedliche Besteuerung von Alleinstehenden mit Kindern gegenüber verheirateten Eltern mit Kindern für verfassungswidrig erklärt. Hier Abhilfe zu schaffen, trieb den Gesetzgeber nicht zu besonderer Eile an. Dem Auftrag der Verfassungsrichter ist er bisher nur durch Erhöhung der Freibeträge für Kinderbetreuungskosten nachgekommen. Ob noch weitere Steuervergünstigungen gewährt werden, die eventuell auch dem Unterhaltszahler zugutekommen, ist nicht abzusehen. Seit 1. Januar 1985 können für die Betreuung eines Kindes durch Tagesmütter, Kindergärten, Kindertagesstätten, Unterricht in Sportvereinen, Beschäftigung einer Kinderschwester etc. gegen Nachweis bis zu 4000 Mark jährlich von der Steuer abgesetzt werden, für jedes weitere Kind bis zu 2000 Mark. Es wird allerdings eine »zumutbare Eigenbeteiligung« verlangt. Diese Freibeträge können auch rückwirkend geltend gemacht werden, wenn noch keine bestandskräftigen Steuerfestsetzungen vorliegen. Was alles den Steuersatz senkt, sollte genau beim Finanzamt oder einem Steuerberater erfragt werden, damit nicht eine Kinderbetreuung gewählt wird, die keine steuerlichen Auswirkungen hat.

Hier wie bei anderer Gelegenheit zeigt sich, daß gesprächsbereite Scheidende den einen oder anderen finanziellen Nachteil der Trennung und Scheidung mildern können. Vor Euphorie muß allerdings gewarnt werden: Seelisch geht es vielen Scheidenden nach der Trennung besser, wenn die ersten Anpassungsschwierigkeiten vorbei sind, materiell sind fast immer deutliche Einbußen hinzunehmen, es sei denn, es werden neue Partnerschaften geschlossen, deren materielle Basis gut ist. Es hat sich allerdings herumgesprochen – man kann es ohne falsche Tränen sagen –, daß Scheidende unter materiellen Gesichtspunkten keine besonders gute ›Partie‹ sind. Besonders scheidende Männer mögen dieser Tatsache nicht so gern ins Auge sehen. Im Gefühl neuer Freiheit und Tatkraft, die nach der Trennung aus einer unglücklich machenden Situation erwächst, vergessen sie, daß auch so manche Eva der 80er Jahre (und wenn nicht sie, dann Eltern, Freunde und Verwandte) darauf schaut, wieviel Kühe oder Kamele der Bewerber mitbringt.

Staatliche Hilfen: In einem Scheidungsbuch, das sich besonders mit den rechtlichen Folgen einer Scheidung auseinandersetzt (Volker Rabaa: *Trennung, Scheidung, Scheidungsfolgen,* München 1980) habe ich die ebenso nette wie treffende Bemerkung über die Situation materiell nicht so gut gestellter Scheidender gelesen: »Der Gang zum Sozialamt wird leichter, wenn sich der Hilfsbedürftige darüber klar wird, daß ihm kein Geschenk gewährt wird, sondern daß er Mittel in Anspruch nimmt, die er umgekehrt als Steuern während seiner Berufstätigkeit einbezahlt hat oder noch einzahlen wird. Auch der Staat geniert sich nicht, Steuern von seinen Bürgern zu verlangen.« Wie wahr! Der Staat geniert sich nicht, auch da noch kräftig zuzulangen, wo der Lebensunterhalt sowieso schon geschmälert ist, wie bei den Scheidenden. Also sollten sich die Scheidenden wirklich nicht genieren, jede Hilfe in Anspruch zu nehmen, solange sie nötig ist. Der Gang auf eine Behörde ist für manchen allerdings ein Graus. Viele Beamte tun so, als ob sie das Geld, auf das ein Bürger unseres Staates, der in einer besonderen Not oder in einer Übergangsphase ist, ein Recht hat, aus eigener Tasche zahlen müssen. Dabei verwalten sie (oder ihre Behörden) nur das, was der Gesetzgeber für solche Zwecke beiseite gelegt hat. Jede Mark, die der Staat ausgibt, ist von seinen Bürgern erarbeitet worden. Von den Bürgern für die Bürger.

Sozialhilfe, Wohngeld, Umschulungsbeihilfen – sie alle sind auf ähnlicher Stufe zu sehen wie etwa die Unterstützung von Arbeitslosen oder die Subventionen für die Landwirtschaft: Einem in Schwierigkeiten geratenen Bevölkerungsteil soll geholfen werden, wieder auf eigene Beine zu kommen. Diese Menschen sollen nicht verzweifeln, sondern Mut für die Zukunft finden. Die Solidargemeinschaft der Bürger kann kein Interesse daran haben, daß jemand in Verzweiflung gerät und seine/ihre Leiden sich noch verschlimmern. Deshalb gibt es die vielfältigen Unterstützungsmöglichkeiten.

Sozialhilfe: Sie ist für alle gedacht, die nicht aus eigenen Kräften für ihren Lebensunterhalt und den von ihnen betreuten Personen sorgen können. Alleinstehende mit Kindern, deren Einkommen (der Unterhalt) nicht ausreicht, gehören zu diesem Kreis. Sozialhilfe ist durch ein Bundesgesetz (Bundessozialhilfegesetz) geregelt, also keine Maßnahme, die von einer einzelnen Behörde je nach Geschmack so oder so gestaltet werden kann. Antrag auf Sozialhilfe wird beim Sozialamt des Wohnorts gestellt. Schon bei der Antragstellung sollte man wichtige Papiere in Kopie mitnehmen: Personalausweis, Geburtsurkunde der Kinder, letzter Steuerbescheid, Scheidungsurkunde (wenn schon vorhanden), Mietvertrag, Unterlagen über sonstige Zahlungsverpflichtungen (Krankenkasse, Versicherungen, Miet-Nebenkosten), Unterlagen über den Unterhaltspflichtigen. Die Anträge gelten ab Datum der Antragstellung. Lassen Sie sich schriftlich bestätigen, daß Sie im Amt waren und den Antrag gestellt haben. Mitarbeiter des Sozialamts sind verpflichtet, dem Antragsteller bei der Klärung seiner Rechtsansprüche zu helfen. Wenn Sie ›Schwellenangst‹ vor dieser Behörde haben, bauen Sie sie durch einen vorherigen Besuch in der Familienfürsorge Ihres Wohnorts oder bei der Beratungsstelle eines Wohlfahrtsverbandes (Diakonisches Werk, Caritas, Arbeiterwohlfahrt, Pro Familia) ab. Oder nehmen Sie jemanden mit zur Antragstellung. Vier Augen sehen, vier Ohren hören mehr.

Leistungen der Sozialhilfe werden als laufende oder/und einmalige Zahlungen gewährt. Zu den laufenden Zahlungen (der »Hilfe zum Lebensunterhalt«) gehören der sogenannte Regelsatz (etwa 350 Mark für den Haushaltsvorstand und Beträge zwischen 150 und 300 Mark für jeden weiteren Haushaltsangehörigen), die ortsübliche Miete einschließlich Heizung, dazu die Krankenversicherungsbeiträge, die Alterssicherung, Rundfunk-, Fernseh- und Telefongebühren nach bestimmten Bedingungen; eine Erhöhung des Regelsatzes tritt bei Erwerbsunfähigkeit, Schwangerschaft, Vollendung des 65. Lebensjahres ein und wenn jemand alleine zwei oder mehr Kinder versorgen muß. Neben der laufenden Sozialhilfe gibt es sogenannte »einmalige Beihilfen« in besonderen Lagen. Einmalig heißt nicht, daß sie nur einmal gezahlt werden; es muß nur jeweils wieder ein neuer Antrag gestellt werden. Zu diesen »Hilfen in besonderen Lebenslagen« gehören: Bekleidungshilfen, Zuschüsse bei der Anschaffung größerer Gegenstände wie Kühlschrank, Waschmaschine, Staubsauger, Radio, Umzugskosten, Kosten für die Wohnungsrenovierung, Heizkosten (wenn sie der

Berechtigte selbst entgelten muß), Versicherungsbeiträge für die Krankenversicherung und einiges mehr, wonach man sich von Fall zu Fall erkundigen sollte.

Wohngeld: Diese Beihilfe zur Miete wird vom Wohnungsamt der Gemeinde gewährt, abhängig von Einkommen und Größe der Familie. Eine Anfrage lohnt sich auf alle Fälle, denn es wird nicht das Brutto-, sondern ein durch verschiedene Faktoren (Freibeträge) reduziertes Einkommen als Bemessungsgrundlage angesetzt. Der Kündigung eines Mietverhältnisses kann im übrigen nach der Sozialklausel im Paragraphen 556 des Bürgerlichen Gesetzbuches widersprochen werden, wenn die Beendigung des Mietverhältnisses eine besondere Härte darstellt. Der Widerspruch muß spätestens zwei Monate vor Ablauf der Kündigungsfrist dem Vermieter gegenüber schriftlich mitgeteilt werden.

Kinderunterhalt: Um den Unterhalt für Kinder unter sechs Jahren zu sichern, kann sich eine Mutter an das Jugendamt der Gemeinde wenden, falls der Vater nicht zahlt. Sie bekommt dann den Mindestunterhalt von dort, und die Behörde wendet sich an den Mann.

Für Alleinerziehende gibt es bestimmte *Ferien- und Erholungsmaßnahmen.* Auskunft erteilen das Müttergenesungswerk, 8504 Stein (Tel.: 0911/67021), der Evangelische Arbeitskreis für Familienerholung, Stafflenbergstr. 76, 7000 Stuttgart 1 (Tel.: 0711/21591), der Katholische Arbeitskreis für Familienerholung, Kolpingplatz 5–11, 5000 Köln 1 (Tel.: 0221/2038221), der Paritätische Arbeitskreis für Familienerholung, Heinrich-Hoffmann-Str. 3, 6000 Frankfurt 1 (Tel.: 069/967061) und der Deutsche Familienverband, Poppelsdorfer Allee 86, 5300 Bonn (Tel.: 0228/653215).

Über Maßnahmen der beruflichen *Fortbildung* oder *Umschulung* informiert das Arbeitsamt, über *schulische Weiterbildung* (Nachholen von Schulabschlüssen) die Volkshochschule. Niemand sollte Scheu haben, sich darüber zu informieren. Das Leben nach Trennung und Scheidung gleicht oft einem Puzzlespiel, und froh ist, wer wieder ein Steinchen gefunden hat, das paßt. Die Bundesrepublik besitzt trotz aller Unkenrufe und Kürzungsmaßnahmen ein soziales Netz, das sich in der Welt sehen lassen kann. Das haben wir alle gemeinsam geschaffen, und es ist auch für uns alle da. Im übrigen empfehle ich noch einmal die Broschüre »So schaffe ich es allein«, die der Verband alleinstehender Mütter und Väter (VAMV), Kasernenstraße 7b, 5300 Bonn 1, gegen eine Schutzgebühr von 3,50 Mark (Rückporto beilegen) abgibt.

Ihre Seite

Meine Gedanken heute: __________

Nach sechs Monaten meine ich dazu: __________

Kapitel 6

Gemeinsam essen nach der Verhandlung?

Von echten und falschen Sorgen bei der Scheidung

Von der dünnen über die dicke zur neuen Haut

Als Reporter den ersten Menschen, der auf den höchsten Berg der Welt, den Mount Everest, geklettert war, fragten, warum er da hinaufgestiegen sei, antwortete Edmund Hillary, später Sir Edmund Hillary: »Because it's there!« (»Weil es ihn gibt!«) Eine klassisch gewordene Antwort auf eine neugierige Reporterfrage. Ich habe mir eine ähnliche Antwort auf allzu forsche Fragen nach Gründen für meine Scheidung zurechtgelegt: »Ich habe mich dazu entschlossen.«

Was soll ich denn sonst antworten? Soll ich mein Herz in einer Party-Runde nach außen stülpen? Soll ich den (untauglichen) Versuch unternehmen, das Herz meiner früheren Frau nach außen zu wenden? Soll ich sagen: »Es war das Beste« (möglicherweise mit dem versöhnlichen Zusatz »für uns beide«)? Wer sagt mir denn, daß es wirklich das Beste war? Wer überblickt denn von einem hohen Berg mein Leben oder das meiner früheren Frau oder das der Frau, die mein's jetzt teilt (und ich ihr's), oder das Leben des Mannes, der seines mit dem meiner früheren Frau verbunden hat? Ich kann natürlich – wenn ich will – die Schritte, die Stufen, die Felswände und Schluchten benennen, die zu dem Entschluß zur Trennung führten. Darüber kann ich sprechen. Aber all das bewerten? Die Vielfalt eines Lebens – und auch Trennung und Scheidung ist Leben, häufig sehr intensiv gespürtes Leben – in eine Erklärung zwängen? Da kapituliere ich. Ich kenne allerdings den Moment – um im Bergsteigerbild zu bleiben –, da ich zu klettern angefangen habe. Er ist mir sehr wichtig.

Es kann nützlich sein, nach Gründen zu fragen, eine typische Eigenschaft des Menschen. Aber interessanterweise haben unsere Vorfahren schon mit Hilfe der Gestirne zielsicher die Meere überquert, als sie noch von falschen Gründen ausgingen und glaubten, daß die Sonne sich um die Erde dreht. Gründe finden ist eine Sache, segeln (etwas tun) eine andere. Wie der eine glaubt, durch Ursachenforschung herauszubekommen, warum der Partner ging (und seine ganze Kraft dafür aufwendet), und wie der andere sich mit quälenden Fragen nach Gründen für das eigene Gehen herumschlägt, so versuchen derzeit viele tüchtige Köpfe auf der ganzen Welt, herauszubekommen, warum es eine Scheidungswelle gibt. Der eine sagt: »Es gehen traditionelle Werte verloren«, und übersieht dabei, daß die häufig der Ehe zugerechneten Werte (Liebe, Treue, Anhänglichkeit, Verpflichtung) in einer Vielfalt anderer menschlicher Beziehungen so hell scheinen wie eh und je (und natürlich auch weiterhin in vielen Ehen). Ein anderer spekuliert vielleicht: »Das veränderte Rollenverständnis von Mann und Frau ist die Ursache. Die Frauen wollen nicht mehr..., die Männer wollen nicht mehr...«

Bei dieser Analyse wird übersehen, daß Eheschluß (in seinen vielfältigen, kulturell verschieden geprägten Formen) nie allein von einer bestimmten Rollenverteilung zwischen den Geschlechtern abhängig war.

Hinter Ehe und Scheidung, so meine ich, steckt mehr als ein Katalog noch so plausibler Gründe. Hier sind letzte Fragen nach den Bedingungen und Möglichkeiten menschlicher Existenz aufgeworfen, wo Antworten Hypothesen und Erklärungsmodelle bleiben müssen. Wenn ich den Begriff »Scheidungswelle« lese, besonders im Zusammenhang mit dem Attribut »weltweit«, denke ich gern an ein bis heute nicht geklärtes und wohl nie ganz zu klärendes Phänomen der Menschheitsgeschichte, die Völkerwanderung. Zwischen den Zeiten, denen wir die Bezeichnung »Altertum« und »Mittelalter« gegeben haben, geriet über Jahrhunderte hin ein Großteil der Erdbevölkerung in Bewegung. Ganze Stämme und Völker verließen ihre angestammten Gebiete. Einige durchquerten ganze Kontinente auf dem Weg zu neuer Seßhaftigkeit. Historiker haben einzelne Gründe dafür benannt (Klimawechsel, Bevölkerungsvermehrung etc.), aber keiner dieser Gründe erklärt das ganze Phänomen. Es war, als ob eine gewaltige kollektive Unruhe die Menschheit erfaßt hatte und sie über einen langen Zeitraum nicht zur Ruhe kommen ließ. Eine Kugel kam ins Rollen, stieß die nächste an und diese wiederum die nächste. Einige Kugeln rollten länger, andere kamen schneller zum Stand, aber keine blieb dort, wo sie ursprünglich einmal war. Wie eine moderne Völkerwanderung erscheint mir der weltweit zu beobachtende Wechsel der Paare. »Die auch? Das hätte ich nicht gedacht.« Wie oft kann man einen solchen Satz hören. Ich will nun den Vergleich mit den wandernden Stämmen oder rollenden Kugeln nicht so weit treiben, daß damit etwa gesagt werden soll, daß *alles* rollen wird, was heute noch ruhig liegt. Viele Ehen haben sich als sehr stabil erwiesen, und eine (uns unbekannte) Zahl von ihnen wird von keiner noch so hohen Welle davongespült werden. Aber viele Menschen hat eine Unruhe erfaßt – auffälligerweise auch jene, die Ehe nur in den Kategorien ›Ruhe‹, ›Statik‹, ›Hafen‹, ›Zuflucht‹ sahen.

Ich habe diese grundsätzliche Betrachtung dem letzten Kapitel dieses Buches vorangestellt, in dem wir uns näher anschauen wollen, wie es jenen ergeht, die die Ehe-Anker gehievt haben, aufs offene Meer hinaussegeln und sich nach einem neuen Hafen umschauen (oder die von einem Partner zu diesem Kurs gezwungen wurden). Das Stichwort ›Unruhe‹ wird uns dabei begleiten, als erfrischende (im Gegensatz zu Lähmung, Untätigkeit, Schleifenlassen) und als quälende Unruhe (im Gegensatz zu Geborgenheit, Gewißheit, Zielgerichtetheit). Die Zeit nach dem Trennungsentschluß, der in der Regel eine Erleichterung bringt (in gewisser Weise auch demjenigen, der ihn mitgeteilt bekommen hat), weil er ein vorläufiges Ende unter einen als unbefriedigend empfundenen Lebensabschnitt setzt, ist von einer Polarität geprägt: auf der einen Seite der Wunsch, die Sehnsucht nach Ruhe, auf der anderen Seite das bald einsetzende Bewußtsein, daß jetzt die Karussellfahrt erst richtig losgehen wird. Ein abrupter Stimmungswechsel, ein nahezu übergangsloser Wetterwechsel vom Azoren-Hoch zum Grönland-Tief ist häufig ein Kennzeichen der Nachtrennungssituation. Und dann die bange Frage: Wie lange wird dieser Wechsel von Heiß zu Kalt in mir anhalten? Werde ich ihn überhaupt aushalten? Wann wird wieder Beständigkeit eintreten?

Eine Faustregel sagt, daß man zur Aufarbeitung einer Beziehung, je nachdem, wie intensiv sie war, bis zur Hälfte der Zeit, die sie gedauert hat, benötigt. Das ist eine gute Richtschnur. Hinzuzufügen ist allerdings, daß Scheidende einiges selbst dazu tun können, daß die Zeit der Aufarbeitung, die Zeit der Neuorientierung nicht über Gebühr lang wird. Es gibt keine Autobahn für die Bewältigung der Lebensstrecke nach der Trennung von einem geliebten (ehemals geliebten, immer noch geliebten) Menschen. Jeder muß seinen eigenen, oft engen und steinigen Weg finden. Aber es gibt Wegweiser. Einige davon hat die Psychologie aufgerichtet, aber mehr als Wegweiser besitzt auch sie nicht. Erst seit Mitte der 60er Jahre werden Scheidungen als besondere Aufgabe der Lebensberatung systematisch erforscht. Soviel wissen die Psychologen inzwischen, daß es viele, immer wieder gleich verlaufende Prozesse bei den von Mensch zu Mensch unterschiedlichen Trennungen und Scheidungen gibt, zum Beispiel die Tatsache, daß viele Scheidende durch einen Trauerabschnitt hindurchmüssen, der dem beim Tod eines Verwandten oder Freundes sehr ähnlich ist. Doch niemand kann sagen, daß diese Therapie oder jener Rat für die meisten Scheidungsfälle paßt. Das ist möglicherweise schon deshalb nicht möglich, weil Scheidungen heute – wie bereits früher ausgeführt – eine generelle Umorientierung in bezug auf Partnerschaften beinhalten, die Suche nach neuen, ebenso gültigen Lebensformen wie der Ehe. Scheidende dürfen deshalb einerseits davon ausgehen, daß ihr Fall ein besonderer unter allen Scheidungsfällen ist und eine persönliche Lösung (Antwort) verlangt, sie können aber ebenso gewiß sein, daß vieles, was ihnen Sorge bereitet, von anderen Scheidenden ebenso empfunden wurde und wird. Ein wiederholter Rat an alle Scheidenden ist deshalb, die Nähe von Menschen, die in ähnlicher Situation sind, zu suchen – nicht, um deren Leben oder Lösungen zu kopieren, sondern um anhand von deren Nöten und Lösungsansätzen den eigenen Weg um so schärfer herauszuarbeiten.

Die Trennungssituation wird von einem Paradox begleitet: In dem Moment, da ich besonders erschöpft, hilfebedürftig, unsicher, zweifelnd bin, werden von mir besondere Aktivitäten, besondere Energien, besondere Phantasie in der Lebensgestaltung verlangt. Man könnte annehmen, daß bestimmte Personengruppen bei der Trennungs- und Scheidungsbewältigung im Vorteil sind, daß sie etwa den Jüngeren leichter als den Älteren gelingt, den Männern in unserer Gesellschaft besser als den Frauen, den Verlassenden besser als den Verlassenen. In bezug auf einzelne Aspekte kann das der Fall sein. Der jüngere Mensch fängt vielleicht leichter eine neue Sache an als der ältere, der Mann mag sich hier und da leichter durchsetzen als die Frau, der/die Verlassende wird von der Schubkraft seines Entschlusses vielleicht höher hinaufgewirbelt als derjenige/diejenige, der/die einen Entschluß ›serviert‹ bekommt. Aber auch hier ist keine allgemeingültige Regel aufzustellen, wie wir gleich sehen werden.

Es gibt ältere Scheidende, die nach der Trennung vom Partner in einem nie gekannten oder geahnten Maß aufblühen, sich plötzlich Dinge zutrauen, von denen sie früher nur zaghaft geträumt haben. Ist es ein Zufall, daß in einer der hoffnungsvollsten politischen Bewegungen unserer Zeit, der Friedensbewegung, viele ältere Menschen aktiv und mit Konsequenz (für sich und andere) mitarbeiten?

Männer, von Frauen immer noch wegen vorhandener oder angeblicher Privilegien beneidet, sind keineswegs privilegiert, wenn es zu Trennung und Scheidung kommt. Ihnen fehlt es häufig an einem differenzierten seelischen ›Instrumentarium‹ zur Bewältigung einer Persönlichkeitskrise, wie sie Scheidung und Trennung darstellen. Zwei Dinge haben sie gut gelernt: Probleme durch Organisation zu lösen und, wenn es nicht anders geht, auf den Tisch zu hauen. In der Trennungssituation versagen häufig beide Lösungsansätze. Sie exponieren und blamieren sogar denjenigen, der nicht anders zu reagieren gelernt hat, was Schmerz und Wut verdoppeln kann. Männer, die von einem Partner ›sitzengelassen‹ wurden, sind im Durchschnitt länger ratlos und verzweifelt als Frauen. Hier wie bei anderen mit der Scheidung verknüpften Problemen spielt eine Rolle, daß Männer mit Macht- und Autoritätsverlust häufig schwerer fertig werden als Frauen. Der Weggang des Partners wird entsprechend nicht nur als persönlicher Verlust und Aufreißen einer Leere im Leben empfunden, sondern als ›Beleidigung‹, Kränkung, Verlust eines Lebensbereiches, in dem man ›etwas zu sagen‹ hatte. Man mag diese Beobachtung so oder so ansehen. Einige werden frohlocken: Endlich kriegen die Paschas mal richtig eins aufs Haupt. Doch für den Menschen, der hilflos in dieser Situation strampelt oder strauchelt, ist das weder Hilfe noch Trost. Der einzelne Mann kann ebensowenig wie die einzelne Frau die Last des ganzen Geschlechts mit der persönlichen Lebensbewältigung tragen.

Und was die Verlassenden und Verlassenen angeht? Befragungen von Scheidenden und Geschiedenen haben ergeben, daß sich die Mehrzahl als Verlassende sieht. Das kann – rein rechnerisch – natürlich nicht stimmen. Es müßte fifty-fifty sein. Wer also mogelt da? Lieber sollte man fragen: Warum besteht offensichtlich für viele Menschen ein solch starker innerer Zwang, bei einer Trennung als der Aktive, der Gehende, der Handelnde zu gelten? Wer verlangt es eigentlich von uns? Doch wohl in erster Linie diejenigen, deren Waschmittel noch weißer als weiß waschen, die Betonpisten durch die Landschaft ziehen und niedertrampeln, was sich ihnen in den Weg stellt, auch wenn damit das letzte Exemplar einer Blume, Pflanze oder Tiergattung ausgerottet wird, und jene, die hilflos sind, wenn Fahrpläne nicht eingehalten werden.

Die Bewältigung einer Trennung oder Scheidung, wenn sie nicht nur das Abtöten unangenehmer Empfindungen sein soll, verlangt andere Qualitäten. Ich muß mir meine Verwirrtheit eingestehen, mit meiner Angst leben, meine Schwäche akzeptieren, meine Hilflosigkeit als Chance sehen, mir auch einmal helfen zu lassen, und in alledem mir einen neuen Weg suchen, einen, der für mich paßt und nicht in erster Linie andere zufriedenstellt. Und ich muß lernen, was vielen Menschen so schwer fällt, aber ein wesentliches Stück Lebensqualität ist: mir Zeit zu lassen, besser: mir Zeit zu geben!

Wenn man dies alles bedenkt, so kann man eine erste Aussage darüber wagen, wer sich schwerer und wer sich leichter bei Trennung und Scheidung tut. Besonders schwer haben es alle, die in der Partnerschaft hauptsächlich durch den Partner etwas waren, sich über ihn/sie definiert hatten, die Frau des..., der Mann der ... waren. Sie fallen jetzt in ein tiefes persönliches Loch, das sich erst langsam mit Erkennen der eigenen Möglichkeiten, unabhängig vom Ja und Amen oder der Bewunderung des Partners, füllt. Bei dieser Gruppe von Menschen mag man in erster Linie an Frauen denken, Frauen ohne Beruf, Frauen, die sich in der gesellschaftlichen Position des Mannes gesonnt hatten, Frauen, die sich hauptsächlich am Lebensrhythmus des Mannes orientiert hatten. Aber das wäre zu eng gesehen. Viele Männer, gerade auch die ›Super-Dynamiker‹, entdecken bei der Trennung ebenso, daß sie in wesentlichen Bereichen des Lebens ein ›persönliches Nichts‹ sind. Zu Hause fiel das durch die vermeintliche Überlegenheit gegenüber der Frau und die jederzeit abzurufende Bewunderung nur nicht so auf. Viele Männer leben letztlich innerlich davon – sie machen es sich nur nicht klar –, daß sie beim Kreuzworträtselraten immer schneller als die Frau sind, beim Stadtplanlesen in fremden Orten ebenso wie beim Erkennen von Politiker-Nasen auf dem Bildschirm. Alle (Mann oder Frau), die nie so recht wußten, wer sie eigentlich sind, die vor Schüchternheit oder Überheblichkeit unter oder über ihrer persönlichen Mitte waren, aber nicht in ihr, fühlen die Trennung besonders schmerzlich. Worauf soll er/sie jetzt bauen? Darauf, daß alle Haltung annehmen, wenn er das Büro betritt, darauf, daß alle die Makellosigkeit und Gediegenheit der Wohnzimmereinrichtung bewundern?

Es ist wohl so, daß viele Menschen, die nur noch funktionieren, die nur noch aus selbst und fremd auferlegten Verpflichtungen bestehen, Trennung/Scheidung als einen letzten Moment persönlicher Lebensgestaltung, persönlicher Freiheit kurz vor dem totalen inneren Absterben erleben, obwohl ihnen jedweder Teppich in diesem Moment unter den Füßen wegrutscht. Vielleicht hat die Völkerwanderung unserer Tage, die große Unruhe, gute Gründe über das persönliche Schicksal des einzelnen hinaus, zumal in einer Zeit, da Weihnachtslieder von der Schallplatte und das Selbstbewußtsein von der Sport- und Urlaubsindustrie stammen und die ›persönliche Note‹, der ›erlesene Geschmack‹ aus dem immer raffinierter gewordenen Angebot eines Warenhauses. Wer spürt da eigentlich noch den Widerspruch?

Man kann die Trennungs- und Nachtrennungszeit in Phasen einteilen. Sie bieten dem, der sich völlig orientierungslos und unsicher fühlt, vielleicht einen gewissen Halt. Man spricht in der Psychologie (wie schon einmal erwähnt) von Entscheidungsphase (Ambivalenzphase), Trennungsphase und Neubeginn. Ich biete Ihnen eine weitere, recht bildhafte Dreiteilung an, nach der Sie entscheiden können, in welchem Abschnitt der Aufarbeitung einer Trennung Sie gerade stecken: Von der dünnen über die dicke zur neuen Haut.

Die Phase der dünnen Haut liegt vor und nach der Trennungsentscheidung. Es ist die Phase der Unsicherheit, der vorläufigen, vorübergehenden Gewißheiten, des Aufbruchs, auch des Über-das-Ziel-Hinausschießens (unterstellt, daß schon ein Ziel in Sicht ist). Die Phase der dicken Haut ist eine Phase der Verweigerung: Inzwischen hat sich stärker herausgeschält, was zu mir paßt und auf was ich verzichten kann. Vom »Soll man oder soll man nicht?« bin ich zum »Soll ich oder soll ich nicht?« gekommen. Ich setze mich nicht mehr unter Druck, ›richtige‹ Entscheidungen zu treffen, sondern passende. Die Phase der neuen Haut erlaubt mir wieder, großzügig zu sein, mit mir und mit den anderen. Ich muß mich nicht mehr ›festlegen‹, weil ich mich fest in mir weiß. Diese drei Phasen füllen sich bei den verschiedenen Scheidenden mit unterschiedlichen Inhalten. Aber es gibt sehr vieles Gemeinsames.

Äußere Lebensumstände: Für fast alle Scheidenden ist das Leben nach der Trennung zuerst einmal mit erheblichen äußeren Neuanpassungen verbunden. Meistens zieht einer der Partner aus. Viele Scheidende ziehen für eine Übergangszeit zu Freunden, leben über Monate hin praktisch aus dem Koffer. Auch wenn eine neue Wohnung gefunden ist, stimmt erst einmal wenig. Es fehlt am Geld, die gewünschten Einrichtungsgegenstände zu kaufen, aber es fehlt häufig auch an konkreten Vorstellungen, welches die neuen Eckpunkte des Lebens sein sollen. Männer haben mit Schwierigkeiten im Haushalt zu kämpfen, Frauen scheuen sich vor den Gängen zu Behörden und Ämtern, die der Mann bisher erledigt hat.

Es sind oft die kleinen Dinge, die einem unerbittlich zeigen: Du bist jetzt allein! Zum Beispiel der Wochenendeinkauf. Früher war alles klar, nach bewährtem Ritual wurden die Dinge für Samstagabend und Sonntagmittag aus den Regalen genommen. Und jetzt steht der Neu-Single da. Brauch' ich ein Viertel Wurst oder langt ein Achtel? Was esse ich am Sonntag? Ein ganzes gefrorenes Hühnchen ist viel zu viel. Den Rest könnte ich einfrieren... Aber ich habe ja gar keinen Kühlschrank mehr. Viele Scheidende kommen sich in solchen Alltagssituationen vor wie die Marsmännchen, die gerade vom fernen Planeten kommend auf der Erde gelandet sind. Erst jetzt wird ihnen ganz bewußt, wieviel sie früher in der Ehe in eingespielter Arbeitsteilung erledigt haben. Jetzt fällt plötzlich alles auf sie selbst zurück. Was man nicht selbst macht, bleibt unerledigt. Niemand macht es für einen und – was oft noch schlimmer ist – niemand erinnert einen daran, daß etwas zu erledigen ist. Verwandtengeburtstage, Steuertermine, Abbestellung einer unnötigen Dienstleistung – wer sich selbst keinen Ruck geben kann, vergißt, verpaßt, zahlt weiter. Aber einen Ruck geben in dieser Situation? Vielen gelingt es erst dann wieder, wenn sie inmitten des selbstverursachten Chaos plötzlich über sich lachen können. Ich besuchte mal einen Freund, der frisch getrennt war, und traf ihn im Badezimmer an. Er hatte in der Wanne das ungespülte Geschirr von mehreren Wochen aufgeschichtet und versuchte mit dem Strahl der Brause einen Groß-Abwasch. »Was machst denn du da?« entfuhr es mir, und plötzlich mußten wir beide lachen und konnten überhaupt nicht aufhören damit. Später sagte er mir einmal, daß das für ihn ein Wendepunkt war. Als Nächstes schaffte er sich für vier Mark achtzig ein Plastikgestell an, auf dem das Geschirr nach dem Abwaschen abtropfen konnte, und eine Pin-Wand für den Flur zum ›Aufwasch‹ für eine über die ganze Stube verteilte Zettelwirtschaft.

Die Phase der dünnen Haut, der Verunsicherung, hat bei vielen Scheidenden ein großes Plus. Sie lernen – viele zum ersten Mal seit langer Zeit – auch ihr Minus kennen, ihre Schwächen, die vorher auch da waren, aber vor dem Partner und vor sich selbst gesten- und wortreich überspielt wurden. Und – sie lernen mit ihnen zu leben. Sie lernen, sich wieder im Spiegel anzuschauen und nicht wegzublicken, auch wenn das Gesicht, das da erscheint, noch nicht so attraktiv wie früher ist. Aus dieser Situation entsteht ein kreativer Trotz. Kleine Schritte werden plötzlich zu Meilensteinen im eigenen Leben. Der Mann nach dem absolvierten Kochkurs in der Volkshochschule, die Frau nach der ersten Urlaubsreise, die sie für sich und die Kinder ganz allein geplant und durchgeführt hat – ein neues Lebensgefühl, ein neuer Stolz und Eintritt in die Phase der dicken Haut.

Aus Schlampern werden plötzlich gewiefte Rechner. Scheidende in der Dicken-Haut-Phase durchschauen zum Beispiel den Terror der Konsumgesellschaft. Immer wieder Neues – wer braucht das eigentlich? An ihrer dicken Haut prallen die gängigen Werbesprüche ab wie Wasserperlen an einer Scheibe. Zu dem, was sie besitzen, gewinnen viele Scheidende in dieser Phase eine neue, intensive Beziehung. Das Rennrad, die Schallplattensammlung, das eine wertvolle Möbelstück in dem bunten Sammelsurium von Gelegenheitskäufen – sie werden gepflegt, gehätschelt, geliebt. »Früher stand vieles um mich herum, jetzt ist wenig da, aber das gehört zu mir«, so beschrieb mir mal ein Freund diese Situation. Und unter dieser dicken Haut schält sich etwas hervor: die neue Haut. Was wird aus mir werden? Plötzlich wird diese Frage wieder gestellt, nicht quälend, sondern neugierig.

Innere Lebensumstände: Die Frischgetrennten tragen ein sehr gemischtes Paket an Gefühlen mit sich herum. Überschwang und Resignation liegen eng beieinander. Psychische Probleme, so haben Untersuchungen ergeben, treten bei geschiedenen Männern fünfmal und bei geschiedenen Frauen dreimal so häufig auf wie bei Verheirateten. Das ist allerdings eine ›oberflächliche‹, quantitative Erhebung, die sich hauptsächlich darauf stützt, wie oft Geschiedene im Vergleich zu Verheirateten Rat und Hilfe in Anspruch nehmen. Andere Untersuchungen haben nämlich gezeigt, daß die Lebenskrise Scheidung nur Auslöser für bereits vorher vorhandene Schwierigkeiten ist. Es scheint so zu sein, daß mit der Trennung vom Partner viele Stützen einreißen, darunter auch solche, die ein an sich schon morsches Gebäude nur mühselig getragen haben. Trennungen/Scheidungen sind daher auch manchmal von plötzlich auftretenden Krankheiten begleitet. Es scheint, als ob Körper wie Seele etwas freigeben, was sie lange unter Verschluß gehalten haben, Angenehmes und Unangenehmes.

Untersuchungen haben ergeben, daß auch die Unfallhäufigkeit bei Scheidenden steigt. Geschwindigkeitsübertretungen, zu dichtes Auffahren und unerlaubte Kehrtwendungen während einer Fahrt gehören zu denjenigen Verkehrsverstößen, die bei Scheidenden häufig festgestellt wurden. Das letzte kann man geradezu symbolisch für die Dünne-Haut-Phase nehmen. Eine plötzliche Kehrtwendung mitten in der Fahrt, ohne Ankündigung, und nach 500 Metern Fahrt in der Gegenrichtung ein erneutes Drehen – so sieht das Leben nach der Trennung häufig aus.

Die dünne Haut – sie ist die Gefahr, aber auch die Chance des Scheidenden. Er/sie spürt wieder etwas, das ist ganz wichtig. Wir haben uns daran gewöhnt, uns hart zu machen, alles wegzustecken ohne Regung. Aber sie sind alle in uns, die täglichen kleinen und großen Verletzungen. Der/die Scheidende wird sich nach und nach bewußt, wie tief verletzt und verletzbar er/sie in Wirklichkeit ist. Und er/sie muß sich noch verletzbarer machen, muß wieder alles an sich heranlassen, nichts und niemandem ausweichen. Damit daraus nicht eine unmenschliche Überforderung wird, braucht man Hilfe und Zeit. Die erste muß man sich besorgen, sie kommt nicht von allein auf einen zu. Viele Menschen verstehen überhaupt nicht, was in einem Scheidenden vor sich geht. Sie sind abgekehrt, angepaßt. Scheidende mit all ihren Merkwürdigkeiten geraten leicht in eine Außenseiterposition, und es ist gut, wenn sie eine Weile darin bleiben. Sie experimentieren, sie reißen auf im eigenen Leben. Das bringt sie in einer Gesellschaft, in der das Perfekte als Gott verehrt wird, schnell an deren Rand. Doch genau dort liegt die Chance, sich einen neuen Blick auf sich selbst und auf die Gesellschaft zu erwerben und gestatten. Aber man muß sich dazu auch Zeit nehmen und geben. Wer sich jetzt unter allen möglichen zusätzlichen Druck und Erfüllungszwang setzt, wird möglicherweise erdrückt und zerbrochen. Die dicke Haut entsteht nur dann, wenn die kleinen Inseln der neuen Selbstwahrnehmung und Selbstbehauptung zusammenwachsen. Auch das braucht Zeit, eine sich ständig verbessernde Wahrnehmung und auch Entschlußkraft.

Scheidende machen die Erfahrung, daß sie auf dem Weg zur dicken Haut erst einmal unwillig werden. »Ich glaube, ich mache den Deppen für viele« – diese Erkenntnis (die häufig durchaus der Wahrheit entspricht) ist der Ausgangspunkt für die zweite Stufe der neuen Raketenfahrt. ›Wer und was nimmt mir eigentlich meine Zeit?‹ ist eine wichtige Frage. ›Wem und was will ich sie eigentlich geben?‹ ist die daran anschließende Überlegung. Und darauf folgt die (oft bittere) Erkenntnis, daß ich mir meine Zeit, die von so vielem Unbedachtem, routinemäßig Ausgeführtem besetzt ist, erst einmal freischaufeln muß. Habe ich überhaupt Zeit, so richtig traurig oder so richtig fröhlich zu sein? Oder läuft der Fernseher, wenn diese Gefühle plötzlich nach oben drängen?

Ein Scheidender auf dem Weg zur dicken Haut (zu sich selbst) schaltet nicht nur demonstrativ den Fernsehapparat ab (auch wenn die eintretende Stille ihn erst einmal zu überwältigen und einzuschüchtern droht), sondern macht plötzlich, häufig ruckhaft und für die Umgebung manchmal völlig unverständlich Schluß mit vielen Gewohnheiten und gewohnten Beziehungen. Ein Scheidender erzählte mir mal, daß er am Abend der Scheidung von seinen sämtlichen Vereinsämtern zurücktrat, um Zeit für sich und seine Kinder zu gewinnen, die bei der Mutter aufwuchsen. In der Ehe hatte er (so schien es wenigstens) locker alles unter einen Hut gebracht: Frau (nettes Geschenk), Kinder (nettes Wort), Verein und Verband (straffe Tagesordnung), Beruf, Hobby, Sport, geistige und kulturelle Interessen, politische Betätigung und sieben Stunden Schlaf. Bei der Scheidung wurde ihm bewußt: Eigentlich ›verrichte‹ ich nur noch. Überall trete ich ›in Erscheinung‹, aber gibt es mich eigentlich noch? Dieser Mann wurde in der Phase der dünnen Haut sehr verletz- und reizbar. Es erdrückte ihn manchmal, daß dort, wo früher so viel passierte, jetzt wenig, manchmal auch gar nichts geschah. Zu Anfang war er versucht, gleich wieder etwas Neues zu beginnen, wenn er etwas Altes aufgab. Aber dann gewöhnte er sich daran, sich Reservezeiten zu schaffen, Stunden, Tage einfach freizuhalten, »um sie zu haben, wenn ich sie brauche«. Und langsam wurden diese – innerlich und äußerlich – freien Tage ein Mittelpunkt seines Lebens, Tage voller Überraschungen und voller Abenteuer – in der eigenen Seele.

Er erzählte mir auch, daß er seither den Tag anders beginnt. Wenn der Wecker klingelt, schießt er nicht mehr wie der Soldat beim Pfeifton des Spießes aus dem Bett, sondern räkelt und dehnt sich eine Weile und sagt praktisch seinem ganzen Körper nach und nach ›Guten Morgen‹. Zuerst werden die Zehen leicht bewegt und mit den Fingern Klavierübungen gemacht, dann die Schultern ein wenig rotiert, alles ganz leicht und locker. Wie liege ich eigentlich auf der Unterlage und was sagt mir mein Körper so? Stück für Stück schlüpft das Bewußtsein bei noch geschlossenen Augen in jede Ecke der Körperhülle hinein. Muskeln werden leicht bewegt, kleine Pausen gemacht, und die Schwere der Nacht verfliegt in einem lustvollen Gähnen. »Nach diesem kleinen Zeremoniell bin ich da«, erläutert er, »auf Du und Du mit dem neuen Tag. Früher eilten meine Gedanken gleich nach dem Aufstehen allen Tagesereignissen voraus. Jetzt genieße ich mein Frühstück und bin gespannt, was sich heute so alles tun wird.« Menschen auf dem Weg über eine dicke zur neuen Haut.

Eine Bekannte, die sich von einem langjährigen Freund getrennt hatte, erzählte mir, wie sie zuerst unter ihrer Einsamkeit litt, aber eines Tages zu der Einsicht kam: »Irgendwann werde ich wieder zu zweit sein, also muß ich jetzt mein Alleinsein ausschöpfen, seine Möglichkeiten nutzen.« Sie lernte besser wahrzunehmen, was sie wirklich traurig und wirklich fröhlich macht, und ließ beide Situationen zu. Wenn sie traurig war, half ihr manchmal ein ›Trick‹: Sie ging hinaus in den Garten, umarmte einen Baum und weinte sich an seinem Stamm aus. »Wenn mich jemand gesehen hätte, hätte er mich vielleicht für verrückt gehalten, aber das war mir egal. Ich begann mein Leben so zu führen, wie ich und nur ich es führen kann.«

Der frühere Partner: Auch in dieser Beziehung gibt es nach der Trennung die Phasen der dünnen, der dicken und der neuen Haut. Der Mensch, der so viel von mir weiß, aber nicht mehr da ist, spielt weiter eine bedeutende Rolle, bewußt oder unbewußt. Obwohl viele Scheidende es nicht wahrhaben wollen, ist auch die Beziehung zum früheren Partner, besonders wenn Kinder da sind, eine ›unendliche Geschichte‹, die jetzt nur nach ganz anderen ›Gesetzen‹ als während der Ehe und ihrer Auflösung abläuft. Man kann sie vielleicht mit der Beziehung zu Verwandten vergleichen, deren Lebenskreis man verlassen hat, an die man sich aber in vielfältiger Form erinnert und wo die Erfahrungen des gemeinsamen Weges weiterwirken.

In der Dünnen-Haut-Phase gehen noch viele Botschaften zwischen den Ex-Partnern hin und her: solche, die empfangen werden, und solche, die nur gesendet werden. Zum Teil wird die Beziehung zwischen beiden sogar besser. Die aktuellen Anlässe, die ständigen Streit provoziert haben, sind vergangen und zum Teil schon vergessen. Man sieht sich plötzlich gegenseitig in einem neuen Licht, betrachtet mit Interesse, welchen Weg der Partner geht, wie er/sie sich verändert. Man möchte dem Partner, vor dem man sich häufig so unmöglich benommen hat, zeigen, daß man selbst ein Stück weitergekommen ist. Man möchte – vielleicht unbewußt – auch wieder etwas gut machen, Schuldgefühle, die an die Oberfläche drängen, besänftigen. Und man sucht in der neuen Unordnung des Lebens auch einen Halt. Viele Scheidende kommen gerade bei besonderen Belastungen zum früheren Partner und suchen Trost oder Rat. Kummer mit der neuen Freundin, Kummer mit dem neuen Freund – man sollte es nicht glauben, aber gerade diese Situation läßt Scheidende schutzsuchend unter die Fittiche des früheren Partners/der früheren Partnerin fliehen. Einige scheidende Paare finden auch wieder für Momente der Intimität zueinander. Als ob sie sich beweisen möchten: Es war doch nicht nur schlimm und traurig mit uns, reißen sie aufgerichtete Zäune und Schranken nieder. Rauschmomente der Sexualität helfen dabei. Doch all diese Begegnungen sind zwiespältig. Die Scheidenden spüren zwar, daß sie sich weiter etwas zu sagen hätten (wie sollte es auch anders sein nach so vielen Jahren gemeinsamem Lebensweg). Viele finden die Sprache nach langer Zeit der Sprachlosigkeit miteinander wieder, aber die Möglichkeiten des Ausdrucks sind in der neuen Situation begrenzt. Die alte Vertrautheit ist zwar da oder kehrt wieder, und doch ist die Situation nicht mehr die gleiche. Wenn er bei einem Besuch wie selbstverständlich in der Küche der früheren Wohnung zur Kaffeemaschine geht und sich einen Kaffee macht (so, als ob er da noch zu Hause wäre), kriegt sie plötzlich, ohne daß sie vielleicht weiß, warum, Wut und fegt ihn an. Er versteht den plötzlichen Wetterumschwung nicht und geht, und auf der Straße kriegt er seinerseits Wut.

So sehr die Hin- und Her-Beziehung der früheren Partner möglich und bis zu einem gewissen Grade auch nötig ist, so problematisch ist sie und wird von den Scheidenden, wenn nicht gerade eine rosa Abendsonne scheint, auch so empfunden. Das Auftauchen des früheren Partners, der früheren Partnerin stört das sich gerade stabilisierende neue emotionale Gleichgewicht. Man möchte vielleicht gern dem früheren Partner helfen, aber man möchte ihn/sie nicht wieder eine Rolle im eigenen Leben spielen lassen. Das führt zu jenen zwiespältigen Begegnungen zwischen Ex-Partnern, in die zwar ein positives Grundgefühl einströmt, die aber plötzlich von einem Partner unvermittelt, hart und abrupt wieder abgebrochen werden. Diese Momente markieren den Übergang von der Dünnen-Haut-Phase zur Dicken-Haut-Phase in der Beziehung zum Ex-Partner.

In der Dicken-Haut-Phase entscheidet sich endgültig, ob die Beziehung zum früheren Partner durch Lösung (Abgrenzung) oder Feindseligkeit geprägt bleiben wird. Feindseligkeit ist im Kern nichts anderes als das Weiterbestehen einer Bindung, jetzt nur mit negativen Vorzeichen. Ex-Partner, die sich in dieser Phase ineinander verkrallen, kommen möglicherweise ein Leben lang nicht innerlich voneinander los, auch wenn sie Tausende von Kilometern auseinanderwohnen. Wie früher einmal die Liebe, so kettet jetzt Haß die beiden aneinander. »Ich will dich nicht hassen, das bindet mich wieder an dich«, schrie eine Frau einmal in einer Nachtrennungs-Auseinandersetzung, der ich beiwohnte. Deutlicher kann man es nicht sagen! Scheidende, die selbst nicht wieder auf die Beine kommen, sind in starker Gefahr, den früheren Partner negativ an sich zu ketten. Der Möglichkeiten sind viele. Es bieten sich in die Länge gezogene Auseinandersetzungen über die Scheidungsfolgen an, besonders über Geld, worüber es sich trefflich über Jahre hin streiten läßt. Auch Auseinandersetzungen über die Kinder und deren Erziehung dienen häufig nur dazu, daß die Erwachsenen wieder in Kontakt (in den Clinch) miteinander kommen können. Der tiefsitzende Haß ist oft nicht mit bloßem Auge zu erkennen, denn jeder der Ex-Partner, der auf diesem Wege Kontakt zum früheren sucht, kann gute Gründe für sein Handeln angeben (finanzielle Zwänge, Sorge um die Kinder etc.). Aber egal, was für ein Grund, welch' ›gute Absicht‹ gefunden wird – der Kontakt dient dazu, die tiefe Wunde im Inneren zu berühren, das Feuer im Inneren am Brennen zu halten, den Schmerz im Inneren zu kosten, eventuell ein Leben lang.

Damit es nicht dazu kommt, ist die Dicke-Haut-Phase in der Beziehung zum früheren Partner überaus wichtig. Die dicke Haut muß bei mir selbst wachsen, und ich muß es dem Ex-Partner gönnen, daß sie bei ihm/ihr wächst (um unser beider willen). Gerade weil ich eines Tages ihm/ihr wieder trotz aller Distanz mit Sympathie gegenübertreten möchte, gerade weil ich mir eines Tages aus dem Leben mit ihm/ihr diejenigen Teile, die mir wichtig waren, herausnehmen und in mein neues Leben einfügen möchte, als Erinnerung, als Grundlage für weiteres Handeln und inneres Wachsen, muß ich den Ex-Partner jetzt freigeben mit allen Konsequenzen und mir die Freiheit von ihm/ihr nehmen, ebenso mit allen Konsequenzen.

Das so wichtige Loslassen des scheidenden oder schon geschiedenen Partners wird häufig falsch verstanden. Das heißt nicht, daß man ihn/sie ungespitzt in den Boden haut, aus allen Gedanken verjagt und vertreibt, schlecht macht. Es ist natürlich und wichtig, daß man sich mit dem scheidenden Partner auseinandersetzt (Dünne-Haut-Phase), Glücks- und Wut-Gefühle in bezug auf ihn an sich heranläßt. Doch nach der Trennung sollte dies mehr und mehr ohne direkte Berührung mit dem früheren Partner passieren und eines (nicht allzu fernen) Tages ganz ohne ihn. In einem Brief an mich in unserer Dicke-Haut-Phase hat meine frühere Frau das einmal in ein schönes Bild gefaßt: »Du bist für mich jetzt wie ein Licht, das im All verlöscht!« Prüfen Sie einmal anhand ehrlicher Antworten auf folgende Fragen, wie sehr Sie Ihrem früheren Partner, Ihrer früheren Partnerin immer noch (negativ) verbunden sind:

- Fühlen Sie sich immer noch verantwortlich für ihn/sie?
- Besteht Ihr Freundeskreis fast nur aus Personen, die Sie schon während der Ehe kannten, oder sind neue dazugekommen?
- Sehen Sie Ihre Trennung als Niederlage an?
- Akzeptieren Sie im Stillen immer noch Beurteilungen Ihres Ex-Partners (›Das schaffst du nie! Du mit deiner Unsicherheit!‹ etc.) oder werden Sie nur so mit ihnen fertig, indem Sie diesen Beurteilungen heftig widersprechen und trotzig das Gegenteil tun?
- Haben Sie Angst davor, allein zu sein?
- Glauben Sie, daß Sie nie wieder jemanden für sich persönlich finden werden?
- Zerfließen Sie oft in unkontrollierbarem Selbstmitleid?
- Haben Sie Angst davor, innerlich richtig wütend auf den früheren Partner zu werden?
- Haben Sie Angst, innerlich Abstand vom früheren Partner zu nehmen oder Widerspruch zu äußern, weil Sie finanzielle Folgen oder Probleme in bezug auf die Besuche der Kinder bei Ihnen befürchten?
- Geben Sie eigene Wünsche auf, weil Sie Mißbilligung durch Ihren früheren Partner oder seine/ihre Familie fürchten?

Wenn Sie auch nur auf eine dieser Fragen mit Ja antworten, dann kann ich Sie nur auffordern, sich noch stärker in die Dicke-Haut-Phase zu begeben. Das passiert nicht dadurch, daß Sie jetzt demonstrativ dem früheren Partner/der früheren Partnerin oder irgend jemandem sonst mit Hinweis auf Ihre Absichten die Meinung sagen. Die ›dicke Haut‹ ist Ihre Sache, Ihr Schutz. Wenn sie einmal vorhanden ist, werden alle Menschen sie spüren und nach einer Umorientierungsphase auch respektieren oder sie zumindest in ihr Kalkül ziehen. Nein, was jetzt auf Sie zukommt, hat in erster Linie etwas mit *Ihnen* zu tun. Sie brauchen einen Schutz, Sie brauchen einen Schild, Sie brauchen eine Burg. Warum einem anderen sagen, daß Sie sich jetzt eine bauen werden? Möglicherweise zerreißt man Ihre Pläne.

Dicke Haut wächst. Sie ist kein Panzer, den man sich umlegen kann, keine Verhärtung oder Starrheit, sondern eine sehr flexible, dehnbare, aber immer haltbare Schutzzone. Sie wächst durch die innere Aufarbeitung von Mißerfolgen, Akzeptieren unserer Niederlagen, Mut zum Experimentieren, Geduld, wenn das anvisierte Ziel nicht sofort erreicht wird, vielleicht sogar wieder aus dem Gesichtsfeld entschwindet. Am Anfang dieses Prozesses, dieser Phase steht ein Aufbruch, ein Entschluß: ›Ich will nicht mehr so leben, wie es andere von mir wollen! Ich will nicht mehr so leben, wie du es von mir wolltest!‹ Im Märchen von den Bremer Stadtmusikanten haben die Brüder Grimm diesen Aufbruch so schön beschrieben: »Komm mit uns, etwas Besseres als den Tod findest du überall!« sagen die Tiere, die sich schon auf den Weg gemacht haben, zu dem neuen, das sie mitziehen wollen. Und dieser ›Zug der Miserablen‹ wird zu einem Triumphzug, aber auf skurrile, nicht vorhersehbare Weise, was zeigt, daß derjenige, der sich aufmacht, häufig auch noch den Zufall auf seine Seite zieht. Inzwischen ist eine ganze Stadt stolz auf den lahmen Esel, den müden Hund, die Katze mit den stumpfen Zähnen und den ängstlichen Hahn.

Loslassen heißt richtig verstanden das Vergangene dort stehen zu lassen, wo es liegengeblieben ist. Es nicht besser machen wollen, als es war, und auch nicht schlechter. Das war ich! Das bin ich! Was werde ich sein? Zwei Feststellungen, eine Frage – sie sind das Thema der Dicken-Haut-Periode. Sie bedeutet: Ich übernehme neu Verantwortung für mich und ich gebe sie endgültig für meinen früheren Partner auf. Ich lasse ihn/sie, auch wenn er/sie scheitert. Durch diese Phase muß ein scheidendes Paar durch, damit es eines Tages wieder in die Neue-Haut-Phase des Kontaktes zueinander eintreten kann. Wie die aussieht? Wer weiß das schon! Es wird eine ganz neue Beziehung sein, und zur Gestaltung einer neuen Beziehung braucht man Phantasie, aber kein Handbuch der fünf richtigen Schritte.

Damit Sie durch die Dicke-Haut-Phase besser kommen, hier einige Erfahrungen, die Sie prüfen und versuchen sollten. Vielleicht machen Sie sie zu Ihren eigenen:

– ›Entrümpeln‹ Sie Ihr Leben, so daß Sie Zeit für Unvorhergesehenes (in jeder Beziehung) gewinnen.

– Überfordern Sie sich nicht, und wenn Sie in einer Überforderung stecken, dann machen Sie sich zumindest klar, daß es so ist, damit Sie Ihre eigenen Reaktionen besser verstehen und abschätzen können.

– Lernen Sie, auch kleine Dinge wieder zu genießen. Das geht nicht sofort. In der langen Phase des Streits, der Aufgewühltheit und Auseinandersetzung sind viele zarte innere Empfangsorgane abgestorben oder verkümmert. Sie müssen langsam wieder nachwachsen oder sich wieder aufrichten.

– Lernen Sie wieder genau zu beobachten, genau hinzuhören. Scheidende, die häufig sehr stark aufgewühlt sind, neigen zu zwei Extremreaktionen: entweder nur selbst zu reden oder sich zurückzuziehen und abzuschalten. Stellen Sie sich häufig mal die Frage: ›Habe ich wirklich verstanden, was der andere meint oder was jetzt eigentlich passiert ist?‹

– Suchen Sie sich neue Freunde, aber gehen Sie nicht zu schnell Verpflichtungen und enge Bindungen ein. Dies ist Ihre Zeit des Experiments, des Sich-Vortastens. Schade, wenn Kontakte, die wachsen wollen und müssen, aus Angst vor Verlust zu schnell festgezurrt werden.

– Setzen Sie sich kleine Ziele und geben Sie keine Ruhe, bis Sie diese erreicht oder erkannt haben, daß dieses Ziel für Sie keins ist. Das Lernen am kleinen, überschaubaren Beispiel ist wichtig für alle, die eine dicke Haut wünschen. Vielleicht haben Sie Schwierigkeiten, Nein zu sagen. Probieren Sie es erst einmal an einer wenig belastenden Stelle. Sagen Sie Nein, bleiben Sie dabei und beobachten Sie, was das für Konsequenzen hat. Stellen Sie sich dann anspruchsvollere Aufgaben. (Wer Schwierigkeiten hat, Ja zu sagen, sich zu engagieren, sich zu binden, sollte genauso vorgehen.)

– Lernen Sie, zu spüren, was Ihnen guttut und was Sie hinunterdrückt und ›mehr kostet als bringt‹. Und versuchen Sie, Situationen der ersten Art nach und nach zu vermehren.

An diesem Punkt finden sich dann in einschlägigen Ratgebern oft Hinweise wie: ›Belegen Sie einen Volkshochschulkurs! Suchen Sie sich ein neues Hobby!‹ etc. Das ist alles richtig und gut gemeint. Wer in einer Keramik-Klasse der Volkshochschule, in einem Tennis-Kurs gelandet ist oder sich ein Ikebana-Handbuch gekauft hat, der hat einen wichtigen Schritt getan. Er/sie hat ein Ziel für sich benannt oder doch zumindest ein Zwischenziel. Zu jedem Ziel führt ein Weg, und der muß erst einmal Schritt für Schritt gegangen werden. Je bewußter man das tut, um so besser, einschließlich der bewußten Wahrnehmung der Stolperstücke. Der Weg zu einem neuen Selbstbewußtsein führt sicherlich über Keramik-Klassen, Tennis-Tuniere, Ikebana-Bücher, aber sie allein sind es nicht. Unsere innere Bereitschaft, das zu genießen und zu bejahen, was wir tun, muß ebenfalls wachsen, und dafür gibt es keine Abkürzung, keinen Schalter, den man nur betätigen müßte. Wir wissen aber inzwischen (oder besser gesagt: wieder), daß Körper und Seele eine Einheit oder zumindest zwei sich gegenseitig stark beeinflussende Zonen sind. Was ich für den einen Bereich tue, wirkt sich auch für den anderen aus. Wenn ich den einen Bereich vernachlässige oder ausbeute, leidet auch der andere darunter. So kann man den Segen erklären, den die heutige Frischluft-Bewegung für viele bringt. Wer beim Jogging, Radfahren oder sonstiger körperlicher Betätigung lernt, wieder richtig zu atmen, der kann auch besser frischen Wind durch die Seelen-Nase ziehen.

Wie sehr äußerliches und innerliches Wachstum Hand in Hand gehen müssen, damit etwas rundum Schönes entsteht, wurde mir letztens auf einer Bergtour klar. Als wir schließlich nach vielen Stunden auf dem Gipfel waren, angestrengt, aber sehr glücklich, da brach einer aus der Gruppe beim Blick auf die herrliche Berglandschaft in die Worte aus: »Schön, wie im Kino!« Das war nicht spaßhaft gemeint. Der Gute hatte einfach keine anderen Vergleichsmöglichkeiten und Bilder in sich, um einem schönen und auch mit Erfolg verbundenen Erlebnis einen anderen Ausdruck zu geben. Wahrscheinlich war es gut, daß er überhaupt etwas von innen nach außen brachte, den Versuch unternahm, einem neuen, überwältigenden Gefühl einen Namen zu geben. Eines Tages wird er dieselbe Situation erleben und sie mit etwas beschreiben, das aus ihm kommt, zu ihm paßt.

Von Schuld- und anderen Gefühlen

Der Mensch kann denken und fühlen. Viele können diese Leistungen der menschlichen Psyche nicht gut auseinanderhalten. Wenn jemand sagt: »Ich denke an dich!«, müßte es eigentlich heißen: »Ich fühle an dich!« Wer sein Hirn über eine Sache oder eine Person zermartert, hat vielleicht sehr gute Gedanken, aber im Bereich der Gefühle gibt es einen Block, und er kommt nicht weiter, dreht sich im Kreise. »Die Gedanken sind frei«, heißt es im Volkslied. Noch viel freier, müßte man hinzufügen, sind die Gefühle. Gedanken lassen sich leichter verdrängen als Gefühle. Wenn man sie als ungebetene Gäste durch die Vordertür hinauswirft, kommen sie in anderer Gestalt und zum Teil so verkleidet, daß man sie nicht mehr erkennen kann, durch die Hintertür wieder hinein.

Seine wirklichen Gefühle zu kennen und zu erkennen, ist sehr schwer. Das erfährt auch der Scheidende. Und trotzdem muß er sich auf diesen beschwerlichen Weg der Erkenntnis machen, sonst steht jedes neue Haus, das er sich baut, auf schwankendem Boden. Was der Mensch sein Gefühl nennt, ist häufig nur der Gedanke, die Vorstellung von einem Gefühl. Gefühle haben eine wundersame Natur: Sie sind sehr mächtig, aber auf Druck geben sie nach, wie wenn man mit dem Finger in einen schwach aufgeblasenen Luftballon drückt, kommen aber an anderer Stelle um so stärker hervor. Die Masse bleibt dieselbe, nur die Gestalt wird eine andere.

Gefühle weichen zurück, weil sie unangenehm werden oder weil wir sie uns verbieten. Das neue Kleid, in dem sie dann erscheinen, hat ein für uns viel akzeptableres Aussehen, und in dem neuen Gewand beherrscht das Gefühl uns viel besser, als es in der anderen, uns unangenehmen Klamotte getan hätte. Das ist der ›Ur-Trick‹ aller Gefühle. Diesen Wechsel eines Gefühls in ein gefälligeres Aussehen kann man an den Kriegen in der Menschheitsgeschichte beobachten. Kriege werden gefühlsbetont geführt. Für Volk und Vaterland, für Gott, für Frau und Kind, für die Selbsterhaltung und Selbstachtung, für Gerechtigkeit – das sind die Kleider (oder besser Uniformen), die diesen Gefühlsschlachten angezogen werden. Die eigentlichen, nicht mehr erkennbaren Gewänder sind: Habgier, Haß, Angst und der Wunsch zu töten, um die Gedanken an den eigenen Tod zu verdrängen.

Wer seine Gefühle kennenlernen will, muß sie … ausleben? Falsch geraten: …muß sie aushalten! Um sie auszuleben, müßten wir ihnen in vielen Fällen (der eine mehr, der andere weniger) ein anderes Gewand anziehen, sonst kämen wir nie mit ihnen durch die eigene Zollkontrolle oder die Grenzkontrolle der anderen. Auf diese Weise lernen wir nur ihre Wirkung, aber nicht ihre Art und Gestalt kennen. Aber wir können beständig daran arbeiten, unsere Innenwahrnehmung für sie zu verbessern, sie an uns heranzulassen, sie auszuhalten.

Vor kurzem gab es einen Schlager, der bei den Hörern sehr beliebt war, aber auf die Ablehnung vieler Rundfunkanstalten stieß und nicht mehr gespielt wurde. »Ich wünsch dir die Hölle auf Erden«, sang da ein junger Mann. Vermutlich war eine Frau gemeint, die ihn gekränkt, wahrscheinlich ›betrogen‹ hatte (ich kann mich an den Inhalt nicht mehr so genau erinnern). Wie gesagt, dieser ›Ausdruck von Gefühlen‹ wurde schnell wieder vom öffentlich-rechtlichen Plattenteller genommen. Nun liegt natürlich ein Sinn darin, daß die Gesellschaft es nicht absegnet, wenn jemand derart ›fromme‹ Wünsche für einen anderen hegt, obwohl viele im Stillen Beifall klatschen werden. »Ich tanze mit dir in den Himmel hinein« ist erlaubt, obwohl es eine ähnliche, letztlich außerhalb der Macht eines einzelnen liegende Vorstellung ausdrückt wie den Wunsch nach permanentem Fegefeuer für einen anderen. Hätte der Enttäuschte, Sitzengelassene seine Gefühle in die Worte gekleidet: »Seitdem du gingst, habe ich die Hölle auf Erden«, wäre er zugelassen worden an der Abspiel-Börse und hätte vielleicht einen Hit gelandet. Für unsere Zwecke genügt es, festzuhalten: Gefühle sind da, ob wir sie zur Kenntnis nehmen oder nicht, ob wir ihnen Raum geben, sie ausdrücken oder nicht. Was wir aber mit unseren Gefühlen machen, ist unsere Sache – wichtig ist nur, daß wir sie und ihr wahres Aussehen kennenlernen.

Neben dem ›Ur-Trick‹ des Verkleidens von Gefühlen gibt es eine weitere Schummelei (um einen nicht so heftigen Ausdruck zu gebrauchen), die uns gestattet, an unsere Gefühle heranzukommen, sie durch den Zoll zu schmuggeln: Ich muß dem Gefühl des anderen ein besonders negatives, schlimmes Mäntelchen umhängen, um Rechtfertigung für den Ausdruck meines eigenen zu bekommen. Da eröffnet sich ein weites Feld. Und das ist auch der Boden, auf dem Scheidende gern spazierengehen. ›Weil sie.., deswegen habe ich... Erst nachdem er..., habe ich dann auch...‹ eröffnet viele sonst nicht zu lebende Möglichkeiten. Dieses Spielchen kann in jeder Abstufung während der Trennungs- und Nachtrennungssituation gespielt werden. Schlimm wird es, wenn der andere zur Unperson erklärt wird, die sich – so die Unterstellung – durch ihr Handeln aus der Gemeinschaft ausgeschlossen hat und nun zum Abschuß freigegeben wird. ›Den/die mache ich fertig‹ – so oder so ähnlich fühlen es viele in der Trennungssituation, und als innerer Aufschrei kann der Satz sogar einen Sinn haben, denn er kann mir einen Hinweis geben auf meine Gefühlssituation, auf das, was in mir brodelt, den Anstoß zu konstruktiven Lösungen einer Situation, wenn er mit den ihm innewohnenden zerstörerischen Konsequenzen erkannt und bedacht wird. Aber ausgesprochen und zur Handlungsmaxime gemacht, führt er vielleicht wirklich zur Zerstörung, im Endeffekt zur Selbstzerstörung. Das Feuer, das gezündet wird, rafft alle anderen Feuer weg, auch die wärmenden, selbsterhaltenden.

Mit Gefühlen leben, *wieder* mit Gefühlen leben nach einer Periode der Erstarrung, der inneren Kälte, das muß für den Scheidenden und Suchenden heißen: sich seinem Gefühlskern wieder zu nähern, die Gefühle heranzulassen, sie auszuhalten, ihre Wirkungen unterscheiden zu lernen, gegeneinander abzuwägen und sich schließlich auf die gewünschten Wirkungen zu konzentrieren. Das ist ein großes Programm. Es reicht für ein ganzes Leben, auch wenn man noch jung ist.

Der Münchner Psychologe Dietmar Adolphs drückt den Teilnehmern von Selbsterfahrungsgruppen, die er im ›Gesundheitspark‹ der Münchner Volkshochschule organisiert, einige Zettel zum Weiterdenken und Weiterfühlen in die Hand. Über den ›Umgang mit Gefühlen‹ sagt er (und ich empfehle Ihnen, das häufiger zu lesen, besonders, wenn Sie Gefühle ›plagen‹):

Gefühle sind
– Energie;
– weder gut noch schlecht, auch wenn wir sie ständig katalogisieren;
– Begleiterscheinungen unserer Wünsche, Ziele und Erwartungen;
– keine Gedanken, obwohl sie durch Denken entstehen können;
– veränderbar, wenn wir sie in Handlungen umsetzen, ihr Kommen und Gehen neutral betrachten;
– so intensiv wie die vorhandene Energiemenge;
– stets nur im gegenwärtigen Augenblick erlebbar;
– so lange unsere Jäger, wie wir vor ihnen davonlaufen;
– oft Begleiterscheinungen von Vergleichen zwischen dem, was ist, und dem, was sein sollte;
– oft als Gegensatzpaare vorhanden wie Liebe/Haß, Wut/Depression, Freude/Trauer, Schmerz/Lust;
– für den Reichtum und die Lebensqualität von Bedeutung: Wer sich nicht ärgert, wird sich auch nicht sehr freuen, wer nicht tief traurig sein kann, ist nicht ekstatisch glücklich, usw.;
– sind stets jung und frisch, während alles Denken alt ist;
– machen frei, wenn sie nicht bekämpft, sondern akzeptiert werden.

Dietmar Adolphs hat aus diesen grundlegenden Erkenntnissen über den Charakter von Gefühlen 40 Anregungen zu einem zufriedenen Leben formuliert und rät den Gruppenteilnehmern: »Nehmt euch jeden Tag eine heraus, lest sie, bedenkt sie und nehmt wahr, welche Gefühle sich dabei einstellen!« Ich gebe einige davon wieder, die für mich wichtig waren, und rate Ihnen, sie mit Aussagen über ein zufriedenes Leben, die Ihnen etwas sagen, zu ergänzen und zu diesen Halte-Punkten und Halt-Punkten im Leben immer wieder zurückzukehren. Solche Sätze, die lange Erfahrungen in einem Gedanken oder einem Bild wiedergeben, sollte man sich nicht nur in seinem Herzen, sondern auch auf einem Blatt Papier oder auf einigen Zetteln aufschreiben und zu ihnen

immer wieder zurückkehren, denn ihr Gehalt wird sich jedesmal anders, jedesmal neu offenbaren.
– Jeder macht Fehler. Statt sich deswegen zu hassen, zu bestrafen, zu verachten, sollte man aus ihnen lernen, sie annehmen.
– Frage dich: Tue ich das jetzt, weil ich es will oder weil ich die Erwartungen anderer erfüllen will, um geliebt zu werden?
– Überlege dir, wo du andere für dich verantwortlich machst. Damit räumst du ihnen Macht über dich ein.
– Es ist einfach, den Eltern, der Vergangenheit, den Umständen... die Schuld zu geben. Dies nützt dir jedoch langfristig wenig.
– Paradoxerweise erhalten diejenigen Menschen die meiste Bestätigung, die nicht danach suchen. Sie sparen außerdem viel Energie dadurch, daß sie so leben, wie sie wollen.
– Du irrst, wenn du glaubst, daß alle Menschen dich verstehen können. Viele werden und wollen dich niemals verstehen, weil sie selbst dadurch verunsichert werden. Besser als zu versuchen, sich mit jedem zu verstehen, ist es, deren Gesellschaft zu teilen, wo du wirklich du sein kannst.
– Wo steht denn geschrieben, daß du nur das tun sollst, was du wirklich kannst? Erst durch Tun machst du bestimmte Erfahrungen.
– Du kannst nur so mit anderen Menschen umgehen, wie du mit dir umzugehen gelernt hast beziehungsweise heute mit dir umgehst.
– Der Körper ist die Grundlage unserer Existenz. Liebe ihn, behandele ihn sorgfältig, akzeptiere ihn.

Ich will Ihnen noch einige Gefühle beschreiben, die gern als negativ angesehen und verdrängt werden, aber trotzdem sehr mächtig in uns allen sind: Schuld, Eifersucht, Wut, Trübsal.

Schuld: Dies ist ein Gefühl, das einige Menschen total verdrängen und andere in einem Übermaß an sich heranlassen. Schuldgefühle sind häufig Reaktionen auf Normen, die von anderen stammen und schon früh (in Kinderzeit) in unsere Seelen gepflanzt wurden. Im Zusammenhang mit Trennungen spielen sie eine große Rolle, manchmal bewußt, häufig unbewußt. Schuld wird zugeteilt, auf jemanden geschoben oder auf sich genommen. Der Kern einer Trennung wird aber nie durch eine solche Schuldzuteilung getroffen.

Schuldzuweisungen, ob an sich oder an den Partner, kann man als ›Tricks‹ der Seele ansehen, in einer unübersichtlich gewordenen, verwirrenden Situation eine Orientierung zu bekommen. Wenn ich Schuld auf mich nehme, behalte ich eine Illusion von Handlungsmöglichkeiten für mich. Ich brauche mich ja nur zu ändern, ich hätte ja nur anders handeln müssen, und schon würde alles so laufen, wie ich es mir wünsche. Die Schuldzuweisung an den Partner oder an dritte Personen läuft nach demselben Schema ab. Er/sie hätte sich ja nur anders verhalten müssen, und schon wäre alles okay gewesen. Schuld engt den Gesichtspunkt einer Sache ein. Mit diesem ›Trick‹ wird versucht, überschaubar zu machen und zu bannen, was komplex, verwirrend, ängstlich machend für die Zukunft (»Es kann ja wieder passieren«) erscheint.

Für die Lösung von Problemen bei der Trennung bringen Schulderörterungen wenig und je weniger, desto mehr versucht wird, ein einzelnes ›schuldhaftes‹ Geschehen aus der Kette der Ereignisse, die zur Trennung führten, herauszuheben. Oft blockieren solche Schuldzuweisungen eine echte Auseinandersetzung mit dem Scheidungsgeschehen. Wer diese scheut, für den sind sie natürlich äußerst ›nützlich‹. Gerne werden solche Schuldzuweisungen in ›verfeinerter‹ Form gegeben. Ein Partner scheut sich (weil er modern sein will, großzügig), dem Partner einen direkten Vorwurf für die Trennung zu machen. Also wird ein Umstand herausgegriffen, der besonders nach Schuld ›riecht‹. »Daß bei uns in der Ehe nicht mehr alles stimmte, räume ich ja ein, aber daß er gerade in dem Moment abhaute, wo es mir so schlecht ging...« – »Daß jemand aus einer unzufriedenen Ehe ausbrechen kann, ist mir bewußt, aber doch nicht mit dem besten Freund des Mannes...« Es ist interessant, daß in einem Moment, da die großen Kirchen die Schuld- und Gewissensfrage, die über Jahrtausende die Schäfchen ›bei der Stange gehalten‹ hatte, nicht mehr so stark betonen und dafür jene Stellen aus der Bibel stärker in den Vordergrund rücken, die einen gnädigen Gott schildern, der den Sünder lieb hat, andere Gruppen sich wild auf das Gebiet der Schuld stürzen. Schuldzuweisungen in der Politik sollen wie eh und je von eigenen Schwierigkeiten ablenken. Subtile Schuldzuweisungen in der Werbung (»Wie sieht denn deine Wäsche im Vergleich zu meiner aus«) sollen helfen, Produkte zu verkaufen. Das Bedürfnis nach Schuldigen ist riesengroß. Wenn einer mal nicht davon Gebrauch macht, sticht es richtig heraus. Als Walter Mondale im amerikanischen Wahlkampf im November 1984 eine haushohe Niederlage gegen Ronald Reagan einstecken mußte, enttäuschte er fast alle Journalisten bei der Nach-Wahl-Pressekonferenz und auch weite Teile der amerikanischen Öffentlichkeit, die gern in Kategorien von Sieger und Besiegtem denkt. Er machte weder jemand anderem, noch sich selbst einen Vorwurf. Er glaube weiterhin, die bessere Politik für sein Land zu vertreten, stellte er ohne Schaum vor dem Mund fest. »Ein Mann stellt fest« – Kontrastprogramm zu dem in amerikanischen Filmen so beliebten »Ein Mann sieht rot«.

Eifersucht: Ein ebenso mächtiges wie verkanntes Gefühl. Es gilt als Kavaliersdelikt, als Objekt für scherzhafte Bemerkungen. In Wirklichkeit ist es ein Gefühl, das total beherrschend werden und alle anderen Gefühle an die Seite drücken kann. In Partnerschaften, die innerlich abgestorben sind, ist der Anstich dieses Vulkans ein letzter Versuch, überhaupt noch etwas Intensives zu fühlen. Eifersucht, die so isoliert zu Tage tritt und beherrschend wird, kann alles fressen, was sich ihr in den Weg stellt. Nicht umsonst spricht man von »krankhafter« Eifersucht.

Eifersüchtelei, die innere oder äußere Klage darüber, übergangen, nicht genügend wahrgenommen zu werden, ist eine normale und gesunde Reaktion der Seele. Wenn ich mit jemandem fortgehe und er beschäftigt sich nur mit anderen Personen, dann bin ich verwirrt, enttäuscht, ärgerlich – eben eifersüchtig. Ziel dieser Eifersucht ist es, die Aufmerksamkeit wieder auf mich zu lenken. Anders die chronische Eifersucht. Hinter ihr versteckt sich ein mangelndes Selbstwertgefühl, eine tiefsitzende Abwertung der eigenen Person und der eigenen Möglichkeiten. Weil der Eifersüchtige mit seinen Minderwertigkeitsgefühlen nicht fertig wird (auch wenn er schreit, tobt oder gar schlägt, sind sie am Werke), bringt er den Partner in eine Situation, die es so aussehen läßt, als ob der andere schuld an diesem Zustand ist. Die Ereignisse, die derartige Eifersucht provozieren, sind beliebig. Schöne, erfolgreiche, in anderer Beziehung vorbildliche Menschen können chronisch eifersüchtig sein. Alles, was sie haben, alles, was sie gelten, bedeutet ihnen nichts, weil ihr Selbstbewußtsein aus dem Lot ist, das Vertrauen, auch auf bedrückende Situationen eine eigene Antwort zu finden.

Wer sich von überstarker Eifersucht befreien will, muß immer wieder mit Rückschlägen rechnen. Er braucht Geduld, auch mit sich selbst. Folgende Einsichten sind wichtig:

– Nicht das Verhalten anderer Menschen, sondern meine Reaktion auf ihr Verhalten bringt die Eifersucht hervor. Am Verhalten eines anderen Menschen kann ich möglicherweise nichts ändern, an meinen Reaktionen wohl.

– Ich muß zwischen Wünschen und Forderungen an einen Partner unterscheiden. Wünschen darf ich mir alles und auch jeden Wunsch an ihn herantragen, aber die Forderung, daß er einen Wunsch erfüllen muß, ist falsch und letztlich selbstzerstörerisch.

– Ich muß meine Eifersucht wahrnehmen und sie kennen, aber ich muß sie nicht ausdrücken. Wenn sie unerträglich wird, nehme ich mir vor, den Ort zu verlassen, wo sie auftritt.

– Es gibt viele Ursachen für meine Eifersucht, nicht nur die, die sie gerade hervorrufen. Mein augenblickliches Eifersuchtsgefühl baut auf tiefsitzenden Selbstabwertungen und Minderwertigkeitsgefühlen auf. Ich muß mir klarmachen, was die eifersüchtigen Reaktionen bei mir provoziert, und auch an anderen Punkten ansetzen, vermutlich mir von einem Fachmann dabei helfen lassen. Jeder noch so kleine Erfolg an irgendeiner Ecke der Eifersuchts-Seelenlandschaft hilft mir auch bei anderen Eifersüchten weiter.

Menschen, die stark eifersüchtig waren und es verlernt haben, berichten davon, daß sie erst dann so richtig gemerkt haben, was für ein ›Höllenleben‹ sie vorher geführt hatten. Einem eifersüchtigen Partner zu helfen, ist sehr schwer. Selbst wenn man sich ganz seinen Vorstellungen unterordnen, sein Wahn-System vollkommen übernehmen würde, würde er keine Ruhe geben, sondern nach einer Abkühlungsphase weiterbohren. Ein abgestuftes Programm von Reaktionen ist zu empfehlen:

– Dort, wo man etwas lassen kann (aber nur, wenn es keine Selbstaufgabe bedeutet), sollte man Dinge vermeiden, die den Eifersüchtigen noch tiefer in seine Situation treiben. Aber es sollte kein Gewohnheitsrecht daraus entstehen.

– Eifersüchtige Reaktionen des anderen sollte man ruhig hinnehmen, Fragen sachlich und korrekt beantworten. Aber mehr als zweimal sollte man nicht auf eifersüchtige Fragen oder Unterstellungen antworten. Dann sollte man dem Partner klipp und klar sagen: Du verletzt mich, und das geht nicht spurlos an mir vorbei.

– Wenn solche Abkühlungsversuche nichts helfen, sollte man dem Partner deutlich zu verstehen geben, daß man eine Trennung auf Dauer ins Auge faßt, und sich innerlich darauf vorbereiten, das auch zu tun.

Wut: Dies ist das am meisten mißverstandene Gefühl. Viele haben Angst davor, weil sie Wutgefühle nur in unkontrollierter, destruktiver Form bei sich und anderen kennengelernt haben. Das Wutgefühl selbst ist nicht negativ, sondern ein Begleitgefühl zu Situationen, die Angst oder Schmerz hervorrufen. Das darf und sollte man sich immer wieder sagen. Erst diese oder jene *Äußerung* von Wut schafft eine negative Situation. Wut ist ein Gefühl, bei dem es sich besonders lohnen kann, mit ihm umgehen zu lernen. Wut, Ärger in einer Form auszudrükken, die meinen Standpunkt zeigt und für die Umwelt verständlich ist, aber keine Eskalation provoziert, ist ein wichtiger Schritt zum Aufbau eines neuen Selbstbewußtseins nach der Trennung. Wut ist Energie. Ein Feuer, in das mit Maß Brennstoff nachgeschoben wird, gibt viel Wärme und Licht. Ein Feuer, das aus der Hand gerät, verbrennt. Folgende Schritte helfen, aus Wut einen Antrieb zu machen:

– Ich muß anerkennen, daß ich Wut habe. Jeder Mensch hat sie. Verdrängte, mißachtete Wut äußert sich in einer Fülle von körperlichen Symptomen wie Bluthochdruck, Kopfschmerzen, Verstopfungen, Taubheitsgefühlen, und in Fehlhaltungen wie Vergeßlichkeit, permantes Mißtrauen, Süßlichkeit, Überarbeitung, Hypersexualität, Unterwürfigkeit, ständiges Klatschen über andere Leute, unvermutet aufbrechende gewalttätige Reaktionen. Sich Wut einzugestehen, ist der erste und wichtigste Schritt.
– Ich muß die Furcht vor meiner Wut abbauen. Furcht vor Wut ist eigentlich die Furcht davor, sie unkontrolliert und zum eigenen Schaden auszudrücken.
– Über meine Wut darf ich nicht nur reden oder sie mir vorstellen, sondern ich muß sie wirklich fühlen. Ich muß lernen, in welchen Situationen Wut bei mir hochkommt und wo meine versteckten Wut-Reservoire sind, in die ich meine Wutgefühle abschiebe.
– Ich muß Orte und Situationen finden, in denen ich Wut ohne Schaden für mich herauslassen kann. Meine Wut-Kammern müssen nicht auf einmal leerlaufen. Wichtig ist erst einmal, den Überdruck abzulassen. Körperliche Aktivitäten helfen dabei. Auf den Boden stampfen leitet Wut in die Erde (Kinder wissen das noch). Ein Schrei, ein Fluch, eine scharfe Rede (es muß dazu niemand anwesend sein) leitet den Überdruck aus Brustkorb und Seele.
– Ich stelle mich von vornherein auf Situationen ein, die Ärger und Wut provozieren werden, und lege mir einen abgestuften Plan an Reaktionen bereit, der an einer Stelle auch beinhaltet, den Ort des wütend machenden Geschehens zu verlassen. Wut, die total unkontrolliert herausschießt, setzt mich wahrscheinlich ins Unrecht, weil ich ›blind‹ vor Wut werde. Das wiederum wird die Wut noch erhöhen. Ich will sie aber herauslassen und damit abbauen.
– Ich verbiete mir, mir ständig innerlich Szenen vorzustellen, die mich wütend gemacht haben. Statt dessen wechsle ich bewußt auf Szenen über, die mir Freude bereitet haben, und stelle sie mir ganz konkret vor.
– Ich leite einen Teil meiner Wut um in konstruktive Betätigung. Wenn die Wut besonders mächtig wird, packe ich etwas anderes an und vertiefe mich darin. Wut kann auf diese Weise eine besonders wichtige Quelle dafür werden, einen Verlust durch etwas Neues, für mich Wichtiges zu ersetzen.

Trübsal: Ich benutze das altertümliche Wort anstelle des gängigen Begriffs Depression, weil er etwas anschaulich macht: Der Depressive fischt im Trüben. Trübsal, Depression sind – das mag überraschen – auch Energie-Krisen. Energie, die in uns allen vorhanden ist, wird zurückgehalten und kehrt sich gegen uns selbst. Es ist die Kehrseite von Wut, eine passive Weise, mit vorhandenen Gefühlen umzugehen. Jeder von uns wünscht sich, daß das Leben genauso sein oder verlaufen möge, wie man es sich gerade vorstellt. Wenn diese Vorstellung nicht eintrifft, sind Irritation und Wut die Folge. Wenn daraus keine Handlung, Aktivität erwächst, sich dem ursprünglichen Ziel auf andere Weise zu nähern oder es aufzugeben zugunsten eines anderen, erreichbareren, dann setzt Trübsal ein, die sich immer weiter verhärten kann, so daß schließlich alles Gefühl abstirbt. Trübsal, Depression ist nicht mit Traurigkeit zu verwechseln. Traurig sein ist ein aktiver Vorgang, eine aktive Auseinandersetzung mit einem als unangenehm, belastend, verzweifelt machenden Geschehen umzugehen. In der Depression sind alle Gefühle abgestorben. Wieder traurig über etwas zu werden, weinen zu können, ist ein Schritt aus der Depression heraus.

Zu den Situationen, die Depressionen verschärfen, gehören:
– der Versuch, Schmerzen durch Schlaf oder Betäubung des Körpers mit Alkohol oder Drogen auszuweichen. An der Situation ändert sich nichts, neue Schwierigkeiten kommen aber hinzu;
– Rückzug von Menschen und Aufgaben;
– die Vorstellung, daß man von einem negativen Schicksal heimgesucht wurde, eine Schachfigur in den Händen Mächtiger ist;
– sich etwas darauf zugute halten, daß man auf belastende Situationen nicht so reagiert wie andere Menschen, sondern alles klaglos hinnimmt;
– sich unrealistische Ziele setzen in großen Dingen (jetzt mache ich ein für allemal mit der Sache Schluß) wie in kleinen (heute räume ich die gesamte Wohnung auf);
– sich vergangene Verletzungen wieder und wieder vorstellen und aufeinanderhäufen;
– Einsichten als Vorwand dafür zu nehmen, nichts zu tun. Immer klüger und einsichtiger zu werden, aber immer weniger bereit, auch nur das Geringste zur Änderung der Situation zu tun.

In bezug auf den Ex-Partner verschärfen folgende Handlungen eine Depression:
– ihm/ihr nachspionieren,
– Erinnerungsstücke wie Heiligtümer pflegen,
– Erinnerungen beschwören, um Leere auszufüllen,
– freundlich gegenüber dem Ex-Partner sein, wenn es gar nicht angebracht ist,
– gemeinsame Freunde nach Lebensgewohnheiten des Ex-Partners ausholen,
– nichts tun in der magischen Hoffnung, daß etwas passiert, was einen wieder mit dem früheren Partner zusammenbringt.

Auch die Kur für eine Depression setzt die ungeschminkte Einsicht in die jetzige Situation voraus. »Es geht mir schlecht! Ich bin depressiv! Nichts macht mir mehr Freude! Ich gehe Menschen aus dem Weg!« Der Weg aus der Depression – und man sollte sich dabei helfen lassen – führt über die Annahme von Schmerz und Trauer. Hilfe und Schubkraft mag folgende Erfahrung geben: Wer den stärksten Schmerz gefühlt hat, wird einmal zur größten Freude fähig sein.
Hilfestellungen geben folgende Schritte:
– Stellen Sie sich die Frage: Was schmerzt mich wirklich an meiner jetzigen Situation? Das Alleinsein? Der Verlust des früheren Partners? Sein jetziges Glück? Meine Inaktivität? Oder was sonst?
– Stellen Sie sich die Frage: Auf wen lade ich die Verantwortung dafür, daß ich mich jetzt schlecht fühle? Kann ich von ihm/ihr wirklich erwarten, daß er/sie etwas tut, damit ich mich besser fühle?
– Beobachten Sie, was Ihre Trübsal verstärkt und was sie mindert. Gönnen Sie sich bewußt mehr vom zweiten.
– Wenden Sie einen Teil Ihrer Depression in Trauer und Wut. Dies ist ein wichtiger Schritt, damit Sie wieder ein Handelnder in Ihrem Leben werden. Was lange gärt, wird endlich Wut…
– Schmeißen Sie die »Ich könnte, wenn…«-Gedanken aus Ihrem Leben heraus. Wenn Sie etwas nicht wollen oder können, lassen Sie es, ohne schlechtes Gewissen, und nehmen Sie etwas anderes in Angriff, das Ihnen mehr zusagt und bei dem sich in absehbarer Zeit zumindest ein kleiner Erfolg einstellt.
– Fangen Sie an, irgendwo in Ihrer Wohnung, in Ihrem Tagesplan, an Ihrem Arbeitsplatz kleine Ordnungsinseln zu schaffen, und spüren Sie, wieviel Kraft Sie sparen und sammeln, indem Sie unnötiges Suchen vermeiden.
– Zerlegen Sie Ihr Problem in kleine ›Häppchen‹ (das kann man durchaus auch schriftlich tun), packen Sie ein Teilproblem mit Lust und Entschlossenheit an und ignorieren Sie erst einmal den Rest.
– Werden Sie wieder neugierig darauf, wie andere Menschen leben und mit ihren Problemen fertig werden.
– Sorgen Sie für genügend Schlaf, aber bleiben Sie nicht länger im Bett als nötig. Starke Depressionen werden in Kliniken sogar mit Schlafentzug bekämpft. Und sorgen Sie für körperliche Anstrengungen, damit Sie wieder richtig müde werden, nicht nur ›trüb‹.

Vom Sich-Finden zum Dich-Finden

Von ihm/ihr ist in diesem Buch fast überhaupt noch nicht die Rede gewesen, aber für Millionen ist er/sie die Hauptperson einer Trennung, gegen die selbst die beiden Scheidenden blaß in den Hintergrund treten: ›der/die Andere‹, ›der/die Neue‹, ›der/die Böse‹, ›der/die sich in unsere Ehe eingeschlichen hat‹, ›der/die eine gutgehende Ehe nach 30 Jahren kaputt gemacht hat‹, ›die/der uns unseren Papi/unsere Mami weggenommen hat‹ – Frau gegen Frau, treusorgender Familienvater gegen Galan, das uralte Thema der Weltliteratur. Schreiben Sie mal einen Roman über den Alltag einer Ehe, wie er den Garten richtet und sie in der Küche einen Braten bereitet, wie man sich dann satt und gemütlich ins Wohnzimmer zurückzieht und jeder sich einen Teil der Wochenendausgabe der Zeitung nimmt und schmökert. Auf diesen ›Szenen einer Ehe‹ werden Sie sitzenbleiben. Aber dann tritt er/sie auf die Bühne, raffiniert, verführerisch, skrupellos. Und jetzt geht es los. Millionen liegen ihm/ihr zu Füßen, fasziniert und abgestoßen zugleich. Er findet in der Zeitung auf der bunten Seite genau diese Geschichte – im adeligen Milieu, versteht sich – und verschlingt sie. Sie findet das Thema in einem Roman und läßt die Suppe anbrennen, weil sie mit der Rechten den Kochlöffel und mit der Linken das Buch hält, seine Zeilen verschlingend. Das erregt und entspannt zugleich, wie wenn man in der warmen Stube über Amundsens Zug auf Hundeschlitten zum Pol liest. Unsere Zeit ist an wirklichen Abenteuern so arm geworden, aber hier tut sich mal was. Mehr davon! Und, bitte, in allen Einzelheiten!

Diese ›unendliche Geschichte‹, die immer wieder geschrieben wird, faziniert auch viele Scheidende selbst, und sie machen sich freiwillig zu Darstellern oder Schauobjekten eines ihrer Kapitel. Ein (verheirateter) Freund rief mich vor kurzem an und erklärte mir geheimnisvoll, er müsse sich mit mir verabreden, aber nicht zu Hause, lieber in einem Lokal. Als wir uns trafen, blieb er merkwürdig stumm, bestellte Getränke, erzählte dann von diesem und jenem Belanglosen, bis ich ihm schließlich half: »Na, was ist, Gerald, du hast eine Freundin.« Wie vom Blitz getroffen zuckte er zusammen: »Woher weißt du? Hast du mich gesehen? Wir sind manchmal im Schloßgarten spazierengegangen. Ich habe ihr immer wieder gesagt, daß das noch mal schiefgeht. Wir arbeiten in derselben Firma. Es darf niemand wissen. Sie ist auch verheiratet. Aber in der Ehe stimmt es nicht mehr. Evi heißt sie übrigens. Ihr Mann ist wenig zu Hause. Es ist verrückt, aber ich habe auch schon mal bei ihr übernachtet. Und, weißt du, weil ich doch keinen Pyjama bei mir hatte, habe ich einen von seinen genommen. Absurd! Seide übrigens, du, der trägt nachts Seide! Irgendwas ist sowieso komisch mit ihm...« Ich hatte Zeit, in Ruhe mein Bier zu trinken, denn Gerald hörte überhaupt nicht mehr auf zu erzählen, nachdem einmal der Damm angestochen war. Er ist kein guter Erzähler, aber die Geschichte, die er brachte, hätte, etwas spannender vorgetragen, für einen mittleren Roman gereicht.

Der Herr mit dem Seiden-Pyjama, die Dame, die der Welt ihren Geliebten im Schloßpark zeigen will, sie alle werden eine neue Rolle spielen, wenn Geralds Ehe geschieden wird. Aus den ›Helden‹ amouröser Abenteuer werden dann die bösen Buben und schlimmen Mädchen. Dabei wird übersehen: Scheidung/Trennung ist in Wirklichkeit ein vielschichtiges, verwirrendes, das Leben der Beteiligten total umfassendes Geschehen. Doch was da alles abläuft, ist für die meisten ›zu hoch‹, auch für die Beteiligten selbst. Also wird das Ganze auf ein handliches Format reduziert. Und das ist die große ›Chance‹ der dritten Personen, ihre Stunde oder ihr Stündlein schlägt. Wir wollen Übersicht im Leben und Gründe und Erklärungen, und da bieten sich – auch in unserer aufgeklärten Zeit – die Hexen und Teufel an, wenn mal etwas schiefgelaufen ist. Sie haben zudem noch den Vorteil, daß sie nicht zum eigenen Clan gehören, man also nicht das eigene Nest beschmutzen muß.

Es ist immer wieder bemerkenswert, wie einfach in Trennungsfällen selbst von ansonsten hochdifferenzierten Menschen die Rollenverteilungen vorgenommen werden. Ein Mann ›bricht aus‹, wie man so schön oder schlecht sagt. Woraus bricht er eigentlich aus? Schon diese Frage wird nicht mehr gestellt. Er bricht also aus. Das würde jetzt eigentlich viele neue Fragen aufwerfen, auch unbeantwortbare Fragen, mit deren Nicht-Antwort man leben müßte. Das ist aber vielen viel zu kompliziert. Also gehen die Scheinwerfer voll auf den Dritten/die Dritte. Da muß der Grund liegen! (Unterstellt ist: Gründe muß es ja irgendwie geben.) Und ein Mensch, der auch nur seine kleine Existenz, seine Wünsche und Träume in die Waagschale werfen kann, wird plötzlich mit dem gesamten Schicksal zweier anderer Menschen, mit deren Zweifeln, Kämpfen und Krämpfen, beladen. Kritik am verlassenden Partner wird zwar auch geäußert, aber da zögert man. Schließlich wertet man mit Kritik an ihm/ihr auch sich selber ab. Aber der Dritte/die Dritte – da wird zur Jagd geblasen. Da lädt sich alles ab, was sonst keinen Platz, kein Gefäß zur Aufnahme hat.

Was total übersehen wird, ist, daß Druck auf Dauer Gegendruck und Verhärtung erzeugt. Viele der ›klassischen‹ Trennungs-Konstellationen (einer von zwei Partnern entdeckt, daß er/sie Sehnsüchte über die bestehende Partnerschaft hinaus hat, eine dritte Person tritt ins Bild) sind überhaupt nicht so fest gefügt, wie es von außen scheint. Erst unter dem Druck der wechselseitigen Schuldzuweisungen, als Versuch, Orientierung in einer verwirrenden Situation zu finden, verhärten sich die Standpunkte, und die neue Verbindung mit all ihrer Vorläufigkeit und Zerbrechlichkeit wird trotzig ›festgemacht‹.

Die südafrikanische Psychologin Shirley Eskapa, die in London lebt, kommt in einer jüngst in England erschienenen Untersuchung zum Thema ›Ehefrau und Geliebte‹ (Shirley Eskapa: *Woman versus Woman*, Heinemann, London, 1984) zu folgendem Urteil: »Die panische, hysterische Reaktion der Ehefrau auf die Andere zerstört mehr Ehen, als die neuen Frauen es je könnten.« Eskapa hat 400 Männer und Frauen, die als ›Erste‹, ›Zweite‹ und ›Dritte‹ bei Partnerschafts-Schwierigkeiten beteiligt waren, befragt und aus dieser »ersten systematischen Analyse des Frau-gegen-Frau-Kampfes«, wie sie schreibt, unter anderem auch diese Schlußfolgerung gezogen: »Jene Frauen, die verstanden haben, daß sie Opfer einer mächtigen, aber vorübergehenden sexuellen Leidenschaft waren, die in der anderen Frau eine Herausforderung in ihrem Leben anstatt eine Quelle der Erniedrigung gesehen und sich eine bewußte Strategie zum Durchstehen dieser Situation zurechtgelegt haben, erfuhren einen ungeheuren Zuwachs an Selbstachtung, erhielten sich in vielen Fällen ihre Partnerschaft und stärkten sie.«

Daß hier die Scheinwerfer voll auf die Frau-Frau-Thematik gerichtet sind, soll uns nicht weiter stören, denn es kann unterstellt werden, daß die Mann-gegen-Mann-Turniere nach denselben tiefsitzenden Spielregeln ausgetragen werden. Nach meiner Beobachtung reagieren Männer sogar noch panischer und übertriebener, weil sie, wie ich schon an anderer Stelle ausgeführt habe, die Liaison ihrer Partnerin mit einem Dritten in erster Linie auch immer als Machtverlust ansehen und damit insbesondere nicht fertig werden.

Shirley Eskapa hat eine Reihe spannender, so bisher kaum zu lesender Beobachtungen gemacht. Erst einmal fegt sie die landläufige Meinung von der Geliebten als besonders attraktiver oder gar dämonischer Person weg. »Ich habe mit 150 solcher Frauen aus allen nur denkbaren Lebenskreisen gesprochen, und alle waren ganz normale Menschen, weder besonders grausam noch besonders clever.« Eskapa ist auch nicht der Meinung, daß dritte Personen nur dann ins Spiel kommen, wenn eine Ehe kaputt ist. Auch in Ehen, um deren Bestand es sich zu kämpfen lohnte, gibt es Momente, in denen dritte Personen die augenblickliche Dynamik bestimmen. Die Annahme, daß das Auftauchen dritter Personen eine Folge des Scheiterns einer Verbindung ist, sieht sie als Selbstbestrafungs-Tendenz des verlassenen Partners. Dieser Prozeß wird noch durch eine sensationslüsterne und auf Gründe geile Umwelt gefördert.

Die dritte Person verdeutlicht eine Situation, die in jeder Verbindung angelegt ist (ungestillte Sehnsüchte, Abnutzungen, Unzufriedenheit mit sich selber, Spieltrieb, Unruhe etc.) – alles Dinge, die nicht auf eine Formel gebracht werden können. Unter dem Zwang, Erklärungen abgeben zu müssen, entsteht eine Eigendynamik der neuen, der Dreier-Situation. Die Ehefrau fühlt sich gefordert, herausgefordert – vielleicht zum erstenmal seit langer Zeit. Alle Augen sind auf sie gerichtet – das schafft zusätzlichen Druck. Statt die Situation als solche mit all ihren Rätseln und Unwägbarkeiten zu akzeptieren, wird die Neue und schließlich der Mann selbst für sie zum Symbol für Sieg oder Niederlage in ihrem Leben. Und plötzlich stellt sich, quasi als Orientierungsmerkmal, die Schuldfrage bei ihr ein, zuerst in Richtung der anderen Personen gestellt, dann an die eigene Adresse: Was habe ich falsch gemacht? Diese Frage wird noch durch Druck von außen verstärkt: »Aha, sie konnte ihn nicht halten.« Diese Frage führt zu Selbstzweifel und Selbstquälerei, wiederum verstärkt durch den Chor von außen: »Sie ließ sich gehen«, »Sie trank zuviel«, »Sie machte nichts aus sich, war nur Hausmütterchen«, »Sie kümmerte sich nur um die Kinder, nicht um ihn«. Und dann wird von der Ehefrau ›Schluß‹ gemacht, zuerst einmal mit den bangen Fragen, dann mit der belastenden Situation, dann mit ihm.

Beim Mann und bei der Geliebten rollen parallele Prozesse ab. Da, wo eine »vagabundierende Bereitschaft zur Ekstase« im Spiel ist, wie Eskapa das Phänomen des Fremdgehens benennt, wird eine Erklärung versucht, nicht zuletzt, weil die Menge der Neugierigen Erklärungen fordert. Erklärungen zu geben, passiert erst einmal durch Aufwertung der neuen Situation: »Jetzt ist mir etwas ganz Tolles passiert.« Damit ist aber niemand zufrieden, auch der Erklärer nicht. Die in der Erklärung enthaltene Aussage, daß hier jemand Lust empfindet und sie auslebt, wird schon gar nicht akzeptiert, auch vom Lustvollen selber nicht. Mit dem Feuer spielen macht Spaß – aber dann muß es eins auf die Finger geben! Dieser zweite Akt könnte nun dadurch geschehen, daß Bruder Lustvoll sich selbst eins auf die Finger gibt. Das wird er nicht und das will er auch irgendwie nicht. Tief drinnen spürt er, daß es zwar etwas Verbotenes, aber doch zutiefst Menschliches ist, was ihm da widerfahren ist. Also werden die Blitze nach außen gerichtet, und das geht in der Regel auf Kosten der früheren Frau. »Sie hat mich…, sie hat mich nicht…, sie hat mich nie…, wenn sie nur…« Rumms, die zweite Falle ist zu. Aber es gibt noch eine dritte.

Die Geliebte steht ebenfalls unter Erklärungszwang. Sie, die auch in erster Linie wahrscheinlich Lust empfand, kommt unter Anklage: »Wer Aaaaaah sagt, muß auch Bääääh sagen.« Also wird aus einem Lustbetonten etwas Ernstes gemacht. Ja, wo kämen wir denn hin, wenn wir einen lustbezogenen Kontakt zu einem Menschen aufnähmen und nur den Spaß im Auge hätten. Plötzlich wird's ernst: »Er muß der eine für mich werden!« Und aus der Geliebten, die, wie

Eskapa schreibt, eine Aura, aber keinen Status hatte, wird der Kandidat, die prospektive Ehefrau Nr. 2. Aber bei dieser schleichen sich schon bald selbst die Zweifel ein, in ganz perfider Form: ›Warte mal, er hat sie mit mir betrogen. Mit wem wird er denn mich betrügen?‹ Rumms, die dritte Falle ist zu – und die sitzt.

Dieses Erklärungsmodell für das, was sich beim Aufbrechen einer Partnerschaft mit ›Hilfe‹ Dritter zuträgt, mag überspitzt erscheinen, aber jeder möge sich prüfen, wieviel Elemente davon auch in seiner Geschichte enthalten sind. 80 Prozent der geschiedenen Männer sind innerhalb von zwei Jahren wieder verheiratet, bei den Frauen sind es etwas weniger. Wundersame Wandlungen vom Saulus zum Paulus, von der Saula zur neuen Paula, und das in so kurzer Zeit? Ob da nicht Rechtfertigungszwänge im Spiel sind? Es riecht ziemlich stark danach.

Es ist interessant, daß etliche Forscher, denen wir Einsichten über die Natur von Trennungs- und Scheidungsgeschehen verdanken, nicht nur Psychologen (Eheberater) sind, sondern auch Kenntnisse auf anderen Gebieten menschlicher Aktion erworben haben. Shirley Eskapa hat neben Psychologie und Soziologie Politische Wissenschaften mit besonderer Betonung der Internationalen Beziehungen studiert. Horst H. Siewert, ein deutscher Psychologe, der ein Modell für die Organisation von Selbsthilfe- und therapeutischen Gruppen für Getrenntlebende und Geschiedene entwickelt hat und von dem ich später einige Thesen zitieren werde, ist auch Lehrer für die Fächer Technik und Mathematik/Informatik. Scheidung/Trennung sollte man nicht nur als ein isoliertes Geschehen im Leben zweier (oder dreier) Personen sehen, auch nicht nur als Sonderfall einer Lebenskrise, sondern im Zusammenhang mit den vielfältigen Problemen der menschlichen Existenz, ihrem Anfang und ihrem Ende.

Die Einengung des Blickfeldes bei Scheidung und Trennung – dieses Urteil möchte ich wagen – schafft erst viele Probleme. Diese Einengung geschieht häufig durch die Scheidenden selbst, die, plötzlich mit der gesamten Weite ihrer Existenz konfrontiert, Auge in Auge mit allen Möglichkeiten menschlichen Seins, in Panik geraten und weder die Gefahren noch die Chancen der Trennungssituation aushalten. Verstärkend kommt der Druck von außen hinzu: der Ruf nach klaren Lösungen, als ob es solche sonst irgendwo im Leben geben würde, außer dort, wo die Ordnung eines Soldatenfriedhofs mit gleichen Kreuzen regiert.

Neue Beziehungen während und nach der Trennung? Man sollte auch diese realistisch und nicht voll ungerechter Erwartungen sehen. Für alle, die nach der Trennung vom Partner leben und nicht nur existieren wollen, müssen sie ein

Ziel sein. Glück liegt für den Scheidenden, auch wenn viele sich auf alles mögliche andere konzentrieren, nicht im Erhalt eines monatlichen Schecks, im Sorgerecht für die Kinder oder im Schuldeingeständnis des früheren Partners. Glück ist dann, wenn ich wieder zu einem Menschen sagen kann: »Gelobt sei der Tag, an dem ich dich fand!«

Ein Freund von mir hat kürzlich geheiratet, sechs Jahre nach Lösung seiner ersten Ehe. Einer seiner beiden Söhne kam zur Trauung und Hochzeitsfeier, der andere zog es vor, bei der Mutter zu bleiben. Mein Freund ließ beiden die Wahl. Der Bruder seiner früheren Frau kam ebenfalls, mit dem er auch nach der Trennung freundschaftlich verbunden geblieben war. Mit einem gewissen Trotz hatte er für die kirchliche Hochzeit (er ist evangelisch, da ist auch ein zweiter Gang zum Altar möglich) den »Schwiegermutter-Spruch«, wie der Pfarrer verschmitzt meinte, aus dem Buch Ruth der Bibel als Trauspruch genommen: »Wo du hingehst, da will ich auch hingehen.« – »Warum gerade den?« fragte ich ihn. »Ich habe mir den genau überlegt«, meinte er, »und bin schließlich dahintergekommen, daß es heißt: ›will ich auch hingehen‹, und nicht: ›werde ich auch hingehen‹.« Das ›will‹ ist das Entscheidende jeder Verbindung, die fest werden soll. Gefühle, die kommen und gehen und wiederkommen, die ich alle in mir habe, wie sie auch alle anderen Menschen in sich haben, aber ergänzt durch meinen Willen – das ist die sich wandelnde, aber doch einen bestimmten Grundtakt aufweisende Melodie einer guten Partnerschaft.

Erich Fromm, der große Psychologe und Humanist, hat auf die Unteilbarkeit der Liebe hingewiesen: »Wenn ich einen Menschen liebe, liebe ich alle.« Alles andere ist Schutzsuche unter einem Regendach, Erweiterung des eigenen Schutzwalles um die zweite Person, Spiegelung des eigenen Egoismus im anderen, verdoppelte Isolation. Das Gegenteil drückt sich im hilflosen Geständnis eines frischgetrennten Mannes aus, als er sagte: »Seitdem ich meine Freundin liebe, liebe ich auch wieder meine Kinder, vorher waren sie mir nur lästig.« Damit werden wir alle so schwer fertig, solches wollen wir nicht gern wahrhaben: Wenn ein Mensch liebt, dann liebt er nicht nur mich, dann liebt er überhaupt! Dann ist sein Fühlen und Handeln von Liebe geprägt, wie es vorher von anderen Gefühlen bestimmt war. Um nicht den falschen Adressaten zu provozieren: Dies ist erst einmal an die Adresse des/der Fühlenden gerichtet. Er/sie muß zu seinem/ihrem neuen Gefühl stehen, dann werden es nach und nach auch die anderen. Doch angesichts der inneren Erschütterung, die letztlich das ›Geheimnis‹ einer Trennung/Scheidung ausmacht, erschrecken viele (bei etwas Verbotenem ertappt), reduzieren sich gleich wieder und spielen das alte menschliche Würfelspiel: den einen ein bißchen vor, den anderen vier Felder zurück, selbst vier Mal aussetzen beim Würfeln. Den alten Partner abwerten, den neuen aufwerten, und wenn es in der neuen Beziehung nicht so klappt, dann umgekehrt: den neuen Partner abwerten, den alten wieder aufwerten – und das in munterer Reihenfolge!

Friedrich Dürrenmatt hat in seinem Roman *Grieche sucht Griechin* diese Karikatur einer menschlichen Existenz – die leider häufig vorkommt – beschrieben. Seine Hauptfigur stuft die ihm nahestehenden Personen (wozu er auch den Bischof und den Staatspräsidenten rechnet) in einer Tabelle ein, die er immer wieder ändert. Den einen mal rauf, den anderen mal runter – je nachdem, wer ihn gerade geärgert oder erfreut hat. Dürrenmatt gab ihm den Namen »Archilochos« (›Arschloch‹ für den, der Dürrenmatts ›Griechisch‹ nicht entziffern kann).

Lieben heißt teilen, und teilen heißt auch trennen, zum Beispiel sich trennen von unrealistischen Vorstellungen über sich selbst, über den neuen Partner und über den früheren Partner. Liebe nach der Liebe, sie ist nicht nur möglich, sondern reichlich vorhanden. Dafür muß ich mich trennen, und ich muß bereit sein zum Teilen. Mein neuer Partner muß mich teilen mit den Teilen meiner Vergangenheit, die unteilbar mit mir verbunden sind, die ich nicht von mir trennen kann. Und wenn ich der neue Partner bin, muß ich das Unteilbare des anderen respektieren und lieben lernen. Kein dümmerer und fatalerer Satz in bezug auf eine Partnerschaft und Liebe als: »Wir gehören uns ganz!« Alle anderen ausschließen und sich selbst einschließen, so werden Liebe und Partnerschaft versucht – eine Illusion. Wer lediglich danach trachtet, die bei der Scheidung verlorene Hälfte des früheren Bungalows möglichst schnell mit Hilfe des neuen Partners ›wiederanzubauen‹, der wird sich bald vor großen inneren Schwierigkeiten sehen.

Die Risiken einer neuen Beziehung sind groß, wenn der neue Partner ein ›Fluchthelfer‹ war, Objekt und Subjekt jener »vagabundierenden Bereitschaft zur Ekstase«, aber als solcher nicht erkannt wird. Horst H. Siewert sagt dazu (in *Scheidung – Wege zur Bewältigung,* München 1983): »Besonders, wenn das Eingehen einer Zweitehe dazu dienen soll, einen Schlußstrich unter die Erstehe zu ziehen, kann für beide Partner eine komplizierte Situation entstehen... Bedingt durch die lange Periode ehelicher Zwistigkeiten, reduziert sich das Anspruchsniveau von Getrennten, deshalb neigen sie in dieser problematischen Phase dazu, sofort eine neue Beziehung einzugehen. Da ihr Vergleichsniveau sich aber im Laufe der Zeit wieder verändert..., besteht die Gefahr, daß eine in dieser Phase geschlossene institutionalisierte Verbindung wie Zweitehe oder Neuverlobung wieder scheitert.«

Es muß nicht immer Ehe sein

Die wichtigste Aufgabe, die sich einem Scheidenden oder Geschiedenen stellt, kann man in drei Worte fassen: *Den Tag leben!* Wer die enge Gemeinschaft mit einem Menschen aufgegeben hat oder wem eine solche Trennung aufgedrängt wurde, der ist in Gefahr, Vergangenheit oder Zukunft zu ernst zu nehmen und darüber den Tag, die Gegenwart zu vergessen. Scheidende binden viele Kräfte dadurch, daß sie immer wieder neue Erklärungen für vergangenes Geschehen suchen oder immer wieder neue Pläne für irgendeinen Tag X machen. Dabei würden sie gerade diese Kraft für die vielfältigen neuen Anforderungen im Hier und Jetzt gut gebrauchen können.

Aus vielen Sprüchen und Weisheiten zu diesem Thema, die ich mir während meiner Scheidungszeit aufgeschrieben habe, will ich Ihnen zwei weitergeben. Ein afrikanisches Sprichwort besagt: »Es ist genug, daß jeder Tag seine Mühsal hat«, und ein längerer Sinnspruch aus Frankreich lautet: »Ich erwarte, daß ich nur einmal durch diese Welt gehe. Deshalb will ich alles Gute, das ich tun kann, jetzt tun und jede Freundlichkeit, die ich einem Menschen erweisen kann, jetzt erweisen. Ich will es nicht verschieben und nicht übersehen, denn ich werde den gleichen Weg nicht zurückkommen.«

Wer es lernt, wieder lernt, immer mehr Kräfte auf den Tag zu konzentrieren – und das fängt mit kleinen Übungen an: einen Brief rechtzeitig zur Post bringen, einen Traum nach dem Aufstehen aufschreiben, den Geschmack eines Weines oder einer Speise spüren, Wetter und Temperatur erkennen, bevor man aus dem Haus geht, und sich ein entsprechendes Kleidungsstück anziehen –, wird eine erstaunliche Entdeckung machen: Plötzlich werden ihm/ihr auch Vergangenheit und Zukunft immer durchsichtiger. Der Schleier vor einem Rätsel oder Geheimnis zieht sich merkwürdigerweise oft erst weg, wenn wir nicht mehr hinstarren, flehen, bitten, betteln, drohen, erpressen.

Scheidende und Geschiedene fühlen sich mehr noch als andere Menschen gedrängt und gezwungen, nach einem ›Sinn‹ ihres Tuns und Lebens zu suchen. Aber jede Aussage von der Art: »Ich tue, weil...«, »Ich habe getan, weil...« zerrinnt beim zweiten oder dritten Nachdenken wieder. Ein Scheidender beschrieb mir diese Situation so: »Oft habe ich mir gedacht, wenn nur jemand mal die Welt anhalten würde, nur einen kurzen Moment lang, damit ich wieder zu Atem kommen, mir eine Notiz machen, alles mal in Ruhe bedenken kann! Und dann wurde mir schlagartig klar, welches Sonderrecht ich da für mich verlangte. Die Welt dreht sich weder um mich noch für mich, sondern ich mich auf ihr.« Wer scheidet oder scheiden muß, wird den dahinterliegenden Sinn sicher irgendwann entdecken. Meist teilt er sich in Bruchstücken mit, die sich nach und nach zu einem Bild zusammensetzen. Aber der Trick mit dem Welt-Anhalten und Alles-auf-einmal-gesagt-Bekommen geht nicht, glücklicherweise nicht!

Um die innige Beziehung zweier Menschen rankt sich weiterhin ein Geheimnis, trotz aller psychologischer Erkenntnis, trotz aller Systematisierung historischer und soziologischer Art. Und wenn der Große Bruder (ob er nun Wissenschaft oder Politik oder sonstwie heißt) endlich einmal ein Stück Beziehung unter Menschen ›im Griff hat‹, dann ... kommt irgendeiner daher und macht es ganz anders. Das ist ›Leben‹ und das heißt auch Ja zum Leben. Merken Sie jetzt, wie die in Scheidungs- und Trennungsfällen so oft gestellte Frage: »Ja, wie konnte er nur?« »Ja, wie konnte sie nur?« trotz aller Berechtigung, die darin für den Frager liegen mag, ein dickes Nein zum Leben enthält?

Ehe und Scheidung lassen sich beschreiben, aber sie entziehen sich weitgehend der Systematisierung. Es kann allerdings nützlich sein, Modelle von Ehe und Scheidung aufzustellen, um zu zeigen, wieviele Möglichkeiten des Miteinander und Auseinander es gibt. Der französische Bevölkerungswissenschaftler Louis Roussel zum Beispiel hat solches versucht. Was hier referiert wird, hat Roussel bei der Tagung der Deutschen Gesellschaft für Bevölkerungswissenschaft 1979 in Darmstadt ausgeführt. Er äußerte die Vermutung, daß es Ehemodelle und Scheidungsmodelle gibt, die jeweils in Abhängigkeit voneinander stehen. Die Ehe hat für ihn in der Menschheitsgeschichte vier Phasen durchlaufen, wobei er hinzufügt, daß die Menschen heute nicht alle in derselben Phase stecken, sondern in einem Land, einer Stadt, einer Gruppe alle vier Modelle vorhanden sein können. Die Ehe sieht er in starker Abhängigkeit von gesellschaftlichen Grundbedürfnissen (früher: Überleben sichern, heute: jedem einzelnen ein Höchstmaß an individueller Entfaltung garantieren). Die einzelnen Phasen bauen auf Elementen der vorhergehenden Phase auf.

Die Ehe war, so Roussel, zuerst eine »Institution«, die das Überleben der Mitglieder einer Familie zu sichern hatte und materielles oder einfach symbolisches Erbe von einer Generation auf die andere zu übermitteln hatte. Die Aufgaben aller Beteiligten waren streng beschrieben. Die Unsicherheit des täglichen Lebens zwang gleichsam einen dauernden Notstand auf, angesichts dessen Lust und Laune des einzelnen unzweckmäßig oder gar lächerlich erscheinen mußten (Vorrang der allgemeinen Ordnung vor den individuellen Gefühlen). Das bedingte auch, daß Scheidungen ›unpraktisch‹ waren und deshalb so gut wie nicht vorkamen.

Die zweite Stufe nennt Roussel »Ehe als Bund«. In einer Wirtschaftsordnung, in der das Problem des Lebensunterhalts für einen Großteil der Bevölkerung an

Dringlichkeit verloren hat, übernimmt die ›neue Idee‹ des Glücks die Stelle der Zielsetzung des Überlebens in Ehen. Das Glücksgefühl wird für die Paare wichtiger als Übereinkünfte zwischen Familien. Die Idee einer vorgegebenen Harmonie zwischen Institution und Glück, zwischen Ehe und Liebesgefühl macht sich breit. Ehe und Pflicht haben sich versöhnt. Solange man sich gegenseitig liebt, ist alles problemlos. Verschwindet die Liebe, bleibt aber die Institution bestehen, um die Aufrechterhaltung der ehelichen Bindung zu rechtfertigen. Scheidung wird zwar möglich, aber als Frevel gegen die Institution verstanden und zieht entsprechende Sanktionen nach sich.

Aus diesem Modell entstand nach Roussel die »Ehe als Verschmelzung«. Die Institution hört auf, eine bestimmende Realität zu sein. Sie wird zu einer Formsache, zu welcher sich ein Paar aus Gründen der Anpassung (Tradition) entschließt. Die Ehe lebt aus der Intensität der Paar-Beziehung. Läßt die Intensität des Gefühls nach, dann ist auch ein Ende des institutionellen Aspektes denkbar, ohne daß gesellschaftliche Sanktionen angewandt werden. Die Gesellschaft beschränkt sich darauf, die Tatsache der Beendigung der Ehe festzustellen und für die verschiedenen Mitglieder der auseinandergefallenen Familie jene Vorkehrungen zu treffen, welche als die besten beziehungsweise als die am wenigsten schlimmen erscheinen, um jedem die Chance der Wiedereingliederung in die Gesellschaft und des neuen individuellen Glücks zu geben. Eine Folge dieses Ehe- und Scheidungsverständnisses ist, daß die Scheidenden ihr Auseinandergehen als persönliche Krise auffassen, nicht mehr als verbotenen Schritt.

Bevor ich die vierte Phase beschreibe, noch der Hinweis, daß das geltende Scheidungsrecht in der Bundesrepublik ziemlich genau auf die dritte Phase des Rousselschen Modells paßt, wobei sich die Bürger in ihrer Lebensführung oder ihrer Anschauung und Bewertung zum Teil in der zweiten Phase (Ehe als Bund), zum Großteil in der dritten Phase (Ehe als Verschmelzung) und zu einem geringen Teil in der vierten Phase (Ehe als Partnerschaft) befinden.

In der Partnerschaftsehe (vierte Phase) wird nicht mehr alles von der liebenden Verschmelzung erwartet. Das Paar versteht sich vielmehr als ein gut zusammenpassendes Team, von dem jeder Partner für sich befriedigende Resultate erwartet. Man hat Gefallen aneinander, man hat in verschiedener Hinsicht den gleichen Geschmack, das gemeinsame Leben ist angenehm. An diesen Vorteilen festzuhalten schließt aber nicht aus, daß jeder noch unterschiedliche Interessen hat und zum Teil auch sein eigenes Beziehungsnetz. Übertriebener Verliebtheit gegenüber ist man mißtrauisch. Die Dauer einer solchen Beziehung ist selbstverständlich an das Vorhandensein der Annehmlichkeiten und Vorteile gebunden, welche sie mit sich bringt. Der Vertrag (falls überhaupt vorhanden), der ein Paar bindet, dauert so lange, wie er von beiden Partnern stillschweigend oder laut verlängert wird. Es ist das Glück jedes einzelnen Partners und nicht nur das gemeinsame Glück, welches das Paar zusammenhält. Der partnerschaftlichen Form der Ehe entspricht die partnerschaftliche Form der Auflösung. Scheidung verliert das Dramatische, Traumatische. Gemeinsame Sorge für die Kinder ist geradezu ein Bestandteil und eine Bedingung einer solchen Trennung.

Was können wir mit einem solchen Modell anfangen? Einmal kann es uns helfen, zu verstehen, daß bei einer Scheidung/Trennung jeder Mensch seine besonderen Probleme ›ausschwitzt‹, daß es aber wiederkehrende Scheidungsthemen gibt. Welchem Typ von Ehe habe ich mich innerlich nahegefühlt? Daraus ergeben sich dann auch die besonderen Schwierigkeiten, die ich bei der Auflösung der Ehe spüre. Einigen Menschen in dieser Situation geht es sehr ähnlich wie mir, andere wiederum haben ganz andere Grundmuster der Eheauflösung. Gemeinsam ist uns, daß es eine Zeit der ›Chancen‹ und der ›Gefahren‹ ist. Ehemodelle wie das von Roussel können uns aber noch etwas anderes zeigen, das sehr wichtig ist: Es gibt in menschlichen Beziehungen nicht den einen Weg der Seligkeit. Nein, diesen Weg gibt es nicht einmal in einem einzelnen Leben, denn jeder Mensch macht Entwicklungen durch. Dinge, die jetzt für mich wichtig sind, müssen nicht immer für mich wichtig sein, und von manchem, das ich einmal schätzen werde, habe ich heute buchstäblich noch keine Ahnung. Raum für Überraschungen lassen – das heißt wirklich leben. Selbst ältere Scheidende werden mit ihrer Trennung gut fertig, wenn sie wieder ›Geschmack‹ daran bekommen, sich überraschen zu lassen. Vielleicht sind die Überraschungen dann nicht mehr so spektakulär, aber bestimmt nicht weniger intensiv als zu anderen Lebenszeiten.

Die Gefahr von Scheidungs- und Ehemodellen ist, daß wir – um uns irgendwo einzupassen – das eigene Leben in seiner Vielfalt und seinen (zum Teil noch nicht entdeckten) Möglichkeiten abschneiden, katalogisieren und systematisieren. Faßbar-Machen, Begradigen, Ordnung schaffen – das sind die Todsünden unserer Zeit. Nicht von ungefähr werden Trennungen von denjenigen Menschen besonders hart erlebt, die immer darauf achten wollen, daß in ihrem Leben ›alles stimmt‹. Das Haus ist abgezahlt, der Rasen im Garten auf zwei Zentimeter über der Narbe geschnitten, die Vorhänge passen zu den Möbeln, die Möbel zur Kleidung, die Kleidung zur Farbe des Autos, und das Auto hat eine gute Chance, auf dem PS-Markt der Eitelkeiten mitzuhalten. Jetzt muß nur noch mein Partner, meine Partnerin und die Kinder paßbar für diese meine Welt gemacht werden. Zugegeben, ich übertreibe, aber Sie verstehen sicherlich, was ich meine.

Solche Systeme – und viele Menschen leben bewußt oder unbewußt in der Vorstellung, daß es ihnen irgendwann einmal möglich sein muß, alles ›stimmig‹ in ihrem Leben zu machen – werden nur unter dem hohen Preis von Verlust an Lebendigkeit geschaffen und aufrechterhalten. Menschen töten ihre Wünsche, Hoffnungen, Sehnsüchte ab, um diesen Schein der Sicherheit zu erhalten. Und was sie bei sich selbst gerade noch mit Mühe und Zwang hinbekommen, klagen sie bei anderen mit Unerbittlichkeit ein. Aber eines Tages sprießt dann doch etwas Unvorhergesehenes in dieser Rechteck-Landschaft der Seele und der Beziehungen. Jemand ›bricht aus‹, im wahrsten Sinne des Wortes, und nichts stimmt mehr.

Gute Ehen und gute Scheidungen – soviel läßt sich sagen – haben sehr vieles gemeinsam. In der guten Ehe ist trotz aller Bezogenheit der Partner, der Eltern und Kinder aufeinander nicht alles begradigt, ausdiskutiert, festgelegt worden. Raum für Überraschungen, Einfälle, neue Wege, neue Anregungen, Abenteuer ist da – für jeden (auch und besonders für die Kinder). Aber es ist der Wille erkennbar, in Bezug zueinander zu bleiben, sich mitzuteilen, Anteil zu nehmen und nehmen zu lassen, egal, wie weit und ungewöhnlich der Solo-Gang des einzelnen ist. Gute Scheidungen enthalten dieselben Elemente: Risiko-Bereitschaft, Interesse am eigenen Weg und Stolz darauf, Anerkennung der Tatsache, daß der Partner seinen Weg finden muß und finden wird. Der Unterschied liegt darin, daß mein Wille sich jetzt auf andere Ziele richtet. Eines der Ziele ist, wieder zu einem Menschen »Ja« und nicht nur »Vielleicht«, »Ja-Ja-Ja« oder »Hmmh« sagen zu können. Das stellt sich aber nicht von heute auf morgen ein. Auf dem Weg zu diesem Ziel sollte man nicht abkürzen.

Scheidende/Trennende haben die große Chance, wieder ein Gefühl dafür zu bekommen, wieviel unterschiedliche »Ja« wir zu anderen Menschen sagen können. In jeder menschlichen Beziehung liegt eine große Chance. Oft wird sie dadurch vertan, daß wir mit undifferenzierten, überhöhten Erwartungen an jeden neuen Kontakt herangehen. Es muß doch wirklich nicht immer Ehe sein. Wir werten alle anderen Menschen und nicht zuletzt uns doch grausam dadurch ab, daß wir jeden Kontakt nur auf die größtmögliche Vereinigungsform abklopfen. Je mehr ich mich habe, je mehr ich bei mir bin, je mehr ich »ich« bin, desto mehr werde ich mich über jeden Unterschied freuen und auch darüber, daß ich schon vieles in meinem Leben war und noch vieles mir Unbekanntes sein wird.

Scheidende müssen deshalb auch lernen, sich und ihre Situation ganz ernst zu nehmen, mit allem, was sie tun, und mit allem, was sie leiden und erleiden. Das ist nicht zuletzt deshalb wichtig, damit sie auch von anderen ernstgenommen werden können. Und es ist wichtig, daß sie von ihren Erfahrungen – so vorläufig, provisorisch, experimentell sie sein mögen – auch hin und wieder berichten. In einem Lied des österreichischen Liedermachers Georg Danzer ist das sinngemäß so ausgedrückt, daß wir niemanden verurteilen dürfen, der den Weg nicht weiß, aber mit jenen ins Gericht gehen sollen, die etwas wissen und es nicht weitergeben.

Leben ist Versuch, heißt immer wieder neue Antworten auf die ewigen Fragen zu finden. Aus welchem Bewußtsein heraus will ich meine Antworten geben? Darum sollte sich der Scheidende/die Scheidende kümmern. Die Zeit ist gut dafür. Dann wird auch schnell die Beschränktheit und Kleinlichkeit der Frage erkannt, wo denn nun ›der Eine‹ und ›die Eine‹ sitzt und zu finden ist. Am Ende meines Lebens werde ich – wenn ich will – sagen können, daß ich einem Menschen näher kam und er/sie mir näher als alle(n) anderen. Aber deswegen hatten die Kontakte, die diese Nähe nicht erreichten, nicht weniger Bedeutung. Die Summe aller ist mein Leben.

Das Beste, was über Ehe und Scheidung geschrieben wurde, steht in einem Buch, in dem es gar nicht in erster Linie um Scheidung und Ehe geht: *Die Kunst des Liebens* von Erich Fromm. Es hätte auch »Die Kunst des Lebens« heißen können. Fromm weist darauf hin, daß die Liebe die eigentliche und menschlichste Kraft in uns ist. Aber sie kann nicht nach Geschmack und Laune abgerufen werden. Ein Leben aus Liebe zu führen ist ein Bemühen, eine Kunst eben, an der es sich aber unendlich lohnt zu ›arbeiten‹. Davon wieder eine Vorstellung zu bekommen, kann der ›Sinn‹ einer Trennung/Scheidung sein. Teil unseres Menschseins ist auch unsere Sexualität. Scheidende werden sich häufig wieder auch dieser Kraft bewußt. Und neu stellt sich ihnen die Frage: Will ich aus Liebe, aus der tiefen Kraft meines Inneren (und das heißt auch: aus der Kraft meiner sexuellen Empfindungen) leben oder will ich diese Kraft verplempern, nur als Tauschobjekt auf dem Markt der menschlichen Möglichkeiten und Eitelkeiten einsetzen?

Da das Sinn-Volle in der Trennungs- und Scheidungssituation häufig nicht der Ratschlag ist, sondern das Mutmachen zum Mut (zum Mut, nach eigenen Lösungen zu suchen, und zum Mut, auf Lösungen zu warten, wenn sie sich im Moment nicht einstellen wollen), soll ein Gebet dieses Buch schließen. Es stammt aus dem 18. Jahrhundert: »Gib mir Gelassenheit, Dinge hinzunehmen, die ich nicht ändern kann, gib mir den Mut, Dinge zu ändern, die ich ändern kann, und gib mir die Weisheit, das eine vom andern zu unterscheiden.«

Ihre Seite

Meine Gedanken heute: ______

Nach sechs Monaten meine ich dazu: ______